儿童福利机构心理健康服务

主 编 严 虎

副主编 杨 琴

编 者 胡 烨 彭咏梅 李 荣

陈 婷 杨 虹 何 玲

熊慧超 苏梓童

本书由湖南省知绘心理健康服务发展中心编写完成，向所有关心本书和对本书的编写作出努力的朋友们致敬！

中南大学出版社

www.csupress.com.cn

·长沙·

图书在版编目(CIP)数据

儿童福利机构心理健康服务 / 严虎主编. —长沙：
中南大学出版社，2021.5
　　ISBN 978-7-5487-4385-9

　　Ⅰ．①儿… Ⅱ．①严… Ⅲ．①儿童福利－组织机构－
心理咨询－咨询服务 Ⅳ．①D632.1②R395.6

　　中国版本图书馆 CIP 数据核字(2021)第 062953 号

儿童福利机构心理健康服务

主编　严　虎

□责任编辑	沈常阳	
□责任印制	易红卫	
□出版发行	中南大学出版社	
	社址：长沙市麓山南路	邮编：410083
	发行科电话：0731-88876770	传真：0731-88710482
□印　　装	长沙市宏发印刷有限公司	

□开　　本	787 mm×1092 mm 1/16	□印张 20	□字数 512 千字	
□版　　次	2021 年 5 月第 1 版	□2021 年 5 月第 1 次印刷		
□书　　号	ISBN 978-7-5487-4385-9			
□定　　价	58.00 元			

前 言

　　提及儿童，人们常会用"无忧无虑、天真烂漫"来形容。而作为心理医生出身的我，喜欢研究绘画心理技术，从刚走上这条研究道路不久，我就认识和帮助了很多特殊的孩子：忍受亲情离别的留守儿童、与疾病抗争的白血病患儿、生活在自我世界的自闭症儿童……从那时起，我的心中便种下了投身儿童公益的种子。后来，我在担任国家卫计委全国精神卫生综合管理专家组秘书的过程中，参与的大量精神卫生管理类工作，以及组织调研精神康复新模式所积累的成果和宝贵经验，也进一步为做儿童公益夯实了基础。2016 年，我作为主要发起人，在湖南省民政厅成立登记了公益机构——湖南省知绘心理健康服务发展中心，践行儿童公益事业。从我们有了组织的那天起，我和我的团队便砥砺前行。每前进一步，都会庆幸自己对儿童公益事业的选择。

　　2017 年 4 月，在湖南省民政厅的牵头下，我们遇到了这样一群孩子——儿童福利机构儿童。知绘心理启动了湖南省儿童福利机构心理健康服务项目，我和团队成员，先后在株洲市儿童社会福利院、岳阳市儿童福利院、衡阳市社会福利院开展了为期 4 个月的调研，对参与项目的 45 名儿童及 100 多名福利院员工进行了心理健康状况评估。

　　我们发现，虽然如今福利机构儿童在物质生活条件上有了很大改善，但他们的心理健康问题仍然比较突出。福利机构儿童在社会适应和人际沟通能力方面有欠缺，较之普通儿童，他们的人际互动、生活常识、问题处理能力、学习与技能水平方面较弱。这说明儿童福利机构儿童亟需心理健康方面的教育与辅导。此外，福利院机构工作人员本身也容易产生心理问题，因为工作中面对的对象特殊，工作内容相对繁重，照顾孤残儿童时需要极大耐心，容易让福利机构的工作人员产生情感压抑、职业不认同等心理困扰。因此，提高儿童福利机构工作人员的心理健康水平及创建福利机构心理健康工作环境刻不容缓。

　　针对这个问题，为满足福利院的现实需求，在这次调研活动后，知绘心理开始探索为福利机构儿童和员工开展心理健康服务之路。我们以株洲市儿童社会福利院、岳阳市儿童福利院、衡阳市社会福利院的儿童、员工及专业教师为服务对象，集中 8 个月时间更新方案、设计课程，不断深入福利机构了解情况，与福利机构儿童和教师磨合熟悉，并于 2018 年实施一年的标准化行动方案，积累了一定的工作经验，整理出了一些适合福利机构儿童和员工的心理健康服务标准流程。

2019 年，我们又将这些工作成果进行整理，出版书籍《儿童福利机构心理健康服务》，详细记录适用于儿童福利机构长久、有效、实践性强的心理健康辅导工作模式。该书总结了我们的实践经验，以期服务更多的福利机构。

本书共分为四大部分。第一部分是对我国当前福利机构现状的概述及介绍儿童福利机构心理健康服务的"三·三模式"。第二部分是针对儿童福利机构儿童的心理健康维护，第三部分是针对儿童福利机构员工的心理健康维护及培训，第四部分则是介绍儿童福利机构心理健康服务部门的建设，包括儿童福利院心理健康部门软硬件的设置和师资队伍的培养。

这本书凝聚了参与团队服务于儿童福利机构的实践经验，辅导案例真实，辅导方案可操作性强，且经过多次锤炼而成，取得了良好的效果。该书的知识性也比较全面，我们坚持"授人以渔"的原则，注重儿童福利机构自身专业教师队伍的建设，只有这样，才能持续长久地提高儿童福利机构儿童心理健康服务水平。本书除了适合儿童福利机构工作人员与热衷于福利机构事业的爱心人士阅读，也适合心理学、社会学相关人士参考，并希望给予我们以宝贵的建议。

本书的出版离不开领导和专家们的支持和帮助。在此，对给予我们鼓励和帮助的中国儿童福利和收养中心、湖南省民政厅、中南大学、湖南师范大学的领导和专家表示最衷心的感谢！

感谢株洲市儿童社会福利院、岳阳市儿童福利院、衡阳市社会福利院的领导及工作人员，三年的服务项目得以圆满完成，积累大量书籍编写素材。

感谢湖南省哲学社会科学基金课题（16YBA363）、浙江省社科联研究课题（2021N97）及温州市哲学社会科学规划课题（20wsk273），以及中南大学出版社及知绘心理公益基金对本研究的支持。

感谢中南大学出版社的领导和编辑同志，精心策划推出此书，在审稿和编辑中提出了许多良好的建议，使本书得以日臻完善。

儿童公益是一项需要持久与耐心的事业。儿童是正在成长的幼苗，需要园丁的爱心、耐心及正确的培育技术。帮助过许多特殊孩子的我们，深深体会到儿童公益的不易以及它不凡的意义。回首过往，我们也看到对儿童公益事业的选择正是我们多年研究工作的水到渠成之路，早早就在我们的前进道路上埋下了伏笔。编纂本书，是我们再次走出的一步，也希望能让更多的人参与到儿童公益事业中，让每一个孩子的脸上都能绽放出天真无忧的烂漫笑容！

严虎于湖南省知绘心理健康服务发展中心

2021 年 3 月 15 日

第一部分　绪论篇

第二部分　儿童心理健康维护篇

第三部分　员工心理健康维护及培训篇

第四部分　心理健康服务部门建设篇

第一部分

绪论篇

第 一 章

儿童福利机构心理健康教育工作现状

第一节　儿童福利机构基本情况

一、儿童福利机构的功能及工作职责

儿童福利机构是民政部门设立的，主要收留抚养由民政部门担任监护人的未满18周岁儿童的机构，包括按照事业单位法人登记的儿童福利院、设有儿童部的社会福利院等。儿童福利机构接受国务院民政部门的指导和监督。县级以上地方人民政府民政部门负责本行政区域内儿童福利机构管理工作。

儿童福利机构以养、治、教、康服务为一体，为收容的孤残儿童和青少年提供服务，其工作职责如下：

(1)收养本地区弃婴和孤儿，并为其提供养护、医疗、康复、教育、安置等服务。

(2)承担本地区孤儿养育状况评估工作，协助民政部门开展孤儿和困境儿童福利服务指导工作。

(3)参与孤残儿童监护人培训，指导各地开展孤残儿童康复和困境儿童家庭养育技能培训工作。

(4)根据孤、残、困儿童的身心特点和培育模式，开展特殊教育工作。

二、儿童福利机构的组织及管理

儿童福利机构一般设置业务部门和行政部门。业务部门包括养育部、医疗部、康复部、特教部、社工部等，近年部分福利机构开始增设心理健康服务部门。行政部门包括后勤部、财务室、办公室等。儿童福利机构由党组织书记主管党务工作，由院长主管机构工作。

儿童福利机构一般遵循民政部2019年1月1日起施行的《儿童福利机构管理办法》(见附录一)，并结合本地区、本机构特点及需求，对机构中各项管理及服务工作进行指标体系的量化。通过明确的管理办法、标准化的管理任务和流程，使儿童福利机构的每一项服务工作目标更明确、内容更清晰，流程更易于操作和优化，服务效果更便于量化评估。如下是浙江省湖州市2020年8月发布的《儿童福利机构服务评价指标体系》。

表 1-1　儿童福利机构服务评价指标体系表

评价单元	评价指标	分值	指标说明
服务组织	机构设立	2	持有机构设置批准证书、食品经营许可证书。内设医疗机构时，应持有医疗机构执业许可证书
	合规性	2	符合国家现行的安全、消防、卫生、环境保护、劳动合同等相关法律、法规和标准的规定与要求
	规章制度	2	人员管理、消防安全、食品安全、设施设备安全、服务风险控制、突发事件应急处置等方面的制度建设符合要求
	儿童评估机制	2	建立儿童评估机制，依据评估结果和儿童需求，提供相应的服务
	公开服务项目	1	公开服务项目和内容
服务人员	仪容仪表、着装	1	服务人员着装得体、符合要求，佩戴工牌
	服务行为	1	遵守制度、保守秘密、有效服务，符合服务设立流程和要求
	服务态度	2	服务热情礼貌、尊重服务对象
	培训	1	服务人员定期接受包括岗前培训在内的职业培训，培训的频次、内容、覆盖面等能有效支撑儿童服务实施
服务场所	建筑	1	建筑设计布局科学合理，符合 GB 50340 的要求
	标识系统与展示系统设置	2	公共区域设有明显标志，公共信息图形符号符合 GB/T 10001.1 和 GB/T 10001.9 的相关要求。疏散通道、安全出口等区域设置消防安全警示和揭示标识，安全标志的设置符合 GB 2894、GB 13495.1 和 GB 15630 的规定；信息展示和公开内容齐全、及时，方式合理
	服务环境	2	布局合理，清洁整齐，垃圾收集与处理、绿化、灭蚊、灭鼠等按规定实施
	服务设施设备配置	2	服务场所消防设施的维护管理符合 GB 25201 的相关规定，紧急出口保持畅通；配置无障碍设施与设备；公共卫生设施设置合理，卫生状况良好。有配置儿童所需的基本生活用具和教学用具
安全管理	安全组织和人员	1	有明确的安全管理部门和安全管理人员，有明确的职责分工，人员具有相应岗位的专业资质和技能
	设备设施安全	2	电器、燃气、特种设备、健身器材等设施设备为合格产品，有安全防护装置或安全防护措施，定期进行检查和维护
	消防安全	2	消防设施设备完好有效。定期进行检测、维护和保养。有消防演练、应急疏散和灭火预案
	食品安全	2	食品的采购、储存、运输、加工、制作、配送符合食品安全相关法律法规的要求
	出行与交通安全	2	明确出行安全责任，有效开展交通安全教育与培训活动等
	服务安全	4	做到防窒息、防摔伤、防自伤/互伤、防烫伤、防冻伤、防中毒、防走失和交通伤害等

评价单元	评价指标	分值	指标说明
养育	生活照料	5	有效开展卫生照料、晨/晚间生活照料、睡眠照料、进食照料、饮水照料、排泄照料、更换床上用品的活动
	膳食	5	有效开展食谱的制定,婴幼儿辅食的配置与添加。食品加工原料新鲜、无变质、无毒、无害。加工用的工具、容器、设备清洗、消毒,分类存放
	清洁卫生	5	有效开展居室、公共区域、娱乐设施、玩具、教具卫生清洁的活动
	洗涤	5	有效开展衣服、床上用品、窗帘、门帘和桌椅套的收集、洗涤、晾晒、发放的活动
教育娱乐服务	早期教育	2	有效开展视、触、听、嗅、味觉的感觉器官训练,语言能力培养和运动训练
	学前教育	2	有效开展儿童健康、语言、社会、科学、艺术的启蒙和训练,有效促进幼儿情感、态度、能力、知识、技能的发展
	课外辅导	1	有效指导学习方法,激发学习兴趣,培养正确和解决问题能力,完成课堂教学作业
	特殊教育	1	对有特殊需要的儿童进行旨在达到一般和特殊培养目标的教育,发展他们的潜能,获得技能、完善人格,增强社会适应能力
	技能培训	1	定期组织开设实用技术课程,制定培训计划和方案,开展综合社会实践活动
	就业指导	1	有效开展技能培训和社会能力训练,做好就业相关准备,如心理准备、知识能力准备、职业素养准备,指导就业面试技巧等
	体育健身	2	有效开展体育活动,如跳绳、毽子、羽毛球、乒乓球、足球、篮球、运动会等,增强儿童体质
	文化娱乐	2	有效开展元旦、春节、藏历新年、五一、六一、国庆等具代表性的节日庆典活动。有效开展阅读图书、书法、绘画、音乐、舞蹈、手工、各种棋类等活动
医疗保健服务	医疗保健	2	有效开展体检、发育评估、疫苗接种、卫生保健、诊疗、巡诊、院前急救、健康教育、建立健康档案等活动
	儿童护理	2	遵医嘱执行护理操作,有效开展常用标本采集、给药治疗等护理工作
	安全防护	2	有效开展常见风险因素(环境、生理、药物、疾病、心理、认知和行为)的评估,采取有效的防控措施
	陪同就医	2	有效开展院外就医、住院陪同等工作

评价单元	评价指标	分值	指标说明
康复服务	康复人员	1	配备具有相关技术资格的康复医师、康复治疗师和护士
	场地和设备	2	康复场地规划满足儿童康复训练需求,且符合 GB 50763;康复场所配备满足康复训练的器械和必备的用具
	预评估和评估	1	有效开展康复前的预评估和康复后的评估
	康复治疗	2	制定康复计划,有效开展康复治疗活动,安排康复训练
心理支持/慰藉服务	环境适应	1	帮助新入住的儿童认识和熟悉居室和周边环境,介绍人员、活动场所和服务内容,指导建立和发展新的社会关系网,消除儿童到陌生环境的恐惧感,使儿童尽快适应新环境,融入集体生活
	共情陪伴	1	定期与儿童互动交流,倾听儿童倾诉的问题,帮助儿童建立自信心。发掘儿童潜能,陪伴儿童成长
	情绪疏导	1	运用社会工作的理论与技巧,对心理方面出现问题并希望解决的儿童,了解儿童情绪变化的原因,通过语言、文字、图片、娱乐活动等形式进行疏导交流,引导儿童改变消极认知,建立对生活的积极态度
	心理健康辅导	1	指导有心理障碍的儿童,克服障碍、缓解症状、恢复心理平衡
	心理健康教育	1	通过培训、讲座、沟通、座谈、张贴或发放宣传材料等方式,为儿童提供心理指导、情感教育、关系指导,帮助儿童保持健康的心理状态
	心理咨询	1	引导儿童就共同关心的主题进行讨论,观察和分析有关自己和他人的心理与行为反应、情感体验和人际关系,使儿童的不良情绪或行为得以改善
接收安置服务		2	有效开展儿童的接收、评估(综合素质评估、家庭寄养评估等)、安置(家庭寄养、托养、涉外送养)、流转、跟踪等活动
社会工作服务		2	根据儿童的生理、心理特点和成长、发展的需要,运用社会工作的专业方法和技巧对儿童开展服务,通过接案、预评估、计划、介入、评估、结案等服务流程,协助儿童提升解决问题的能力,恢复、改善及提高儿童社会功能,促进儿童健康成长和全面发展
服务质量控制		10	设置服务质量的检查部门,制定服务质量检查方案、程序和要求,配备专兼职的服务质量检查人员。结合实际情况,抽查相关记录,对发现的问题进行总结分析,提出整改措施,建立投诉处理相关机制,并定期回访

注:该表来源于浙江省湖州市地方标准,标准编号:DB54/T 0231-2020

附录一：

儿童福利机构管理办法

第一章 总则

第一条 为了加强儿童福利机构管理，维护儿童的合法权益，根据《中华人民共和国民法总则》、《中华人民共和国未成年人保护法》等有关法律法规，制定本办法。

第二条 本办法所称儿童福利机构是指民政部门设立的，主要收留抚养由民政部门担任监护人的未满 18 周岁儿童的机构。

儿童福利机构包括按照事业单位法人登记的儿童福利院、设有儿童部的社会福利院等。

第三条 国务院民政部门负责指导、监督全国儿童福利机构管理工作。

县级以上地方人民政府民政部门负责本行政区域内儿童福利机构管理工作，依照有关法律法规和本办法的规定，对儿童福利机构进行监督和检查。

第四条 儿童福利机构应当坚持儿童利益最大化，依法保障儿童的生存权、发展权、受保护权、参与权等权利，不断提高儿童生活、医疗、康复和教育水平。

儿童福利机构及其工作人员不得歧视、侮辱、虐待儿童。

第五条 儿童福利机构的建设应当纳入县级以上地方人民政府国民经济和社会发展规划，建设水平应当与当地经济和社会发展相适应。

第六条 儿童福利机构所需经费由县级以上地方人民政府财政部门按照规定予以保障。

第七条 鼓励自然人、法人或者其他组织通过捐赠、设立公益慈善项目、提供志愿服务等方式，参与儿童福利机构相关服务。

第八条 对在儿童福利机构服务和管理工作中做出突出成绩的单位和个人，依照国家有关规定给予表彰和奖励。

第二章 服务对象

第九条 儿童福利机构应当收留抚养下列儿童：

(一)无法查明父母或者其他监护人的儿童；

(二)父母死亡或者宣告失踪且没有其他依法具有监护资格的人的儿童；

(三)父母没有监护能力且没有其他依法具有监护资格的人的儿童；

(四)人民法院指定由民政部门担任监护人的儿童；

(五)法律规定应当由民政部门担任监护人的其他儿童。

第十条 儿童福利机构收留抚养本办法第九条第(一)项规定的儿童的，应当区分情况登记保存以下材料：

(一)属于无法查明父母或者其他监护人的被遗弃儿童的，登记保存公安机关出具的经相关程序确认查找不到父母或者其他监护人的检拾报案证明、儿童福利机构发布的寻亲公告、民政部门接收意见等材料。

(二)属于无法查明父母或者其他监护人的打拐解救儿童的，登记保存公安机关出具的打拐解救儿童临时照料通知书、DNA 信息比对结果、暂时未查找到生父母或者其他监护人的证明，儿童福利机构发布的寻亲公告，民政部门接收意见以及其他与儿童有关的材料。

(三)属于超过3个月仍无法查明父母或者其他监护人的流浪乞讨儿童的，登记保存公安机关出具的DNA信息比对结果、未成年人救助保护机构发布的寻亲公告、民政部门接收意见以及其他与儿童有关的材料。

第十一条　儿童福利机构收留抚养本办法第九条第(二)项规定的儿童的，应当登记保存儿童户籍所在地乡镇人民政府(街道办事处)提交的儿童父母死亡证明或者宣告死亡、宣告失踪的判决书以及没有其他依法具有监护资格的人的情况报告，民政部门接收意见等材料。

第十二条　儿童福利机构收留抚养本办法第九条第(三)项规定的儿童的，应当登记保存儿童户籍所在地乡镇人民政府(街道办事处)提交的父母没有监护能力的情况报告、没有其他依法具有监护资格的人的情况报告，民政部门接收意见等材料。

父母一方死亡或者失踪的，还应当登记保存死亡或者失踪一方的死亡证明或者宣告死亡、宣告失踪的判决书。

第十三条　儿童福利机构收留抚养本办法第九条第(四)项规定的儿童的，应当登记保存人民法院生效判决书、民政部门接收意见等材料。

第十四条　儿童福利机构可以接受未成年人救助保护机构委托，收留抚养民政部门承担临时监护责任的儿童。儿童福利机构应当与未成年人救助保护机构签订委托协议。

儿童福利机构应当接收需要集中供养的未满16周岁的特困人员。

第三章　服务内容

第十五条　儿童福利机构接收儿童后，应当及时送医疗机构进行体检和传染病检查。确实无法送医疗机构的，应当先行隔离照料。

第十六条　儿童福利机构收留抚养本办法第九条第(一)项规定的儿童的，应当保存儿童随身携带的能够标识其身份或者具有纪念价值的物品。

第十七条　儿童福利机构收留抚养本办法第九条规定的儿童，应当及时到当地公安机关申请办理户口登记。

第十八条　儿童福利机构应当根据《儿童福利机构基本规范》等国家标准、行业标准，提供日常生活照料、基本医疗、基本康复等服务，依法保障儿童受教育的权利。

第十九条　儿童福利机构应当设置起居室、活动室、医疗室、隔离室、康复室、厨房、餐厅、值班室、卫生间、储藏室等功能区域，配备符合儿童安全保护要求的设施设备。

第二十条　儿童福利机构应当考虑儿童个体差异，组织专业人员进行评估，并制定个性化抚养方案。

第二十一条　儿童福利机构应当提供吃饭、穿衣、如厕、洗澡等生活照料服务。

除重度残疾儿童外，对于6周岁以上儿童，儿童福利机构应当按照性别区分生活区域。女童应当由女性工作人员提供前款规定的生活照料服务。

儿童福利机构提供的饮食应当符合卫生要求，有利于儿童营养平衡。

第二十二条　儿童福利机构应当保障儿童参加基本医疗保险，安排儿童定期体检、免疫接种，做好日常医疗护理、疾病预防控制等工作。

儿童福利机构可以通过设立医疗机构或者采取与定点医疗机构合作的方式，为儿童提供基本医疗服务。

发现儿童为疑似传染病病人或者精神障碍患者时，儿童福利机构应当依照传染病防治、精神卫生等相关法律法规的规定处理。

第二十三条　儿童福利机构应当根据儿童的残疾状况提供有针对性的康复服务。暂不具备条件的，可以与有资质的康复服务机构合作开展康复服务。

第二十四条　对符合入学条件的儿童，儿童福利机构应当依法保障其接受普通教育；对符合特殊教育学校入学条件的儿童，应当依法保障其接受特殊教育。

鼓励具备条件的儿童福利机构开展特殊教育服务。

第二十五条　儿童确需跨省级行政区域接受手术医治、康复训练、特殊教育的，儿童福利机构应当选择具备相应资质的机构，并经所属民政部门批准同意。

儿童福利机构应当动态掌握儿童情况，并定期实地探望。

第二十六条　对于符合条件、适合送养的儿童，儿童福利机构依法安排送养。送养儿童前，儿童福利机构应当将儿童的智力、精神健康、患病及残疾状况等重要事项如实告知收养申请人。

对于符合家庭寄养条件的儿童，儿童福利机构按照《家庭寄养管理办法》的规定办理。

第二十七条　出现下列情形，儿童福利机构应当为儿童办理离院手续：

(一)儿童父母或者其他监护人出现的；

(二)儿童父母恢复监护能力或者有其他依法具有监护资格的人的；

(三)儿童父母或者其他监护人恢复监护人资格的；

(四)儿童被依法收养的；

(五)儿童福利机构和未成年人救助保护机构签订的委托协议期满或者被解除的；

(六)其他情形应当离院的。

第二十八条　出现本办法第二十七条第(一)项情形的，儿童福利机构应当根据情况登记保存公安机关出具的打拐解救儿童送还通知书，儿童确属于走失、被盗抢或者被拐骗的结案证明，人民法院撤销宣告失踪或者宣告死亡的判决书，以及能够反映原监护关系的材料等。

出现本办法第二十七条第(二)项情形的，儿童福利机构应当登记保存儿童原户籍所在地乡镇人民政府(街道办事处)提交的父母恢复监护能力或者有其他依法具有监护资格的人的情况报告。

出现本办法第二十七条第(三)项情形的，儿童福利机构应当登记保存人民法院恢复监护人资格的判决书。

出现本办法第二十七条第(一)项至第(三)项情形的，儿童福利机构还应当登记保存父母、其他监护人或者其他依法具有监护资格的人提交的户口簿、居民身份证复印件等证明身份的材料以及民政部门离院意见等材料。

出现本办法第二十七条第(四)项情形的，儿童福利机构应当登记保存收养登记证复印件、民政部门离院意见等材料。

出现本办法第二十七条第(五)项情形的，儿童福利机构应当登记保存儿童福利机构和未成年人救助保护机构签订的委托协议或者解除委托协议的相关材料。

第二十九条　儿童离院的，儿童福利机构应当出具儿童离院确认书。

第三十条　由民政部门担任监护人的儿童年满18周岁后，儿童福利机构应当报请所属民政部门提请本级人民政府解决其户籍、就学、就业、住房、社会保障等安置问题，并及时办理离院手续。

第三十一条　儿童福利机构收留抚养的儿童正常死亡或者经医疗卫生机构救治非正常死亡的，儿童福利机构应当取得负责救治或者正常死亡调查的医疗卫生机构签发的《居民死亡医学证明(推断)书》；儿童未经医疗卫生机构救治非正常死亡的，儿童福利机构应当取得由公安司法部门按照规定及程序出具的死亡证明。

儿童福利机构应当及时将儿童死亡情况报告所属民政部门，并依法做好遗体处理、户口注销等工作。

第四章　内部管理

第三十二条　儿童福利机构应当按照国家有关规定建立健全安全、食品、应急、财务、档案管理、信息化等制度。

第三十三条　儿童福利机构应当落实岗位安全责任，在各出入口、接待大厅、楼道、食堂、观察室以及儿童康复、教育等区域安装具有存储功能的视频监控系统。监控录像资料保存期不少于3个月，载有特殊、重要资料的存储介质应当归档保存。

第三十四条　儿童福利机构应当实行24小时值班巡查制度。值班人员应当熟知机构内抚养儿童情况，做好巡查记录，在交接班时重点交接患病等特殊状况儿童。

第三十五条　儿童福利机构应当依法建立并落实逐级消防安全责任制，健全消防安全管理制度，按照国家标准、行业标准配置消防设施、器材，对消防设施、器材进行维护保养和检测，保障疏散通道、安全出口、消防车通道畅通，开展日常防火巡查、检查，定期组织消防安全教育培训和灭火、应急疏散演练。

第三十六条　儿童福利机构应当加强食品安全管理，保障儿童用餐安全卫生、营养健康。

儿童福利机构内设食堂的，应当取得市场监管部门的食品经营许可；儿童福利机构从供餐单位订餐以及外购预包装食品的，应当从取得食品生产经营许可的企业订购，并按照要求对订购的食品进行查验。

儿童福利机构应当按照有关规定对食品留样备查。

第三十七条　儿童福利机构应当制定疫情、火灾、食物中毒等突发事件应急预案。

突发事件发生后，儿童福利机构应当立即启动应急处理程序，根据突发事件应对管理职责分工向有关部门报告。

第三十八条　儿童福利机构应当执行国家统一的会计制度，依法使用资金，专款专用，不得挪用、截留孤儿基本生活费等专项经费。

第三十九条　儿童福利机构应当建立儿童个人档案，做到一人一档。

第四十条　儿童福利机构应当依托全国儿童福利信息管理系统，及时采集并录入儿童的基本情况及重要医疗、康复、教育等信息，并定期更新数据。

第四十一条　儿童福利机构应当根据工作需要设置岗位。从事医疗卫生等准入类职业的专业技术人员，应当持相关的国家职业资格证书上岗。鼓励其他专业人员接受职业技能培训。

第四十二条　儿童福利机构应当鼓励、支持工作人员参加职业资格考试或者职称评定，按照国家有关政策妥善解决医疗、康复、教育、社会工作等专业技术人员的职称、工资及福利待遇。儿童福利机构工作人员着装应当整洁、统一。

第四十三条　儿童福利机构与境外组织开展活动和合作项目的，应当按照国家有关规定办理相关手续。

第五章　保障与监督

第四十四条　县级以上地方人民政府民政部门应当支持儿童福利机构发展，协调落实相关政策和保障措施。

第四十五条　鼓励县级以上地方人民政府民政部门通过引入专业社会工作机构、公益慈善项目等多种方式提高儿童福利机构专业服务水平。

第四十六条　县级以上地方人民政府民政部门应当加强儿童福利机构人员队伍建设，定期培训儿童福利机构相关人员。

第四十七条　县级以上地方人民政府民政部门应当建立健全日常监管制度，对其设立的儿童福利机构及工作人员履行下列监督管理职责：

（一）负责对儿童福利机构建立健全内部管理制度、规范服务流程、加强风险防控等情况进行监督检查；

（二）负责对执行儿童福利机构管理相关法律法规及本办法情况进行监督检查；

（三）负责对违反儿童福利机构管理相关法律法规及本办法行为，依法给予处分；

（四）负责儿童福利机构监督管理的其他事项。

上级民政部门应当加强对下级民政部门的指导和监督检查，及时处理儿童福利机构管理中的违法违规行为。

第四十八条　对私自收留抚养无法查明父母或者其他监护人的儿童的社会服务机构、宗教活动场所等组织，县级以上地方人民政府民政部门应当会同公安、宗教事务等有关部门责令其停止收留抚养活动，并将收留抚养的儿童送交儿童福利机构。

对现存的与民政部门签订委托代养协议的组织，民政部门应当加强监督管理。

第四十九条　儿童福利机构及其工作人员不依法履行收留抚养职责，或者歧视、侮辱、虐待儿童的，由所属民政部门责令改正，依法给予处分；构成犯罪的，依法追究刑事责任。

第五十条　民政部门及其工作人员在儿童福利机构管理工作中滥用职权、玩忽职守、徇私舞弊的，由有权机关责令改正，依法给予处分；构成犯罪的，依法追究刑事责任。

第六章　附则

第五十一条　本办法所称未成年人救助保护机构是指未成年人（救助）保护中心和设有未成年人救助保护科（室）的救助管理站。

第五十二条　本办法自 2019 年 1 月 1 日起施行。

注：资料来源于民政部官网 http://www.mca.gov.cn/article/gk/fg/rtfl/201811/20181100012652.shtml

第二节　儿童福利机构儿童的心理健康现状

一、儿童福利机构儿童的组成

《儿童福利机构管理办法》规定，儿童福利机构应该抚养以下几类儿童：①无法查明父母或者其他监护人的儿童；②父母死亡或者宣告失踪且没有其他依法具有监护资格的人的儿童；③父母没有监护能力且没有其他依法具有监护资格的人的儿童；④人民法院指定由民政部门担任监护人的儿童；⑤法律规定应当由民政部门担任监护人的其他儿童。因此，福利院当前收养的儿童大部分为孤儿。

在我国，按照儿童致孤的原因，孤儿可以分为四类：第一类是由于重大疾病、严重残疾被父母遗弃的儿童，其被遗弃时的年龄主要集中在 0~1 岁和 2~5 岁这两个年龄段；第二类是无法律监护人，即由于疾病、意外事故或是自然灾害等原因导致儿童父母一方死亡，另一方无力抚养或是父母双亡，亲戚无力抚养的儿童；第三类是已被解救出但未能找到父母的被拐儿童；第四类是少数身体、智力均正常而被父母遗弃的儿童。民政部在召开 2019 年第一季度新闻发布会时指出，当前全国共有 34.3 万名孤儿。

近年来，国家不断加大对孤儿的救助力度，对孤儿的养育、教育、医疗、康复和成年后的就业、住房也做了制度安排。2006 年国务院颁发的《关于加强孤儿救助工作的意见》，首次提出要建立政府领导、民政牵头、部门配合、社会参与的孤儿救助保护工作机制，采取多种渠道安置孤儿，并满足孤儿基本生活、教育、医疗、康复、就业和住房等方面的需求。

福利机构中的儿童，被收养是其最好的归宿，但能被收养的孤儿一般是身体健全、低龄的孤儿，残疾孤儿很少被收养。随着社会经济的发展，国内家庭对孤儿收养的观念也在发展变化，慢慢开始收养有轻度残疾的孤儿。那些因身体条件等因素不适于被收养和寄养的儿童则继续在福利机构内集中供养。

目前，儿童福利机构养育的儿童主体已经转变为残疾孤儿，主要包括脑瘫儿童、智力障碍儿童、肢体残疾儿童、视听障碍儿童、精神障碍儿童，也有少数智力正常、无身体残疾的困境儿童。

二、福利机构儿童的抚养方式

在残疾孤儿生活保障方面，我国建立了孤儿基本生活保障制度，中央财政安排专项转移支付，按照东、中、西部每人每月 300 元、450 元、600 元的标准补助地方，为包括残疾孤儿在内的所有孤儿发放基本生活费。2019 年，民政部会同最高人民法院、最高人民检察院、发展改革委、教育部、公安部、司法部、财政部、医保局、共青团中央、全国妇联、中国残联等12 个部门联合出台了《关于进一步加强事实无人抚养儿童保障工作的意见》（民发〔2019〕62 号），将事实无人抚养儿童的基本生活纳入制度性保障，按照与当地孤儿保障标准相衔接的原则确定补贴标准，参照孤儿基本生活费发放办法为事实无人抚养儿童发放生活费。《儿童福利机构管理办法》规定：①儿童福利机构应当根据《儿童福利机构基本规范》等国家标准、行业标准，提供日常生活照料、基本医疗、基本康复等服务，依法保障儿童受教育的权利；②儿童福利机构应当设置起居室、活动室、医疗室、隔离室、康复室、厨房、餐厅、值班室、卫生间、储藏室等功能区域，配备符合儿童安全保护要求的设施设备；③儿童福利机构应当考虑儿童个体差异，组织专业人员进行评估，并制定个性化抚养方案；④儿童福利机构应当根据儿童的残疾状况提供有针对性的康复服务，暂不具备条件的，可以与有资质的康复服务机构合作开展康复服务；⑤对符合入学条件的儿童，儿童福利机构应当依法保障其接受普通教育；对符合特殊教育学校入学条件的儿童，应当依法保障其接受特殊教育。以上各类政策的实施，为福利院儿童的生存需求和受教育需求提供了基本保障。

同时，我国传统的孤残儿童养育采取集中养育的模式。随着经济的发展与福利理念的进步，养育模式逐渐多样化。目前我国福利机构儿童的养育主要包括三种模式，即福利机构内集中养育、家庭寄养以及机构内类家庭养育。

(一)福利机构内集中养育

福利机构内集中养育，指将孤残儿童集中在福利院进行养育，让孤残儿童过着集体式的生活。其特点是，孤残儿童不分大小、多少以及病残程度，都常年在福利院一起生活，直至长大。孤残儿童生活在一个大集体中，能享受到机构内提供的生活照料、医疗、康复、教育、心理以及社会融入等各项服务，但是因其成本相对较低，不能让孩子得到一对一的精细化个性服务，难以感受到家庭的温暖；集中供养模式下，福利院工作人员因为儿童众多、工作繁多，更多的重心放在儿童的饮食起居、疾病护理和安全管控等生活问题上，无法做到关怀每个儿童的情感世界。

总体而言，机构内集中养育模式存在以下几方面的不足：第一，统一的服务和集体管理很难满足儿童的个别需求，抑制了儿童个性化成长的需要，这与新时代的儿童发展观是相违背的。第二，集中养育对于满足儿童的情感需求、社会性发展及良好习惯的形成存在一定不足。第三，在集中养育模式下，由于工作人员的流动，很难保证同一位照顾者对儿童的持续性照顾，因而儿童难以与稳定照顾者建立健康的依恋关系。最后，封闭的环境及社会接触的有限，不利于儿童健全人格的培养，无法顺利完成其社会化。因此，长期生活在福利机构中的儿童往往会出现性格孤僻、心理封闭、缺乏自制力与上进心、社会适应能力差等方面的问题。

(二)家庭寄养

国内外收养是安置孤儿的长期永久性且最利于儿童健康成长的养育手段。民政部在2019年1月份发布的报告显示：近五年间，在福利机构被收养儿童中，被国内家庭收养的占87.5%；被国外家庭收养的占12.5%。外国人士收养残疾儿童占涉外收养总数的95%。

除了收养之外，家庭寄养是一种替代性的家庭养育模式。家庭寄养是在不变更监护权的前提下，通过严格的筛选条件确定家庭后，将符合条件的孤残儿童委托在这些家庭中养育的照料模式。寄养家庭一般选择在福利机构周边的乡郊家庭。儿童家庭寄养时，享受政府给予的生活、医疗与教育费用。吴鲁平等编写的《家庭寄养》一书中指出寄养家庭参与家庭寄养活动，是他们在有"闲"的情景下做出的一种理性选择，他们是"理性的爱心行动者"，或"具有爱心的理性行动者"；家庭寄养基本体现了"以儿童为中心"的孤残儿童照顾理念，被寄养儿童在寄养家庭中得到了较好的照顾，生理、心理以及社会性发展等方面有很大进步。家庭寄养环境，相比集中供养环境，更有利于孤残儿童的社会化。

(三)类家庭养育

由于儿童福利机构儿童的高残疾率和高重残比例，大量的残疾儿童滞留在儿童福利机构

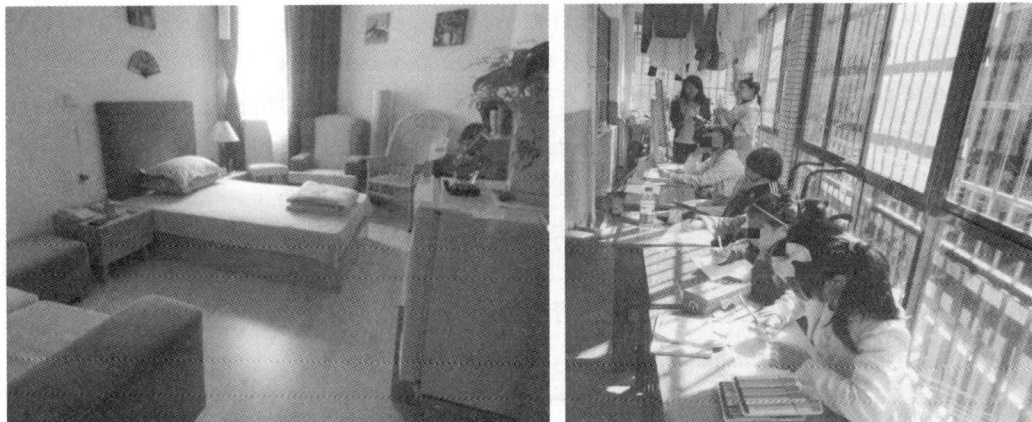

图 1-1　衡阳市社会福利院

内，儿童福利机构对孤弃儿童的养育以集中养育为主。基于机构里集中养育的孤弃儿童非常渴望家庭生活，而且固定的养育者对儿童形成安全的依恋关系至关重要，再者，儿童的成长过程中需要"爸爸妈妈"的角色榜样，来形成自我认同。因此，儿童福利机构引入"类家庭养育模式"，还孤弃儿童一个完整的童年。类家庭养育模式是指福利机构聘用有教养经验的夫妻和孤残儿童组建家庭，由儿童福利机构为每个"家庭"提供住所、养育经费等。类家庭能为儿童提供稳定、温馨的家庭生活，帮助儿童与成人建立亲子关系的模拟家庭。经过严格挑选的家庭父母，在残疾儿童的早期干预和康复、儿童行为教育和引导、身心健康和发育等方面，提供爱的关怀和细心的照料，并在尽可能长的时间内，与孩子建立深厚的亲子感情，这不仅将有助于儿童早期的情感发展，而且会对其青少年和成年时期的各项发展均会产生深远的影响。

图 1-2　株洲市儿童社会福利院

三、福利机构儿童的医疗状况

在残疾孤儿医疗康复保障方面，民政部自 2004 年起实施了"残疾孤儿手术康复明天计划"，后改为"孤儿医疗康复明天计划"，面向包括残疾孤儿在内的所有孤儿，免费开展手术矫治和医疗康复。截至目前，已累计投入彩票公益金 14.6 亿元，为 16.3 万名残疾孤儿开展了医疗康复服务。其中，2.7 万名术后康复孤儿被家庭收养，重新获得父母关爱和家庭温暖。

国务院 2018 年 6 月发布的《残疾儿童康复救助制度》中规定了儿童福利机构残疾儿童可以到定点的康复机构接受康复服务，包括以减轻功能障碍、改善功能状况、增强生活自理和社会参与能力为主要目的的手术、辅助器具配置和康复训练等。

根据《儿童福利机构管理办法》规定，儿童福利机构内有医务室，至少配备执业医师和护士各一名。儿童福利机构儿童都参加了基本医疗保险，儿童能够定期体检（每年至少 1 次）、免疫接种（每个儿童都持有当地防疫部门发的计划免疫接种卡），享受日常的医疗护理、疾病预防控制等。儿童福利机构建立了儿童的病例和健康档案，机构内残疾儿童能够获得有针对性的术后康复服务，比如脑瘫术后康复。儿童福利机构建立了每日查房制度，对儿童福利机构内儿童的常见病、多发病等能够及时治疗。常见病在儿童福利机构内就能得到治疗，重大疾病也能够及时送入医院接受专业治疗。

儿童福利机构经常开展康复娱乐活动，根据儿童的不同健康状况、兴趣爱好和个性特点实施有益健康的文体活动和健康锻炼活动。

四、福利机构儿童受教育状况

《儿童福利机构管理办法》规定，对符合入学条件的儿童，儿童福利机构应当依法保障其接受普通教育；对符合特殊教育学校入学条件的儿童，应当依法保障其接受特殊教育。鼓励具备条件的儿童福利机构开展特殊教育服务（图 1-3）。以下将以湖南省三所儿童福利机构为例，具体说明福利机构儿童受教育状况。

图 1-3　特殊儿童的智力教育
（图片来自岳阳市儿童福利院）

（一）福利机构儿童的智力教育

由于儿童之间存在智力水平、知识技能、兴趣爱好、情感、性格、身体素质等方面的差异，因而在实际教学工作中，在一个班级里孩子们之间的个体差异往往很大。因此要根据每位智障儿童的实际情况，制定和实施个别化教育。儿童福利机构一般根据儿童的智力残疾程度以及个性差异等方面的不同对儿童进行分班，并开展多元化教育；对于智力障碍且具有多重残疾的儿童实施个别化教育，为每个儿童制定个别化教育计划。

(二)福利机构儿童的心理健康教育

1.特教中融入心理健康教育

现在一般会将社工工作方法以及心理健康教育理念引入特教过程。寄养家庭以社区方法为主，在儿童福利机构内则以小组方法为主。个别孩子的问题以个案方法为主。比如株洲市儿童社会福利院策划了特教启智班心理健康教育方案，实行了一系列的计划，如"成长课堂"(图1-4)小组计划书，"湘江之行"出行计划，"午后一小时散步"出行计划，"爱的寻求与关怀"寻求固定义工，"放手，爱的飞翔"的生活自理能力训练，"走出象牙塔"帮助孩子走出自卑等。这些计划旨在帮助福利机构内儿童建立自立、自强的信念，减少自卑，开阔视野、开朗心胸。

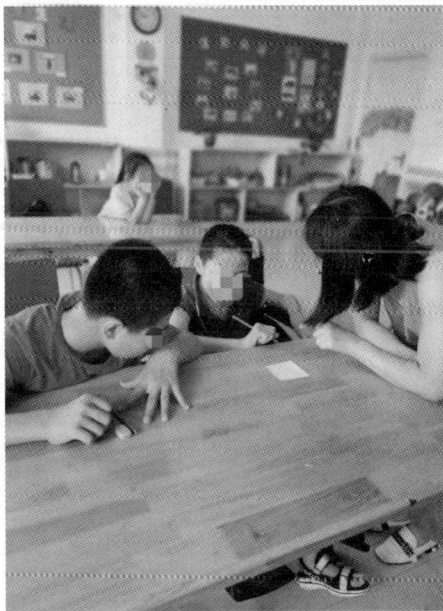

图1-4 "成长课堂"小组
(图片来自株洲市儿童社会福利院)

2.建立心理健康档案

福利机构专门聘请心理咨询师，定期监测和疏导孤儿的心理问题，并将儿童福利机构营造成一个温馨和充满爱的家园，从而使这些孤残儿童能够拥有一个健康的心理状态。福利机构为每位孤残儿童建立专门档案(图1-5)，并及时跟踪其生活和心理状况，针对轻微的情绪困扰进行疏导，而相对严重的心理问题则及时转介，从而使所有孤残儿童的心理问题都能得到有效援助。

3.儿童团体心理辅导

儿童福利机构通过与湖南省知绘心理健康服务发展中心(原名为湖南省红气球未成年人心理健康服务中心)合作，在福利机构开展儿童团体心理辅导和儿童心理健康教育课程。针

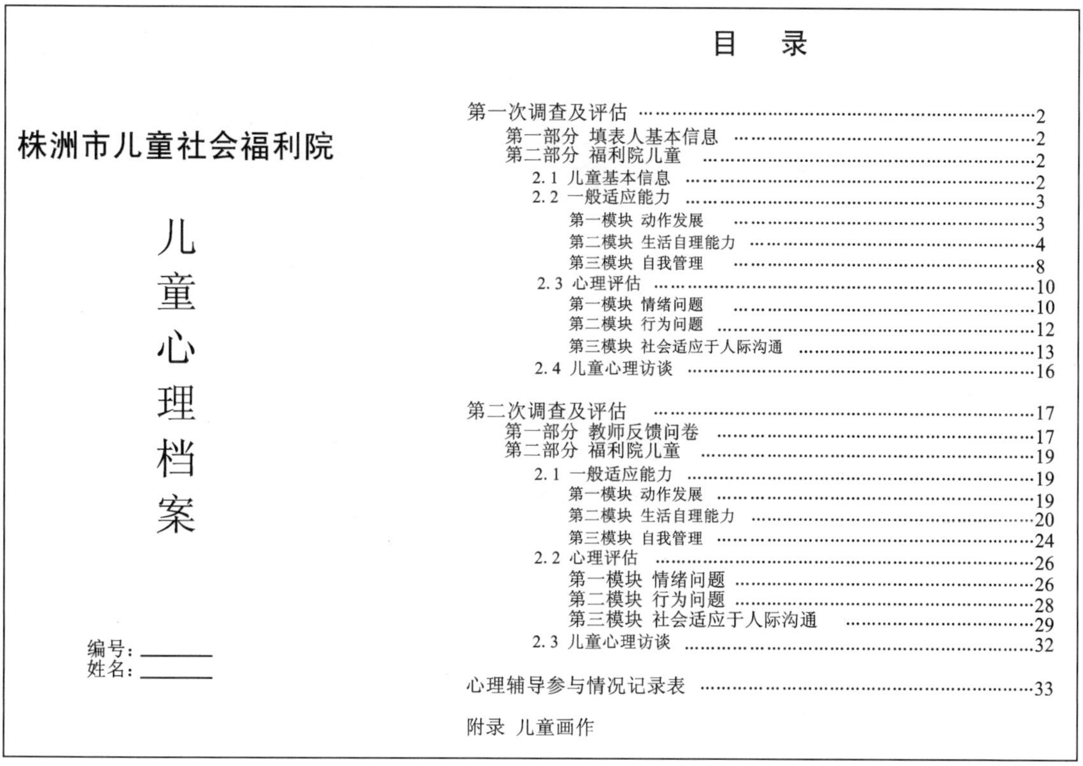

目　录

株洲市儿童社会福利院

儿童心理档案

编号：_____
姓名：_____

图 1-5　儿童福利机构心理健康档案

对社区大龄儿童开展了人际交往、情绪管理、自我保护、自我肯定、人生规划、情商管理等课程，考虑到孩子们情况特殊，男女生单独开展活动；针对机构内低龄儿童开展了认识快乐、认识害怕、认识难过、注意力分配和转移等相关主题的课程。

　　每次活动主题都有不同的目标，通过团体心理辅导活动提升了机构外社区大龄孩子的人际交往能力，以及自信心的提升、情绪的合理宣泄及合理管理情绪等方面的能力。通过"红气球心理健康教育课程"的开设，低龄儿童的表达能力、感知能力、专注力等能力得到了改善，变得更加自信和勇敢，其内在的安全感和力量感有了提升；大龄儿童有了更多的力量去走向新的人群，进而走向社会，可以迈向属于自己的天空(图1-6)。每一次的团体心理辅导活动，团体带领者都能感受到儿童由内而外地发生蜕变，团体心理辅导活动不仅让儿童获得成长，也让带领者收获了喜悦和感动，自我得到成长。

　　4.儿童个体心理辅导

　　福利机构的部分儿童因重度残疾或重大疾病，从小失去家庭的关爱。其中，部分孩子性格内向自闭，不能正确接纳自我，经常出现行为异常和心理问题。湖南省知绘心理健康服务发展中心分别为株洲市、衡阳市、岳阳市三所儿童福利机构提供儿童个案咨询服务(图1-7)。

图1-6 大龄儿童团体心理辅导之人际交往

(图片来自岳阳市儿童福利院)

心理咨询记录

2020年 9 月 6 日 自 15 时 10 分始，16 时 15 分结束

来访者姓名	××	班级	无	性别	女	年龄	4
咨询次数	第×次	备注					

咨询缘由：

    1. 疫情后因父母涉案过来院里；

    2. 首次咨询，了解基础信息，建立信任关系。

来访者自述：

过往情况了解：

  保育员表述××性格活泼，善言语，同伴关系良好，可能会因为脸上有胎记有点自卑。

自述：

    愿意主动表达，受年段和社会学习原因，语言表达能力有限，更喜好绘画和游戏表达。

现状了解：

    1. 个性特征：性格偏外向，注意力转换快；

    2. 社会适应：可以适应院里的生活，在院里最开心的是发零食吃，更喜欢去幼儿园，

有更多的玩具和零食；

    3. 学习能力：上过幼儿园，不会写自己的名字，颜色图像识别能力正常；

    4. 情绪管理：咨询过程中情绪状态良好，需持续观察；

    5. 人际交往：在院里跟小班一起上课，更关注老师和妈妈(保育员)；

    6. 重大生活事件：关于父母涉案问题，本次咨询没有谈及，有待进一步了解。

初步分析：

    1. 相对于同龄孩子学习能力稍弱；

    2. 缺乏安全感，模仿攻击性强；

    3. 对福利院生活适应，对学校生活有期望。

疏导方案：

    1. 首先通过绘画心理建立关系，下图是××画的"最喜欢的食物"，整体画面较大，线
条流畅，可以看出孩子自信乐观，思维具有明显的具体形象特点，可以基本识别形状和颜色；

图1-7 （a）心理咨询记录表

2. 然后通过游戏治疗了解问题,4岁孩子是喜欢游戏的,游戏就是他们的工作。××在游戏卡片角色扮演下,把自己比喻成恐龙宝宝,在面对其他恐龙的攻击时,可以强有力的反击,进行搏斗撕咬直至胜利。这是她缺乏安全感的表现,同时类比到日常生活中,她反馈打人可以解决问题,比如看到妈妈(保育员)会用打人的方式来对待不听话的小朋友。在此环节的沟通中,××体现出了较强的攻击性,引导其合理释放情绪,遇到问题可以寻求其他同伴和老师的帮助;

3. 最后,回顾本次咨询,唤醒积极情绪,约定下次有机会再一起玩游戏。

咨询效果:
建立了良好的咨询关系,积极关注××,引导其表达和释放了情绪。

预约下次咨询时间:
无

咨询感悟:
3-4岁幼儿初期的孩子行为具有强烈的情绪性,他们的思维很具体,很直接。不会作复杂的分析综合,只能从表面去理解事物。所以看到电视里和生活中有暴力行为,会去模仿,需要正确的引导。同时他们正处于所谓"精力旺盛年龄",身体的一切机能都生气勃勃地向各方面开始发展,可以寄学习于游戏,在游戏中学习成长。

咨询员:××

图1-7 (b)心理咨询记录表

五、福利机构儿童的心理健康状况

儿童福利机构儿童较早失去了家人和亲人的呵护与关爱,进而缺少了家庭教育这个对儿童身心发展有重大影响的环节。这种缺失可能对儿童的心理健康发展造成不良影响。一方面,家庭的缺失及家庭价值的瓦解、自身价值的认同问题等使这些孩子容易产生强烈的孤独感和无助感,内心缺少安全感、自控能力差,容易出现行为问题。另一方面,福利机构中儿童生活在半封闭的环境中,使他们很难接触到真实的社会生活环境,难以实现正常的社会化,从而较难融入社会生活。此外,由于福利机构儿童过于集中而护理人员人手紧张,因此这些孩子从小就学会了要怎样与周围的"兄弟姐妹"争夺食物、关心和爱,也正是这种不完善的养育方式催生了部分孤儿的自私、冷漠和敏感的心理问题。

有学者对孤残儿童的调查研究发现,病孤残儿童分别有不同程度的恐惧、焦虑、抑郁、自卑、孤独等心理问题。另外一项对福利机构中孤儿的心理健康状况的调查研究显示，孤儿的心理健康水平低于普通儿童，其中学习障碍、情绪障碍、社会适应障碍和品行障碍方面高于普通儿童。苏英对北京某儿童福利机构儿童的研究指出，福利机构儿童的心理健康水平低于普通家庭儿童，福利机构儿童的智力水平相对较低，在情绪调节等方面相对较差，社会能力也明显低于普通儿童，反社会行为水平则明显高于普通儿童。在人格方面，福利机构儿童在精神质和情绪维度上均明显高于普通儿童，在内倾性上福利机构女童比普通女童更强。也有研究表明，福利机构儿童的认知、思维功能发展没有明显的滞后，但在情绪体验与表达、行为控制和人格发展方面相对较差；0~12岁和13~15岁的儿童心理问题较少，而7~9岁的孩子反映出较多的心理问题。儿童福利机构教师反映，儿童福利机构儿童普遍学习成绩不太理想，儿童感受到自己在学习方面遇到了较大的困难；儿童学习问题较多，成绩较差。

总之，福利机构儿童由于受到被抛弃的原始创伤，以及早期的情感需求得不到满足，缺乏家庭的温暖，缺乏接触真实社会环境的机会，没有完成必要的社会化而难以融入社会，常出现各种心理行为问题、人格问题，甚至出现心理障碍和精神疾病。

第三节　儿童福利机构员工的心理健康状况

一、儿童福利机构员工的组成

儿童福利机构员工一般包括护理员(保育员)、教师、康复师、社工、护士等专业技术人员及后勤服务人员。护理员与儿童接触最多，对儿童的影响最大。护理员的工作状态和心理健康直接影响着儿童的心理发展，护理员对儿童的态度和抚养行为直接影响着儿童的心理健康状况。

二、儿童福利机构员工的心理健康状况

儿童福利机构的护理员照顾着儿童的饮食起居。有些儿童还不能自理，护理员除了每日清洁卫生、给孩子定时喂奶、更换尿布外，还要给不同月份的孩子制作、添加相应的辅食；定时抚触；给孩子进行坐、爬、站、走等大动作训练；定时播放音乐、故事等进行早教启蒙。对于稍大一些的幼儿期孩子(好奇、好动、逆反是他们的天性)，护理员们要随时组织、引导、管理，所有的事情都需要护理员。

儿童福利机构护理员的工作琐碎，责任大。护理员的工资水平不高，流动性大，特别是五年以下工龄的护理员；儿童福利机构护理员能够长期留下来工作，一般是没有其他更好的谋生方式，且喜欢孩子，具备丰富爱心的人。护理员年龄偏大，一半以上的护理员年龄在45岁以上，趋于老龄化。护理员整体学历偏低，高中以下学历水平的占一半以上，反映了护理员整体素质偏低。

通过调查研究显示，护理员的职业幸福感中等偏下。护理员对身体健康、工资待遇、社会支持这三个维度表示不满意；对工作环境、工作情感、自我认知、人际关系维度表示满意。护理员自身认为工作内容繁琐、社会地位低、工资待遇低、工作中身体状况不佳以及在工作中很难实现自我价值。随着护理员年龄的增长，护理员职业幸福感水平不断升高，年龄在25

岁及以下的护理员职业幸福感水平最低，年龄在 46 岁以上的护理员幸福感水平最高。教龄为 5 年及以下的护理员职业幸福感水平最低，教龄为 15 年以下的护理员职业幸福感水平呈现一直上升的趋势，教龄为 16~20 年的护理员幸福感水平出现下滑趋势，教龄为 21 年及以上的护理员职业幸福感水平最高。工资收入与护理员职业幸福感水平呈正相关关系，收入越低的护理员职业幸福感水平越低。

儿童福利机构的康复师和特教教师一般是通过购买服务的人员，他们是专业技术人员，经过了专门的岗位培训，整体素质比护理人员高。

此外，湖南省知绘心理健康服务发展中心对湖南省各县级市 261 名儿童福利机构员工以及 42 名特殊学校教师、236 名普通中小学教师进行了问卷调查，对湖南省各市级儿童福利机构员工的工作满意度、情绪衰竭与职业幸福感的调查表明，儿童福利机构员工工作满意度较高，他们工作中的情绪衰竭较低，儿童福利机构员工的职业幸福感远远高于特殊学校和普通中小学教师。情绪衰竭在儿童福利机构员工的工作满意度与职业幸福感方面起中介作用，工作满意度会影响儿童福利机构员工的职业幸福感，同时工作满意度也会通过影响员工的情绪衰竭从而影响职业幸福感。儿童福利机构中男性员工的工作满意度对职业幸福感的影响比女性员工低，儿童福利机构中女性员工的情绪衰竭对职业幸福感的影响高于男性员工。

第四节 儿童福利机构心理健康服务及设施现状

一、心理健康服务硬件设施

经济不发达地区，资金投入不足、缺少社会资源，政策扶持不够，儿童福利机构处在满足儿童生存需要的水平，对儿童的心理需求关注较少。儿童福利机构对儿童心理行为训练的功能室建设不足。经济较发达的地区，儿童福利机构越来越关注儿童的情感、适应、社交等社会性功能(比如株洲市儿童社会福利院)。在心理健康服务方面配备有儿童个体心理咨询室、团体心理辅导室、沙盘游戏室、心理宣泄室等。

二、心理健康服务软件设施

(一)儿童心理健康服务软件

1.儿童福利机构的心理服务目标及内容

(1)对婴幼儿开展情感交流和爱抚，进行感官、动作、语言训练，促进心理发育。

(2)对学龄前儿童开展儿童心理健康教育，及时化解心理困惑，纠正不良行为。

(3)对学龄儿童及青少年进行心理健康教育和咨询、辅导，做好入学前后的适应训练。

(4)对自闭症、多动症、行为障碍的残疾儿童，采取心理健康教育咨询、团辅方式进行干预。

(5)开展团辅游戏和互动，促进儿童同伴之间的互动与交流。

(6)建立个体心理咨询室、儿童游戏治疗室等，引导儿童正确宣泄情绪，培养儿童自制能力，促使儿童学会掌握自己的情绪及懂得自我关爱。

2. 为儿童提供心理服务的有关人员

儿童福利机构给儿童开展心理健康服务的人员应该包括所有的为儿童服务的工作人员。比如护理员不仅照顾儿童的饮食起居，在这个过程中还传达了对儿童的关爱；比如护理员与儿童的言语交流、对儿童需求及时满足、生活自理能力训练、抚触拥抱等都能给儿童心理发育带来积极影响，促进心理健康。康复师和特教教师的作业也不仅仅是进行康复训练和知识或技能的教学，他们在工作中观察儿童的心理状态，进而处理心理问题，进行心理健康维护。

目前，有些儿童福利机构配有专职心理健康工作人员，负责对机构内心理健康制度的制定、心理健康功能室的管理以及对外心理健康服务的对接工作。儿童福利机构的心理健康服务一般是购买服务，比如与专门的心理健康服务机构签订协议，心理专家及工作人员定期为孤残儿童开展认知行为训练、个体化心理辅导、团体心理辅导，解决孤残儿童心理问题，同时，为精神残疾儿童提供用药指导。为孤残儿童照顾者提供专业的心理咨询、专业的心理辅导技术培训，定期为儿童福利机构工作人员开展心理健康知识讲座、团体心理辅导等。

3. 购买专业的心理服务

湖南省株洲市儿童社会福利院、衡阳市社会福利院和岳阳市儿童福利院都对孤儿进行养、治、教、康等一体的综合工作。这些儿童福利机构对儿童的教育采取与特教机构合作的形式进行，由特教机构派特教教师长期驻扎福利机构工作。养育模式以集中养育为主，兼存家庭寄养、类家庭等社会化的儿童养育模式，便于福利机构儿童的社会融入。在类家庭养育这块，儿童福利机构为类家庭的孩子提供多专业、全方位、跨团队的综合型照料服务，最大限度地为他们提供优质服务。

(1)学习教育：类家庭中的孩子可以根据身体、年龄、智力等方面的不同情况而分别派往儿童福利机构的各种特教班进行学习。特教老师会根据孩子们各方面的情况提供特殊教育服务，其中包括正常的义务教育、德育教育以及特长教育。

(2)医疗保健：儿童福利机构对每一个孤残儿童都会进行及时救治，保证救治率、康复率达到百分之百，儿童福利机构医生会定时对类家庭中的孤残儿童进行身体检查，为有需要的类子女提供专业的医疗救治，康复师会定期为有需要的孩子提供康复理疗、保健服务。

(3)心理康复：为了抚平孤残儿童被父母遗弃的心灵创伤，让他们尽快走出心理阴影，重拾阳光自信，儿童福利机构引进了"红气球心理健康教育"项目，通过观察、访谈、心理测量、团体互评的方式对孤残儿童进行心理综合评估，运用沙盘游戏、团体心理辅导、绘画治疗、游戏治疗、个体心理咨询、心理剧等方法开展服务，成功为多个类家庭孩子提供了心理康复服务。

(4)社会融入：类家庭中的孩子经常在成人的陪伴下走出院舍，走向社会和大自然，在游玩中快乐成长，找到自信，满足了儿童游戏的天性需求。类家庭让孩子回归家庭，使儿童获得了亲情关怀，开拓儿童视野，培养其自信心和社会交往能力。儿童福利机构力争为孤残儿童营造一个有利于他们身心健康成长的类家庭环境，满足他们多层次、个别化、特殊化的需求，促进他们身心社灵的协同发展。

(二)儿童福利机构员工心理健康服务软件

儿童福利机构员工的心理健康服务也是通过与专业的心理服务机构合作来完成的。比如株洲市儿童社会福利院、衡阳市社会福利院、岳阳市儿童福利院与湖南省知绘心理健康服务发展中心签订了合作协议。中心每间隔两个月分别在各福利机构开展一次员工团体心理辅导或心理健康讲座，每次活动依据不同的活动目标和福利机构员工的实际情况设置不同的活动环节。

活动的主题包括：压力释放，享受美好生活，如何积极应对压力以及在困境中学会寻求帮助；学会良好人际交往技能，相互协作精

图 1-8　员工减压团辅
（图片来自岳阳市儿童福利院）

神；培养倾听的技能以及有效沟通的能力；培养积极心理能量，更好应对生活工作；找到积极的自我能力，促进自我成长。

在儿童福利机构员工团体心理辅导活动和讲座中，员工们积极参与活动，主动思考问题，参与互动，在活动中学会放松，体验活动的快乐，同时员工们在活动过程中能够主动分享自己的积极感受，应对压力时能够相互帮助，员工们感受到积极关注的温暖和来自团体的力量。

第五节　国家、地区相关政策

一、儿童福利机构儿童照护体系

(一)照护法规

民政部会同发展改革委实施了儿童福利机构设施建设"蓝天计划"，新建和改扩建了一批设施齐全、功能完善的儿童福利机构。同时，通过制定和落实《儿童福利机构管理办法》《家庭寄养管理办法》《儿童福利机构基本规范》等部门规章和标准规范等，不断提高儿童福利机构规范化、专业化水平。具备条件的儿童福利机构能为儿童福利机构内儿童提供抚育照料、康复训练和特殊教育等服务。

(二)照护制度

儿童福利机构内应建立系统的儿童照护制度，将儿童照护制度化、常规化、程序化。围绕孤残儿童收容入院、日常生活、医疗、教学、财物、送养、寄养等每个工作细节，制定行政、党务、医疗、护理、教学、财务、后勤各部门的管理制度和工作人员职责，并印刷装订成册，人手一份。如《儿童福利机构管理细则》《院长及员工岗位职责》《职业规范服务守则》《政治学习制度》《业务学习制度》《劳动考核制度》《干部职工培训制度》《收容接待制度》《查房制

度》《交接班制度》《卫生消毒制度》《教学常规制度》《财务管理制度》《档案管理制度》《安全管理制度》等多项制度,用制度规范管理员工的行为,确保对孤残孩子的人性化照护工作得到贯彻执行。

附录二:

儿童福利机构管理和服务规范

(浙江省湖州市地方标准 DB3305/T 133—2019)

1 范围

本标准规定了儿童福利机构的术语与定义、设施设备、管理要求、服务要求、监督与评价等内容。本标准适用于儿童福利机构的管理和服务。

2 规范性引用文件

下列文件对于本文件的应用是必不可少的。凡是注日期的引用文件,仅注日期的版本适用于本文件。凡是不注日期的引用文件,其最新版本(包括所有的修改单)适用于本文件。

GB 2894 安全标志及其使用导则

GB 3096 声环境质量标准

GB 5749 生活饮用水卫生标准

GB/T 10001.1 公共信息图形符号第 1 部分:通用符号

GB/T 10001.9 标志用公共信息图形符号第 9 部分:无障碍设施符号

GB 14934 食品安全国家标准消毒餐(饮)具

GB/T 15566.1 公共信息导向系统设置原则与要求第 1 部分:总则

GB 15630 消防安全标志设置要求

GB/T 18883 室内空气质量标准

GB/T 27306 食品安全管理体系餐饮业要求

GB 50763 无障碍设计规范

建标 145 儿童福利院建设标准

MZ/T 010-2013 儿童福利机构基本规范

3 术语与定义

下列术语和定义适用于本文件。

3.1 儿童福利机构 child welfare institution

政府批准,为孤、弃等特殊儿童提供养育、医疗保健、康复、教育、安置等服务,并服务于社会儿童的社会福利服务组织。

3.2 社会工作服务 social work service

社会工作专业人员遵循社会工作专业价值理念,运用专业方法为有需要的服务对象(个人、家庭、社区、组织等)提供困难救助、矛盾调处、人文关怀、心理疏导、行为矫治、关系调适和资源协调等方面的专业性服务,以协助服务对象恢复和发展社会功能、提升服务对象适应环境的能力。

4　设施设备

4.1 建筑要求

儿童福利机构的选址、规划布局、建筑面积、建筑设备应符合建标145的要求。

4.2 环境要求

4.2.1 室内应配置空气、温度调节设施，空气质量符合GB/T 18883的规定。

4.2.2 室内噪音应符合GB 3096中0类标准要求。

4.3 导向标识

4.3.1 在主体建筑外设立明显标识，各功能用房应设有明显标志，符合GB/T 10001.1的要求。

4.3.2 无障碍标志符合GB/T 10001.9的要求，消防设施标志符合GB 15630的要求，安全标志符合GB 2894的要求。入口处、各楼层应设有导向标志，符合GB/T 15566.1的要求。

4.4 功能用房

应设置生活、医疗、康复、教育、技能培训、个案工作、办公和附属用房等，宜配置如下：

a) 生活用房：隔离室、起居室(类家庭起居室)、配餐/配奶室、餐厅、厨房、理发室等；

b) 医疗用房：诊疗室、病房、急救室、药房、化验室、观察隔离室、消毒室、医护办公室、X光室、心电图室等；

c) 康复用房：运动治疗室、作业理疗室、言语治疗室、物理治疗室、心理辅导室、多感官室、悬吊室等；

d) 教育用房：教室、阅览室、文艺活动室、书画室、体育活动室、手工室等；

e) 技能培训用房：技能培训室、技能操作室等；

f) 个案工作用房：个案工作室、小组工作室等；

g) 办公用房：服务厅、接待室、值班室、办公室、会议室、多功能厅等；

h) 附属用房：信息机房、微型消防站、洗衣房、公共浴室、公共卫生间、仓储用房等。

4.5 设施要求

4.5.1 公共区域

4.5.1.1 场地及硬件设施符合建标145的规定，并能满足提供服务的要求。

4.5.1.2 所有通道地面平整、防滑、无反光。

4.5.1.3 消防设施齐全，配备消防器材、应急照明灯、地位照明灯及消防自动报警系统。

4.5.1.4 走廊、房间醒目处有区域消防疏散示意图，安全疏散通道和出口均设消防安全指示标志并保持通畅。

4.5.1.5 应充分考虑儿童活动需求建设无障碍设施，符合GB 50763的规定。

4.5.2 生活起居区域

4.5.2.1 儿童起居室采光通风良好，环境安静，干净整洁。宜设立独立、适宜儿童使用的洗手台、卫生间，应干湿分离。

4.5.2.2 儿童居室宜配备儿童(婴儿)床、储存柜、学习桌柜、书架、电视机、空调、空气消毒器、热水器等家具、家电。床、桌椅、储存柜等各种设施无尖角突出部分。

4.5.2.3 为有特殊需求儿童加装床档等保护措施，如：癫痫史、兴奋躁动儿童、低龄儿童等。

4.5.2.4 类家庭起居室宜设置生活、学习、休闲等功能区域，营造家庭生活氛围。

4.5.3 厨房餐厅区域

4.5.3.1 厨房、餐厅干净整洁，布局合理，厨房与餐厅之间应隔热、隔音、隔异味。

4.5.3.2 地面采用防滑材料铺设，有完善的排风、排烟、排污设备。

4.5.3.3 配备炊具、炉具、冷冻冷藏、清洗消毒、保温设备及储存设施。餐具消毒符合GB 14934 的要求。

4.5.3.4 食物及其原材料的采购、仓储、处理、烹饪加工、留样均需严格执行食品安全操作规范，防止交叉污染，符合 GB/T 27306 的要求。

4.5.3.5 厨房设立单独操作间和更衣室，操作间与储藏室相隔离。

4.5.3.6 配餐/配奶室应配备冰箱、消毒柜、微波炉、奶瓶消毒器、奶锅等设备。

4.5.4 医疗区域

4.5.4.1 诊疗室应配备诊查床、治疗车、红外线测温枪、紫外线消毒器、血压计、听诊器等设备，宜配备儿童综合素质测试仪。

4.5.4.2 设置儿童病房的，应配备婴儿辐射保暖台、保温箱、测量床、儿童床、红外线测温枪等设备。

4.5.4.3 设置检查室的，应配备诊查床、心电图机、超声诊断仪、X 光机、脑电图机等设备。

4.5.4.4 设置治疗室的，应配备雾化器、治疗车、器械柜、基础手术器械、紫外线消毒器等设备。

4.5.4.5 设置急救室的，应配备急救平车、吸痰器、急救药柜、医用氧钢瓶推车、心电监护仪、呼吸机等设备。

4.5.4.6 设置化验室的，应配备微量血糖仪、尿十项分析仪、血细胞分类计数仪、大生化检查设备等。

4.5.4.7 设置消毒室的，应配备高压灭菌消毒器、消毒柜、污物清洗槽、烘干箱等设备。

4.5.5 康复区域

4.5.5.1 基本配置

应配置脑瘫儿童轮椅、儿童轮椅、腋拐、沐浴椅、保护头盔、保护腰带等辅具类设备。

4.5.5.2 运动治疗室

配备儿童站立架、坐姿矫正椅、助行器、爬行架、肢体康复器、PT 治疗床、康复专用跑台、股四头肌训练椅、坐式踝关节训练器、髋关节训练器、液压踏步器、下肢功率车、智能康复训练系统、电动起立床、升降理疗床等设备。

4.5.5.3 言语治疗室

配备言语治疗仪、口部构音运动训练器、拼音卡片等设备。

4.5.5.4 作业治疗室

配备可调式沙磨板、重锤式手指肌肉训练桌、作业治疗桌椅、作业训练器等设备。

4.5.5.5 物理治疗室

配备中频治疗仪、痉挛肌低频治疗仪、气压治疗仪、脑循环系统治疗仪、中频干扰电治疗仪等。

4.5.5.6 悬吊治疗室

配备儿童悬吊、滑轨康复单元，包括但不限于绳板、平衡台、足板、摇板、垫子、平衡垫、绳梯、平衡梯。

4.5.5.7 中医治疗室

配备熏蒸机、艾灸设备等。

4.5.6 教育区域

4.4.5.1 教室配备课桌椅、信息化设备、教育教具等。

4.5.6.2 阅览室配备桌椅、书架、空调等，图书册数不小于1000册，有条件，宜设置电子阅览室。

4.5.6.3 活动室宜配备美工教具、音乐教具、体育教具等。

4.5.6.4 职业化教学宜配备烘焙室、手工操作室、洗车房、种植基地、养殖基地等。

5 管理要求

5.1 机构要求

5.1.1 具备独立法人的资格和社会福利机构设置批准证书。

5.1.2 具有独立、固定、专用的场所，设施设备和活动场地应与服务范围相适应。

5.1.3 有条件的机构宜设置相应的医疗机构，并取得相应资质。

5.1.4 儿童福利机构应当收留抚养下列儿童：

a) 无法查明父母或者其他监护人的儿童；

b) 父母死亡或者宣告失踪且没有其他依法具有监护资格的人的儿童；

c) 父母没有监护能力且没有其他依法具有监护资格的人的儿童；

d) 人民法院指定由民政部门担任监护人的儿童；

e) 法律规定应当由民政部门担任监护人的其他儿童。

5.2 人员要求

5.2.1 根据供养的儿童数量、健康等情况配备与服务范围相适应的管理人员、专业技术人员、护理人员、后勤人员。

5.2.2 各类专业技术人员应建立专业技术档案，鼓励和支持参加社会工作、心理学、教育学、护理学、康复医学、特殊教育等儿童工作相关的继续教育。

5.2.3 管理人员应具有大专以上文化程度，5年以上的相关工作经验，并经行业培训合格，获得相关资质证书。

5.2.4 专业技术人员任职要求：

a) 康复保健人员应具备康复治疗师资格；

b) 执业医生应取得执业医师资格证书，护士应取得护士执业证书，并经卫生系统执业注册；

c) 营养配餐人员应具备营养师或营养配餐师执业资格；

d) 社会工作者应具备社会工作专业专科及以上学历或取得助理社会工作师及以上职业资格证书；

e) 心理咨询人员应具备心理咨询师资格证书；

f) 教育教学人员具备相应的教师资格证书，具有特殊教育教学理论和实践方法。

5.2.5 护理人员应具备育婴师、孤残儿童护理员等级资格证书。

5.2.6 特殊岗位的后勤服务人员应持证上岗，包括安全员、保安人员等。

5.3 信息管理

5.3.1 不得透露儿童个人信息

5.3.2 建立院内信息管理系统，信息内容应与纸质内容相符，同步更新。

5.3.3 应1人1档建立儿童档案，包括但不限于以下内容：

a) 捡拾证明、弃婴(儿)证明和随身携带的物品；

b) 医疗机构的诊断证明；

c) 登记表、体检表、观察期记录、照片和寻亲公告复印件；

d) 养育、医疗保健、康复和教育等文字、照片和影像记录资料；

e) 转出资料或死亡证明。

5.4 制度要求

5.4.1 建立财务制度，各类开支项目清楚，凭证、账簿符合财务规定。

5.4.2 建立社会捐赠管理制度，专款专用，有详细使用记录。

5.4.3 建立儿童档案、户籍管理制度，由专人及时汇总、分类和归档服务及管理过程中形成的合同、协议、文件、记录等资料并逐步实现动态化、电子化管理。

5.4.4 制定服务操作手册，将服务提供过程按步骤划分成各个工作环节，规范各工作环节内容。

5.4.5 建立质量评价制度，定期进行质量分析和满意度调查，听取意见和建议并能及时研究采纳。

5.4.6 建立志愿服务管理制度，社会工作者应开发、整合和持续改善有利于儿童成长和发展的社会资源，提升志愿服务质量。

5.4.7 建立安全管理制度，明确安全职责，保障场地、活动、食品、设施设备、人身财产等安全。

5.4.8 建立巡查值班制度，每天巡查不少于2次，并做好巡查记录，采取24小时轮班制。

5.4.9 建立特种设备安全操作规范，定期进行检修和维护。

5.4.10 建立膳食管理制度，包括原料采购、验收、营养配餐等，应根据儿童不同年龄阶段和身体状况提供合理的膳食营养。

5.4.11 建立医疗巡诊制度，及时发现患病儿童，采取相应的救治措施；发现残疾儿童，积极进行早期干预。

5.4.12 建立康复评估制度，根据评估结果制定康复计划或者修改既定康复计划。

5.5 安全要求

5.1 无发生因管理不善或服务不当而造成儿童伤亡事件。

5.2 定期对消防设施、设备进行巡查和维护，发现隐患及时整改。

5.3 安装监控设备，监点蜓实施24小时监控，系统保留时间不少于1个月。

5.4 选择安全、适合的用具，定期清洗、消毒，做好意外伤害、传染病的预防和急救处理。

5.5 建立异物吸入、烫伤、交通等意外伤害应急预案并定期演练，防范服务过程中突发事件的应急处理。

5.6 儿童管理

儿童管理要求根据 MZ/T 010—2013 第 7 章要求执行。

6 服务要求

6.1 生活照料服务

6.1.1 沐浴

6.1.1.1 新生儿应每日

6.1.1.2 冬季应每周 1~2 次,春秋季应每周 2~3 次,夏季应每日 1 次。

6.1.1.3 污染后应及时沐浴。

6.1.2 口腔清洁

为不能自理儿童、特殊口腔疾患和术后需要口腔护理的儿童做口腔护理,选用适合的牙刷和牙膏进行每日口腔清洁。

6.1.3 理发

理发每月 1 次,应注意理发过程中儿童情绪,防止理发器具对儿童造成伤害。婴儿理发应选用专业婴幼儿理发工具及专业人员。

6.1.4 指(趾)甲修剪

指(趾)甲每周修剪 1 次,修剪过程中应避免器具对儿童造成伤害。

6.1.5 更衣

6.1.5.1 保持衣物舒适、合体、整洁、无破损、扣(带)齐全,按季节、温差及时增减衣物。

6.1.5.2 新生儿宜穿柔软、吸水性强的棉质衣服;婴儿衣服应简单、宽松,不妨碍活动;幼儿衣服应柔和、穿脱简便。

6.1.5.3 不能自行更衣的儿童应由护理员帮助穿衣。

6.1.6 晨/晚间照料

6.1.6.1 晨间照料内容包括:

a) 观察儿童的身体和精神状况并记录;

b) 定时叫醒自理儿童,督促其穿衣、叠被、大小便、刷牙、洗脸、洗手、梳头;

c) 协助部分自理儿童穿衣、叠被、整理床铺、大小便,准备洗漱用具用水,指导、协助其完成刷牙、洗脸、洗手、梳头;

d) 为不能自理儿童换尿布、穿衣裳、叠被、洗脸、洗手、梳头等;

e) 为卧床儿童拍背、按摩骨隆突处、协助翻身。

6.1.6.2 晚间照料内容包括:

a) 关好门窗,调整室内温度,保持微弱照明;

b) 铺好被子,根据需要铺好防水垫;

c) 督促自理儿童完成刷牙、洗脸、洗脚、清洁会阴等睡前卫生清洁、脱衣、整理衣物;

d) 为部分自理儿童准备洗漱用具及温水,指导、协助其完成睡前卫生清洁、脱衣、整理衣物;

e) 为不能自理儿童完成睡前卫生清洁,换尿布、脱衣、整理衣物、盖被;

f) 为特殊身体功能障碍儿童整理收拾辅具。

6.1.7 睡眠照料

6.1.7.1 就寝时应有人陪护，保持居室安静。

6.1.7.2 定时巡视，观察儿童身体、睡眠状况和环境变化，及时调整不良睡姿，如有身体不适儿童，应报告医生，遵医嘱处理。

6.1.7.3 及时更换尿布，定时叫醒儿童如厕或接尿。

6.1.8 排泄照料

6.1.8.1 观察儿童大小便次数、量、气味、性质等，发现异常报告医生，遵医嘱处理并做记录。

6.1.8.2 为婴儿、不能自理儿童勤换尿布或纸尿裤，及时清洁臀部，婴儿应涂上护臀油。

6.1.8.3 幼儿大小便训练宜在两岁到两岁半之间进行。合理安排小便的训练时间与方式，督促自理儿童便后洗手。

6.1.8.4 协助半自理儿童如厕，便后协助洗手，做好清洁。

6.1.8.5 应控制习惯性遗尿儿童睡前饮水量，上床前排空尿液。

6.1.8.6 指导或协助女童生理期使用和更换卫生用品。

6.2 膳食服务

6.2.1 婴儿进食

6.2.1.1 在配奶间调配奶液，选择适宜的奶嘴，唇腭裂婴儿应使用专用奶嘴。

6.2.1.2 喂奶时应抬高婴儿头部，观察婴儿进食情况，喂奶后将婴儿竖直抱起轻拍背部，宜采用侧卧位。

6.2.1.3 根据婴儿营养生长发育需要，添加辅食。

6.2.2 自理和半自理儿童集中进食

6.2.2.1 配餐前应清洁双手，餐具应1人1碗1勺(筷)1巾。

6.2.2.2 观察儿童进餐情况，防止儿童打闹嬉戏，发现异常情况及时处理，并报告。

6.2.2.3 餐后应组织、协助儿童漱口和洗手，餐后30分钟内不做剧烈运动。

6.2.2.4 整理餐具、毛巾，做好清洁和消毒工作。

6.2.3 不能自理儿童进食

6.2.3.1 配餐前应清洁双手，餐具应1人1碗1勺1巾。

6.2.3.2 餐前安排进餐体位，将毛巾围于颈下。

6.2.3.3 为咀嚼吞咽功能差的儿童选择细碎、易吞咽的食物。

6.2.3.4 喂食过程中观察儿童进食状况，当出现咬合反射时，不强行拔勺；哭闹时应停止喂食。

6.2.3.5 进餐完毕，帮助清洁口腔，擦拭颜面，取舒适体位将儿童置于床上。

6.2.4 饮水照料

6.2.4.1 饮水具应1人1杯(瓶)1巾，特殊儿童应按需使用双耳杯或缺口杯。

6.2.4.2 饮用水应符合 GR 4：49 的要求，煮开后方能使用，防止儿童饮用生水或水温过高的开水。

6.2.4.3 每日为儿童提供饮水见表可根据需要调整次数和饮水量。患病儿童饮水量，应遵医嘱。

附表　一般儿童喂水量

月龄	次数/日	每次分量/mL
0~1	3~4	10~30
1~3	3~4	30~50
3~4	3~4	50~80
4~6	3~4	80~100
6~8	3~4	100~200

6.3 医疗服务

6.3.1 体检

6.3.1.1 儿童入院时应隔离观察，全面体格检查，建立"健康档案"，必要时应到三级医院检查。

6.3.1.2 根据儿童各年龄阶段的生长发育规律定期体检：

a)6 个月内的婴儿，每月体检 1 次；

b)6 个月至 12 个月内的婴儿，每 3 个月体检 1 次；

c)1 岁至 3 岁幼儿，每 6 个月体检 1 次；

d)3 岁以上儿童，每年体检 1 次。

6.3.2 保健

6.3.2.1 根据儿童各年龄阶段的生长发育规律进行生长发育评估，评估内容包括但不限于：发育水平、生长速度和匀称程度。

6.3.2.2 定期进行免疫接种。

6.3.2.3 每日日光浴不少于 30 分钟，不应强光直射。

6.3.2.4 有特殊需要的患儿，应分析病因，合理用药，辅助以食疗。

6.3.3 诊疗

6.3.4 医疗护理过程中，应执行巡视、查对制度，发现病情变化及时处理。

6.3.5 必要时转医疗机构救治。

6.3.6 护理

6.3.7 儿科疾病护理按儿科专科护理常规执行。

6.3.8 手术患儿应补充营养，观察患儿生命体征、伤口情况，执行护理技术操作规范。

6.3.9 院内感染控制

6.3.10 对院内感染进行监测，定期对物品、人员进行采样和检测。

6.3.11 根据传染病类型，控制传染源，切断传播途径，采取隔离措施。

6.3.12 根据需求选择使用消毒剂和消毒方法，定期消毒。

6.4 康复服务

6.4.1 根据儿童残障类型、个体差异开展综合康复治疗训练。

6.4.2 脑瘫儿童宜采用引导式教育、物理治疗、作业治疗、言语治疗、认知治疗和感觉统合等康复训练。

6.4.3 智障儿童宜采用早期启蒙教育、作业治疗、认知治疗、语言交往和社会适应能力等教育，以提高生活自理能力为主。

6.4.4 自闭症儿童宜采用感觉统合训练、音乐噬、行为治疗和特殊教学等方法。

6.4.5 听力残疾儿童宜早期佩戴辅助器具开发听力、触摸感觉等。通过佩藏人工耳蜗、助听器，语言训练，掌握发音技巧。

6.4.6 对唇顶裂术后儿童进行疤痕按摩和早期语言康复训练。

6.4.7 盲童宜采用认知和智力训练为主。

6.4.8 其他残疾或复合残疾儿童，应有与之相对应的康复措施及实施。

6.4.9 在康复专业人员指导下，选配康复辅助器具，指导儿童使用康复辅助器具和逆昔适应性康复训练。

6.5 心理服务

6.5.1 对婴幼儿开展情感交流和爱抚，进行感官、动作、语言训练，促进心理发育。

6.5.2 对学龄前儿童开展儿童心理健康教育，及时化解心理困惑，纠正不良行为。

6.5.3 对学龄儿童及青少年进行心理健康教育和咨询、辅导，做好入学前、后的适应性衔接。

6.5.4 对自闭症、多动、行为障碍的残疾儿童，采取心理健康教育咨询、团辅方式进行十预。

6.5.5 开展团辅游戏和互动，促进同伴、朋友之间的互动与交流。

6.5.6 宜建立心理疏导室，引导儿童正确宣发自己的情绪，培养孩子的自制能力、学会掌握自己的情绪。

6.6 教育服务

6.6.1 基本要求

6.6.1.1 开展差别化教学，根据儿童残疾类型、程度，开展早期教育、学前教育、义务教育和特殊教育。

6.6.1.2 定期进行教育评估，根据评估结果制定教育计划。

6.6.1.3 定期开展个案讨论，针对儿童存在的问题，确定解决方案。

6.6.1.4 定期开展家长会、家长开放日活动，开展家院联系，对寄养在院内的贫困残疾儿童进行家访。

6.6.2 特殊儿童教育

6.6.2.1 开展早期感知觉训练，从婴幼儿期开始，利用声音、语言、玩具、实物等刺激其听、视、触、嗅觉等。

6.6.2.2 培养儿童观察能力，对于语言能力初步发展的儿童，鼓励发言、提问并及时作出回应。对发音构音差的儿童，增加口唇部训练。

6.6.2.3 开展认知能力训练，通过相应课程认识图形颜色及常见生活事物，学习数学概念、加减乘除计算及识读书写常见的汉字，培养良好的阅读及书写习惯。

6.6.2.4 开展生活自理能力训练，学习掌握日常洗漱、穿脱衣物、折叠被子、整理物品等生活技能，培养良好的卫生习惯。

6.6.2.5 开展艺术能力训练，在音乐、绘画、手工制作等活动中培养想象力和创造性。

6.6.2.6 开展安全教育，提高安全意识，学会自我保护。

6.6.2.7 开展青春期教育，提高身心健康水平。

6.6.3 特殊青少年职业技能培训

开展特殊青少年职业技能培训，提高社会适应能力：

a）技能培训，如学习烹饪、烘焙、家政、洗车、手工制作等；

b）实践课程，如参加院外合作基地学习；

c）模拟场景教学，如建立模拟工厂、超市、餐厅等，开展岗位实操；

d）庇护性工作，如洗碗、打扫院内卫生、绿化带清洁、整理图书室等。

6.7 社会工作服务

6.7.1 关注儿童特点与需求，运用社会工作专业知识、方法，开展支持性服务、保护性服务、补充性服务、替代性服务。

6.7.2 以面对面的方式给儿童提供个案服务和咨询。

6.7.3 以工作小组的方式给儿童提供服务，包括支持性小组、治疗性小组、自助小组和任务小组等。

6.7.4 采用个案管理的方法评估儿童的需求、关注儿童与环境间的互动、安排协调儿童所需的资源和服务。

7　监督与评价

7.1 应采取内部监督、社会监督等形式，建立网络、电话、现场等投诉举报渠道，妥善解决处理投诉意见，及时反馈工作质量。

7.2 采用自我评价、第三方评价、监督机关评价或多方评价结合的方式，对儿童福利工作进行评价。

7.3 及时改进评价过程中发现的问题，采纳相关建议，不断提升机构工作质量。

注：该内容来源于《儿童福利机构管理办法》（中华人民共和国民政部令第63号）及《儿童福利机构设备配置标准》（民发〔2012〕53号）。

二、儿童福利机构员工的专业培训体系

（一）儿童福利机构的人员要求

（1）根据供养的儿童数量、健康等情况配备与服务范围相适应的管理人员、专业技术人员、护理人员、后勤人员。

（2）各类专业技术人员应建立专业技术档案，鼓励和支持其参加社会工作、心理学、教育学、护理学、康复医学、特殊教育等儿童工作相关的继续教育。

（3）管理人员应具有大专以上文化程度，5年以上的相关工作经验，并经行业培训合格，获得相关资质证书。

（4）专业技术人员任职要求：

①康复保健人员应具备康复治疗师资格。

②执业医生应取得执业医师资格证书，护士应取得护士执业证书，并经卫生系统执业注册。

③营养配餐人员应具备营养师或营养配餐师执业资格。

④社会工作者应具备社会工作专业专科及以上学历或取得助理社会工作师及以上职业资格证书。

⑤心理咨询人员应具备心理咨询师资格证书。

⑥教育教学人员应具备相应的教师资格证书，具有特殊教育教学理论和实践方法。

⑦护理人员应具备育婴师、孤残儿童护理员等级资格证书。

⑧特殊岗位的后勤服务人员应持证上岗，包括安全员、保安人员等。

(二)儿童福利机构人员专业技能的继续教育

(1)员工的教育、培训工作制度化。儿童福利机构要始终把专业技术人员继续教育工作、职工的培训列为一项重点工作，做好继续教育的日常管理工作，形成人事、业务齐抓共管的局面。将学历教育与专业技术人员的终身教育、岗位培训相结合，并将继续教育工作纳入 ISO 09001 管理体系中的人力资源控制程序。特别是针对专业技术人员，将教育工作与业务工作、考核工作相结合，做到同步，有力地保证了继续教育工作的开展。

(2)培训形式灵活多样。采用"请进来，走出去"的教育方式，让理论与实际有效地结合。"走出去"的培训方法主要是每年有计划地选派人员到外省(市)参加专业知识的培训学习。积极联系同行，让更多的专技人员参与，使他们能接触更多的先进的知识。"请进来"的培训方法主要有聘请理论专家、国内外学者、社工专家、政法专家到机构内给员工讲授各类专业知识，开拓职工眼界、丰富职工的综合知识理论基础。

(3)创新岗位工作。挖掘职工的潜能、发挥创造力，让各部门的工作显现新理论、新技术与实际的有效结合，抓好业务培训工作，使员工队伍建设向规范化、标准化、职业化方向发展。根据国家行业标准基本规范要求，加强员工业务学习、技能培训，特别是在形态语言、礼节礼貌、服务技巧、医疗康复知识、案例分析等方面，"采取请进来、走出去、自己学"的方法。定期定时实施培训，通过业务培训，使儿童福利机构的职工队伍逐步由传统的经验型，向专业化、标准化、科学化转变，为提高服务质量提供有力保障。

2017年，由湖南省民政厅收养管理服务中心牵头，湖南省知绘心理健康服务发展中心承接了岳阳市儿童福利院、株洲市儿童社会福利院、衡阳市社会福利院心理健康服务项目。该项目实现了儿童福利机构心理健康工作目标三步走。2017年，量化儿童心理成长变化，完成儿童心理评估，孤弃儿童心理辅导之路逐步专业化。2018年，为儿童福利机构重点培养一批来自医生、社工、心理咨询师等专业背景并有志从事心理方面工作的教师和志愿者团队，形成了一套适用于儿童福利机构心理健康工作的方法。2019年，根据儿童福利机构工作实际，总结出了一套融合福利机构特色的心理健康教育标准化体系。

三、社工及志愿服务体系

社工，是指社会工作，是由英文 Social Work 翻译过来的，它指的是非营利的、服务于他人和社会的专业化、职业化的活动。在国际社会，这类活动还被称为社会服务或社会福利服务。社会工作是在一定的社会福利制度框架下，根据专业价值观念、运用专业方法帮助有困难的人或群体走出困境的职业性的活动。

儿童福利机构内设社工部，其工作内容是负责管理、策划、组织和开展各项义工、志愿者服务活动。建立健全各项规章制度，根据福利机构实际情况编订社工职责、社工服务制度、接待制度、义工服务管理制度等。

社工的工作内容主要有：

(1)关注儿童特点与需求，运用社会工作专业知识、方法，开展支持性服务、保护性服务、补充性服务、替代性服务。

(2)以面对面的方式给儿童提供个案服务和咨询。

(3)以工作小组的方式给儿童提供服务,包括支持性小组、治疗性小组、自助小组和任务小组等。

(4)采用个案管理的方法评估儿童的需求、关注儿童与环境间的互动、安排协调儿童所需的资源和服务。

附录三:

株洲市儿童社会福利院社会工作者守则

一、总则

株洲市儿童社会福利院本着"一切为了儿童"为宗旨,继承中华民族悠久的历史、文化传统,吸收世界各国社会工作发展的文明成果,高举人道主义旗帜,致力特殊儿童服务,以促进社会稳定和全面进步为己任。株洲市儿童社会福利院社会工作者通过本职工作,调节儿童福利院内部矛盾,解决现存问题,提倡友爱互助关系,为提升株洲市孤残儿童的生活水平、争取孤残各项权益、改善服务质量而不断努力。

二、职业道德

1.热爱社会工作,忠于职守,具有高度的社会责任感和敬业精神。

2.全心全意为人民服务,为满足社会成员自我发展、自我实现的合理要求而努力工作,并不因出身、种族、性别、年龄、信仰、社会经济地位或社会贡献不同而有所区别。

3.尊重儿童、关心儿童、帮助儿童。为保障包括人的生存权、发展权、受保护权和参与权在内的人权而努力。注意维护工作对象的隐私和其他应予保密的权利。

4.同工作对象保持密切联系,主动了解他们的需要,切实为之排忧解难。

5.树立正确的服务目标,以关怀的态度,为工作对象困难问题的预防和解决,以及其福利要求提供有效的服务。

6.清正廉洁,不以权谋私。

三、专业修养

1.确立正确的社会工作价值观和为专业献身的精神。

2.努力学习和钻研业务,不断不提高专业技术水平和专业服务。

3.通过参加专业培训和进修,努力实现专业化,提高工作效率和工作效能。

4.运用专业的伦理和知识与方法技能,帮助院内特殊儿童、青少年改进和完善社会生活方式,不断提高生活质量,以促进儿童福利事业的发展。

5.以广大群众的集体力量和创造精神中吸取营养,促进专业的发展与创新。

四、工作规范

1.重视调查研究,深入了解儿童的困难和问题,并采取有效措施,切实帮助他们摆脱困境。通过不断的调查研究，提高社会工作的服务水平。

2.对待工作对象，应平易近人，热情谦和，注意沟通，建立相互信赖的关系，努力满足他们各种正当的要求，并帮助他们在心理和精神等方面获得平衡。

3.对待同行，应相互尊重，平等竞争，取长补短，共同提高。在业务上，诚意合作，遇到问题时，相互探讨，坦诚交换意见，或善意地进行批评和自我批评，以促进专业水平、工作效率和服务效能的提高。

4.向政府有关部门、社会有关方面反映儿童、青少年及家庭需要社会工作解决的问题，以及对工作的意见和建议。

5.向社会成员宣传贯彻国家有关社会工作的政策、方针和法规，鼓励和组织社会成员积极参与社会事务。

6.对待组织和领导，应按照民主集中制的原则，主动献计献策，提供咨询意见，并自觉服从决定，遵守纪律，维护集体荣誉，努力使领导和单位的计划实施获得最佳效果，圆满完成社会工作的各项任务。

附录四：

湘潭市社会(儿童)福利院社会工作者岗位职责

一、家寄社工职责

1.负责对刚接收的弃婴实时开展个案管理服务。

2.定期调查了解寄养家庭及儿童情况，为寄养家庭提供助养、助医和心理关爱等服务。

3.对申请寄养儿童的家庭进行探访，搜集资料，并进行家庭功能评估与审核。

4.运用专业工作手法，在各寄养片区开展小组、社区活动，定期召开家长会，分享寄养工作经验交流活动，促进儿童回归家庭，融入社会。

5.协助做好家庭寄养的信息搜集、宣传报道工作。

6.协助家寄工作人员与国(境)内外社会组织或者个人开展儿童救助、合作交流、接受社会捐赠及家庭寄养合作项目。

7.完成上级交办的其他工作任务。

二、康复社工职责

1.协助康复人员对在院服务对象进行康复训练、行为矫正方案及对寄养对象进行功能评估，对寄养家长进行护理教育与辅导。

2.对全院残障儿童每年进行一次完整的身心健康评估，并进行个案管理。

3.协助康复人员筛查和寻找康复对象，制定康复计划，协调安排康复训练。

4.动用社会资源，协助服务对象接受治疗、康复，并融入社会。

5.负责协助康复人员组织开展全院工作人员康复技术指导和业务培训。

6.完成上级交办的其他工作任务。

三、医务社工职责

1.负责协助医务人员了解儿童因病产生的心理反应、社会因素及情绪因素。

2.负责全院儿童生理卫生健康教育、辅导及心理健康评估。

3.负责协助医务人员筛查和寻找服务对象,设计健康计划,进行个案管理。

4.负责协助医务人员培训医科、护理、保育社工及其他专职工作人员,讲解儿童疾病预防、治愈等技术方法。

5.完成科室交办的其他工作任务。

四、教育社工职责

1.负责协助教师拟定班级阶段教育计划,每季度对学生心理、学习情况进行评估、总结并记录。

2.负责学生个案教育评估工作的检测,对学生个案教育档案进行管理。

3.以学生的需求为导向,定期开展各种小组活动,包括成长小组、兴趣小组、康乐小组等。

4.对家寄的学生,定期与寄养家长取得联系,了解学生的状态与动态,与家长进行及时、有效的沟通。

5.负责辅导教学工作,制定班级学生学习辅导方案,有侧重地做好学生辅导工作。

7.完成上级交办的工作任务。

五、社工职责

1.基于孤残儿童和青少年成长与发展规律,遵循社会工作专业价值理念,运用个案、小组及社区工作方法,最大限度挖掘儿童、青少年的潜能,促进其健康全面发展,更好地融入社会。

2.以"一切为了孩子"为宗旨,运用社会工作方法,协助解决全院在创建"养""治""教""康"为核心的科学养育平台过程中遇到的问题和困难,促进儿童福利事业的发展。

3.负责协调院内社会工作,普及社会工作知识,加强相关社会资源的交流与合作。

4.筹划与组织院内主办的重大节假日庆典及文体活动,衔接各种资源,保证活动顺利开展。

5.负责院内活动宣传工作,相关资料、图片、录像等的收集、整理、记载、存档工作。

6.动用整合相关社会资源,组织与管理志愿服务,挖掘和培养志愿者骨干。

7.负责协助全院员工队伍建设,运用社工价值观,开展个案、小组、社区工作,提升员工工作积极性,增强全院团队凝聚力。

8.负责上级交办的工作任务。

第二章

儿童福利机构心理健康服务"三·三模式"

　　2016 年 12 月 30 日，国家卫计委等 22 部委联合印发《关于加强心理健康服务的指导意见》(国卫疾控发〔2016〕77 号)，强调了各领域各行业普遍开展心理健康教育服务体系的指导思想。该意见确定了几个方面的重点任务，其中就包括加强儿童、残疾人等重点人群心理健康服务，重视特殊人群心理健康。为积极响应国家号召，落实心理健康工作的开展，在湖南省民政厅的大力支持下，湖南省知绘心理健康服务发展中心承接湖南省三所儿童福利机构的心理健康服务项目(以下简称"服务项目")，定期为儿童福利机构员工及儿童提供心理健康服务。经过近四年实践，目前项目已取得阶段性成效。本着交流与促进的原则，现将该服务项目在株洲、岳阳、衡阳三个地区儿童福利机构的工作经验总结如下。

　　根据三地儿童福利机构调研及实践情况，湖南省知绘心理健康服务发展中心提出儿童福利机构心理健康服务"三·三模式"(图 2-1)：一是集中优势资源为儿童福利机构提供"三大板块"服务；二是为儿童福利机构心理健康服务建立"三位一体"模型；三是在儿童福利机构心理健康工作中执行"三级管理"制度。

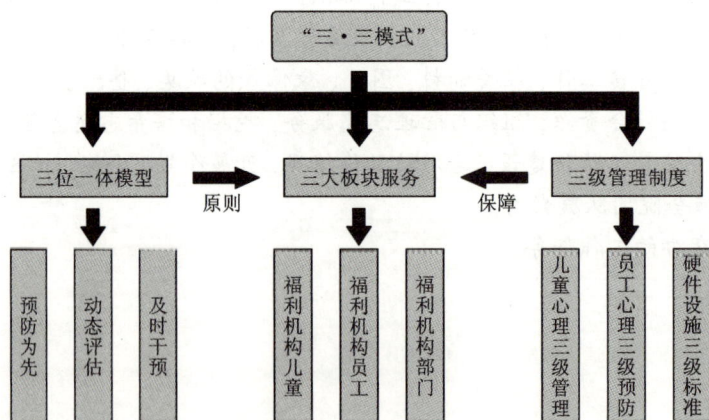

图 2-1　儿童福利机构心理健康服务"三·三模式"

第一节　开展"三大板块"工作，突出服务特色

一、儿童福利机构心理健康服务项目工作对象

(一)儿童福利机构儿童

儿童福利机构主要收容无依无靠、无人抚养的孤儿、弃婴和残疾儿童。还可以根据条件自费收养在家中实在无力照管的残疾婴幼儿。随着国家民政部门儿童福利事业的不断推进和完善，这些儿童的基本生活已经得到了有力保障。同时，在儿童福利机构内生活的儿童出现了一些新的现象和问题。其中，儿童心理健康问题不容忽视，他们或多或少存在一些心理行为问题，如胆怯、自卑、不善言谈、不善交际、封闭、攻击性行为等。通过观察和分析，引起这些情况的主要原因：一是儿童福利机构儿童往往未能形成依恋关系或形成不安全依恋关系，从而缺乏安全感；二是存在负面自我意识；三是家庭不幸、孤儿的身份、病残的身体等负面刺激。这些原因都会影响其健全人格的形成。本服务项目于 2017 年 4 月正式启动，主要是以儿童福利机构内集中养育的适龄儿童作为服务对象，开展相关工作。

(二)儿童福利机构员工

由于工作对象的特殊性，对儿童福利机构员工的要求较高，不仅需要具备专业护理、康复、特殊教育方面的知识，还需要强烈的耐心和责任心，加之工作环境特殊，以及待遇偏低造成的生活压力，儿童福利机构员工心理压力普遍较高，容易诱发心理问题。因此，儿童福利机构员工也是本项目的服务对象之一。

(三)儿童福利机构心理健康部门建设

随着儿童福利机构对心理健康工作逐渐重视，儿童福利机构在培养自有心理健康员工的同时，也有建设心理辅导室，甚至设立相关部门的需求。在建设初期，心理辅导室的合理分区、使用心理辅导器材、运用适当的辅导技术，能帮助儿童福利机构儿童及员工解决心理健康问题。该服务项目旨在为儿童福利机构心理健康部门的建设提供专业指导和建议。

二、儿童福利机构"三大板块"服务内容

确定服务对象后，中心工作任务将围绕三类服务对象开展，主要体现在以下三大板块(图 2-2)。

(一)板块一：为儿童福利机构儿童提供服务

(1)儿童福利机构儿童心理测评。对儿童福利机构儿童进行一次总体心理健康水平评估，建立心理健康档案。对特定对象开展深入的心理测验、访谈，以期准确、有效掌握其心理状态，为进一步进行有针对性的心理服务提供依据，心理测验采用标准的心理健康量表，如儿童行为量表(CBCL)、婴儿—初中学生社会生活能力量表(S-M)、儿童适应行为量表(AMMR)、儿童焦虑性情绪障碍筛查表(SCARED)、"房—树—人"绘画测验(HTP)、画人测验(DAP)等，实施动态评估。

(2)个体心理辅导。对有一般心理问题的儿童进行个别辅导，帮助他们解决在学习、交往、社会适应过程中遇到的困扰。对经心理筛查发现有较严重心理问题的孤残儿童，定期开展个体心理咨询(每 2 周一次)，直到心理问题基本解决或显著改善。根据具体情况，采用合

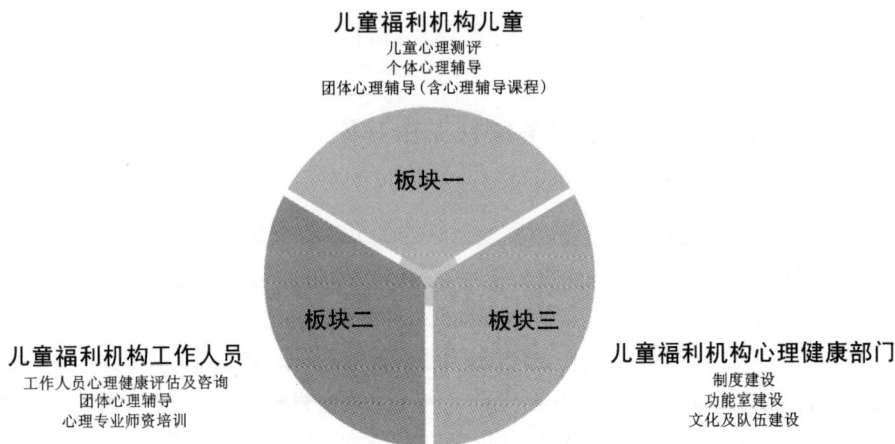

儿童福利机构儿童
儿童心理测评
个体心理辅导
团体心理辅导（含心理辅导课程）

板块一

板块二　　板块三

儿童福利机构工作人员
工作人员心理健康评估及咨询
团体心理辅导
心理专业师资培训

儿童福利机构心理健康部门
制度建设
功能室建设
文化及队伍建设

图 2-2　三大板块工作示意图

适的心理辅导方法、技术，如认知疗法、沙盘疗法、绘画疗法、游戏疗法等。

（3）团体心理辅导（含心理辅导课程）。针对具有同类心理问题的孤残儿童，设计团体心理辅导活动方案，开展团体辅导活动。此外，根据儿童福利机构特教班级儿童心理发展的规律和特点，开设心理健康教育课程，重点发展多数孤残儿童优秀心理品质，涵盖自我意识、人际交往、情绪调节、智力开发等方面。

（二）板块二：为儿童福利机构员工提供服务及专业师资培训

（1）员工心理健康评估及咨询。对儿童福利机构员工的心理健康情况进行动态筛查，如心理健康水平评估（SCL-90）、压力评估（LES）、人格评估（16PF）、"房—树—人"绘画测验（HTP）等。对测试结果异常的员工进行访谈、开展咨询。

（2）儿童福利机构保育员、特教老师、医生及行政管理人员团体心理辅导。进行员工和管理者情绪管理训练、压力管理训练、认知行为训练、完善社会支持系统训练等系列辅导；提供网上咨询、团体辅导、面询等多种形式服务（图 2-3）。

（3）专（兼）职心理人员及管理人员师资培训。开设一定学时的心理健康教育培训课程，包含儿童福利机构儿童心理健康教育与服务体系介绍、儿童福利机构儿童常见心理问题的识别及处理、儿童福利机构儿童心理危机预防与干预、员工常用的心理辅导技能、心理评估及结果的使用、个人成长体验课程等。

（三）板块三：为儿童福利机构心理健康部门建设提供服务

（1）制度建设。为儿童福利机构心理健康工作的开展提供制度保障，如心理辅导功能室管理制度、心理危机预防及干预制度、心理辅导预约制度、心理档案资料管理制度、心理辅导的伦理制度、心理辅导师资队伍培养及督导制度等。

（2）功能室建设。量身定做各功能室（心理咨询室、艺术心理辅导室、团体辅导室、心理测评室、情绪疏导室、游戏治疗室）建设方案以及提供艺术心理辅导设备；指导儿童福利机构心理健康服务部门的设置和运行。

（3）文化及队伍建设。培养儿童福利机构自身的心理健康师资队伍，并针对不同层级的心理工作人员开展相应知识培训（观察、评估、干预）；提供各功能室环境布置参考方案；联

图 2-3　儿童福利机构员工培训

（图片来自岳阳市儿童福利院）

系、组织志愿者进院开展公益活动；为儿童福利机构心理健康部门提供培训、督导等专业支持，确保儿童福利机构心理咨询工作稳步推进。

第二节　建立"三位一体"模型，完善服务机制

为较好推进儿童福利机构心理健康服务的实施，奉行预防为先、动态评估、及时干预三位一体的实践原则是关键，即"预防—评估—干预"。预防是目标，评估是手段，干预是处理方式。该模型理念是先对辅导对象的心理健康意识进行教育，通过定期心理测评筛查出心理问题高风险的儿童及员工，确定需要进行心理干预的对象，然后采取个体辅导与团体辅导相结合的方式，开展心理干预。

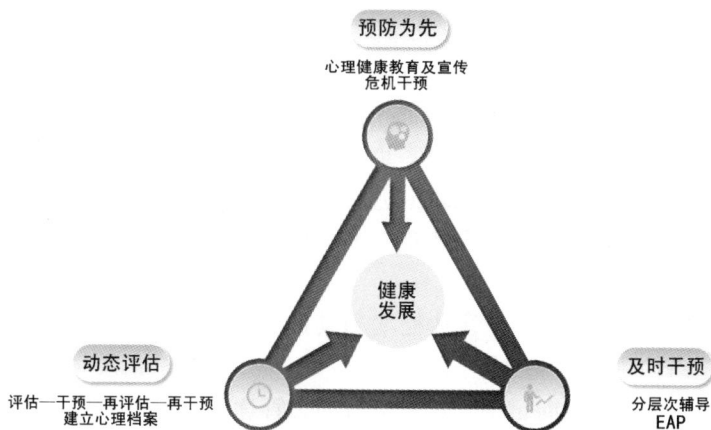

预防为先
心理健康教育及宣传
危机干预

健康发展

动态评估
评估—干预—再评估—再干预
建立心理档案

及时干预
分层次辅导
EAP

图 2-4　心理辅导"三位一体"模型

(一)预防为先

心理预防主要是指预防精神障碍和心身疾病、维护和增进心理健康的预防性活动与措施。对普通辅导对象开展常规心理健康知识宣传和教育,增强心理弹性;及时了解辅导对象的心理动态,向存在心理危机倾向的辅导对象提供社会支持和及时疏导;对处于心理危机状态的对象给予积极干预,通过发展其积极健康的行为,消除疾病隐患,做到"防患于未然"。针对儿童福利机构服务的孤残儿童和员工两类对象,工作内容区分如下。

1.针对儿童福利机构儿童

心理健康问题的预防是针对儿童福利机构大多数孤残儿童进行日常心理健康教育,以孤残儿童普遍性的成长与发展任务作为主要内容,预防他们发生各种心理、情绪和行为问题,促进其心理素质的提高。因此,在开展心理健康教育时应贯穿孤残儿童的实际生活,以掌握基本生活知识和技能、养成行为规范、适应环境等主题开展系统性辅导。比如,有的孩子喜欢画画、唱歌,那么在心理健康教育的过程中可以因势利导,引导其形成积极心理品质,让他们在喜欢的活动中缓解自卑、消极、敌对的情绪,改善精神状态,建立自信。

面向孤残儿童提供危机干预服务。创建心理健康教育和危机干预配合机制,确保儿童在心理危机的紧急关头能够得到专业辅导和支持,确保儿童福利机构重大心理危机事故的"零发生"。

2.针对儿童福利机构员工

心理学研究表明,儿童的性格特征的形成与养育者的明智程度、责任心的强弱相关。与孩子密切接触的儿童福利机构员工也应接受终身教育,这不仅有利于员工自身的人格完善,还能为孩子树立榜样。针对工作员工的心理问题预防主要集中在心理健康知识宣传、改善工作软环境、开展心理健康培训、提供心理危机评估和干预服务等方面。

(二)动态评估

心理评估是儿童福利机构心理健康服务中非常重要的一个环节。通过心理评估,不仅可以对辅导对象进行筛查、转介,还可以全面地了解辅导对象的心理发展状况,为教育管理、干预计划的制定及效果评估提供依据。本项目实施"评估—干预—再评估—再干预"的动态评估,能较准确地把握辅导对象的心理发展状况。动态评估的另一保障便是心理评估建档并实施动态管理。根据每一次评估、干预结果的记录可以系统跟踪和分析辅导对象的心理动态。针对儿童福利机构服务的孤残儿童和员工两类对象,工作内容区分如下。

1.福利机构儿童心理评估及建档

根据服务的需要,儿童心理评估分为以下类型:

筛查性评估:筛选出儿童福利机构是否存在心理发展明显偏常或迟滞的儿童,如筛查出"高危儿童",则需要密切关注,并实施进一步评估。

诊断性评估:对已经确认是发展偏常或迟滞的儿童进行心理或行为问题的诊断。

治疗性评估:以制定对象的治疗和矫正方案为目的的评估,为儿童制定适合其心理或行为技能发展的干预策略。

建档要求:收集、整理已有心理评估档案和其他方面的资料为孤残儿童建立心理档案,一人一份。档案记录内容按制度执行,回访记录每1~2月1次,记录时间按关注对象的具体情况而定,有重大情况发生随时记录。档案实行动态管理,有新的情况,及时更新。

2.儿童福利机构员工心理评估及建档。

员工心理评估主要为日常心理健康筛查:心理健康水平评估(SCL-90)、压力评估

（SRRS）、人格评估（16PF）、"房—树—人"绘画测验（HTP）等。

建档要求：由专业人员评估儿童福利机构员工心理生活质量现状，及问题产生的原因，为每一位员工建立心理档案，对重点关注对象进行跟踪、回访。

该部分的具体内容，将在本书第五章和第七章第一节中详细说明。

（三）及时干预

1.福利机构儿童三个层次辅导内容及干预措施

第一层次，发展性心理辅导。针对儿童福利机构大多数儿童开展心理保健工作，整体提高其心理素质。辅导重点是引导儿童在新的层面上认识自我、社会，发掘潜能，建立自信，促进其个性的发展和人格完善。

第二层次，适应性心理辅导。部分身心发展正常但存在一定心理、行为问题的儿童福利机构儿童，通常是在生活和学习中遇到各种问题，较为常见。这种情况可通过心理辅导，排解心理困扰，减轻心理压力，改善适应能力。辅导重点是强调发掘和利用孤残儿童潜在的积极因素，引导其自己解决问题。

第三层次，障碍性心理辅导。障碍性心理辅导是针对部分有心理行为障碍的儿童福利机构儿童提供的援助和服务。辅导重点是依靠专业人员的介入，给予支持、干预和治疗，以消除儿童的心理行为障碍，促进其心理朝健康方向发展（图2-5）。

针对儿童福利机构儿童存在一般性心理健康问题的情况，可采取团体辅导和个体辅导相结合的方式进行干预。团体辅导是通过设计和组织各种团体活动，引发儿童的主观体验和感受。一方面针对儿童不同成长阶段的心理特征，开设团体健康教育课程，帮助孩子系统认识自己身心状况和特点，及时察觉自身存在的心理问题，通过自我调适和寻求帮助解决问题。另一方面，将心理辅导渗透孩子的生活，采取角色扮演、行为训练等形式进行干预。其中对需要进一步干预的儿童福利机构儿童，开展个体辅导。

如果孤残儿童存在心理异常的情况，则需要进行专业干预和治疗。有关该部分的具体内容，将在本书第三章中详细说明。

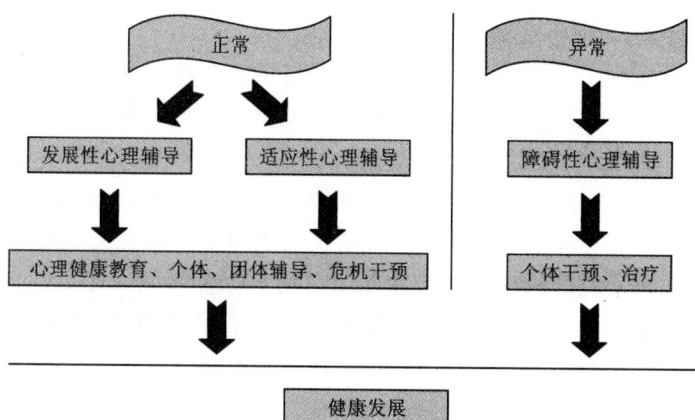

图2-5　儿童福利机构儿童三个层次辅导示意图

2.儿童福利机构员工心理健康服务内容及干预措施

根据心理辅导的伦理原则，儿童福利机构的员工心理辅导通常采用外包心理援助项目的模式开展，也是本服务项目的内容之一，比如员工心理援助计划(EAP)(图2-6)。服务内容包括：员工心理档案的建立、员工心理健康知识宣传、工作环境设计与改善、员工和管理者培训、多种形式的员工心理辅导等。有关该部分的具体内容，将在本书第七章中详细说明。

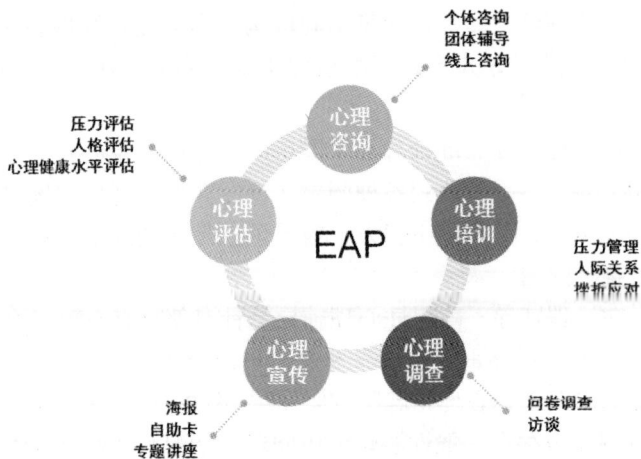

图2-6 儿童福利机构员工心理援助计划

第三节 执行"三级管理"制度，保障服务实施

"三大板块"服务内容要落实到位，离不开合理的管理体系的支撑。中心结合三所儿童福利机构的实际情况，特制定"三级管理"制度，以实现心理健康工作层层推进，个性化落实。因此，三级管理制度是"三·三模式"中最重要、最核心的内容。

(一) 儿童福利机构儿童心理健康三级管理制度

儿童福利机构儿童作为一个特殊的群体，除了与一般儿童一样可能存在共同的心理问题外，还有其独特的表现，需要心理健康工作人员予其更多关注，及时发现问题。因此，有必要建立心理健康工作人员的三级管理制度。

该制度的建立，一是可以将心理健康教育工作重心层层下移，壮大工作队伍，扩大工作覆盖面，使儿童福利机构心理健康教育渗透儿童生活的每个角落。二是可以使心理健康教育更加贴近儿童实际，将心理健康工作由被动变为主动。保育员照顾儿童的日常生活，他们能够及时了解儿童最真实的思想动态，发现专岗人员发现不了的问题，及时上报；而专岗人员能够对儿童的问题及时进行辅导，一旦出现特殊情况，还能迅速向上一级求助和转介，及时干预，避免心理疾病发展。

1.三级网络构成

儿童福利机构内普通员工(尤其是保育员)是一级(初级)心理服务人员；儿童福利机构内专职(或专岗)员工是二级(中级)心理服务人员；儿童福利机构外专职心理咨询师(包括精神科医师等)是三级(高级)心理服务人员(图2-7)。

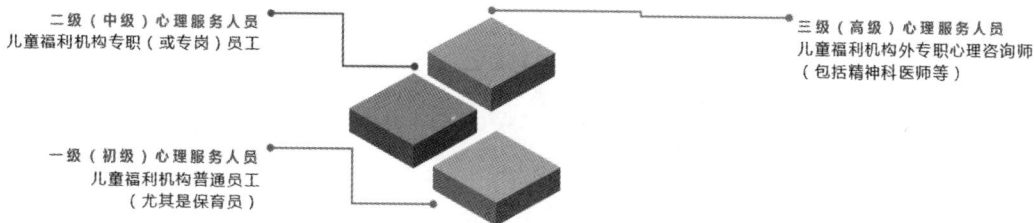

二级（中级）心理服务人员
儿童福利机构专职（或专岗）员工

三级（高级）心理服务人员
儿童福利机构外专职心理咨询师
（包括精神科医师等）

一级（初级）心理服务人员
儿童福利机构普通员工
（尤其是保育员）

图 2-7　儿童福利机构儿童心理健康三级网络

2.专业要求及职责

（1）一级（初级）心理服务人员。即儿童福利机构普通员工。

①专业要求：具备心理健康意识；初步识别儿童福利机构儿童常见心理问题；懂得用观察法关注儿童的心理行为表现。

②工作职责：掌握儿童的心理健康状况，发现特殊情况，能辨别是否为心理或行为问题，及时向二级（中级）心理服务人员汇报，做好早期预防。

（2）二级（中级）心理服务人员。即儿童福利机构专职（或专岗）员工。

①专业要求：明确儿童福利机构儿童心理健康教育与服务体系；鉴别和处理儿童福利机构儿童常见心理问题；具备常用的心理辅导技能。

②工作职责：对儿童福利机构内辅导对象开展基础心理健康教育；能开展心理危机预防与干预；对一级（初级）心理服务人员汇报的辅导对象问题进行评估和干预；对不在能力范围内的问题求助或转介到三级（高级）心理服务人员。

（3）三级（高级）心理服务人员。主要是由院外的专职心理咨询师和精神科医师组成的专业团队。针对儿童福利机构专职（或专岗）员工无法解决的心理问题提供相关专业服务。

（二）儿童福利机构员工心理健康的三级预防制度

通过对儿童福利机构员工的调查与访谈发现，部分员工自述平时工作压力和生活压力很大，主要是由于服务对象的特殊性使他们心理压力倍增，工作成就感、积极性受到影响。帮助儿童福利机构员工缓解心理压力、解决心理问题、保持心理健康，已经成为儿童福利机构管理者面临的重要课题。然而，心理问题的产生不是突如其来的，是一个量变到质变的过程，因此，员工心理健康应以预防为主，矫治为辅。

鉴于儿童福利机构员工心理健康服务委托第三方服务机构湖南省知绘心理健康服务发展中心完成，经研究与实践，探索出一套解决儿童福利机构员工心理问题的思路和方法，目前，心理问题三级预防是较为理想的分层工作模式，主要内容如下：

1.一级预防

联合儿童福利机构管理部门，减少导致儿童福利机构内员工心理健康问题的因素，建立积极、支持性的工作环境，包括硬环境如工作、办公环境的物品摆放、绿植配置、心理宣泄室的开放等，软环境如人际沟通方式、生涯指导等。由服务机构提供心理健康讲座、培训，传播心理健康知识，内容贴近员工生活和工作，包括压力管理、挫折应对、积极情绪保持、人际关系处理、问题解决技能等。

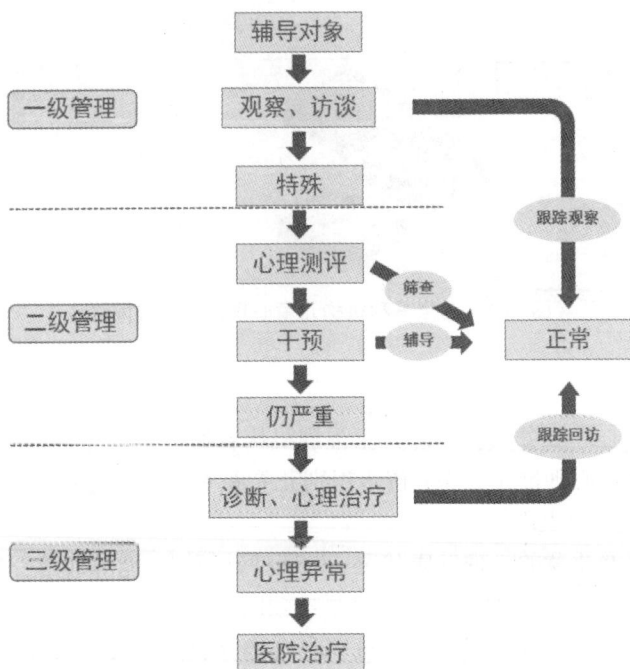

图 2-8 儿童福利机构儿童心理健康三级管理流程图

2. 二级预防

对员工实施心理健康状况筛查，由服务机构心理咨询师评估和干预，实施个体咨询或团体心理辅导，以解决员工心理、行为问题，使他们保持良好的心理状态。

3. 三级预防

针对可能存在严重心理问题或神经症性心理问题的员工，由服务机构心理咨询师和精神科医师评估、诊断、治疗，实施心理疾病预防。

图 2-9 儿童福利机构员工心理健康的三级预防制度

(三) 儿童福利机构心理辅导硬件设施三级标准制度

2018 年 11 月，家卫生健康委和中央政法委等 10 部门联合印发的《全国社会心理服务体系建设试点工作方案》明确指出：为贯彻落实党的十九大提出的"加强社会心理服务体系建设,培育自尊自信、理性平和、积极向上的社会心态"的要求,在全国开展试点工作。为了更好推进儿童福利机构心理健康工作开展,湖南省株洲、衡阳、岳阳三所儿童福利机构在湖南省知绘心理健康服务发展中心的指导下,不同程度进行心理辅导硬件设施的建设,以提高孤残儿童及员工心理素质为目的,便于开展心理辅导工作为原则,制定和完善规章制度,保证服务实效。

依据实践经验,中心推出儿童福利机构心理辅导硬件设施三级标准制度(图2-10),以适应不同儿童福利机构的建设需求。

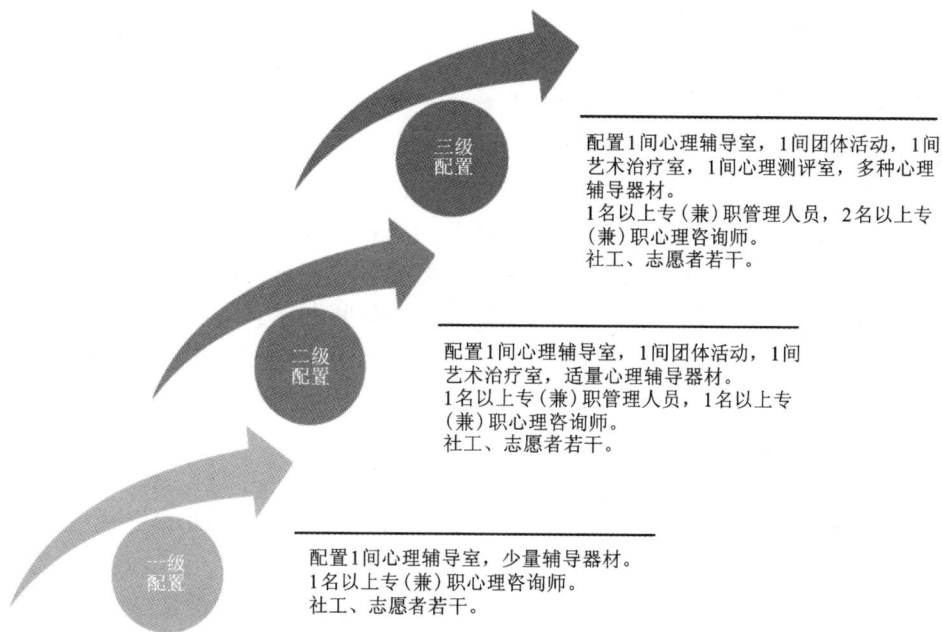

三级配置
配置1间心理辅导室,1间团体活动,1间艺术治疗室,1间心理测评室,多种心理辅导器材。
1名以上专(兼)职管理人员,2名以上专(兼)职心理咨询师。
社工、志愿者若干。

二级配置
配置1间心理辅导室,1间团体活动,1间艺术治疗室,适量心理辅导器材。
1名以上专(兼)职管理人员,1名以上专(兼)职心理咨询师。
社工、志愿者若干。

一级配置
配置1间心理辅导室,少量辅导器材。
1名以上专(兼)职心理咨询师。
社工、志愿者若干。

图 2-10　儿童福利机构心理辅导硬件设施三级标准

1. 一级配置(基础)

(1)场地要求。一间房间。面积不小于 12 平方米,用于开展心理辅导;要求室内环境温馨、舒适,配备必要电脑、桌椅、资料柜等设施;挂"心理辅导室"门牌。

(2)人员要求。1 名以上专(兼)职心理咨询师。社工、志愿者若干。

(3)工作职责。协助对儿童福利机构儿童心理危机的排摸和预防;协助做好儿童心理档案的整理和管理工作;协助儿童福利机构内心理活动的开展和日常宣传等工作;对心理危机儿童进行有效干预;做好严重心理问题转介工作,与服务中心对接。

2. 二级配置(标准)

(1)场地设施。三间房间,心理辅导室等面积在 12~20 平方米左右,团体活动室面积不小于 40 平方米,有独立出入口,包括开展接待、咨询及团体辅导活动的功能区域(心理辅导室、团体活动室、艺术治疗室)。要求室内色调温和平静、温馨、舒适,配备必要电脑、桌椅、资料柜、沙盘、艺术心理辅导箱等设施。

(2)人员要求。配备 1 名以上专(兼)职管理人员,1 名以上专(兼)职心理咨询师,社工、志愿者若干。专(兼)职管理人员熟悉心理健康的政策、法规,具有一定的专业知识储备。心理咨询师应具备相关专业背景并取得原国家认证的三级及以上"心理咨询师"职业资格证书,且每年至少接受20学时专业培训。社工、志愿者需热爱公益事业。

(3)工作职责。负责对儿童福利机构儿童心理危机的排摸和预防;建立、管理儿童心理档案;负责儿童福利机构内心理活动的开展和日常宣传等工作;对心理危机儿童进行有效干预;做好严重心理问题转介工作,与服务中心对接。

3.三级配置(高级)

(1)场地设施要求。四间房间,心理辅导室等面积20平方米左右,团体活动室面积不小于40平方米,有独立的出入口,包括开展接待、咨询及团体活动的功能场所(心理辅导室、团体活动室、艺术治疗室、心理测评室)。要求室内色调温和平静、温馨、舒适,配备必要电话、电脑、桌椅、资料柜等设备,有条件的儿童福利机构可配备心理测试系统、艺术心理辅导箱、心理沙盘、音乐放松仪器、宣泄器材等干预设备。

②人员要求。配备1名以上专(兼)职管理人员,2名以上专职心理咨询师,社工、志愿者若干。专(兼)职管理人员熟悉心理健康的政策、法规,具有一定的专业知识储备。心理咨询师应具备相关专业背景并取得原国家认证的二级及以上"心理咨询师"职业资格证书,且每年至少接受20学时专业培训。社工、志愿者需热爱公益事业。

③工作职责。定期组织开展儿童福利机构内的心理知识科普;建立、管理儿童心理档案;对服务对象开展心理评估、监测预警、心理干预等;做好严重心理问题转介工作,与服务中心对接;利用网站、微信等媒体开展心理健康知识宣传。

经过近四年实践与探索,"三·三模式"以"三大板块"搞服务,以"三位一体"建模型,以"三级管理"做保障,在促进儿童福利机构心理健康工作发展方面已取得显著成效,推动了儿童福利机构购买心理健康服务这一形式的落地生根。本章内容梳理、总结该模式的关键点、做法、经验,以期为各儿童福利机构心理健康工作的开展提供参考和借鉴。

第二部分

儿童心理健康维护篇

第 三 章

儿童福利机构儿童心理问题鉴别

儿童福利机构对收养的儿童采取统一抚养、分类分班管理的方针。相对于普通儿童来说，儿童福利机构的儿童在生活、学习上虽然也有工作人员无微不至的关爱与照顾，但是他们缺乏在健全家庭结构中成长的经历，而且福利机构儿童中有身体和智力问题的儿童占90%以上，这些因素都影响着福利机构儿童的心理健康。儿童时期不仅是身体发育最迅速的时期，也是心理发育和人格形成的转折期和关键期，不良的教养方式会影响儿童的心理发展，心理健康问题直接关系到福利机构儿童成年后能否成为既能有效参与社会、又能为社会所接受的人，因此，福利机构工作人员必须重视、识别儿童的心理问题，并积极探索对其进行心理疏导的有效方法。

第一节　儿童福利机构儿童的常见心理问题

一、情绪问题

儿童在心理发育过程中受到各种因素的影响，主要有自身素质、家庭环境、学校环境、社会环境。儿童大脑发育尚不成熟，心理状态很不稳定，很容易受这些因素的影响，尤其是遗传的易感素质在不良的环境因素作用下，往往会出现各种情绪问题。

福利机构儿童长期生活在福利院，在获得亲人情感支持和行为培养等方面都远远少于正常家庭的儿童。一方面父母的抛弃造成了他们心灵上的永久创伤，另一方面，生理上的缺陷又致使儿童行动不便，常常会在人际活动和交往中落单，显得孤僻失落，这些都往往会让他们产生情绪不稳定、自控力差、孤独感、焦虑感、抑郁等情绪问题(图3-1)。

(一)情绪不稳定、自控力差

福利机构儿童由于认知发展落后和生活经验缺乏等原因，在情感的发展上常表现出发展迟缓、不稳定、自控力差、情感体验不深等特点。

1.表现

儿童福利机构儿童有的因残疾受同伴歧视导致情绪压抑、多疑，对外界反应冷漠，爱生闷气，易冲动，意志力差；有的只能听表扬，别人不能超过自己，否则就胡闹愤怒，甚至怨恨、嫉妒别人；有的儿童处在青春发育阶段，因生理变化而产生困惑、烦躁等；有的儿童特别依恋某一个护理员或特教老师，一旦他们离开自己的视线，就会大声哭闹，甚至拒绝除这个护理员或特教老师以外的其他人的拥抱和抚爱；有的儿童身体疲劳或不舒服时，容易因为一点点小事而恼怒，生气发火摔东西，有的可能会一反平时安静、听话的常态而兴奋异常。

2.原因

(1)需求得不到满足。福利机构儿童大多为残障儿童，认知发展水平相对缓慢，自身需求不能准确及时地表达，积压在心中，很容易导致日后因某个小刺激事件而情绪爆发。另外，儿童福利机构的护理人员因照看的儿童过多或缺乏关爱儿童心理的意识，在抚养或护理儿童的过程中，没有培养儿童正确表达情绪的方法，如儿童发脾气哭闹，护理人员要么置之不理，要么是用食物满足其需求，没有进行沟通，导致儿童不知道怎样正确表达情绪。

(2)缺乏安全感，人际关系敏感。福利机构儿童从小缺乏父母关爱，在与人沟通交流中戒备心理比较重，对他人的行为和话语比较敏感，常因小事自责和害怕，过度在乎别人的看法。

图 3-1　情绪课堂

(图片来自岳阳市儿童福利院)

3.常用干预方法

(1)以理育情，提高认识。福利机构儿童具有一定的认知能力，对此养护人员应该耐心启发，循循善诱，深入浅出地对儿童进行教育，要让儿童了解到乱发脾气是一种不好的行为。其次，可以肯定和接纳儿童的情绪，如生气不高兴或受委屈难过，只有先肯定其情绪才有可能获得儿童的信任，再教导儿童如何表达情绪，帮助儿童逐步提高情绪的自控力。

(2)行为改变技术，改善控制力。由于儿童福利机构儿童本身的理解能力和自控力相对较弱，不能全部依靠孩子自己的提高改变，还应该采取一些有效的行为训练方法。

①消退法。消退法是指在确定情境中，行为者产生了以前被强化的反应，若此时这个反应之后并不跟随着通常的强化，那么当他下一次遇到相似情境时，该行为的发生率会降低。简言之，就是对先前被错误强化了的行为不再继续给予强化，使之渐趋消弱以至消失。儿童在无故发脾气后，通常护理员都会满足其愿望，这就是一种错误的强化。这种强化使孩子意识到下一次只需哭闹就可以使愿望得到满足，从而脾气越来越坏。行为消退程序要求护理员

及其他工作人员在孩子发脾气的时候克制住自己，对孩子的哭闹不予立即满足愿望式地回应。这样有利于使孩子的哭闹行为逐渐减少，直至最后消除。

②正强化法。正强化原理是指在一定的情境或刺激的作用下，某一行为发生后，立即有目的地给予行为者正强化物。那么，以后在相同或相似的情境或刺激下，该行为的发生频率将会提高。正强化法分为三个步骤：行为发生—刺激(正强化物)增加或刺激强度增加—行为增强。当儿童在发脾气时，若能停止哭闹等一系列不良行为，这时应及时给予小奖励以强化他主动停止哭闹的良好行为。这样一些行为使孩子明白，如果自己不乱发脾气不仅能得到老师的喜爱，同时还能得到奖励，那么下一次他就会有意识地控制自己的不良情绪，也可以通过健康的交流方式满足自己的心理需要。

(3)体验挫折，增强承受力。情感体验对于儿童的身心发展具有重要作用，特别是挫折体验。由于福利机构很多工作人员还停留在对儿童的怜悯上，总是极力满足儿童的各项需要，避免他们受到任何挫折。其实适度的挫折体验对于儿童学会正确表达自己的情绪情感具有重要作用，可以通过创设情景的方式让儿童体会受挫折、不顺心等情绪。先让儿童了解到受挫折的情绪体验，明白不是所有的事情都是很容易办到的。面对难题时，工作人员的教育又能使儿童明白，面对困难光靠发脾气是解决不了的，要学会先控制自己的情绪再寻求办法。如此，下一次面对挫折时儿童才不会继续乱发脾气。

(4)养育中心与心理中心密切配合，协同关爱。养育中心是儿童生活时间最长的地方，对其成长发展和正确表达情绪情感的良好习惯的培养都有着深刻的影响，因此，养育中心的护理员是儿童生活中必不可少的重要他人。而心理中心的心理咨询师能够从专业视角敏锐洞察儿童的情绪问题，并提供科学的护理建议，因此在教育过程中，养育中心必须细致观察孩子的情绪及行为，并定期与心理中心沟通，使护理员能及时了解儿童的整体情况，并对护理行为进行相应调整，双方协同工作，共同促进儿童保持良好稳定情绪，在福利院健康积极生活。

(5)加强语言训练，提高表达能力。福利机构儿童少部分虽有一定的认知水平与理解能力，但因为学习说话迟，语法简单，词汇贫乏，构音障碍，语言理解能力差，语言表达能力也差，从而间接影响了儿童的情绪表达能力。

首先，要增加儿童的词汇量。部分福利机构儿童的语言能力不好，主要是因为他们词汇贫乏，不敢开口表达自己。因此，在平时教学中，工作人员要充分利用实物、图片、电视、录像等，引导儿童正确说出事物的名称，如认识植物、动物、日常用品、学习用品、劳动工具等，学说礼貌用语、生活用语等。

其次，在日常生活中激发儿童说话的动机。在儿童有需要时不要马上满足他们，要让他们用语言表达出来才能得到他们想要的东西，让儿童体会到语言的作用。

再次，强化语言刺激。要随时随地对儿童进行有针对性的语言刺激训练，让儿童通过实践自然地积累语言表达经验。儿童听得多、看得多，自然说得就多了。从儿童的兴趣入手，在日常生活中锻炼儿童的语言表达能力。

案例：

1. 背景资料

陈××，女，智力正常，存在身体缺陷。易受环境影响，尤其对周围人的言语过于敏感，好生闷气，情绪大起大落。

2. 辅导设置

每月两次个体咨询，每次1~1.5小时，共5次。团体辅导20次。

3. 辅导目标

识别情绪，管理情绪。

4. 辅导效果

(1)调节情绪强度。辅导前，孩子内心多有疑虑与不安，情绪两极性明显。辅导师通过共情孩子的感受来调节她情绪的强度，即当孩子有强烈的情绪时鼓励她表达，倾听他们，体会她的情绪和来由，让孩子情绪强度回归。同时，运用音乐冥想，帮助孩子训练稳定情绪的能力。

(2)管理情绪。辅导前，孩子不善于管理自己的情绪，表现为冲动、粗暴发泄，往往伤害了别人也伤害了自己。在长期辅导过程中，辅导师运用认知行为治疗以及绘画心理辅导，孩子能够合理表达情绪，将内心积压情绪排解，用积极的心态对待周围的人。

(二)孤独感

孤独感是个体对交往的渴望与实际的交往水平产生差距时的一种主观心理感受或体验。儿童孤独感是指儿童在社会关系网络不足时的不快乐的体验，包括社会关系在数量上的不足和质量上的低下。当儿童的人际关系网络出现某种质或量的重要缺陷时，所产生的不愉快感即为孤独感。随着对我国儿童社会化研究的深入发展，儿童孤独感越来越受到儿童心理研究者的重视。虽然在群体中孤独的儿童所占的比例不是很大，但却是普遍存在的问题，尤其在儿童福利机构儿童中普遍存在。

1. 表现

部分儿童福利机构的残疾儿童由于行动不便，往往在生活上不能与健全儿童步调一致，缺乏参与活动的热情；有的儿童即使有很强的参与热情，但因其缺乏活动能力，往往会一个人静处一旁，显得孤独失落(图3-2)。

2. 原因

(1)同伴关系差。儿童的同伴关系水平是指相互关系的体验水平，一方面指同伴接纳，即在班级中与同伴的相互作用以及在这些同伴中的社会地位，代表社会地位的是群体接纳水平或受欢迎程度，社会地位高、受欢迎的儿童同伴接纳水平普遍较高。另一方面指儿童的友谊。研究表明儿童的认知能力、行为能力和情感困难与儿童经历的同伴拒绝有关。退缩拒绝的儿童导致更严重的同伴拒绝、更少数量的好朋友、更高水平的孤独感。行为退缩、消极的同伴评价和消极的自我概念在大多数情况下可导致儿童的孤独感。另外儿童福利机构儿童普遍有生理缺陷，这种缺陷在外表上比较突出，这使儿童容易产生自己和其他人不一样的想法，从而产生孤独感。

(2)人格因素。人格因素影响到儿童对其社交情境或社会关系状况的知觉与评价，影响儿童对其自身处境的理解，进而影响到孤独感。研究表明，孤独感常与下列人格因素有关：

缺乏自信、内向、低自尊、焦虑、神经质、敌意、对生活和社会悲观等。

（3）社会支持水平低。福利机构儿童缺乏父母的陪伴，与护理员的关系是"一对多"，且儿童福利机构工作人员有流失的情况，关系相对来说不稳定。因此儿童福利机构儿童正常的爱抚需求没有得到满足，他们在获得亲吻、拥抱、关怀、情感支持、渴望满足等方面都远远少于社会一般家庭的儿童，这些都往往会让他们产生孤独感。

3.常用干预方法

（1）创造人际交往情境，促进交往行为。孤独情绪与行为改变密切相关，通过帮助儿童福利机构有孤独感的儿童建立亲密的人际关系，可以改善孤独情绪及社交行为障碍，并能预防复发。干预一般分六个阶段：

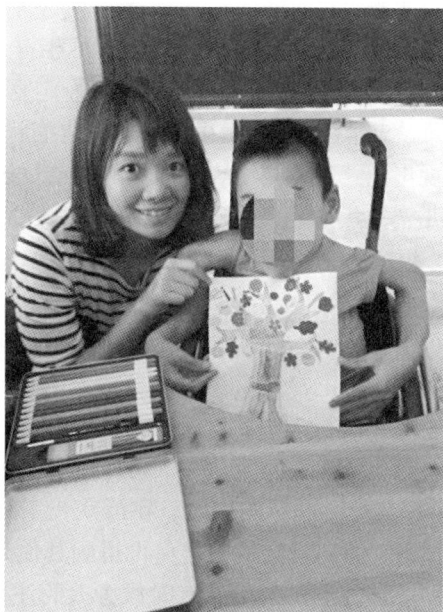

图3-2　用绘画治疗进行孤独感干预
（图片来自衡阳市社会福利院）

第一阶段：克服独处时的焦虑与悲哀；

第二阶段：尝试结交新的朋友；

第三阶段：对值得信赖的伙伴进行自我袒露；

第四阶段：与伙伴建立稳定的亲密关系；

第五阶段：与伙伴发展成相互依恋的关系；

第六阶段：维持长期的友情关系。

儿童福利机构团体干预结合小组干预的模式对减少儿童的孤独感效果更明显。友谊能提供心理安全感、自我支持和自我认同、亲密关系和共同的爱好、指导和帮助、交往和相互激励，满足归属感和发展儿童的社会能力，友谊关系的良好发展可防止儿童将来的社会适应困难，减少孤独感。儿童福利机构小组干预促使小组同伴的观念、行为发生变化，从而增强同伴间的友谊、关爱、支持、接纳水平，成为儿童福利机构孤独感儿童改变的动力与强化力。

（2）改变认知方式。改变儿童福利机构有孤独感的儿童的不恰当的认知方式，对其进行归因训练，可以帮助其内省和自我调整，促进其社会交往行为的增加。可以从三个方面改变认知：一是改变儿童的现实人际关系；二是调整儿童的社交期望水平；三是让儿童正视自己的孤独体验，改变不良应对方式。

（三）焦虑感

焦虑是儿童期较常见的一种情绪问题，是一种复杂的、综合的、较为普遍的负性情绪，常表现为无原因的恐惧和不安、无所指向的烦躁和惊慌，好像是某种危险和灾祸就要临头，但又说不出究竟担心什么或究竟害怕会发生什么不幸。

过度的焦虑会对儿童的行为、智力和人格等产生一定的负面影响。在行为方面，会使儿童变得退缩、过度顺从，或暴躁、恐惧上学等；在学业成绩和智力方面，会使他们不能完成学习任务，对学习活动丧失信心；在儿童人格形成方面，会使儿童过分敏感、自我评价过低、自卑感重、依赖感强、做事优柔寡断、抑郁沉闷，并有自我攻击行为。

1. 表现

焦虑感在情绪上表现为与现实不相符合的过分担心和害怕，在行为方面表现为烦躁、回避、退缩、退行、紧张、违抗、攻击等。躯体常出现各种不适（多部位、多样化），如心悸、呼吸困难、头晕、疼痛、睡眠障碍、消化症状、排泄异常等，但无相应的器质性病变。认知方面常表现出注意力不集中，说担忧的话或反复提问题并寻求保证。

儿童的焦虑表现以行为和躯体症状（进食、睡眠）为主，学龄前儿童的焦虑表现以退缩、退行、烦躁为突出特点，学龄儿童的焦虑表现以躯体症状、认知症状和紧张性行为较突出。

2. 原因

（1）融入社会的焦虑。福利机构儿童普遍在身体上存在缺陷，而且缺陷有可能在外表上比较突出，与正常儿童相比就显得尤为突出，从而受到更多注视的目光。在别人异样的目光和社会关怀的行动中，儿童可能越发会觉得自己生活环境的特殊，而产生强烈的焦躁不安，渴望自己生活在正常家庭中，希望改变当前的生活状态（图3-3）。

（2）与社会脱节的焦虑。在孤残儿童心理发展到能够初步认识到自己与别人在身体上存在不同时，他们就会尽力避免再得到其他人的注意，从而刻意去隐藏这种不同，但这往往是他们所不能控制的。虽然有时候旁人的注视仅仅是一种善意的关心的目光，但这也足够给他们造成一种自己异于常人的心态。他们强烈渴望能改变这种状态，渴望能和正常的儿童一样，这也会造成福利机构儿童的焦虑感。

图3-3　儿童团体心理辅导之对抗焦虑
（图片来自岳阳市儿童福利院）

3. 常用干预方法

（1）情绪宣泄法。福利机构儿童面对问题情境，容易出现害怕、紧张情绪或哭闹的情况，可以引导他们通过合适的渠道宣泄出来。如学龄前儿童可以通过绘画、游戏等渠道进行发泄，学龄儿童则可以通过写信、写日记或向亲近的伙伴、社工、护理员倾诉等形式疏导自己的紧张、焦虑。在实在难受的情况下，大哭也是一种较好的缓解压力的方式。总之，儿童的焦虑情绪宜疏不宜堵。

（2）注意力转移法。儿童的注意力容易发生转移，因而可以采用有意识的转移注意法缓解儿童的焦虑情绪。学龄前儿童陷入焦虑时，可以引导他们关注自己喜欢的食物、游戏而忽略自身的不良情绪，学龄儿童则可以培养他们的兴趣，引导他们焦虑时去做自己喜欢的事情，如用玩游戏、听音乐等来调节自己的情绪。

（3）运动与社交法。一方面，运动对儿童肌肉、筋骨和各器官的发育大有好处，而且运动时神经会变得兴奋，大脑会分泌内啡肽与多巴胺，使人变得愉悦和满足，能抑制不良情绪的产生，因而儿童应该长期、有节律地参加运动。另一方面，人是社会化的生物，心理学家Susan Pinker 指出，直接的人际接触能触发神经系统的一部分，释放出神经递质和多巴胺，进而调节人们对压力和焦虑的反应，因此儿童要经常参加社交活动。

（4）找出焦虑诱发因素并及时排解。首先要重视儿童的焦虑问题。研究表明，儿童焦虑障碍是最容易发生的儿童心理障碍，尤其易发生在刚处于分离期的学龄前儿童和小学高年级儿童身上。其次应该了解并理解儿童心理，知道儿童的兴趣爱好和不良情绪的诱发因素，如初次与养育人员的分离、学业问题、与同学或教师的社交问题等。再次，护理员及其他工作人员还应该培养儿童的责任感和独立思考问题的能力。要认真听取儿童的意见，尊重他们的想法，使其感受到如同父母一样的关爱，获得幸福感和安全感。同时要正确、客观地评价儿童，坚决杜绝体罚，以及不尊重儿童的人格和自尊的情况发生。总之，当发现儿童有焦虑倾向时，护理员也不要过分着急，因为护理人员的不良情绪会严重影响儿童心理，要给予儿童充分理解，并通过多种方式如增加身体锻炼和其他活动来及时排解。

（5）帮助儿童提高自信水平，对抗焦虑。学业成绩是儿童自信的源泉，对儿童福利机构儿童来说也是如此。对高年级儿童来说，有没有自信的资本对其社交焦虑的影响较大。研究表明，学习成绩中等偏下的学生发生焦虑的可能要高于成绩在他之上的学生。对于儿童福利机构高年级学生而言，学业压力逐渐加重，成绩较好的学生获得师长赞赏的可能性会更高，也容易在群体中获得更多的关注，进而增加社交的机会，获得更多的社交能力，这种社交中的自信能使其健康心理的发展形成良性循环。而成绩较差的福利机构儿童，本身学习较吃力且心理压力较大，如果再加上周围工作人员和同伴的忽视甚至嘲讽，很可能会进一步否定自己，不与旁人来往，而自卑和封闭正是焦虑的重要根源，长此以往，表现差的儿童福利机构儿童会更不愿意与人交流和沟通，因此产生焦虑的可能性也更大。

儿童福利机构要注意营造宽松的学习氛围，积极鼓励，帮助儿童先迅速建立学习的信心和掌握初步的学习方法及规律。除了提高学习成绩外，发展个人特长也是能帮助福利机构儿童建立信心、摆脱焦虑的方法之一。个人特长项目的培养有很多，可以是体育、声乐，也可以是主持、舞蹈，还可以是缝纫、烘焙。发展个人特长要结合儿童的兴趣，重点是建立儿童的成就感，如果成绩一直中等，但儿童有明显优于他人的特长，能被社交圈接受，也有助于培养其积极健康的心态，减少焦虑情绪。

案例：

1. 背景资料

阳××，女，19岁，正处高三阶段，孩子自感学习压力大，最近又因与同学发生矛盾，情绪低落，学习状态受影响，对未来感到迷茫。

2. 辅导设置

每月两次个体咨询，每次1~1.5小时，共8次。

3. 辅导目标

调节情绪，释放压力，提升自信。

4. 辅导效果

（1）情绪情感。辅导前，孩子应对生活压力性事件反应消极，产生负性情绪。鉴于孩子认知状况良好，辅导师运用认知行为治疗，帮助孩子客观认识人际矛盾，消除自责、抑郁等不良情绪。此外，辅导师用曼陀罗绘画、音乐放松训练辅助孩子进行压力宣泄。

（2）明确目标。辅导前，孩子认为自己从小生活在寄养家庭，由儿童福利机构抚养，与其他孩子不一样，自我认同感偏低。辅导后，孩子能明确自己的兴趣和优势，积极准备复习，在高考中，考出了她有史以来的最好成绩。

（四）抑郁情绪

1. 表现

儿童抑郁的表现为忧伤、消沉、易烦躁、易怒、缺乏精力、失去兴趣和快乐、不愿和同伴交往、交流，不明原因的躯体症状、睡眠异常。不同年龄儿童的抑郁表现不同。婴幼儿可表现为发育迟缓、表情漠然、无兴趣或忧伤、对替代的照养人无反应；学前幼儿常表现出缺乏兴趣、丧失快乐、缺乏好奇、易抱怨、好哭闹、躯体主诉多、缺乏活力、失眠或睡眠增多；学龄儿童的学习问题突显，反常地爱哭、易激惹、好争辩、攻击、缺乏动力或不爱玩，感到无聊，谈论死亡，不活跃或过度好动，集中注意或静坐困难，学业成绩下降，自我评价消极，难入睡或嗜睡等。

2. 原因

（1）儿童自身的认知和人格因素。Buflferd等人（2014）调查研究发现，儿童早期抑郁的影响因素和成年期的影响因素相似。消极的生活事件（Poole, Dobson & Pusch, 2017）、友谊质量（Prinstein, 2007；周颖，刘俊升，2016）以及自身人格特征（Babore et al. & Cemiglia, 2016）等都是导致抑郁情绪的潜在因素。Street等人（2001）综合了以往关于抑郁发展影响因素的理论，从27个相关理论中提取了99个影响因素，使用多维尺度分析方法确定了影响抑郁发展的四个维度因素：认知表征和社会关系；行为方式和环境压力；个人目标和控制感；自我聚焦和自我强化。

（2）教养环境。研究表明，养育者的教养方式，包括接纳、温暖（养育者温暖具体表现为养育者在言语和行为上表现出对孩子的关心和喜爱，包括表扬奖励孩子、参与孩子的活动、尝试理解孩子等）等行为，不仅影响着生活氛围，同时也塑造了孩子的行为，对儿童的心理发展起到至关重要的作用；当儿童从养育者处接收到更多的信息、温暖以及支持时，他们更有可能使用这些资源来克服生活中遇到的压力性事件，有效地调节负面情绪，从而拥有更高的心理健康水平及幸福感。在缺乏养育者温暖环境下成长的儿童，会产生无助感、低自尊以及消极的自我图式,从而引发抑郁等消极情绪(图3-4)。

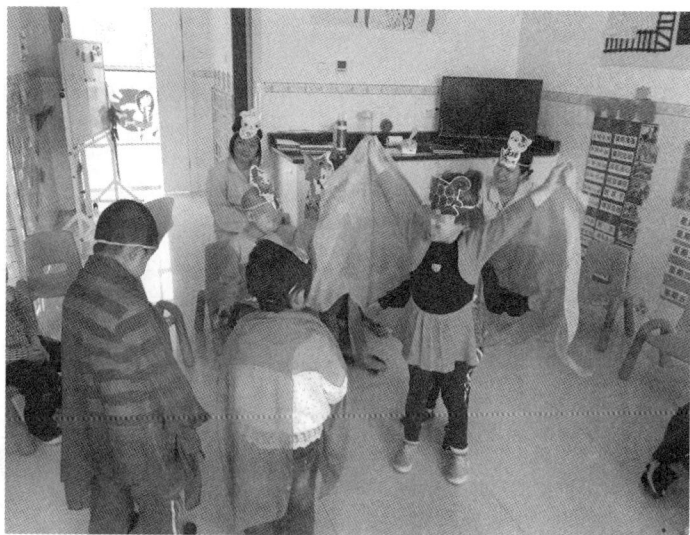

图3-4 儿童团体心理辅导之与抑郁共舞
(图片来自岳阳市儿童福利院)

3.常用干预方法

(1)儿童心理剧干预法。用儿童心理剧对儿童抑郁情绪进行干预具有其独特的优势,如可让儿童在复杂的情感体验中缓解低落情绪,使儿童在与外界的互动中活跃思维,在表演的过程中加强肢体语言的展示等。具体操作过程如下:

第一,明确心理问题。在编写儿童心理剧的过程中,组织者要尽量制造和谐、轻松、活跃的气氛,如可以放一些轻音乐。教师可在开始编剧前对全体儿童进行指导,说明心理剧的基本情况,创造编写心理剧剧本的契机,与抑郁情绪的儿童交流沟通,征询意见,并让该问题儿童多参与排练问题的讨论。

第二,解决心理问题。剧本完成之后进入正式演出阶段,要通过角色扮演的方式,再现当时的真实情境和人物的内心感受,使当事人的内心有所感悟。教师在演出前进行指导,点出问题儿童在其中发挥的作用及其希望参加演出的愿望。同时,要求儿童在演出过程中认真观看,与剧中人物换位思考。演出结束后,教师要组织大家讨论,每位参与儿童都可以畅所欲言。这里需要强调的是教师要充分调动参与表演人员的积极性,使演员投入地演出。在演出的过程中角色扮演者可以通过假设几种途径来尝试解决问题,让儿童情感上有所冲击,能意识到自己不恰当的行为,并愿意改变。

第三,讨论分享。演出结束后,教师把大家组织起来,演员们交流各自扮演角色的感悟,使大家能从不同角度看待问题,了解别人的反应和感受,学会换位思考。在轻松的氛围中,让抑郁情绪的儿童获得安全感和归属感,获得团体的支持和帮助,从而增强信心和勇气。

(2)营造积极乐观的环境。护理员因为儿童身体残疾和智力的问题常容易产生焦虑、苦闷的心理,加之工作内容冗杂、收入不高,使得护理员经常抱怨生活艰辛,工作氛围消极沉闷。因此,儿童福利机构可以提高护理员待遇,激发护理员爱心,增加护理员培训教育活动,使护理员进一步理解和共情儿童的现状,营造积极乐观的工作氛围,通过护理员把生活的正能量传递给儿童，让儿童在坚强乐观的环境里健康成长。

二、行为问题

国内外近年相关研究表明，儿童单项行为异常的发生率高达30%～50%，行为综合征的发生率为8%～20%。福利机构儿童常见的行为问题有如下一些类型。

(一)自我封闭行为

1.表现

儿童福利机构有个别儿童只爱看电视，不愿外出活动，既不知道如何与他人相处，也不愿与他人有密切往来，形成了孤立封闭的状态，表现为害怕、讨厌或回避与人交往。

2.原因

(1)因身体缺陷导致的自卑。他们或先天在身心发展上存在缺陷，或后天因为各种因素导致身心发展受到伤害。总之，相较于正常儿童，他们在身体状况、心智发展等方面都存在一定的滞后，这往往导致孤残儿童产生自我否定和封闭心理。他们更加渴望获得其他人的重视与认可，但是因为身心发展缺陷又使得他们在与人的交往中十分畏缩羞怯，很难与人建立健康良好的人际关系，这很容易让他们陷入自我否定与封闭。

(2)缺乏家庭教养氛围。生活在儿童福利机构里的儿童，生活在集中养育模式环境中，缺乏家庭的温暖和亲情的陪伴，缺乏儿童成长过程中最需要的亲子关爱与沟通，这使儿童福利机构大部分儿童性格孤僻，生活技能与社会适应能力较低，社会交往能力差，拒绝或回避社交活动，选择自我封闭(图3-5)。

图 3-5 人际互助小组
(图片来自岳阳市儿童福利院)

3.常用干预方法

(1)开展富有趣味的娱乐活动。儿童在游戏娱乐方面有着普遍的需求。因此福利机构教师可以有针对性地设计和开展内容丰富且具有趣味性的团体活动，尽可能地选出儿童喜欢的和热情度比较高的游戏作为热身游戏，保证小组成员参与活动的积极性，在娱乐中增长新知识、形成新体验，帮助儿童走出自闭，融入集体氛围。

（2）加强儿童团体的团队建设。福利机构儿童常被划分为不同的班组，平常在一起生活和学习，彼此之间由于成长背景、生活环境、年龄、习惯等的相似性而便于相互沟通和帮助，容易形成较好的小组氛围，也可以有效地为小组成员构建儿童福利机构里的朋辈支持网络，增强儿童在福利机构的归属感。同时，在小组活动中，社会工作者也可以通过专业的团体辅导等方法带领小组成员通过朋辈交流和互动，增加儿童的社交能力和自信程度，鼓励儿童打破自我封闭，融入朋辈团体。

（3）进行儿童个体咨询或辅导。个案咨询或辅导能使心理工作者与儿童建立彼此信任合作的良好专业关系。通过个案工作方法和技巧，调动儿童自身的潜能与优势，增进其解决问题的能力，达到满足其心理需求、实现健康成长的目的。

（4）对新入院的儿童进行悲伤辅导。多数刚入院的失依儿童都会出现不同程度的自我封闭，心理上的巨大伤痛需要心理工作者的及时介入，允许和接受他们情绪的爆发；要给予失依儿童时间，让失依儿童可以充分表达压抑的感情；适当鼓励和协助他们融入新的环境、加入新的团体、结交新的朋友，建立对儿童福利机构的归属感。

（5）增强失依儿童自我认同的构建。充分尊重失依儿童，不能对失依儿童贴标签，要帮助儿童重新定位自我，克服其成长和发展的个人或环境障碍，促进失依儿童的自身发展以及自我认同，进行介入时，要特别注意帮助儿童明确其所处的新环境，协助儿童认识到自己对抗挫折的潜能，构建积极的自我。

（6）提高儿童福利机构抚养质量。间接介入方法主要通过改善儿童福利机构内部环境，提高养护者对满足儿童心理需求的意识，增加专业社会工作者的数量，以建设满足儿童心理需求的人文环境，促使福利机构儿童心理健康发展。

案例：

1. 背景资料

胡××，男，不愿意上学，不愿意跟老师沟通，阻抗严重，沉迷手机游戏，掩饰不安。

2. 辅导设置

每月两次个体咨询，每次1~1.5小时，共2次。团体辅导10次。

3. 辅导目标

打开防御，主动交流。

4. 辅导效果

（1）打开防御。孩子因初来儿童福利机构，不愿意去上学，不愿意跟老师沟通，阻抗严重，只顾手机游戏，被动接受辅导。辅导师运用心灵花卡进行绘画心理辅导，以游戏的方式打破防御，孩子开始说话，并接受心理辅导。

（2）社会行为。辅导前，防备心强，对他人的询问沉默以对。辅导后，孩子能慢慢融入到儿童福利机构生活中，解开戒备，与他人交流。能参加团体辅导，表现出个性，期望得到关注与认同。

(二)攻击行为

1. 表现

心理学把攻击性行为定义为他人不愿意接受的出于故意或攻击性目的的伤害行为,这种有意伤害包括直接的身体伤害(打人)、语言伤害(如骂人、嘲笑他人等)和间接的、心理上的伤害(如背后说坏话、造谣诬蔑等)。在儿童活动中,经常发生攻击性行为。例如,儿童在抢夺玩具的过程中发生的动手欺负行为,年龄大一些的儿童对低龄儿童的身体欺凌和语言侮辱等。

2. 原因

(1)先天因素所致攻击性强。有些攻击性强的福利机构儿童可能因他们的亲生父母身上存在攻击行为,那么这些儿童在以后的生活中形成攻击行为的概率就可能较一般的孩子高。有些儿童本身存在着一些身体或是智力方面的残疾,所以他们较一般正常的孩子来说,可能更容易出现这种攻击性的行为,这种攻击行为的出现很有可能是想引起他人的关心和注意,或者是想以此来获得情绪的宣泄。

(2)缺乏关爱的成长环境所致。集中抚养的环境使孤残儿童的心理需要没有得到及时的满足,可能会导致儿童形成自闭或是封闭的心理,需要借助外在的行为表现出来,以使内心的压力得到缓解,严重的时候也可能会以自虐或是攻击他人的方式来表达这种无法言说的感情,从而致使攻击行为产生。

(3)缺乏社会化的学习环境。儿童福利机构儿童所接受的是一种统一的无差别的机构内教养,并长期居于机构内。但家庭是儿童社会化的摇篮,在教养方式上,他们没有父母及家人的养育,缺乏早期的社会化,也使得许多早期需要形成的社会化性行为缺失,形成了一种心理脆弱性,在与他人接触的过程中这种心理脆弱性会以攻击行为表现出来。

(4)不能适应学校环境。福利机构儿童由于自身的残疾,最初的幼儿教育很少有机会获得,只能从小学阶段开始接受教育,所以,他们可能不能像正常的孩子一样形成最初的朋辈群体,这使得他们在以后的学校生活中,面对正常的同龄儿童时,会出现一种嫉妒或是怨恨心理,同时这种心理会通过破坏行为或是其他的问题行为表现出来。

图 3-6 儿童团体心理辅导之爱在指尖

(图片来自株洲市儿童社会福利院)

3.常用干预方法

(1)个体咨询改变认知。

①引导有攻击性的儿童进行移情换位思考。当孤残儿童对他人实施攻击行为时,对方会出现一些情绪及生理上的反应,出现疼痛和哭闹现象。在此时,应当引导他们进行换位思考:假如自己面对这种情况是不是也会出现疼痛和哭闹,这样一步一步地引导他们考虑他人的感受,从而不再出现这种攻击行为。移情和换位思考的能力可以通过听故事、角色扮演等来逐步培养。

②说服教育,形成寻求自我改变的动机。人本治疗强调的是以人为中心,人是改变的关键环节,而儿童所接受的教育方式在他们攻击行为的产生中占有重要的位置,所以,在对他们的攻击行为进行改变的时候,首先可以先进行说服教育,将攻击行为的危害及影响对儿童进行阐释和教育,然后通过不断的亲社会行为训练,增强儿童自我改变的动机,使其形成正确的亲社会行为。

(2)创造不利于攻击行为产生的环境。成长环境是孤残儿童攻击行为形成的一个重要原因。由于其所处环境的特殊性,有同类问题的儿童经常处于同一个活动空间,所以对于那些出现封闭心理的儿童,他们出现攻击行为可能仅仅只是为了满足心理的需求,然而又由于周围的孩子都是与自己同样的,所以这种攻击行为在模仿的作用下可能会愈演愈烈。因而需要对孤残儿童的环境进行调整和优化,配备富有爱心和专业的工作人员,帮助他们建立互帮互助的朋辈小组,使他们心理需求得到及时满足,减少孤独和不满心理,获得更多理解和关爱,从而有效减少他们的攻击行为。

(3)行为改变技术。

①惩罚法。在儿童出现攻击行为之时,有一些工作人员可能没有及时制止,这可能在孩子看来就是一种允许。所以,工作人员应当及时给予制止与适当的惩罚,从而减弱他们攻击行为发生的频率,直至消除。

②厌恶疗法。这种方法比较适用于攻击行为比较顽固、心理承受能力比较强的儿童。其主要的实施环节:首先,发现儿童比较厌恶的物品或情境;其次,在他们出现这种攻击行为的时候给他们施予这种厌恶刺激,实则也是一种惩罚;然后根据他们对这种刺激的反应适当继续施予刺激,最终消除这种攻击行为。

(4)树立榜样,学习榜样行为。福利机构儿童行为问题的层次不一,有具备良好行为的儿童,同时也有具备攻击行为的儿童。在组织儿童活动的过程中,应该设置一些注重小组榜样示范的游戏和环节,使有攻击行为的儿童能够从中学习到正确的行为,通过不断的行为示范,增强他们行为改变的动机,然后将这种榜样行为扩展到更大的群体里,让更多的人成为他们的行为榜样。

案例：

1. 背景资料

王××，男，13岁，性格暴躁，容易与同学产生冲突，有一定攻击行为，并喜欢在小团体里以"老大"自居。

2. 辅导设置

每月两次个体咨询，每次1~1.5小时，共20次。

3. 辅导目标

释放情绪，矫正行为。

4. 辅导效果

（1）情绪情感。辅导前，孩子不太善于表达自己的情绪，可能因为旁人的一句话大发雷霆，容易冲动暴怒。针对情绪强度过大这一问题，辅导师运用绘画技术中的情绪信号灯让孩子学会识别情绪、合理地表达情绪，孩子的愤怒情绪度得到了减弱。

（2）社会行为。辅导前，孩子在学校里经常打架，他还为此津津乐道。辅导后，孩子对打架这一行为有了正确的认识，并慢慢建立起规则意识，攻击性行为的频率大大降低。

（三）自伤行为

1. 表现

自伤行为是问题行为中较为严重、危害性较大的行为。在儿童福利机构，自伤行为最多出现在自闭症儿童和智力落后儿童中。自伤行为是指个体在没有明确自杀意图的情况下，有意识地、重复地伤害自己身体组织的一系列行为。这种行为虽不具有致死性或致死性较低，但具有极大的危险性。常见的自伤行为表现有：咬自己、打自己、用自己身体撞击地面或物体、把手指伸入除嘴以外的身体开口处、撕扯头发或皮肤、抓自己、拔头发、用物体打击自己、戳眼睛、拔手脚趾指甲、拔牙。其中，打自己和咬自己的发生率最高，这两项发生率分别是93%和80%。也有学者按照程度来研究自伤行为的表现，表现形式从非常轻微到非常严重的都有，程度较轻的比如咬指甲、拔头发、咬嘴唇、咬手指；中等程度的有切割或烧灼皮肤、撞墙等；非常严重的有自剜器官、自阉生殖器、自行手术如截肢等。

2. 原因

（1）儿童自伤行为与智力相关。Bartak 和 Rutter（1976）比较了不同智力水平的自闭症儿童自伤行为的发生率。结果表明：7名有智力障碍的自闭症儿童与19名智力在平均水平的自闭症儿童，其自伤行为存在显著差异。根据他们父母的报告，约71%有智力障碍的自闭症儿童有自伤行为，而没有智力障碍的自闭症儿童的自伤行为仅32%。

（2）自伤行为被强化。自伤行为是依靠正向行为结果维持的，具体形式包括社会性注意和喜好的事物或活动。社会性注意是指个体认识到自伤行为的产生可以获得同情、关注。一旦福利机构儿童自伤行为出现，工作人员就给予社会性注意，就强化了这一行为。以后儿童在需要得到社会性注意时，就会通过自伤再次达到目的。

（3）自伤行为是逃避困难的途径。有部分福利机构儿童自伤行为是个体为逃避或终止厌恶刺激而采取的逃离和躲避反应。当他们遇到不喜欢的事物或者碰到困难任务（学业方面或者日常生活方面）时就会出现自伤行为，而自伤行为一旦发生，工作人员就会终止他不喜欢的事物或困难任务，反复多次，当再遇到类似情境时，会再次实施自伤行为以达到逃避任务和不利刺激的目的。

（4）自伤行为弥补感觉刺激缺失。也有部分福利机构儿童的自伤行为是弥补感觉刺激缺失的一种途径，是个体感觉调整功能失调，对环境刺激反应过激或反应不足造成的。相关研究表明，25%的自伤行为可以通过感官刺激和自动强化来解释。

图 3-7　自我保护的沟通技能训练
（图片来自岳阳市儿童福利院）

3.常用干预方法

（1）功能性行为评估。功能性行为评估即收集与问题行为有关的一系列前提事件、行为、结果事件方面的资料，并在此基础上确定问题行为产生的原因，然后通过对前提事件或结果事件的调整、控制，从而实现对行为的改变，它在解释自伤行为如何维持、改变，以及如何降低自伤行为等方面都具有重要的价值。

功能性行为评估判断自伤行为的具体步骤为：第一，对研究对象的自伤行为做界定，给自伤行为下操作性定义。第二，通过发放问卷、与抚养者访谈等方法收集资料，初步判断研究对象实施自伤行为企图达到什么目的（初步建立假设），然后对研究对象直接观察，采集自伤行为样本，记录自伤发生的具体情境和时间（修正假设）。第三，对采集的样本分析，区分出环境因素，弄清前提事件和结果事件之间的关系（验证假设）。第四，制定、实施干预计划，减轻或消除研究对象的自伤行为。功能性行为评估的最终目的是通过分析判断自伤行为的性质和特点，制定有效的干预计划，实现对自伤行为的有效控制。

（2）减少对自伤行为的关注，训练沟通技能。对于正向行为结果维持的自伤行为干预可以通过撤销或减少同情、关注或者在自伤行为发生之后不给予喜好的事物。另外把儿童从当前环境撤离，远离自伤行为发生的诱因也会明显减少自伤行为。

有研究认为无应答的环境、缺乏交流能力都可能导致自伤行为的发生。例如，自闭症等特殊人群缺乏沟通和交流技能，他们的表达可能没有得到回应或者被曲解，因此导致自伤行为的发生。这样的话，自伤代替缺失的言语沟通和非言语沟通，成了沟通交流的手段。

传统的观点认为自伤是适应不良，但是功能性沟通观点认为自伤行为是个体适应环境（在有限范围内）的反应。对于这类自伤行为，如果只是单纯降低或消除自伤行为而没有其他行为替代，就剥夺了个体的交流愿望和需要。因此，训练个体的沟通技能和社会技能，用社会可接受的方式获得喜好的事物可减少自伤行为的发生。

(3)增强儿童的成功体验和自信心。对由困难任务产生的自伤行为的干预，要区分儿童的能力水平，布置的任务要符合制定的 IEP(个别化教育计划)，如果学业或活动任务的难度水平超过儿童所能达到的水平，需要分解任务，把学业、活动任务难度降低，多提供给儿童成功的体验，增强儿童的自信心，从而减少自伤行为的发生。

(4)保障儿童所处环境的舒适。由感官刺激导致的自伤行为的干预首先需要对儿童所处环境进行评估，观察环境刺激是否过于丰富或者过于贫乏，是否太冷或太热，采取措施保障儿童所处环境的舒适感，避免儿童对环境的不良刺激做出过激防御。比如在刺激贫乏的隔离机构中容易发生自伤行为，通过给儿童增加竞争性视觉刺激(比如玩电动游戏)可以减少自伤行为。其次可通过中断自我刺激来降低自伤的发生。比如给个体戴上耳罩、护目镜等来降低或中断听觉刺激、视觉刺激，以达到减少自伤行为的目的。

对于行为和环境之间没有明确因果关系的自伤行为需要尝试药物或其他干预方法治疗。同时自伤行为也可能是由多重因素诱发的，由 Iwata 等(1994)对 152 位有自伤行为的个体研究发现：由多重因素维持的自伤行为占 5.3%。因此在利用功能性行为评估时，需要小心谨慎，逐一辨别，找出诱发自伤行为的真正原因，避免草率行事。

(四)破坏行为

1.表现

我们常常在儿童福利机构看到孩子有这样一些行为表现：撕烂书本、拆毁玩具、打碎碗盆、踢翻茶几、掐掉花盆里的花……这些孩子就是老师和护理员眼中的"破坏王"。他们的这些行为被称为破坏性行为。破坏行为给他人和儿童自身都会带来不良影响。

一个完整的破坏性行为包括行为动机、行为过程和行为后果三个部分。同是破坏性行为，其行为动机和行为过程却不尽相同。研究表明，儿童福利机构儿童的破坏性行为，有的是无意识的，有的是有主观动机的；有的是由病理性原因引起的，还有的是由于不良的教养方式造成的。这就告诉我们，对于儿童的破坏性行为，首先要理智地分析其行为动机，然后再采取正确的措施。

2.原因

(1)"好心办坏事"行为。儿童某些行为所带来的破坏性后果并不是由破坏动机所支配的，而是因为幼儿尚处在神经发育旺盛期，好奇心强，喜欢独立探索，但同时认知缺乏、技能不足。这类行为被称为"后果性破坏行为"或"无意性破坏行为"。从一些研究结果中我们了解到，这类破坏性行为的出现率在 77.4%以上，尤其是由于知识经验缺乏、机体发育欠完善而导致"好心办坏事"的行为出现率达 95%以上。可见儿童出现这类行为并不是他的初衷，并非源于破坏性动机。

(2)缺乏安全感而以武力保护自己。由于曾经遭受遗弃以及对个人能力的信心不足，加之缺乏家庭的稳定感，因此福利机构的儿童会产生不安全感。在缺乏安全感的情形下，他们的行为往往表现出如下特征：寻衅生事，夸大他人的缺点，或者歪曲他人的长处，产生焦虑、恐惧，受到批评时全力反击或指责批评者，报复心极强，报复手段近乎疯狂。

（3）嫉妒心理。个别儿童常常对自身的缺陷不能释怀，不希望看到别人超过自己，不希望别人有进步，在这种嫉妒心理下常伴有以下行为：对受表扬的孩子加以攻击；将成绩好的同伴的学习工具损坏，有意无意给比自己优秀的人制造障碍。

（4）破坏行为没有得到及时制止和教育。福利机构的孤残儿童成长的环境较为复杂，护理人员因养育任务重而疏于管教，导致破坏行为没有得到及时制止，儿童学习到了不良的行为方式。

（5）为了获得他人的注意。有的儿童以一些破坏行为来吸引成人的注意，希望受到老师及护理员的重视。如故意在活动中大声叫喊，打扰其他小朋友的倾听；故意在游戏中不遵守规则；故意弄坏玩具等。儿童在成人的斥责中，获得了受关注的心理满足。

图3-8 亲社会行为训练
（图片来自岳阳市儿童福利院）

3. 常用干预方法

（1）帮助儿童树立是非观念。在"后果性破坏行为"或"无意性破坏行为"实施过程中，儿童以一种主动的状态参与活动，积极地进行探索，尝试各种新奇的创造，他们的兴趣得到了满足，创造力得到了发展。因此，对儿童的"后果性破坏行为"，儿童福利机构工作人员应持宽容的态度，同时还应该帮助儿童福利机构儿童树立是非观念，告诉他们不可随意破坏，要爱护物品。

（2）关心和理解儿童的破坏行为背后的心理。尝试与儿童独处或给予其需要的关注，同时要安抚被破坏了建造成果的儿童，夸奖他（她）的宽容并鼓励其重新建造。这个鼓励和夸奖的过程也会给那些有破坏性行为倾向的儿童以例子，引起其自己思考如何得到他人的关注。

（3）对破坏行为冷处理，同时发展替代性行为。对儿童福利机构儿童习惯性的任性、发脾气要挟工作人员的情况，成人可采取冷处理，不予理睬。妥协让步只会负面强化赌气破坏行为；发展替代性行为，教儿童表达要求和与人沟通的技能，发展其与同伴和成人的人际交往行为，也可以教儿童游戏、运动等技能去替代破坏行为。

案例：

1. 背景资料

吴××，6岁，女，智力正常，动作敏捷、迅速，和同伴一同玩游戏的过程中，表现强势，常将同伴刚做好的东西推倒或者弄坏，被老师发现或指责之后，破坏行为有所收敛。但很快又会重复其破坏行为。

2. 辅导设置

每月两次个体咨询，每次1~1.5小时，共2次。

3. 辅导目标

改变认识，行为转化。

4. 辅导效果

(1) 改变认识。辅导前，孩子以自我为中心，受到同伴排斥。辅导师运用绘本故事，让孩子认识自己所作所为对集体、对他人的消极影响，指出有益的行为是合作，而不是破坏。辅导后，孩子认识到破坏他人的玩具和捣乱是不对的。

(2) 行为转化。辅导前，孩子破坏行为频率较高。辅导师将孩子破坏性行为转化成积极的探索行为。孩子出现新的探索欲望时，辅导师肯定鼓励孩子的行为，提供尽可能多的探索材料，并教孩子一些基本的探索方法，引导孩子的正当行为，并给予奖励，孩子的破坏行为频率下降。

(五)怪异行为

1. 表现

有怪异行为的儿童与正常儿童在心理及行为上均不同，这种怪异行为会妨碍儿童身心的正常发展，影响学习，成长后也常有偏离正常的人格特征及行为。

儿童常见的怪异行为有：个别儿童时常有吸吮口唇、吞咽动作，有的每天发作数次，甚至数十次；不分地点和时间，莫名其妙地哭笑无常；无任何原因到处乱爬，怎么叫他也不站起来，事后问他会加以否定；一个人呆站几十分钟，然后渐渐恢复常态；容易激动、不安静、情绪多变、好动、注意力不集中、胆小怕事，常伴有夜惊、吮手指、咬指甲等；婴幼儿强迫性坚持在同一环境；反复吃同样食物；坚持穿同样衣服；反复做同样游戏。倘若稍作改变，如进入新的环境，或改变就餐座位时，就会产生强烈的情绪反应。有的孩子对无生命的物体，如杯子、砖头等表现出特殊兴趣，甚至产生依恋情绪，如果依恋物被拿走，就会大哭大吵；两岁后的男孩喜欢穿女童装，爱玩布娃娃，爱与女孩玩；女孩爱穿男童装，喜欢玩手枪、汽车、坦克等，爱和男孩玩。

2. 原因

(1) 教养方式不当。对于怪异行为的忽视，一定程度上强化了儿童的怪异行为。形成行为习惯后，粗暴制止，增加儿童压力与焦虑感。

(2) 身体缺陷所致。身体原因导致儿童出现突然大喊大叫，或突然大笑等行为。福利机构中的儿童有部分脑瘫患儿，其在发病时有突然砸头、敲头等行为。

(3) 情绪不良或压力过大。对某些儿童来说，心情紧张、焦虑时咬指甲可以使紧张情绪得到缓解，因此越是紧张的时候咬指甲的行为越频繁。敏感紧张的儿童更容易出现咬指甲行为。

儿童访谈记录表

编号：_____	填写日期：_____
姓名：_____	性别：_____	年龄：_____
身体状况：_____	所属班级：_____

1. 你生活在这里感觉怎么样？对妈妈（养育者）感觉怎么样？除了妈妈（养育者），你还和哪些人比较亲近？

_____

_____

_____

2. 你在院里大部分时间是怎么度过的？平时喜欢参加什么样的活动？

_____

_____

_____

3. 你在生活中遇到问题和困难时，一般会怎么处理呢？你一般会向哪些人求助？

_____

_____

_____

4. 如果可以帮助你实现一个愿望，你最想许什么样的心愿？

_____

_____

_____

图 3-9　通过儿童访谈记录进行行为观察

3. 常用干预方法

（1）采用儿童行为观察记录法找出怪异行为背后的原因。日记法、轶事记录法、样本描述法、事件取样法、时间取样法等都可以在一定程度上反映儿童的真实生活。比如，样本描述法可以帮助护理员和教师留意儿童福利机构儿童在发展或行为上的细小改变，能掌握到不同背景下的行为意义、过程与关键点，了解儿童福利机构儿童在特定情境中可能出现的行为模式。

（2）儿童福利机构的护理员报告心理老师。护理员应该主动与心理中心老师沟通，共同分析，找到孩子出现怪异行为的原因。在此过程中，护理员要意识到娇宠、迁就、包办的教养方式是不利于儿童福利机构儿童成长的。

（3）习惯扭转法。用习惯扭转法治疗神经性习惯是非常有效的一个方法，包括咬指甲、揪头发、吸吮手指及一些嘴部的不良习惯，如咬唇和磨牙。习惯扭转法是提供一种带有惩罚性质的替代性行为，从而限制原先的不良习惯性行为。例如，对有咬指甲习惯的儿童福利机构儿童来说，对抗反应就应该是用手握紧铅笔1~3分钟。

三、学习问题

福利机构儿童多数存在智力缺陷或者身体健康状况不佳，这种缺陷使儿童在接受常规教育时受到阻碍,甚至只能接受特殊教育或者停学。

接受常规教育的福利机构儿童也往往因为缺少成人的监督和指导(儿童福利机构人力有限)而成绩落后,产生较多的学习问题。

(一)因智力障碍导致的学习困难

1.表现

儿童福利机构的儿童大部分存在身体或智力上的缺陷,以唐氏儿综合征、脑瘫儿为主,他们缺乏生活自理能力,有的甚至终生卧床,吃饭上厕所都需要他人帮助,无法进入课堂,学习上也存在明显困难(图3-10)。

图3-10 智障儿童的个性化教育
(图片来自岳阳市儿童福利院)

2.原因

(1)神经心理功能缺陷。智力障碍的主要表现是:理解问题非常迟钝、记忆力差和不能及时有效地集中注意力。学习困难的儿童神经心理功能有不同程度的缺陷,且学习困难儿童的神经心理发展可能常不平衡,左半球功能受损更明显,低于右半球功能。

(2)学习环境不合适。有肢体残疾的儿童通常在社区学校里接受教育。在社区学校里,福利机构儿童要与普通儿童接受同样的教育,在这样的学习环境中,不可避免地会出现这样或那样的问题。

3.常用干预方法

(1)在教学中让儿童体验到成功的快乐。教师应该让儿童在学习中得到愉快体验,教学计划应分成较小的单元,每个单元应以便于学习、能够成功为原则,使儿童在学习中感到成功和进步,让儿童通过完成学习任务、解决困难来感知自己的能力,从中找到自信。

(2)教学内容要有针对性。儿童形成学习困难的原因不同,因而必须采取多种方式对学习困难儿童的现状、历史、在校表现和家庭情况、智力水平及其他心理品质的发展情况进行比较系统的调查,在此基础上有计划、有针对性地进行教育。如对存在动作协调障碍的儿童,可进行大肌肉运动训练,小肌肉运动训练和感觉运动训练;对存在空间视觉障碍的儿童,可进行系列视觉空间能力训练；对存在听觉障碍的儿童，要给予系统的音调、节律训练；对存在朗读障碍的儿童，可由字到句逐步进行训练。

案例：

1. 背景资料

蓝××，女，中度智力缺损，自笑、好动，有一定的语言表达和理解能力。

2. 辅导设置

每月两次团体咨询，每次2个小时，共20次。

3. 辅导目标

因材施教，营造学习环境。

4. 辅导效果

辅导师采取综合辅导形式，运用音乐游戏、绘画、律动、认知游戏等提升团体认知水平，从团体初创期的关系建立、兴趣激发，感知觉、敏感度提高，到认知能力、思维能力、情绪管理、创造力等综合能力的改善，至意志力、领导力、情绪控制、自信心的逐渐转化，经过系列辅导，孩子的潜能得到充分发展与发挥，得到显著提升。

(二)厌学问题

厌学是学生对学校生活失去兴趣，对学习产生厌倦情绪而持冷漠态度甚至厌恶、逃避的心理状态。儿童福利机构前来咨询的儿童个案中，不少存在一定程度的厌学问题。

1. 表现

一般来说，厌学较为严重的学生具有以下表现：对2/3以上学科学习失去兴趣而不愿继续学习、学习动力不足、缺乏自制力、注意力极易分散。听课不专心，作业不用心，预习复习无恒心，在课堂学习、课外阅读、课外作业等学习环节完全处于消极被动状态，把学习当作一件痛苦的事情，对学习成绩好坏持无所谓的态度，因不努力致使学习成绩差，且常表现为毫不在乎。

2. 原因

(1)过度依赖儿童福利机构。在儿童福利机构孤残儿童中好学者很少，厌学者占多数，这虽然与残疾儿童多存在智力障碍有关，但是从其内心来分析，他们中有相当一部分认为自己可以终生依靠儿童福利机构，学不学不重要。

(2)缺乏家长式的教育。教育不仅需要学校教育，还需要家庭的辅助，普通儿童的家长与学校联系密切，可以及时帮助孩子对学习问题和品行问题进行有效的疏导，而儿童福利机构儿童生活在集体教养模式下，更多需要自我督促与疏导，但由于心智发育尚不完善，缺乏疏导的能力，他们往往无法有效解决问题。

(3)儿童福利机构儿童智力和教育条件落后。儿童福利机构儿童在智力方面较为落后，对知识接受过程较慢、学习成绩较差等，会导致出现自卑、说谎、情绪不稳定，甚至导致产生厌学、逃学等行为。

(4)不正确的教育方式所致焦虑和恐惧心理。儿童受到不正确的批评、训斥，甚至辱骂、体罚，这使他们产生恐惧、焦虑心理和厌学情绪。临床上曾发现一儿童上课就头痛，放假就缓解。学习成绩落后的儿童，如果得不到老师的及时鼓励和帮助就可能对学习失去信心，出现精神抑郁、焦虑、情绪低落、自我贬低、厌学等情况，有部分儿童福利机构儿童也存在因受老师的批评而出现精神抑郁、焦虑、情绪低落、厌学、逃学现象。

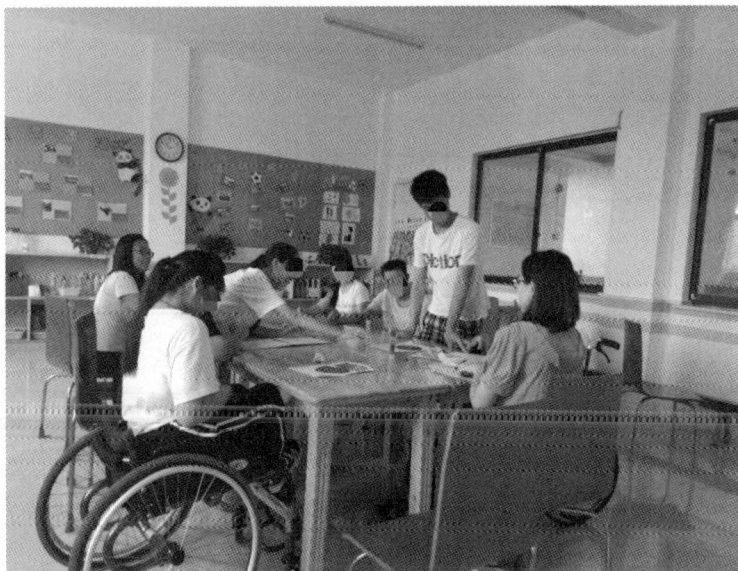

图 3-11　儿童团辅之快乐学习
(图片来自株洲市儿童社会福利院)

3.常用干预方法

(1)改善护理人员和儿童的关系。对于儿童的教育，学校作用固然重要，类家人作用也不容忽视。为了做到学校教育和家庭教育的有机统一，儿童福利机构采用寄养家庭、类家庭制度，教育寄养父母，尽量使儿童福利机构儿童拥有和睦的亲子关系，营造宽松和谐的家庭环境，使他爱的需要、自尊的需要得到满足。

(2)改善师生关系。与科任教师达成共识，重视保护孩子的自尊心，公平地对待班中的每一位孩子，对孩子不忽视、不歧视、不疏远，关心他的学习、生活，经常性地与孩子沟通交流，耐心倾听他们的烦恼和内心的其他感受。

(3)改善同伴关系。

班上开展"一帮一"活动，安排学习成绩优秀、各方面表现较好的学生为厌学儿童的同桌，使厌学儿童学有榜样。这些同桌可以当厌学儿童的"小老师"，必要时，提醒、督促厌学儿童遵守纪律，认真完成作业。课余时间，"小老师"还可以帮助教师辅导厌学儿童，向他们介绍良好的学习方法，帮助他们提高学习成绩，同时感受同伴对他们的关怀。

(4)合理归因，正确认识自我。建立的辅导关系应是尊重、信任的，又是温暖、亲切的，在良好的辅导关系的基础上，分析厌学儿童目前的学习情况与成因，分析他们的学习基础、学校环境、面临的压力与机遇，也讨论他们对未来的打算、想法，激励他们努力学习和发展自我。

(5)树立自信心。美国心理学家威谱·詹姆斯有句名言："人性最深刻的原则就是希望别人对自己加以赏识。"有的孩子表面上表现出对学习成绩无所谓，实则内心希望获得他人的肯定。从这一点入手,适时表扬,善于发现孩子的闪光点,用放大镜去捕捉孩子的优点,用缩小镜去看待孩子的缺点,让他的闪光点全部展现出来。努力架起沟通师生感情的桥梁,用教师的关爱让他对自己逐渐恢复自信,帮助他们树立自信心。布置简单的任务,让他"跳一跳也能摘到苹果",尝到成功的喜悦。

(三)学习自我效能感低

自我效能感是一个人对自己具备成功解决问题的能力的肯定程度,也称自信心。

1.表现

自我效能低的学生更倾向于回避求助,虽然十分需要别人的帮助,却不主动求助或只问答案不问过程,希望别人代替自己解决问题,其结果是学习成绩越来越差,造成恶性循环。

2.原因

(1)依赖儿童福利机构。在福利机构的儿童中,有一部分认为自己可以终生依靠机构,学不学不重要。有个别孩子更乐于为机构做一些具体工作,他们的劳动往往能得到奖励,而认真学习却得不到相同的奖励。

(2)教师没有信赖孩子,欣赏孩子。没有欣赏,就没有激励;没有激励,就没有办法使儿童获得学习上的自信,更难以体验到成就感。

图3-12 儿童团辅之我的学习我做主

(图片来自株洲市儿童社会福利院)

3.常用干预方法

(1)优化课堂教学。教师要重视学生的兴趣、经验和活动在课程中的作用,要采用探究式、讨论式和参与式教学,要善于引导学生参与到教学中来,促进学生主动地富有个性地学习,以提高学生的学习能力;同时充分利用现代教学设备和教学手段,通过动画模拟、过程演示、录像等教学手段,使抽象的、复杂的教学内容变为具体、生动的教学内容,增加教学吸引力;提高学习兴趣和学习效率,增强儿童的学习自我效能感。

（2）建立多重评价标准。帮助儿童在学习中体验成功。教师应了解儿童的特点，构建恰当的阶梯，找到适合他们的"最近发展区"。对他们在学习上的点滴进步都要进行表扬；改变只用一把尺子去衡量具有不同才能学生的做法。建立多重评价标准，去识别儿童所具有的独特能力；对儿童进行自我效能感评估，分析他们的自我效能感现状，针对不同类别的学生因材施教。要让儿童体会在学习中的成功，看到自己的进步，从中获得信心，提高自我效能感。

（3）减少焦虑，加强心理辅导。学习焦虑、自卑、紧张、回避等不良心理特点，会使学生低估自己的学习能力，感到难以获得学习成功，降低学习自我效能感。相反，乐观、开朗、顽强等良好个性品质会使学生充满自信。学习自我效能感也会不断提高。因此，心理咨询辅导老师应做好儿童心理辅导工作，动之以情、晓之以理、予之以爱，及时化解他们在学习中的焦虑、紧张等情绪。

案例：
1. 背景资料
夏××，8岁，男，学习兴趣低，专注力不够，学习习惯不好。
2. 辅导设置
每月两次个体咨询，每次1~1.5小时，共15次。
3. 辅导目标
激发学习兴趣和动力，提升注意力。
4. 辅导效果
（1）学习动力。辅导前，孩子不喜欢学习，且成绩不理想，辅导者通过游戏治疗激发孩子学习的内驱力，寓教于乐，并运用绘画技术中的"三个我"，围绕"过去不爱学习的我""现在努力学习的我""将来学有所成为的我"与孩子讨论，引导孩子认识到现在努力学习的重要性，以及将来学有所成的愿景。
（2）注意力。辅导前，孩子很难安静地完成一幅画，字迹潦草，作业马虎。辅导师通过儿童绘画心理绘本为孩子做个体辅导，孩子在持续的绘画陪伴中提升了专注力，不断体会到了创造作品的快乐。

四、社会交往问题

儿童在与同龄人的交往相处中，常常会把自己与他人进行对比，在很多竞争性活动中的失败，使他们习惯并接受自己的弱势，从而产生自卑心理。儿童福利机构儿童在社会交往上总是处于被动，甚至自闭的状态，只想活在自己的世界里。

（一）亲社会行为技能不足

亲社会行为又叫积极的社会行为，它是指一个人帮助或打算帮助他人，做有益于他人的事的行为和倾向，幼儿的亲社会行为主要有帮助、分享、合作、安慰、同情、关心、谦让、互助等。

1. 表现

（1）缺乏亲社会愿望和技巧。儿童福利机构儿童有的不乐意与人交往，不愿学习互助，不愿合作和分享，也没有足够的同情心。有的虽然表现不拒绝别人，但不善于与其他儿童进行交往，即缺乏社会交往技巧，如找小朋友时不是突然拍人一下，就是揪人一下或突然过去搂人一下，然后自己就走了，好像拍人、揪人不是为了找人联系而只是一个动作，或者说只存在一个接触的形式，而无接触人的内容和目的。

（2）交往退缩。儿童福利机构儿童的言语障碍十分突出，大多数儿童言语很少，严重的病例几乎终生不语，会说会用的词汇有限。即使有的儿童会说，也常常不愿说话而宁可用手势代替。有的会说话，但声音很小、很低或自言自语重复一些单调的话。有的只会模仿别人说过的话，而不会用自己的语言来进行交谈。

2. 原因

（1）交往过程遇到挫折。在和别的儿童相互接触过程中挨了打，或者玩具被别人抢去等，心灵受到刺激产生了负面影响，致使他们变得十分敏感，于是就会躲避他人。长此以往亲社会行为技能不足。

（2）缺乏亲社会行为的社会化环境。在亲社会行为的社会化过程中，成人树立正确的榜样示范作用十分重要。儿童只有在后天模仿的基础上接受家长的传授，才能习得基本的行为规范和技能，因此家庭对儿童行为发展的主要影响途径是抚养行为和亲子关系。家庭特征影响儿童的行为发展，完整的家庭结构、完善的家庭功能、父母健全的心理素质、良好的婚姻质量、民主的教养方式、和谐的亲子关系以及充分有效的亲子交流等是儿童心理行为发展的必要条件，有利于儿童

图3-13 同伴交往
（图片来自岳阳市儿童福利院）

在具有安全感和信任感的前提下，获得较为一致而正确的行为准则，同时也有利于儿童逐步参与社会活动，认识各种人和事，发展其社会交往能力，形成正确的社会情感，促进其社会化的完成。而这些是福利机构儿童所相对缺失的。

3. 常用干预方法

（1）塑造温暖的类家庭环境。儿童福利机构要尽量给儿童制造一个温暖、宽松的家庭环境，让儿童在爱的环境下成长，只有当儿童感受到爱，才会懂得怎样去爱别人。

（2）培养儿童的独立能力。养育者不要因为儿童做不好就包办代替，这样只会让儿童形成依赖的习惯，应该多鼓励其做力所能及的事情，遇到困难的时候鼓励他不要放弃，坚持到底，这样可以培养独立和坚强的个性，促进儿童亲社会能力发展。

（2）鼓励儿童多与同伴交往。养育者应该改变观念，多提供机会和条件让儿童与同伴交往，在交往过程中孩子们难免发生争执或闹别扭，养育者不要觉得烦恼，相反可以抓住这个时机及时教育儿童，在孩子与同伴交往中，应当给孩子正确的指导和建议，让孩子间的相处更加和谐融洽。

(二)自我中心倾向

1.表现

(1)很少关心别人,与他人关系疏远。时时事事都从自己的利益出发,不顾别人,有事时求助,没有时则对他人没有丝毫热情。

(2)固执己见,唯我独尊。总是以自己的态度作为别人态度的"向导",在明知别人正确时,也不愿意改变自己的态度或接受别人的态度,因而难以从态度、价值观的层次上与其他人进行平等交往。

(3)自尊心过强、过度防卫、有明显的嫉妒心。有很强的自尊心、不愿损伤自己的自尊、强烈地维护着自己,不希望或不愿意别人在自己之上,对别人的成绩、成功非常地妒忌,对别人的失败幸灾乐祸,不向别人提供任何有益的信息。

2.原因

(1)缺乏安全的依恋关系。因为先天缺陷或者后天因素使得孤残儿童往往缺少必要的亲情依恋和人们的尊重,在这种背景下,孤残儿童很难与人们正常相处,从而导致他们在与人的交往当中通常会有一定的心理试探和戒备,他们非常重视别人的看法,对于其他人的一言一行都显得极为敏感和多疑,非常容易胡思乱想进而在与人的交往表现自我中心倾向。

(2)缺乏情感的关怀。随着社会的发展和时代的进步,社会对弱势群体都能实施一定的人道主义救治和人文关怀,越来越多的社会爱心人士投身于慈善公益事业,给儿童福利机构儿童带来了很多行动和物质上的帮助。但是由于对于志愿者的管制制度并没有跟上,在给予孩子们物质上的关怀时候忽视了对他们情感上的呵护,没有照顾到这个特殊群体稚嫩身躯脆弱的一面。

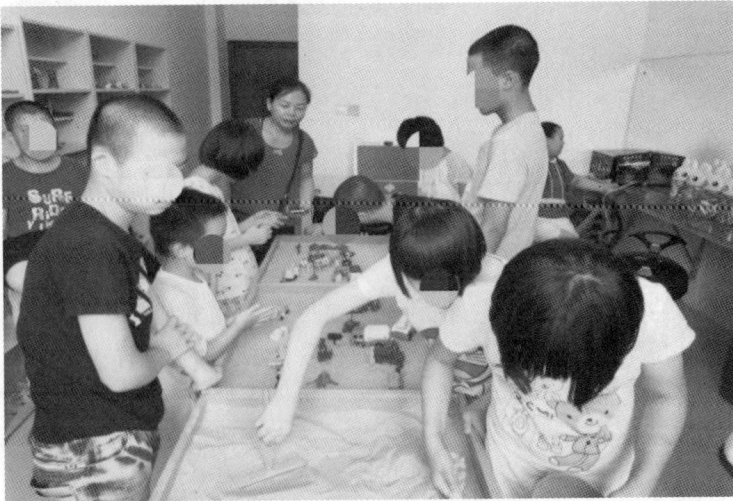

图 3-14 儿童团体沙盘之美丽新世界

(图片来自岳阳市儿童福利院)

3.常用干预方法

(1)换位思考脱离自我中心。按照皮亚杰的认知发展理论观点,"自我中心主义"是个体心理发展的必经阶段，在心理发展的每一阶段，它都由一种形式向另一种形式转变，即更高的形式代替了较低的形式。对于儿童认知的自我中心局限，皮亚杰认为可通过精心设计的"训练"加速其认知发展，早日脱离自我中心。

（2）提高护理人员的素质。有研究显示，家长受教育程度对儿童自我中心行为表现存在非常显著的差异。家长文化程度越高，其子女自我中心行为越少。值得注意的是，批评教育孩子的目的不是父母出气，或让儿童服软，而是让儿童认识社会规则，学会合作，学会适应社会。因而养护人员要提高自身素养，讲究教育方法，引导儿童认识错误，鼓励儿童心悦诚服地改正错误，不能简单粗暴地单一使用惩罚。

案例：

1.背景资料

蓝××，男，性格内向，常微笑，但语言表达困难，旁人难以与之沟通，交往被动。

2.辅导设置

每月两次团体辅导活动，每次1.5个小时，共计20次。

3.辅导目标

主动表达，积极交往

4.辅导效果

（1）情感投入。辅导前，孩子对陌生人情感冷漠，对呼唤没有反应，沉浸在自己的世界。参加团辅活动后，孩子期待与辅导师互动，当活动时需要握手、拥抱时，不排斥，面带笑容。平时的生活中也能积极帮助同伴。

（2）行为改变。辅导前，辅导师与孩子交流时，孩子害羞、被动，无语言反馈。孩子每次绘画都画重复的圈，并说不出意义。辅导后，孩子绘画时能将圆圈涂色，并且对辅导师说出绘画含义，平时看到辅导师，能主动打招呼，表现出热情。

（三）行为孤僻、不愿交往

1.表现

孤独离群，不会与人交往，没有交流的意向。如有的从婴儿时期起就表现这一特征，从小就与养护人员不亲，也不喜欢要人抱，当人要抱起他时不伸手表现期待要抱起的姿势，不主动找小孩玩，别人找他玩时表现躲避，对呼唤没有反应，总喜欢自己单独活动，自己玩。他们的孤僻还表现在对周围的事不关心，似乎是听而不闻，视而不见，自己愿意怎样做就怎样做，毫无顾忌，旁若无人，周围发生什么事似乎都与他无关，很难引起他的兴趣和注意，目光经常变化，不易停留在别人要求他注意的事情上面，他们似乎生活在自己的小天地里。另外他们的目光不注视对方甚至回避对方的目光，平时活动时目光也游移不定，看人时常眯着眼，斜视或用余光看等，很少正视也很少表现微笑，也从不会和人打招呼。

2.原因

（1）自闭症或其他精神疾病，因为疾病无法与其他人正常沟通。

（2）生理或安全的需要没有得到满足。马斯洛的需要层次理论认为人总是具有生存、安全、爱与归属、尊重、自我实现五种由下至上的需要，虽然这些需要并不是逐层实现的，但是低一层次的需要未得到满足前，高一层次的需要必然较少。福利机构儿童缺乏像普通儿童那样的物质和精神条件，特别缺乏养育人员的爱抚、尊重和肯定，因而表现得封闭孤僻，不愿与人交往。

（3）缺乏人际交往的技巧。在儿童福利机构，受欢迎的儿童往往是那些比较可爱或者是性格比较温和的孩子。而那些具有攻击性的，或是不可爱的孩子总是无人理睬，有时候还是大家"讨伐"的对象，他们越感觉被孤立，就越不愿意跟人交往。

图 3-15 用画陪伴
（图片来自株洲市儿童社会福利院）

3.常用干预方法

（1）为孩子树立交往榜样。在普通家庭中，家长是孩子进行模仿的主要对象，家长的言谈举止、待人接物的方式及态度都直接或间接地影响着孩子。如果家长个性开朗，喜欢交往，与他人友好相处，孩子耳濡目染，潜移默化，就会自然而然地去模仿家长的交往行为。相反如果家长个性孤僻、生活闭塞，与别人很少交流，孩子也很容易去模仿这样的待人方式，可以说家长是孩子的镜子，孩子是家长的影子。

儿童福利机构采取的是集中教养模式，因此护理人员和寄养家庭家长、类家庭家长要注意自己的言行，以身作则，为孩子交往能力的培养树立良好的榜样。跟孩子交往时，要平等、关爱地对待孩子，力争走进孩子的心灵，成为孩子的朋友。注意保护孩子的说话兴趣，做孩子的忠实听众，使孩子有表达意愿的机会和倾诉的对象。良好的关系更有助于孩子变得活泼开朗，也是产生与外界交往欲望的动力。

（2）为孩子创设更大的交往空间。人际交往的能力是在与人交往的过程中培养的，孩子正是在与各种不同的人打交道的过程中，渐渐形成了待人处事应有的态度和经验。因此，儿童福利机构还可利用集体活动、外出旅游玩等机会扩大孩子的交往范围，把孩子逐步推向多种社会圈，让孩子在见多识广、充满信心中克服胆小、羞涩、孤僻，逐步变被动交往为主动交往，继而喜欢与人交往。

（3）以爱心感化性格孤僻的儿童。教师和护理员对儿童福利机构儿童的爱是教育中最宝贵的营养。只有沐浴在爱的甘霖下的儿童才会有安全感，才能适应环境，学会与同伴、教师交往，形成活泼开朗的性格。胆小、孤僻的儿童更需要爱的滋润。孤僻儿童一般十分固执，不会轻易顺从，不太容易改变。所以教师必须摸清他们的脾气、喜好，首先投其所好；其次再慢慢地加以引导，把他们当成自己的孩子，以慈母般的爱去感化他们。

在日常保教中，性格孤僻的儿童常常不受老师和护理员的关注，工作人员要充分认识到这一点，把机会更多地留给他们。比如，选择儿童能办的一件事，告诉他应该怎样办。他自己不敢去完成时，不妨陪他去，但事情得由孩子办。如果引导他们在活动区进行活动时，可以多请他们扮演角色、回答问题、充当助手等。教师应循序渐进，耐心诱导，鼓励他们大胆表现、大胆交往。由小事到较大的事，由简单的事到较复杂的事，几次下来，他们的勇气和能力就会增强了。

同时，要做到"眼明口快"，对性格孤僻儿童的点滴进步，及时地在班级、教师面前予以表扬，甚至给他们奖励小食品、小玩具、小红花，使他们获得成功的喜悦，并进一步获得人际交往的信心和动力。

（4）采用以强带弱的办法优化同伴关系。在同伴群体中受欢迎便有安全感，反之会产生孤独感、自卑感，这直接影响到儿童的兴趣和人际交往能力的发展。安排活泼大胆的儿童去帮助胆小孤僻的儿童建立良好的伙伴关系，培育孤僻儿童积极主动的交往态度和交往技能，促使其健康交往心理的形成。

五、性心理问题

福利机构儿童的发育过程与普通儿童并没有太大的差异，也会出现青春期典型的第二性征，性冲动开始增加。以往许多人认为，儿童福利机构残障儿童没有性意识的萌动，不会关注亲密关系的建立，但最近的大部分研究证明这种观点是不正确的，福利机构的儿童同样有性的意识发展，也渴望与异性建立亲密关系。但是因为残障儿童个体存在交流以及社交方面的障碍，无法理解社会规则和行为规范，大部分儿童在青春期都会表现出不同程度的问题行为。在 Ruble 和 Dalrymple（1993）的报告中有65%的自闭症儿童在公共场合暴露身体关键部位，23%的自闭症儿童出现公共场合自慰行为，28%的自闭症儿童当众脱裤子或衣服。一项研究发现52%的自闭症儿童在公共场合自慰，90%的个体表现出不恰当的异性接触。同时，还有个案研究证实福利机构儿童在青春期容易出现不良性行为。总结以往研究，福利机构儿童在青春期显现的问题行为主要有不恰当异性接触和与自慰有关问题行为。

（一）自慰行为

儿童时期出现的自慰行为多是由于无意识地偶尔玩弄生殖器，或者因为穿紧身裤、骑跨活动时摩擦生殖器的刺激并引起快感，一般并没有性高潮。无论男女，到了青春期后，由于体内的生理变化，并由此产生性冲动和性欲，对性满怀憧憬、好奇和幻想，因而产生自慰行为。正常的性欲是人类成熟和繁衍后代的基本要求，自慰行为也是青春期宣泄性冲动的正常生理现象。

1.表现

部分福利机构儿童在睡觉前后，甚至平时会有摩擦生殖器官的自慰行为，除了用手抚摸生殖器的行为外，女孩还有夹腿、在凳子的角上摩擦阴部的行为，男孩还有俯卧在床上摩擦生殖器官、用其他物品摩擦生殖器官等行为。

2. 原因

研究表明，刚出生半年的婴儿就已经探索到自己的生殖器官，并且知道抚弄生殖器官能够获得安慰和舒适的感觉。儿童抚弄生殖器官的行为，也称为"儿童自慰"。这些自慰行为并非由性欲引起，而是因为紧张、无聊或者需要安慰才出现，一直会持续到青春期。到了青春期后，由于体内的生理变化，并由此产生性冲动和性欲，对性满怀憧憬、好奇和幻想。

图3-16　性心理的初步教育
(图片来自衡阳市社会福利院)

3. 常用干预方法

(1)宽容和理解儿童的正常自慰行为。对于一般的自慰行为，如孩子偶尔触摸生殖器官，儿童福利机构工作人员要学会以"视而不见"的方式进行消退处理。不要给儿童任何强化的行为，如笑孩子、强制将孩子的手拿开、吓唬孩子等，如果这样做，儿童反而会更多出现这种行为。

(2)帮助福利机构儿童建立隐私观念。对于有自慰行为的儿童，心理咨询师或教师应该告诉他们这是隐私的行为，只有在自己的房间或避开外人才可以进行；教导他们不可以在他人面前随意暴露自己的身体；不可以在公众场合随意看或触摸自己身体的隐私部位；尊重他人的身体隐私；性活动是隐私的行为，要回避他人。

(3)转移注意力。当福利机构儿童无聊的时候，自慰行为发生的可能性会提高。如果自慰行为太频繁，可以通过睡前转移儿童的注意力减少其自慰行为。比如，睡前给儿童讲讲故事。

(二)异性交往问题

研究者李红(2010)对自闭症儿童进行个案研究时发现，儿童在青春期时开始在意周围人的目光，用很多方法吸引他人包括异性对自己的注意，开始反抗外界的指令和教育，自我控制能力变差，情绪波动较大。也有研究表明福利机构儿童在这个时期也开始注意身边的异性，表现出与异性接触的意愿，出现触碰、拥抱异性等本能的行为表现。

1.表现

儿童福利机构中，有部分儿童与异性发生过约会行为；大部分儿童对于婚前性行为没有正确的认识；同样有大部分儿童对于性病、艾滋病等传播疾病缺少了解；还有部分儿童通过一些不得当的行为了解性知识，如黄色网站、淫秽书籍等。

2.原因

由于父母不在身边，福利机构中缺乏关爱和性教育的儿童更容易出现早恋行为；儿童本身性教育的缺失可能导致儿童与异性交往的方式及表达感情的方式不当，当儿童的性观念没有得到正确的疏通和引导时，基于对于性的强烈的兴趣及渴望无法通过正确渠道排遣，对于自身的心理难免会造成伤害，在行为上也就更加容易造成严重的后果。

图 3-17　正确认识异性交往
(图片来自株洲市儿童社会福利院)

3.常用干预方法

(1)引导儿童树立正确的异性交往观念。支持福利机构儿童与异性进行正常的交往。教育儿童树立正确的性观念和异性交往观点，但并不意味支持其发生早恋行为及过早性行为。对儿童进行耐心细致的思想教育，让他们学会理性地控制自己的情感，处理好与他人之间的关系，兼顾好学业。

(2)耐心疏导，不要一概而论。心理咨询师或教师要对儿童不适宜的异性交往行为进行个别化的耐心疏导，切忌一概而论。因为有的孩子处在青春叛逆期，可能会因为教师的反对产生更加强烈的逆反心理，对于恋爱产生更加浓厚的兴趣。

(三)儿童性教育的匮乏

1.表现

儿童性教育匮乏主要表现为儿童福利机构工作人员面对儿童想要与异性交往的行为不知道怎么办，保育员忽视残疾儿童的性需求，儿童福利机构关于儿童性教育问题避而不谈。

2. 原因

(1)对性知识的缺乏和错误的认知。有的儿童福利机构教师或保育员将残疾儿童视为"无性"或者"性方面不成熟"的个体，但在日常生活中又频频在这些孩子身上发现具有性意味的行为，这令他们非常焦虑。在对待这些表现出性意识和行为的儿童时，部分教师保育员将这些孩子标签为"危险的"或"不正常的"，认定他们的生理残疾状况必然会影响到他们的心理和智力发育，导致滞后的、残缺的抑或扭曲的性意识。他们大多表现出对残疾儿童性意识觉醒的担忧，认为残疾儿童因其生理条件的限制，对其进行性教育很难产生正面效果，反而可能唤起他们的性意识并导致不良后果，这既会给他们自己的工作带来麻烦，也有可能给其他儿童的人身安全造成危险。因此他们常常采取严厉斥责、禁止等管制手段。

(2)缺乏正确的性教育。部分社会福利机构缺乏儿童性教育的开展，没有针对残疾人的性教育课程，很少去引导残疾青少年在正确的性观念下成长，在面对服务对象提出性需求时也会感到尴尬，不知该如何处理，导致部分福利机构儿童青少年对自身的性需求缺乏正向的认知。

图 3-18　员工培训"关注福利院儿童性教育"

(图片来自株洲市儿童社会福利院)

3. 常用干预方法

(1)对儿童福利机构护理人员进行养育培训(图 3-18)。对寄养父母以及儿童福利机构照料人员开展以"关注福利院儿童性教育"为主题的工作坊，提高护理人员关注儿童心理、生理需求的意识，让护理人员学习掌握一些基础的性知识和科学、合理的教育方式、方法，尽量做到在无形中向儿童福利机构儿童传播性知识。

(2)对儿童福利机构护理人员进行良好的入职培训。培训不仅仅包含生活照料方面的知识，也要注重培训护理人员关于儿童心理、生理需求的知识，以便护理人员在满足儿童的生活需求的同时，能够敏锐觉察到他们身心状况的变化，及时引导他们，以更好地满足他们的心理需求。

案例:

1. 背景资料

阳××,男,18岁,性格内向,不爱说话,没有朋友。有时候坐在轮椅上透过门缝往女生宿舍看,阿姨有时候去喊他回来,他会一反常态,情绪波动,撕扯衣服。

2. 辅导设置

每月两次个体咨询,每月两次团体辅导活动,每次1~1.5小时,共12次。

3. 辅导目标

建立正确的性意识,转移注意力。

4. 辅导效果

(1)正确的性意识。辅导前,孩子有性冲动倾向,不能正确理解目前自己的生理状态。辅导师对其进行性意识辅导,强调性的边界,帮助孩子树立正确的性观念和态度。辅导后,孩子能够正确地认识生理成长并明确人与人之间的边界。

(2)转移注意力。辅导前,孩子经常偷看女生宿舍,通过几次咨询后,辅导师发现他对植物和动物有着特别的喜爱,采用园艺疗法,引导他在阳台上种了一些蔬菜、花草、多肉植物,以疏解情绪,转移注意力,辅导后,孩子专注于自己养的菜和小动物,每天很充实。

第二节 儿童福利机构儿童常见心理行为障碍

研究表明,儿童福利机构儿童普遍存在或易出现的心理行为障碍或发育性障碍主要有儿童情绪障碍、精神发育迟滞、儿童孤独症、儿童多动症、儿童语言发育障碍、儿童学习障碍等。

一、儿童情绪障碍

(一)儿童情绪障碍概述

1. 什么是儿童情绪障碍

儿童情绪障碍(emotional disorders of childhood)是发生在儿童少午时期,以焦虑、恐怖、抑郁等情绪障碍或躯体功能障碍为主要临床表现的一组疾病,过去的文献多称为儿童神经症(neurosis of childhood)。由于儿童心理生理特点及所处环境的不同,儿童情绪障碍的临床表现与成人有明显差异。此类障碍与儿童的发育和境遇有一定关系,与成人神经症无连续性(图3-19)。

图3-19 儿童情绪障碍

儿童情绪障碍的发生率仅次于儿童行为障碍,在儿童精神障碍中占第二位。Rutter(1981)报道各种情绪障碍在少年儿童中的患病率为2.5%。研究者潘雯(2008)对辽宁省

6358名6~17岁在校青少年流行病学调查发现,青少年情绪障碍患病率为5.13%。常见类型有婴幼儿依恋障碍、儿童焦虑症、恐怖症、强迫症、癔症、抑郁症、选择性缄默症等,但临床类型常有重叠而不易分型。从总体来看,发达国家儿童情绪障碍的患病率、发生率比我国要高,但我国近年来有升高趋势。

2. 儿童情绪障碍的病因

有关儿童情绪障碍的病因学研究不多,一般认为是在先天易感素质的基础上,在个体的心理生理发育过程中受环境因素影响的结果。近年研究发现,生物学、器质性因素仅与一小部分严重发展缺陷的患儿,主要是运动障碍有关。大多数情感和社会行为发展障碍主要由社会、心理学因素所致。

(1)素质因素。

①遗传因素。儿童情绪障碍部分与遗传因素有关。Akiskal和Weller(1989)发现:寄养子和亲生父母有较高的抑郁症同病率。因而支持遗传因素对儿童情绪障碍的影响。

②气质因素。气质是个体典型的稳定的心理特征,是高级神经心理活动的不同类型在心理过程的动力特点。气质在发生上的基本特点主要是由遗传和早期神经发育决定的。出生后的早期环境因素也有一定的影响。气质是个性形成的基础。幼儿期不良的气质类型更有可能发展为成年后的不良个性,从而构成情绪障碍的发病基础。

(2)心理因素。

①依恋类型。依恋是指个体之间,尤其是亲子之间形成的强烈的情感联系。Backwin(1942)、Bowlby(1951)等进行的系列研究描述了在福利机构或其他文化剥夺环境中生长的婴儿,由于缺乏安全的依恋关系,在认知、情感、社会交往等方面有发展的缺陷,并形成长期不良的影响,如产生焦虑不安、对人疏远、不信任感和敌意,容易激怒,出现攻击行为、社交退缩等不良的个性倾向和行为表现。这为以后的情绪障碍和适应不良行为留下了隐患。

常见的不良依恋类型有回避型依恋和矛盾型依恋。在儿童不是由母亲带养,或由其他人抚养,或是频繁地更换抚养人,抚养人不负责任等情况下,儿童会出现回避型依恋类型。母亲或其他抚养人对儿童的依恋要求反应很不一致,时而很亲近,时而忽视儿童的要求,当儿童痛苦而反抗时又粗暴地对待,反复无常使儿童惶惑不安,缺乏安全感,不敢进行社交活动,这种依恋类型指矛盾型依恋。

②精神动力因素。精神分析流派创始人弗洛伊德提出童年早期的环境经历和生活事件在临床精神病学和临床心理学实践中具有深层意义。他认为变态行为是"在压抑和挫败下心理应付方式倒退到早年"的精神病理学象征性标志。如弗洛伊德以儿童性心理发展为主线的人格发展理论所论述的儿童人格发展各阶段的核心需求及相应影响:a.口欲期及其意义:依恋形成,获得安全感和对人的信任;b.肛欲期及其意义:自我意识萌芽,尝试自我控制;c.性器期及其意义:性别角色定位,个性倾向和社会化行为模式定向。当儿童在不同发展阶段受阻时,将出现相应的心理行为问题,如口欲期的受阻将导致依恋关系的问题等。

(3)环境因素。

儿童在发育过程中对各种有害因素的反应较为敏感,尤其是有遗传易感素质的个体,受到不良环境因素的影响容易诱发心理疾病。在童年期,对于儿童来说关系最密切的环境就是家庭和学校。他们对于环境尤其是家庭环境依赖性很强。对家庭的依赖不仅是物质方面的,也有心理方面的需要和心理上的依赖。在家庭因素中主要的影响因素有：

①家庭背景因素。包括家庭的社会经济状况、父母职业、文化素质和心理、健康状况等方面。贫穷、物质生活条件差、疾病和父母的不良心境如焦虑抑郁、精神病理学问题等，会导致家庭内部社会心理联系的失调，儿童各种内、外向行为问题的患病率是正常家庭儿童的2~5倍。

②亲子关系与养育态度。亲子关系的影响如依恋理论所述。童年期亲子关系不良如何影响和导致情绪障碍的机制有各种学说，Bowlby(1977)指出，正常的父母应该给予子女安全和温暖的环境，但又不使他们过分地依赖这种环境。Baldwin(1974)研究提出养育态度与儿童性格特点有密切关系。此外，家长养育态度不一致，也会使儿童无所适从，容易出现焦虑抑郁。有研究认为，父母对儿童的过分控制、排斥等态度与儿童情绪障碍有关。

③家庭心理环境特点。家庭环境中的某些不良因素，如婚姻不和谐、矛盾冲突多，常导致儿童的抑郁、焦虑、恐怖、攻击和社会适应不良等行为问题。Holden 等(1991)报告，经历家庭暴力的孩子，心理障碍的发生率是无暴力家庭的4倍多。杨志伟等(1992)研究发现，这些家庭心理环境因素对于男女不同性别的儿童具有不同影响：矛盾冲突多、家庭内部感情亲和性低、情感表达少等因素，与男性的外向性行为问题如多动、冲动、破坏、违纪行为有较多相关，女性则与焦虑、抑郁、社交退缩等情绪问题关系更为密切。

(二)儿童情绪障碍的临床表现类型

1.婴幼儿依恋障碍

婴幼儿依恋障碍(infant attachment disorder)包括反应性依恋障碍和儿童脱抑制型依恋障碍两种类型，均是与抚养者依恋关系的改变所导致的儿童早期的情绪和行为障碍。

(1)反应性依恋障碍。反应性依恋障碍是指已经形成特殊依恋关系的婴幼儿，由于抚养者和抚养方式的突然变动，产生强烈而持续的情绪反应和依恋行为改变，并可伴有生长发育的停滞。

反应性依恋障碍的情况多发生于：①6、7个月以后，已产生了特殊依恋的婴幼儿；②原有的依恋对象少而固定，且依恋较强烈时，如单亲家庭或核心家庭；③由于领养、寄养、住院等情况。这些情况导致依恋对象和养育方式、环境突然改变。

反应性依恋障碍的表现特点是：婴幼儿对依恋对象的消失和环境的变动，表现出强烈的情绪反应，焦虑不安、哭闹不已；此后对于任何人，甚至包括原来依恋对象所给予的任何形式的安抚，都一概表示拒绝，并伴有明显的情绪反应。除了吵闹不安以外，还可能出现拒绝喂养照料、撞头、撕扯、咬伤自己等自伤行为，原有的生活节律发生紊乱，并可在一段时间内出现生长发育停滞；以后，在社会人际交往方面可以出现对人的疏远、冷漠和不信任。

此类障碍多发生于5岁以前。5岁以后，由于认识能力和社会交往能力的发展，以及在以往依恋基础上情绪体验和控制能力的发展，尤其是自我和独立意识的出现，此时遇到同样经历一般不再会发生反应性依恋障碍，但可出现分离性焦虑。

根据世界卫生组织(World Health Organization, WHO)制定的《国际疾病分类(第10版)》[*International Classification of Diseases*(10th edition)，以下简称ICD-10]，反应性依恋障碍的诊断标准如下：①起病于5岁以前，对抚养方式改变产生明显的持续反应；②社会交往中的反应方式持续异常，伴有情绪障碍及生长发育停滞；③排除广泛性发育障碍、脱抑制型依恋障碍、儿童分裂样障碍及正常变异。

案例：

患儿，男，5岁半，10个月之前一直由母亲抚养，跟母亲的依恋关系很好，10个月之后由奶奶抚养，奶奶患病，担心自己摔倒会伤及孙儿，故从来不抱患儿。待患儿会走路后，奶奶对患儿的行为有诸多限制。渐渐地患儿和奶奶在一起时显得拘谨，不敢说话，和父母在一起时也逐渐变得拘束，不许父母亲吻自己，晚上睡觉不许妈妈陪着。在公共场合表现为退缩、害怕。因各种原因，3岁后进入福利院，保育员反映患儿拒绝与其说话，跟小朋友玩耍时有冲动行为，被别的小朋友伤害后不会告诉保育员。特别只要提到奶奶，患儿就保持沉默。

家族中无精神病患者及类似病史。

体检：生长发育正常，心肺腹及神经系统查体无异常。

精神状况：紧张、退缩，不与养育人员交流，不让养育人员牵手，很想要别人手中的玩具但又说玩具不好。

诊断：根据ICD-10诊断标准，诊断为童年反应性依恋障碍。

(2)儿童脱抑制型依恋障碍。儿童脱抑制型依恋障碍以往又称为"福利机构儿童综合征"，顾名思义，这类问题常常发生在儿童福利机构这一类集体性养育的环境中。由于抚养者经常变更，不能形成固定的依恋关系，从而导致泛化的、无选择性的依恋行为。他们无论生疏，对任何人一概不加选择地主动寻求亲近，他们对人的感情依恋需要达到了近乎乞求的程度。在以后的社会交往中，不能与别人保持必要的、恰当的距离，交往方式显得幼稚，常常遭到拒绝和疏远，因而常常感到困惑和焦虑不安。

脱抑制型依恋障碍的诊断标准(ICD-10，WHO)为：①起病于5岁以前，因抚养者的经常变更导致泛化的、无选择性的依恋行为；②对象广泛而普遍的依附行为和/或不加选择地寻求友好、注意的行为；③排除注意缺陷多动障碍、反应性依恋障碍、儿童分裂样障碍。

(3)依恋障碍的治疗。此障碍一般以心理治疗为主，如患儿伴有其他精神障碍，可用相应的药物治疗。心理治疗首选执业心理治疗师，其次为擅长游戏治疗的心理咨询师等。

1)心理治疗。改善养育者与患儿之间的关系，增强养育者的敏感性和反应性，及时满足患儿物质和精神上的需要，使患儿有安全感、信任感。患儿和养育者均需要进行个体化的心理治疗。针对患儿可采用认知行为治疗、游戏治疗等，以助于建立良好的社交关系，改善社会功能。如果养育者因精神障碍或其他原因而致抚养不良，应及时予以治疗或采取相应的干预措施，以提高其抚养技能；必要时更换养育者，改善教养环境，建立正常的依恋关系。

2)药物治疗。必要时可以给予稳定情绪、改善焦虑的药物，如小剂量的安定类药物、奥沙西泮、劳拉西泮等，或新型的抗抑郁药物如舍曲林等。

2. 儿童焦虑症与分离性焦虑

儿童焦虑症(anxiety disorder of childhood)是最常见的情绪障碍，是一组以恐惧不安体验为主的情绪体验。可通过躯体症状表现出来，如无指向性的恐惧、胆怯、心悸、口干、头痛、腹痛等。婴幼儿至青少年均可发生。童年期的焦虑症，以分离性焦虑较为常见，其他还常伴有恐怖性焦虑、社交性焦虑；与成人广泛性焦虑不同，其特点是常发生于特定的情景或有较明确的对象。

Anderson等1987年报道11岁新西兰儿童分离性焦虑(separation anxiety disorder in children，SAD)年患病率为3.5%，过度焦虑性障碍(excessive anxiety disorder，OAD)年患病率

为 2.9%。Bowen 等 1990 年报道 12～16 岁儿童的 SAD 和 OAD 患病率是 3.6% 和 2.4%。Whitaker 报道 14～17 岁少年 OAD 的终生患病率是 3.7%。国内目前仍无关于儿童焦虑症的流行病学资料。

> **案例：**
>
> 　患儿是个 5 岁的小女孩，近段时间突然不愿去教室，每天总哭着要跟保育员在一起，不论保育员怎么安抚都没用，原本很容易入睡，可现在也较易惊醒。更令大家担心的是，这段时间患儿对爱吃的饭菜也没了兴趣，显得特别的烦躁。是不是得了肠胃炎？或是在儿童福利机构发生了什么不愉快的事情？然而，问患儿，身体并没有什么异常，问老师更是不得所以。给患儿做内科检查，也没有发现问题，排除了躯体问题后，患儿的问题被诊断为"儿童焦虑症"。

　　（1）病因。儿童焦虑症主要与心理社会因素及遗传因素有关。患儿往往是性格内向和情绪不稳定者，在家庭或学校等环境中遇到应激情况时产生焦虑情绪，并表现为逃避或依恋行为。部分患儿在发病前有急性惊吓史，如与父母突然分离、亲人病故、不幸事故等。如父母为焦虑症患者，患儿的焦虑可迁延不愈，成为慢性焦虑。家族中的高发病率及双生子的高同病率都提示焦虑症与遗传有关。

　　（2）临床表现。儿童焦虑症的主要表现是焦虑情绪、不安行为和自主神经系统功能紊乱。不同年龄的患儿表现各异。幼儿表现为哭闹、烦躁；学龄前儿童可表现为惶恐不安、不愿离开父母、哭泣、辗转不宁，可伴食欲不振、呕吐、睡眠障碍及尿床等；学龄儿童则上课思想不集中、学习成绩下降、不愿与同学及老师交往，或由于焦虑、烦躁情绪与同学发生冲突，继而拒绝上学、离家出走等。自主神经系统功能紊乱以交感神经和副交感神经系统功能兴奋症状为主，如胸闷、心悸、呼吸急促、出汗、头痛、恶心、呕吐、腹痛、口干、四肢发冷、尿频、失眠、多梦等。

　　（3）诊断。ICD-10 提出儿童分离性焦虑的几种表现形式和诊断标准：①不现实地、强烈地担心主要的依恋对象可能遭遇到伤害，或害怕他们一去不复返；②不现实地、强烈地担心会发生某种不幸事件，如迷路、被害、被绑架、生病住院等，使他们与主要的依恋对象分离；③因为害怕分离而总是不愿或拒绝上学；④没有主要依恋人在场就不愿或拒不入睡；⑤持久而不恰当地害怕独处，或白天没有主要依恋对象陪伴就害怕呆在家里；⑥反复出现与分离有关的噩梦；⑦与主要依恋对象分离前、分离时或分离后，马上出现过度的、反复发作的苦恼，表现为焦虑、哭闹、发脾气、痛苦、淡漠或社会退缩。

　　（4）治疗。以综合治疗为原则，以心理治疗为主，辅以药物治疗。首先了解并消除引起焦虑症的原因，改善家庭与学校环境，创造有利于患儿的适应过程与环境，减轻患儿压力，增强自信。对于 10 岁以上的患儿予认知治疗可取得良好效果。放松训练可使生理性警醒水平降低，以减轻紧张、焦虑情绪，但年幼儿对此治疗方法的理解与自我调节有困难，不易进行，而游戏治疗和音乐疗法可取得一定疗效。对于有焦虑倾向的父母或抚养人，要帮助他们认识到本身的个性弱点对患儿产生的不利影响，他们必须同时接受治疗。对于严重的焦虑症患儿，应予抗焦虑药物治疗，如应用丁螺环酮、苯二氮卓类药物（如地西泮、劳拉西泮、阿普唑仑），以及抗抑郁药如多塞平、西酞普兰、舍曲林等。

3. 儿童恐怖症

儿童恐怖症(phobia of childhood)是儿童对某些物体或特殊环境产生异常强烈的恐惧,伴有焦虑情绪和自主神经系统功能紊乱症状。患儿遇到的事物与情境并无危险或有一定的危险,但其表现的恐惧大大超过了客观存在的危险程度,并由此产生回避、退缩行为而严重影响患儿的正常学习、生活和社交等。这种恐惧具有显著的发育阶段特定性。对该障碍的患病率目前尚无确切报道。该障碍的产生与儿童气质、意外事件的惊吓等有关。间接的创伤经验和信息传达,对该障碍的产生也起着非常重要的作用。

案例:

患儿,女,12岁,从小被寄养在儿童福利机构的类家庭。性格较内向,胆小,依赖性强。身体和智力均发育正常,讲话声音清晰,情绪低落,意识清楚,言语流利,无幻觉、妄想,无智能障碍,自知力完整,有明确的求助要求。从进入咨询室到叙述完毕,都表现得比较自如,但在谈到小时候家里被偷盗的事情时,情绪明显烦恼和焦虑。

多次咨询后发现,患儿小时候一直和爸爸妈妈一起住在同一个房间,父母都比较疼爱和关心她。后来,有了妹妹,她只能独自一人住到爸爸妈妈的隔壁,而爸爸妈妈也更多地去忙生意和照顾妹妹了。

6岁的时候,天气很炎热,爸爸妈妈带着妹妹和她回到家里住。第二天,妈妈放在抽屉里的钱都被偷走了。当时幸好外面房间里的电风扇坏掉了,声音特别响,小偷才没敢进那个房间。

当时患儿感到特别恐怖,头脑中不由自主地想象着自己处于完全黑暗的小房间里,小偷就在门外面撬锁。后来随着时间的推移,就将这件事情慢慢忘掉了。但有一次妈妈让她一个人去拿东西,恰巧也是放在那个被偷的抽屉里面。突然她就觉得心里很害怕,哭着跑了出来。这以后她就非常怕黑,一到晚上就害怕,不敢一个人睡觉,不管父母如何打骂,非得跟着父母睡,晚上还经常做噩梦,而且上课的时候经常会想到一些恐怖的事情,担心各种各样可怕的事情发生在自己或家人身上,比如觉得被人跟踪、爸爸出交通事故等,严重影响了正常的生活。

SCL-90测试各因子分如下:

躯体化2.3,强迫症状1.6,人际敏感2.5,抑郁2.7,焦虑3.9,敌对1.4,恐怖3.1,偏执1.0,精神病性1.6,其他1.6;总分195;阳性项目数45个。躯体化、人际敏感、抑郁、焦虑、恐怖因子分明显高于常模。

抑郁自评量表(SDS)分:粗分45分,标准分56分,提示有轻度抑郁。

焦虑自评量表(SAS)分:粗分52分,标准分65分,提示有中度焦虑。

患儿对黑暗的恐惧感明显,引起了退缩行为(一个人不敢睡觉),恐惧症状典型(一到晚上就害怕;经常做噩梦),同时还影响到了正常生活(神情有些恍惚,问其原因,她说会想到一些恐怖的事情),很明显其症状已经属于儿童恐怖症。

评估结果:儿童恐怖症。

（1）病因。社会学习理论认为不确定的刺激所引起的不合理反应是学习得来的。精神分析学说认为恐怖是潜意识内冲突产生焦虑，而又移置和外表化于所害怕的物体和境遇所致。相互影响学说认为恐怖是发生和保持在特定的家庭人际关系和社会关系之中的。另有学者认为恐怖症与患儿存在的素质因素有关，如个性内向、胆怯、依赖性强，遇事易产生焦虑等。经历或目睹意外事件（如车祸、地震等自然灾害）也是恐怖症的诱因之一。

（2）临床表现。临床表现主要有以下3个方面：①患儿对某些物体或特殊环境产生异常强烈、持久的恐惧，明知恐怖对象对自身无危险，但无法自制恐惧与焦虑情绪，内心极其痛苦。根据恐怖对象临床上分为动物恐怖、疾病恐怖、社交恐怖、特殊环境恐怖（如高处、学校、黑暗、广场等）。②患儿有回避行为，往往有逃离恐怖现场的行为。③自主神经系统功能紊乱表现，如心慌、呼吸急促、出汗、血压升高等。

（3）诊断。患儿对某物（人）或处境感到害怕，并出现异常强烈的焦虑反应或回避行为，并严重干扰其生活、学习或人际交往，患儿为此苦恼，并排除了其他精神障碍，可予以诊断。

①特殊恐怖症的诊断标准。美国《精神障碍诊断与统计手册（第四版）》[*The Diagnostic and Statistical Manual of Mental Disorders*（4th edition），简称DSM-Ⅳ]诊断标准为：a. 由于存在或预期某种特殊物体或情景而出现的过度或不合理的显著而持续的害怕。b. 一接触所恐惧的刺激，几乎毫无例外地立即发生焦虑反应，采取一种仅限于此情景或由此情景所诱发的惊恐发作形式。这种焦虑表现为哭闹、发脾气、惊呆或紧紧拖住他人。c. 患儿一般都设法避免这种情景，否则便以极度的焦虑或痛苦、烦恼忍耐着。d. 这种对所恐怖的情景的避免、焦虑或痛苦烦恼，会显著地干扰个人的正常生活、学习或社交活动或关系，或者对这种恐怖感到显著的痛苦烦恼。e. 应有至少6个月病期。f. 这种伴于特殊物体或情景的焦虑、惊恐发作或恐怖性避免，都不可能归因于其他精神障碍，如强迫症（如对污染有强迫思维的患儿在接触脏物时的害怕）、社交恐怖症（因害怕、窘迫、难堪而避免社交场合）等。

②社交恐怖症的DSM-Ⅳ诊断标准。a. 在与熟悉的人们作与年龄相称的社交关系时发生问题，或在同伴中出现焦虑。b. 处于所害怕的社交场合，几乎必然不可避免地产生焦虑，因而可能采取限制这个场合或为此场合所诱发的形式。这种焦虑可能表现为哭闹、发脾气、惊呆，或从有不熟悉人们的场合退缩出来等。c. 患儿一般都设法避免这种场合，否则便以极度的焦虑或痛苦烦恼而忍耐着。d. 这种对所恐怖情景的设法避免、焦虑，显著地干扰个人的正常生活、学习或社交活动或关系，或者对这种恐怖感到显著的痛苦烦恼。e. 应有至少6个月病期。f. 这种害怕或逃避都不是某种物质（如滥用药物、治疗药品）或由于一般躯体情况所致之直接生理反应，也不可能归因于其他精神障碍（如分离性焦虑障碍、某种广泛性发育障碍或分裂样人格障碍）；g. 如存在某种一般躯体情况或其他精神障碍，那么"在与熟悉的人们作与年龄相称的社交关系时发生问题，或在同伴中出现焦虑"也与之无关。

（4）治疗。需综合治疗，以心理治疗为主，辅以药物治疗。行为治疗（包括系统脱敏法、实践脱敏法、冲击疗法、暴露疗法、正性强化法、示范法等）结合认知治疗、放松训练、音乐治疗与游戏治疗，一般可取得较好疗效。对症状严重的患儿可予以小剂量抗焦虑药物或抗抑郁药物。

4. 儿童强迫症

儿童强迫症(obsessive-compulsive disorder of childhood, OCD)是以强迫观念与强迫行为为主要表现的一种儿童期情绪障碍，占儿童与少年精神科住院与门诊病人的 0.2%~1.2%。国外 Flarment 调查青少年的患病率为 0.8%，终身患病率为 1.9%。30%~50%的成年强迫症患者来自儿童期。儿童强迫症发病平均年龄在 9~12 岁，10%起病于 7 岁以前。男孩发病比女孩平均早 2 年。早期发病的病例更多见于男孩、有家族史和伴有抽动障碍的患儿。低龄患儿男女之比为 3.2∶1，青春期后性别差异缩小。2/3 的患儿被诊断后 2~14 年，仍持续有这种障碍。

案例：

患儿，女，8 岁，三个月来反复思考儿童福利院的姐姐有一天将要死去。患儿于来诊前三个月在电视上看到人死时的场面，感到很恐怖，随之想到自己的爸爸、妈妈已经离开了，好不容易福利院有个好朋友，将来有一天也会像这样死去，心中顿时更害怕恐慌，痛哭不止。自此后，患儿脑子里经常反复出现这一念头，并反复想人为什么要死，时伴有烦躁、哭泣。后患儿病情逐渐加重。来诊前一周患儿几乎整日哭闹，不能安静，主动要求到医院看病。体格检查及神经系统检查正常。

精神状态：衣饰整洁，言语清晰，对答切题。谈及其强迫症状时，自述：脑子里老是想人有一天会死去及他们为什么要死。我也不愿意想，就是控制不住。一想这我就很害怕，心烦，所以就哭闹。未见其他思维障碍。情绪焦虑。自知力完整，求治心切。

辅助检查：脑电图正常，颅脑 CT 扫描未见异常。

诊断：儿童强迫症。

(1)病因。研究证实儿童强迫症由遗传因素、脑损伤、神经递质异常、心理因素、父母性格特征等引起。

①遗传因素。儿童 OCD 具有遗传易感性。Lenane(1990)发现 OCD 患者的20%的一级亲属可以诊断为 OCD。在多发性抽动症与 OCD 之间存在遗传相关性，甚至认为两者是同一基因的不同表现形式。Pauls 等发现在 5~9 岁起病的 OCD 儿童中，家庭成员患抽动症的比率更高。

②脑损伤。脑损伤被认为是 OCD 的发病原因之一。引起基底节损伤的各种脑损害都可以引起 OCD。有人以 CT 检测发现，儿童期起病的 OCD 患者尾状核缩小，正电子发射 X 线体层摄影(PET)检查显示异常的局部葡萄糖代谢方式。许多线索提示与额叶、边缘叶、基底节功能失调有关。

③神经递质异常。5-羟色胺回收抑制剂能有效地治疗 OCD，因此推论 OCD 存在 5-羟色胺功能紊乱。多巴胺等神经递质也可能参与 OCD 的发病过程。

④心理因素。精神分析理论认为儿童强迫症状源于性心理发展固着在肛门期，这一时期正是儿童进行大小便训练的时期，家长要求儿童顺从，而儿童坚持不受约束的矛盾在儿童内心引起冲突，导致儿童产生敌意情绪，使性心理的发展固着或部分固着在这一阶段，强迫症状就是此期内心冲突的外在表现。

⑤父母性格特征。早在 1962 年，Kanner 就认识到强迫症儿童多数父母具有循规蹈矩、追求完美、不善改变等性格特征。

（2）临床表现。儿童强迫症主要表现为强迫观念和强迫行为两种类型。

①强迫观念。包括：a. 强迫怀疑。怀疑已经做过的事情没有做好、被传染上了某种疾病、说了粗话、因为自己说坏话而被人误会等。b. 强迫回忆。反复回忆经历过的事件、听过的音乐、说过的话、看过的场面等，在回忆时如果被外界因素打断，就必须从头开始回忆，因怕人打扰自己的回忆而情绪烦躁。c. 强迫性穷思竭虑。思维反复纠缠在一些缺乏实际意义的问题上不能摆脱，如沉溺于"为什么把人称人，而不把狗称人"的问题中。d. 强迫对立观念。反复思考两种对立的观念，如"好"与"坏"、"美"与"丑"。

②强迫行为。包括：a. 强迫洗涤。反复洗手、洗衣服、洗脸、洗袜子、刷牙等。b. 强迫计数。反复数路边的树、楼房上的窗口、路过的车辆和行人。c. 强迫性仪式动作。做一系列的动作，这些动作往往与"好""坏"或"某些特殊意义的事物"联系在一起，在系列动作做完之前被打断则要重新来做，直到认为满意了才停止。d. 强迫检查。反复检查书包是否带好要学的书、口袋中钱是否还在、门窗是否上锁、自行车是否锁上等。强迫症状的出现往往伴有焦虑、烦躁等情绪反应。严重时会影响到患儿睡眠、社会交往、学习效率、饮食等多个方面。

（3）诊断。根据 DSM-Ⅳ 诊断标准进行诊断，以强迫性思维和（或）强迫性行为为主要临床表现；患者认识到这些症状是过分与不现实的，因无法摆脱而苦恼不安（年幼儿童可能不具备这一特点）；症状影响日常生活、工作、学习、社会活动或交往等功能；排除其他神经精神疾病或强迫症状，不能以其他精神障碍所解释。

（4）治疗。①心理治疗。行为治疗与认知行为治疗是成功治疗儿童强迫症最常用的心理治疗方法。可以根据病人的情况及治疗者的经验选择各种具体治疗技术，如反应阻止（response prevention）、焦虑处理训练等。对于一些严重重复的、类似于抽动症状的仪式动作可以采用习惯反转训练（habit reversal）。家庭治疗也是治疗强迫症的重要方法，特别是对于那些存在家庭不和、父母婚姻问题、家庭成员存在特殊问题、家庭成员之间角色混乱的患儿，更适合做家庭治疗。治疗的目标是将家庭成员纳入治疗系统中，让所有行为问题都公开呈现出来，充分理解每个家庭成员怎样对强迫性行为产生影响，重新组织家庭关系，减轻患儿的强迫性行为，逐渐形成各种良性行为。

②家庭治疗。主要针对父母进行咨询指导，消除父母的焦虑，纠正其不当养育方法，鼓励父母建立典范行为来影响儿童，并配合好医师进行心理治疗。

③药物治疗。药物治疗是治疗强迫症的主要方法之一，大量强迫症治疗的研究结果显示氯丙咪嗪、氟西汀、舍曲林、氟伏沙明、文拉法辛等药物效果较好。

5. 儿童抑郁症

儿童抑郁症是起病于儿童或青少年期的以情绪低落为主要表现的一类精神障碍。美国研究者的调查表明抑郁在儿童中的发生率为 0.4%~2.5%，在青少年中这一比率可能上升至 5%~10%，这与澳大利亚及意大利的研究结果一致。在 10 岁以前男女患病比例相似，以后随年龄的增加女性患病率逐渐增加，男女比接近 1∶2。

案例：

患儿，男，13岁，汉族。患儿以主诉情绪低落、反复出现想死的念头6个月就诊。半年来，患儿出现情绪低落，易烦躁，易激惹，有时焦虑，哭闹。与其他孩子关系不好，多次因小事与别人发生争执。无明显原因的发脾气。多次在老师面前表现"想死"的念头，曾用水果刀割破过手臂。病后患儿食欲下降，困倦无力，逐渐消瘦，有时头疼、失眠、记忆力下降。自觉心慌不愿与朋友交往。经常自责，认为自己脑子笨、愚蠢，将来是一个无用的人，趁早死了，甚至自己打自己。身体一般情况好，意识清楚，表情淡漠，低头不愿注视对方。语言及语调低沉。其他查体无阳性发现。

临床检查血、脑电地形图、CT检查、肝功检查均正常；儿童韦氏智力测查IQ=89分；康纳氏儿童多动另表查得分13分；艾森克儿童个性问卷得分71分；Beck抑郁问卷评定得28分。

按DSM-Ⅲ-R及CCMD-Ⅱ-R诊断标准，诊断为"儿童抑郁症"。

(1)病因。

①遗传因素。有结果显示家族内发生抑郁症的概率约为正常人口的8~20倍，且血缘越近，发病率越高。异卵双生子同病率为19.7%，自幼分开抚养的同卵双生了后期同病率高达66.7%，且遗传因素的影响随着年龄增加而增加，女孩比男孩抑郁更易受遗传影响，青少年受遗传因素影响大于儿童。

②家庭因素。家庭因素是导致儿童、青少年抑郁的重要因素之一。有研究表明，儿童抑郁与母亲有关，而与父亲无关。对于家庭关系的研究均表明儿童、青少年抑郁与父母婚姻关系破裂之间存在明显关系，女孩较男孩更容易受父母离异的困扰而出现抑郁。关于教养方式的研究表明父母严厉惩罚、过度干涉和保护将导致或加重儿童和青少年的抑郁症状，而给以更多的关注理解和情感上的温暖，将能减轻儿童、青少年的抑郁症状或减少患病概率。此外，家境贫寒的青少年患抑郁症的概率更高。

③社会支持。研究表明，社会支持与抑郁有较高的负相关。有研究表明，同伴关系差的儿童与具有良好同伴关系的儿童相比，更易患抑郁。

④应激生活事件。儿童、青少年抑郁的促发因素主要源自生活和学习中所遇到的压力，即各种应激生活事件。有研究者发现身体健康水平低下的儿童更易产生抑郁情绪。生活环境的突然转变也可能引起儿童、青少年抑郁的发生。有研究表明临时接受寄养服务的学龄儿童在抑郁量表上的得分高于美籍非裔儿童。与熟悉环境分离，易使儿童产生自卑感，变得不知所措、焦虑不安、孤立、对他人敏感等，归属感受到威胁。有学者提出，抑郁的反应很容易被儿童从关系密切的成人，特别是父母那里学习和模仿。

(2)临床表现。儿童青少年抑郁症的识别率低，诊断难度大，临床表现有其特点：

①情绪波动大，行为冲动。成年人抑郁症常见的表现如体重减轻、食欲下降、睡眠障碍、自卑和自责自罪在儿童、青少年抑郁症却不常见，相反，易激惹、发脾气、离家出走、学习成绩下降和拒绝上学却十分常见。

②部分儿童还不能准确表达内心的感受，如愤怒和沮丧等；有些则在表达认知症状时，如绝望和自卑，还存在困难。

③不同的年龄段各有特点。研究发现3~5岁学龄前儿童主要表现特点为明显对游戏失

去兴趣，在游戏中不断有自卑自责、自残和自杀表现；6~8岁的儿童主要有躯体化症状如腹部疼痛、头痛、不舒服等；其他有痛哭流涕、大声喊叫、无法解释的激惹和冲动；9~12岁儿童更多出现空虚无聊、自信心低下、自责自罪、无助无望、离家出走、恐惧死亡；12~18岁青少年更多出现冲动、易激惹、行为改变、鲁莽不计后果、学习成绩下降、食欲改变和拒绝上学。

（3）诊断。DSM-IV-TR（《美国精神疾病的诊断与统计手册》第四版修订版，2000）将抑郁症分为重性抑郁障碍（Major depressive disorder，简称MDD）和心境恶劣障碍（dysthymic disorder，简称DD）。以下分别介绍两种类型的不同诊断标准。

①MDD的诊断标准。在相同的2周内出现下列5种或以上的症状，并与之前的功能存在变化；至少其中一种症状是抑郁情绪或失去兴趣或乐趣。（注：不能包括已经明确诊断为某一普通的医学问题导致的症状或与情绪不一致的错觉或幻觉。）

a.主诉（如感到悲伤或空虚）或其他人观察到（如表现为流泪）几乎每天的大部分时间都抑郁。（注：儿童和青少年，可能会表现为易怒。）

b.（主诉或他人观察）明显丧失对几乎所有活动的兴趣或乐趣，几乎天天如此。

c.体重明显减轻或增加（如一个月内变化超过体重的5%），并不是由减肥导致，或几乎每天都表现出食欲增强或降低。（注：儿童无法达到预期的体重标准。）

d.几乎每天都失眠或者睡眠过度。

e.几乎每天都精神运动性激越或迟缓（他人观察，不仅仅是主观感觉到精力充沛或行动缓慢）。

f.几乎每天都疲劳或失去活力。

g.几乎每天都感到自己没有价值或过度/不适当的内疚（可能是妄想性的）（不仅仅是自责或对于疾病的内疚）。

h.几乎每天思考或集中注意力的能力降低，无法做决定（主诉或他人观察）。

i.不断地想到死亡（不仅仅是害怕死亡），不断考虑详细的自杀计划，企图自杀或进行自杀的详细计划。

②DD的诊断标准。

a.主诉或他人观察在大部分的日子里、一天中绝大部分时间情绪低落，并持续2年以上。（注：儿童和青少年的情绪可能是易怒的，并持续1年以上。）

抑郁时至少出现下列2种或以上症状：一是食欲不振或暴饮暴食。二是失眠或睡眠过多。三是精力减退或疲乏。四是低自尊。五是注意力不集中或犹豫不决。六是无助感。

b.2年的紊乱期内（儿童和青少年为1年），正常间隔期不超过2个月。

（4）治疗。有明显持续6周以上抑郁症症状的儿童、青少年患者需要接受专业治疗，常用治疗方法有抗抑郁药物治疗和心理治疗。研究证实许多设计严谨、结构完善的心理治疗方法，如认知行为治疗、人际关系治疗、家庭治疗、心理剧和精神动力学治疗等可以有效治疗成人抑郁症。其中有大量证据表明认知行为治疗可以有效治疗儿童、青少年抑郁症，其他方法则有待于进一步研究证实。

二、精神发育迟滞

精神发育迟滞（mental retardation，MR），也称为智力落后或精神发育不全，是小儿常见的一种发育障碍(图3-20)。智力低下主要表现在社会适应能力、学习能力和生活自理能力低下;其言语、注意、记忆、理解、洞察、抽象思维、想象等心理活动能力都明显落后于同龄儿童。智力低下是诊断的根据。

图3-20　儿童精神发育迟滞
(图片来自岳阳市儿童福利院)

精神发育迟滞是一种比较常见的临床现象,是导致残疾的重要原因之一。一项针对全国8省市0~14岁儿童精神发育迟滞的流行病学调查结果显示患病率1.2%,其中城市约0.70%,农村约1.41%。管冰清、罗学荣等研究者于2010年对湖南省9495名5~17岁中小学生的精神障碍患病率调查发现精神发育迟滞检出率占1.26%。

案例:
　　王××,女,2001年4月出生。2008年8月入儿童福利机构。眼睛近视,身体体质弱,平衡能力差,走路摇摆,上台阶很吃力,需要人搀扶。生活自理能力差,不爱活动,与人沟通困难。有一定的表现欲望,对新事物兴奋,生气时情绪不容易控制。
　　2008年经湖南省妇幼保健院诊断为智力缺陷,精神发育迟滞。

1.病因
(1)生物学因素。分为产前因素、产中因素和产后因素。
①产前因素包括遗传因素(染色体畸变、基因遗传疾病等)、母体在妊娠期受到有害因素的影响(病毒和弓形虫感染、药物及化学毒素、放射线、母体健康状况、胎盘功能不足、情绪因素)等。
②产中因素包括宫内窘迫、出生时窒息、产伤致颅脑损伤和颅内出血、核黄疸等。早产儿、极低出生体重儿中枢神经系统发育也往往受到影响,从而可能出现智力发育的落后。

③产后因素包括中枢神经系统感染、严重颅脑外伤、各种原因引起的脑缺氧、代谢性或中毒性脑病、严重营养不良、甲状腺功能低下、重金属或化学药品中毒、颅缝早闭等均。如铅是最普遍的环境中的神经毒素，研究表明，儿童期血铅水平与认知缺陷有显著性联系，但不能轻易地将血铅过量作为精神发育迟滞的主要原因。

（2）心理社会因素。贫穷或被忽视、虐待而导致儿童早年与社会严重隔离、缺乏良性环境刺激、缺乏文化教育机会等均可导致精神发育迟滞。

2.临床表现

精神发育迟滞的主要临床表现为智力低下和社会适应困难，根据智力低下的水平和社会适应能力缺损程度分为4级。

（1）轻度精神发育迟滞。患者智商为50~69之间，约占MR的80%，早期不易被发现，在婴幼儿期可能有语言和运动功能发育较迟，其躯体和神经系统发育无明显异常迹象。在学龄期可发现逐渐出现学习困难，语言发育虽稍落后，但社交用语尚可，个人生活尚能自理，可从事简单的劳动和技术性操作。计算、读写、应用抽象思维有困难，缺乏灵活性和依赖别人。躯体方面一般不存在异常，平均寿命接近正常人。

（2）中度精神发育迟滞。患者智商为35~49之间，约占MR的12%，通常在3~5岁时被发现。患者早年各方面的发育均较普通儿童迟缓，尤其是语音理解与使用能力的发育迟缓，虽然可学会说话，但吐词不清，词汇与概念缺乏，言语简单，常词不达意，也缺乏抽象的概念，对周围环境的辨别能力、认识事物趋于表面与片段。患者成年后，可在监护下从事简单刻板或机械体力劳动，智力水平相当于6~9岁的正常儿童。患者的躯体发育较差，多数可发现器质性病因，但一般可活至成年。

（3）重度精神发育迟滞。患者智商为20~34之间，约占MR的8%，通常在20岁之前被发现。患者常有躯体或中枢神经系统的器质性病变，或伴有畸形，并出现癫痫、脑瘫等神经系统症状。多数患者在出生后不久即被发现有明显的精神和运动发育落后，语言发育水平低，发音含糊不清，有的甚至不能讲话。患者掌握的词汇量少，缺乏抽象思维能力，对数字的概念模糊，不能与正常儿童一起学习，情感反应不协调，易冲动。患者成年后，可从事极为简单的体力劳动。

（4）极重度精神发育迟滞。患者智商为0~20之间，占MR的1%~2%。患者存在明显神经系统发育障碍和躯体畸形，智力水平极低，没有言语功能，大多数既不会讲话也听不懂别人的话，仅以尖叫、哭闹来表示需求，感知觉明显减退，不能辨别亲疏，毫无防御和自卫能力，不知躲避危险。日常生活全需他人照料。经特殊训练，患者仅可获得极其有限的自主能力。大多数患者因病或生存能力差而早年夭折。

除以上所述外，精神发育迟滞患儿常伴有听力障碍、视力障碍、运动障碍、大小便失禁、癫痫等。部分患儿存在躯体畸形和特殊的躯体特征，还可能并发其他精神障碍，其发生率高于普通人群，这些障碍包括：行为障碍、恐怖症、强迫症、广泛焦虑障碍、儿童孤独症、精神分裂症、情感障碍、器质性精神障碍等。

3.诊断

在婴儿早期对本症的轻度者诊断比较困难，常常在入学后其智力活动较其他儿童明显落后才被发现。部分轻度患者在无特殊事件的情况下，可以适应社会，从事比较简单的工作，因而在一般人群中不被识别。这或许是学龄前本症患病率较成年期患病率高的原因之一，当然，重度患儿照顾不当或合并躯体疾病早年夭折也是另一原因。

诊断应综合病史、躯体和神经系统检查、精神检查、智力和社会适应能力评定结果予以诊断。尚应进行必要的辅助检查，如染色体检查、头颅 CT 或 MRI 检查、遗传代谢病筛查等，以尽可能做出病因学诊断。

DSM-IV 中关于精神发育迟滞的诊断标准为：

（1）智力比一般水平显著较低：智商≤70（轻度 IQ：50 或 55~70；中度 IQ 为 35 或 40~50 或 55；重度 IQ 为 20 或 25-35 或 40；极重度 IQ 低于 20 或 25。如为婴儿则做临床判断，不做测定）。

（2）目前适应功能有缺陷或缺损（患者不符合其文化背景下的同年龄者应有的水平），至少有下列两种表现：言语交流、自我照料、家庭生活、社交或人际交往技巧、社区设施的应用、掌握自我方向、学习和技能、工作、业余消遣、健康卫生、与安全。

（3）起病于 18 岁之前。

4.治疗

治疗的原则是早发现、早诊断、早干预。在婴幼儿期，治疗的方法和内容以及重点是尽可能针对病因治疗，及早进行早期干预治疗，减少脑功能损伤，使已损伤的脑功能得到代偿。对于年长儿，教育、训练和照管是治疗的重要环节。轻度智力低下，可以接受教育；中度一般可以训练；重度和极重度以养护为主，并辅以药物和饮食治疗。

（1）康复训练。由于精神发育迟滞尚无特效的药物治疗，因此，非医学措施显得更为重要。非医学措施主要包括特殊教育训练以及其他康复措施。无论何种类型、何种程度或何种年龄的患者均可施行。当然重点应是儿童，并且年龄越小、开始训练越早，效果越好。教育训练内容包括劳动技能和社会适应能力两大方面。按照疾病严重程度的不同，确定不同的教育训练目标。

教育训练是促进患儿智力和社会适应能力发展的重要方法。教育训练的目标应随病情严重程度的不同而有所不同。对于轻度患儿，儿童阶段重点在于学会一定的读、写、计算，并学会生活自理、日常家务、乘车、购物、社会规则等；青少年期则重点在于职业培训，以使患儿学会一定的非技术性或半技术性职业技能，以达到成年后独立生活、自食其力的目的。对于中度患儿，重点应在于生活自理能力的培养，以使患儿学会生活自理或部分自理，并能在他人指导照顾下进行简单劳动。对于重度、极重度患儿，虽然患儿难以接受教育训练，但仍应进行长期训练，以使患儿学会自行进食和简单卫生习惯。

另外在实际操作时应从实际出发与家长共同制定有针对性的学习计划。康复治疗师灵活应用形式多样的教具和教学资源，使教学趣味化，指导家长根据学习目标，以实际事例以及日常生活中的有关资料为教材，利用户外活动和游戏方式灵活变通地完成教学计划。

（2）心理治疗。心理治疗的目的不在于促进患者智力发展，而在于解决患者的内心冲突、增进自信、增强患者能力、促进患者独立。已有研究报道，只要精神发育迟滞患者具有基本的言语或非语言交流能力，就能够从各种不同形式的心理治疗中获益。心理治疗的形式包括：支持治疗、认知疗法、精神分析治疗、小组治疗、家庭治疗等。心理治疗的原则与同等发育水平的智力正常儿童相同。但在充分考虑患儿的发育水平之时，还要有更多的支持性气氛，每次治疗的时间应短些，治疗的次数可能要多些。

随着人类社会文明的进步和科技的发展，精神发育迟滞者的境遇较以前有了很大的变化。他们中的一部分人经过特殊教育和训练可以独立生活，并且也可以成为对社会有用的人。

三、儿童孤独症

孤独症(autism)，又称自闭症或孤独性障碍(autistic disorder)等，是广泛性发育障碍(pervasive developmental disorder, PDD)的代表性疾病。《DSM-IV-TR》(《美国精神疾病的诊断与统计手册》第四版修订版，2000)将 PDD 分为 5 种：孤独性障碍、Rett 综合症、童年瓦解性障碍、Asperger 综合症和未特定的 PDD。其中，孤独性障碍与 Asperger 综合症较为常见。孤独症的患病率报道不一，一般认为约为每一万名儿童中有 2~5 人可能患病，男女比例约为 3∶1 至 4∶1，男孩比女孩多 3~4 倍(图 3-21)。

图 3-21　儿童孤独症

临床上首次描述孤独症是在 20 世纪 40 年代。1943 年，美国医生 Kanner 报道了 11 例患者，并命名为"早期婴儿孤独症"(early infantile autism)。他当时描述这个类群的患者特征如下：严重缺乏与他人的情感接触；怪异的、重复性的仪式性行为；缄默或语言显著异常；高水平的视觉——空间技巧或机械记忆能力与在其他方面学习困难形成对比；聪明、机敏且具有吸引力的外貌表现。最初，Kanner 报道的这类患者被认为是儿童精神分裂症的一个亚型而未受重视。20 世纪 60—70 年代，Rutter 的研究指出，孤独症的行为如果被认为是从出生到童年早期的发育障碍所致则更为合情合理。由此，逐渐把孤独症看作是一种躯体性的、与父母抚育方式无任何关联的发育障碍。1980 年出版的《DSM-Ⅲ》首次将童年孤独症视为一种广泛性发育障碍。之后，随着对孤独症研究的深入，逐步认识到孤独症是一种在一定遗传因素作用下，受多种环境因子刺激导致的弥漫性中枢神经系统发育障碍性疾病。

案例:

赵某,男,5.5岁,因语言落后、刻板,对自己的要求不能用语言表达,人际交往不良,大声尖叫等接受心理评估。体格检查及神经系统检查无异常发现,脑电图、脑CT检查均无异常,孤独症行为评定量表97分,图片词汇测试不合作,儿童感觉统合能力发展评定量表结果为重度异常,根据ICD-10标准诊断为儿童孤独症。

1.病因

当前对儿童孤独症开展了从分子遗传到神经免疫、功能影像、神经解剖和神经化学等多方面的研究,人们试图从这些研究中找到孤独症的致病原因。但至今仍没有任何一种假说能从根本上完美地解释孤独症的病因。目前的研究表明,某些危险因素可能同孤独症的发病相关。引起孤独症的危险因素可以归纳为:遗传、感染与免疫、孕期理化因子刺激。

①遗传因素。双生子研究显示,孤独症在单卵双生子中的共患病率高达61%~90%,而异卵双生子则未见明显的共患病情况。在兄弟姊妹之间的再患病率估计在4.5%左右。这些现象提示孤独症存在遗传倾向性。

②染色体。研究显示,某些染色体异常可能会导致孤独症的发生。目前已知的相关染色体有7q、22q13、2q37、18q、Xp。某些性染色体异常也会出现孤独症的表现,如47、XYY以及45、X/46、XY嵌合体等。每年均有新的关于孤独症候选基因的报道。

③感染与免疫因素。早在20世纪70年代末就有研究发现,孕妇患病毒感染后,其子代患孤独症的概率增大。后来数个研究均提示,孕期感染与孤独症发生可能有一定的关系。目前已知的相关病原体有:风疹病毒、巨细胞病毒、水痘、带状疱疹病毒、单纯疱疹病毒、梅毒螺旋体和弓形虫等。

④孕期理化因子刺激。受孕早期孕妇若有反应停和丙戊酸盐类抗癫痫类药物的用药史以及酗酒等,可导致子代患孤独症的概率增加。

2.临床表现

该症一般起病于36个月以内,主要表现为三大类核心症状,即社会交往障碍、交流障碍、兴趣狭窄和刻板重复的行为方式。

(1)社会交往障碍。该症患儿在社会交往方面存在质的缺陷。在婴儿期,患儿回避目光接触,对人的声音缺乏兴趣和反应,没有期待被抱起的姿势,或抱起时身体僵硬、不愿与人贴近。在幼儿期,患儿仍回避目光接触,呼之常无反应,对父母不产生依恋,缺乏与同龄儿童交往或玩耍的兴趣,不会以适当的方式与同龄儿童交往,不能与同龄儿童建立伙伴关系,不会与他人分享快乐,遇到不愉快或受到伤害时也不会向他人寻求安慰。学龄期后,随着年龄增长及病情改善,患儿对父母、同胞可能变得友好而有感情,但仍明显缺乏主动与人交往的兴趣和行为。虽然部分患儿愿意与人交往,但交往方式仍存在问题,他们对社交常情缺乏理解,对他人情绪缺乏反应,不能根据社交场合调整自己的行为。成年后,患儿仍缺乏交往的兴趣和社交的技能,不能建立恋爱关系和结婚。

(2)交流障碍。

①非言语交流障碍。该症患儿常以哭或尖叫表示他们的不舒适或需要。稍大的患儿可能会拉着大人的手走向他想要的东西。缺乏相应的面部表情,表情常显得漠然,很少用点头、

摇头、摆手等动作来表达自己的意愿。

②言语交流障碍。该症患儿言语交流方面存在明显障碍，包括：a.语言理解力不同程度受损。b.言语发育迟缓或不发育，也有部分患儿2~3岁前曾有表达性言语，但以后逐渐减少，甚至完全消失。c.言语形式及内容异常，患儿常常存在模仿言语、刻板重复言语，语法结构、人称代词常用错，语调、语速、节律、重音等也存在异常。d.言语运用能力受损，部分患儿虽然会背儿歌、背广告词，但却很少用言语进行交流，且不会提出话题、维持话题或仅靠刻板重复的短语进行交谈，纠缠于同一话题。

③兴趣狭窄及刻板重复的行为方式。该症患儿对一般儿童所喜爱的玩具和游戏缺乏兴趣，而对一些通常不作为玩具的物品却特别感兴趣，如车轮、瓶盖等圆的可旋转的东西。有些患儿还对塑料瓶、木棍等非生命物体产生依恋行为。患儿行为方式也常常很刻板，如：常用同一种方式做事或玩玩具，要求物品放在固定位置，出门非要走同一条路线，长时间内只吃少数几种食物等，并常会出现刻板重复的动作和奇特怪异的行为，如重复蹦跳、将手放在眼前凝视、扑动或用脚尖走路等。

④其他症状。约3/4该症患儿存在精神发育迟滞。约1/3至1/4患儿合并癫痫。部分患儿在智力低下的同时可出现"孤独症才能"，如在音乐、计算、推算日期、机械记忆和背诵等方面呈现超常表现。

3.诊断

应综合病史、躯体和神经系统检查、精神检查、辅助检查的结果予以诊断。

DSM-Ⅳ孤独症的诊断标准如下：孤独症的诊断标准包括如下三条。

(1)在下列①②③三项中(共12小项)，至少要符合6小项，其中包括①小项中的2项，②③项中的至少1小项。

①社会交往有质的损害。表现如下：a.非语言性交流行为的应用存在显著损害，例如，眼对眼的对视，面部表情、身体姿势及手势等。b.不能与同龄人交往。c.不能自发地与别人分享欢乐、兴趣、成就等，例如，对自己有兴趣的事物，不能带给或指给别人看。d.在社交与情绪上不能与人发生相互作用。

②交流能力有质的损害。表现如下：a.言语发育不完全或延迟，而不伴有想用其他方式(例如手势或模仿动作)代偿的尝试。b.有一定说话能力者，在提出话题和维持谈话的能力方面也有明显损害。c.使用刻板的或重复的语言或特殊的、只有自己听得懂的语言。d.缺少与其年龄相应的自发的假扮游戏或模仿日常生活的游戏。

③行为、兴趣或活动方面的局限的、重复的或刻板的格式。表现如下：a.有一种或几种固定的、重复的、局限的兴趣，其程度和内容均属异常，且不易改变。b.固执地遵循某种特殊的、没有意义的常规或仪式。c.刻板重复的作态行为，如手指扑动或扭转、复杂的全身动作等。d.长期持续地只注重事物的局部。

(2)3岁以前，在如下三方面中，至少有一方面已有发育延迟或功能异常：①社交相互关系。②用于社交的言语。③象征性或想象性的游戏。

(3)以上症状不能用雷特障碍或儿童期瓦解性障碍来解释。

4.治疗

孤独症没有特效药物治疗。早期诊断早期干预可以改善孤独症的预后，因此一般认为年龄越小治疗效果越好，但是到目前为止并没有一个年龄的截止点，事实上也存在部分患者在较大年龄获得改善的情况。另外世界各国尤其是发达国家建立了许多孤独症特殊教育和训练课程体系，前述几个主要的训练方法各有优缺点，尚无证据表明哪一种疗法显著优于另外一种。目前各种方法有互相融合的趋势。同时由于孤独症缺乏特效治疗，目前尚存在数以百种的另类疗法（alternative therapy），这些疗法缺乏循证医学证据，使用需慎重。少部分未经特别训练和治疗的孤独症儿童有自我改善的可能，部分疗法声称的疗效可能与此有关。

Helfin 等将各种孤独症疗法分为以下 4 类：

①以促进人际关系为基础的疗法。包括 Greenspan 建立的地板时光（floor time）疗法、Gutstein 建立的人际关系发展干预（relationship development intervention, RDI）疗法。

②以技巧发展为基础（skill-based）的干预疗法。包括图片交换交流系统（picture exchange communication system, PECS）、行为分解训练法（discrete trial training, DTT）。

③基于生理学的干预疗法（physiologically oriented intervention）。包括感觉统合训练、听觉统合训练、排毒治疗与膳食疗法。

④综合疗法。孤独症以及相关障碍儿童治疗教育课程（Treatment and education of autistic and related communication handicapped children, TEACCH）、应用行为分析疗法（applied behavioral analysis, ABA）属于这一类。

以下将对常见干预疗法作简单介绍。

①TEACCH。

TEACCH 是由美国北卡罗来纳大学 Schopler 建立的一套针对孤独症儿童的综合教育方法，是欧美国家获得较高评价的孤独症训练课程。该方法主要针对孤独症儿童在语言、交流以及感知觉运动等方面存在的缺陷有针对性地进行教育，核心是增进孤独症儿童对环境、教育和训练内容的理解和服从。该课程根据孤独症儿童能力和行为的特点设计个体化的训练内容。训练内容包含儿童模仿、粗细运动、知觉能力、认知、手眼协调、语言理解和表达、生活自理、社交以及情绪情感等各个方面。强调训练场地或家庭家具的特别布置、玩具及其有关物品的特别摆放；注重训练程序的安排和视觉提示；在教学方法上充分运用语言、身体姿势、提示、标签、图表、文字等各种方法增进儿童对训练内容的理解和掌握；同时运用行为强化原理和其他行为矫正技术帮助儿童克服异常行为，增加良好行为。课程既可以在机构，也可以在家庭中进行。

②ABA。

1987 年 Lovaas 报道对一组 19 例孤独症儿童采用 ABA 疗法干预 2 年，结果有 9 例基本恢复正常，其他儿童也有不同程度的好转，这一报道引起了轰动。其后许多研究者重复了 ABA 疗法，也获得了不同程度的成功。早期报道 ABA 对高功能孤独症有较好疗效，目前认为该疗法对各类广泛性发育障碍（PDD）儿童均有很好的疗效。Lovaas 的研究对象主要是 3 岁左右的孤独症儿童，这是取得良好疗效的重要因素。但是目前认为即使对于年龄较大的孤独症儿童，ABA 仍然有很高的应用价值。

ABA 采用行为塑造原理，以正性强化为主，促进孤独症儿童各项能力发展。传统上，ABA 的核心部分是任务分解技术，典型任务分解技术有 4 个步骤：训练者发出指令、儿童的反应、对儿童反应的应答、停顿。具体包括：a. 任务分析与分解；b. 分解任务强化训练，在一定的时间内只进行某分解任务的训练；c. 奖励（正性强化）任务的完成，每完成一个分解任务都必须给予强化(reinforce)，强化物主要是食品、玩具和口头或身体姿势表扬，强化随着进步逐渐隐退；d. 提示(prompt)和提示渐隐(fade)，根据儿童的发展情况给予不同程度的提示或帮助，随着所学内容的熟练又逐渐减少提示和帮助；e. 间歇(intertrial interval)，在两个分解任务训练之间需要短暂的休息。训练要求个体化、系统化、严格性、一致性、科学性。要保证治疗应该具有一定的强度，每天1~3次，每次3小时，每周20~40小时。现代ABA技术逐渐融合其他技术，强调情感人际发展。

③RDI和地板时光。

随着对孤独症神经心理学机制的研究深入，心理理论(theory of mind)缺陷逐渐被认为是孤独症的核心缺陷之一，所谓心理理论缺陷主要指孤独症儿童缺乏对他人心理的推测能力。患儿因此表现为缺乏目光接触、不能形成共同注意(joint attention)、不能分辨别人的面部表情，因而不能形成社会参照能力、不能和他人分享感觉和经验，因此不能形成与亲人之间的感情连接和友谊等。鉴于此，Gutstein建立了"提高患儿对他人心理理解能力"的RDI。Gutstein认为正常儿童人际关系发展的规律和次序是：目光注视—社会参照，互动—协调—情感经验分享—享受友情，他以此为孤独症儿童设计了一套有数百个活动组成的训练项目，活动由父母或训练者主导，内容包括各种互动游戏，例如目光对视、表情辨别、捉迷藏、"两人三腿"、抛接球等，训练中要求训练者或父母表情丰富夸张但不失真实，语调抑扬顿挫。Gutstein声称RDI方法取得了显著成功。

与RDI相比，由Greenspan建立的地板时光训练体系也是以人际关系以及社会交往作为训练的主体，但是与RDI不同的是，在地板时光训练中，教师或家长需根据患儿的活动和兴趣决定训练的内容，在训练中，父母或老师一方面配合孩子的活动，同时在训练中不断制造变化、惊喜、困难，引导孩子在自由愉快的时光中建立解决问题的能力，并进而发展社会交往能力，训练活动不限于固定的课时，而是在日常生活的各个时段。这样的训练对家长或教师的要求其实更高。目前这一方法在美国也获得较高评价。

④感觉统合训练。

感觉统合训练疗法是由美国Ayres创立，起初主要应用于儿童多动症和儿童学习障碍的治疗，孤独症儿童普遍存在感知觉方面的异常，因此该方法也广泛运用于孤独症儿童的治疗。该疗法主要运用滑板、秋千、平衡木等游戏设施对儿童进行训练，有报道和观察称这一疗法对于减少孤独症儿童的多动行为、增加语言等有一定疗效。此外类似于感觉统合训练的疗法还包括听觉统合训练、音乐治疗、捏脊治疗、挤压疗法、拥抱治疗、触摸治疗。感觉统合训练治疗的疗效在国外存在争议，未被主流医学所认可。

⑤家庭教育训练。

孤独症的教育训练并不完全是一个医学问题，家庭的社会经济状况以及父母心态、环境或社会的支持和资源均对孩子的预后产生影响。采用综合性教育和训练，辅以药物，孤独症儿童的预后可以有显著的改善，相当一部分的儿童可能获得独立生活、学习和工作的能力，尤其是阿斯伯格综合征和高功能孤独症儿童。在教育或训练过程中应该坚持以家庭为中心，同时注意充分利用社会资源，开办日间训练和教育机构，在对患儿训练的同时，也向父母或抚养者传播有关知识，是目前孤独症教育和治疗的主要措施。父母或抚养者需要接受事实，克服心理不平衡状况，妥善处理孩子的教育训练与生活工作的关系，积极投入到孩子的教育、训练和治疗活动中，并和专业医生建立长期的咨询合作关系。

⑥药物治疗。

目前无特效药可以治愈孤独症，但可能改善该症的部分症状，并有利于教育训练。具体包括抗精神病药物、抗抑郁药物、中枢兴奋药或可乐定、改善和促进脑细胞功能药、维生素B6和镁剂等。

四、儿童多动症

儿童多动症（简称多动症），又称注意缺陷多动障碍（attention deficit hyperactivity disorder，ADHD），是一种常见的儿童行为异常问题（图 3-22）。这类患儿的智力正常或接近正常，但学习、行为及情绪方面有缺陷，主要表现为与年龄和发育水平不相称的注意力不易集中、注意广度缩小、注意时间短暂，不分场合的活动过多、情绪易冲动等，并常伴有认知障碍和学习困难。该症于学前起病，呈慢性过程。该症不仅影响儿童的学校、家庭和校外生活，而且容易导致儿童持久的学习困难、行为问题和自尊心低，此类患儿在家庭及学校均难与人相处。如不能得到及时治疗，部分患儿成年后仍有症状，明显影响患者学业、身心健康以及成年后的家庭生活和社交能力。

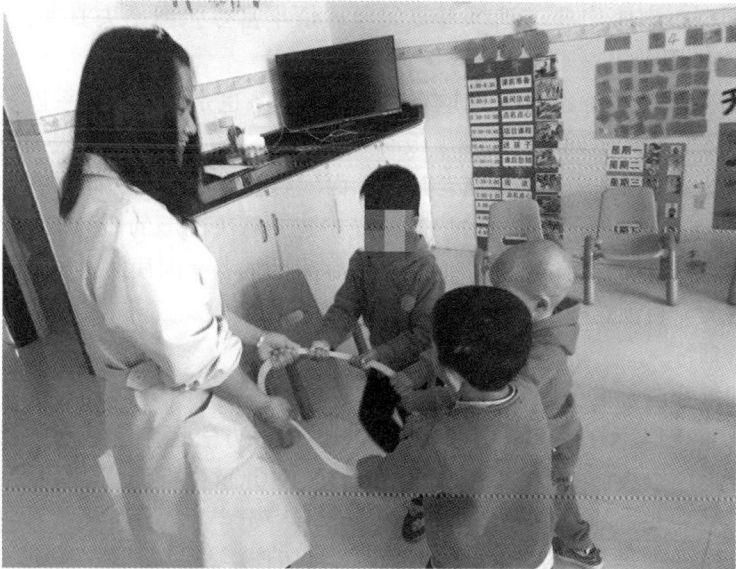

图 3-22　注意缺陷多动障碍儿童
（图片来自岳阳市儿童福利院）

国内外调查发现该症患病率 3%~10%，男女比为 4∶1 至 9∶1，早产儿童患此病较多。综合国内 7 项大型的调查研究显示，我国儿童多动症的患病率为 4.31%~5.83%。粗略估计，我国有 1461 万~1979 万的多动症患儿。

案例：

小飞(化名)，男，12岁，在儿童福利机构内上课注意力不集中，小动作多，爱打架，注意力集中的时间很短，不良动作次数多，主动攻击行为频繁，对外在影响的敏感性强。9岁时被某医院心理卫生中心诊断为多动症，并进行药物治疗。但服药后嗜睡，不爱吃饭，发育滞后，于是停药，进而病情加重，并出现了更为严重的行为问题，常常吐口水、咬人，甚至盗窃，以跳楼方式威胁护理员要零花钱。

根据《中国精神障碍分类方案与诊断标准》(CCMD-3)判断其多动症的轻重程度，在注意缺陷方面，小飞9项指标全部符合，在多动—冲动方面，小飞也有7项指标符合，属于重度多动症，伴随严重行为问题。

1.病因

至今本病的病因不清，目前认为是多种因素相互作用所致。

(1)遗传因素。

①多动症及精神、行为异常家族史。多动症儿童的父母童年期有多动历史者较多，多动症儿童的同胞兄弟姐妹患病率高于对照组3倍，情感性精神病也多见。此外，多动症儿童父亲反社会的人格特征或酒精依赖，母亲有癔病者均较多。合并品行障碍的多动儿童的成人亲属的人格障碍、酒瘾及癔病比例更高。

②多动症儿童的亲生父母的反社会人格、酒精依赖及癔病明显高于养父母或对照组儿童的父母，父母的童年期有多动和品行障碍的历史及有精神病障碍者也比较多。

③单卵双生子的多动症儿童发病率高于双卵双生子，同胞兄弟儿童发病率也约为半同胞兄弟的5倍多。

④遗传度的研究，多动的遗传度为0.75，注意缺陷的遗传度为0.76。

⑤分子遗传学研究指出，多动症和多巴胺基因(D2、D4受体基因等)的多态性有关。

(2)神经生化因素。

①神经递质。神经生化和精神药理学研究发现，大脑内神经化学递质失衡，如患者血和尿中多巴胺和去甲肾上腺素功能低下，5-羟色胺功能下降。

②神经解剖和神经生理PET显示，多动症儿童较正常儿童有脑功能低下变化，特别是前额区。磁共振成像(MRI)发现胼胝体和尾状核异常，胼胝体异常主要是前、后或两者体积减少。功能MRI发现ADHD患者尾状核、额区和前扣带回代谢的改变，主要是代谢减少。

(3)环境因素。包括产前、围生期和出生后因素。其中与妊娠和分娩相关的危险因素包括ADHD患者母亲吸烟和饮酒、患儿早产、产后出现缺血缺氧性脑病以及甲状腺功能障碍。与ADHD发生有关的儿童期疾病包括病毒感染、脑膜炎、脑炎、头部损伤、癫痫、毒素和药物。更多存有争议的因素包括营养不良、与饮食相关的致敏反应、过多服用含食物添加剂的饮料或食物、儿童缺铁、血铅水平升高、血锌水平降低等与ADHD发生有关，但目前证据尚不充分。

(4)社会、家庭、心理因素。如不良的社会环境或家庭条件(父母关系不和、家庭破裂，教养方式不当，童年与父母分离、受虐待，经济贫困、住房拥挤，父母性格不良、酗酒、吸毒、有精神病，学校的教育方法不当等不良因素)，均可成为发病的诱因，并影响病程的发展与预后。

2. 临床表现

多动症的症状多种多样，并常因年龄、所处环境和周围人对待态度的不同而有所不同。

(1) 活动过度。患儿常常表现出与年龄极不相称的好动、不安、活动量明显增多，语言上也表现为话多，特别在完成指令性的、需要静坐的任务时，这类行为尤为突出。有部分患儿在婴儿期就开始有过度活动，表现为格外活跃，会从摇篮或小车里向外爬，开始学步时，往往以跑代步。他们经常手脚不停，喜欢外出奔跑，四处攀爬，似乎从不疲倦，常常弄伤自己；即使在看电视、做游戏，或玩玩具时，也难以保持必要的安静。学龄患儿在听课或做作业时，不时在座位上辗转不安，小动作不断，或找同学说话，或逗弄他人。这些表现不仅影响自己，而且影响他人学习，常常成为老师批评、同学抱怨、家长就诊的主要原因。

(2) 注意力集中困难。表现为与年龄不相称的明显注意力集中困难和注意持续时间短暂，是本症的核心症状。患者常常在听课、做作业或其他活动时注意难以持久，容易因外界刺激而分心。在学习或活动中不能注意到细节，经常因为粗心发生错误。注意维持困难，经常有意回避或不愿意从事需要较长时间持续集中精力的任务，如课堂作业或家庭作业。做事拖拉，不能按时完成作业或指定的任务。患者平时容易丢三落四，经常遗失玩具、学习用具，忘记日常的活动安排，甚至忘记老师布置的家庭作业。

(3) 情绪不稳，冲动任性。患儿自控能力差、情绪不稳定，易激动、易怒、易哭、易冲动，常发脾气。个性倔强、固执、急躁、表现幼稚、缺乏荣誉感、不辨是非，有的说谎、逃学、欺骗，有的外出不归，甚至染上恶习。在信息不充分的情况下快速地做出行为反应。做事不顾及后果、凭一时兴趣行事，为此常与同伴发生打斗或纠纷，造成不良后果。在别人讲话时插嘴或打断别人的谈话，在老师的问题尚未说完时便迫不及待地抢先回答，不能耐心地排队等候。

注意缺陷、活动过多和行为冲动是 ADHD 的核心症状，具有诊断价值。

① 学习困难。

患儿虽然智力正常，但都表现出学习困难，记忆辨别能力差，常把"b"写成"d"或把"6"写成"9"等，学习成绩较差。有的智力很好，但学习成绩却不理想，表现为忽上忽下、成绩波动很大，成绩呈跳板样改变，抓一抓成绩就上去，不抓就下降。

② 神经系统发育异常。

患者的精细动作、协调运动、空间位置觉等发育较差。如翻手、对指运动、系鞋带和扣纽扣都不灵便，左右分辨困难。少数患者伴有语言发育延迟、语言表达能力差、智力偏低等问题。

③ 品行障碍。

研究表明，注意缺陷多动障碍和品行障碍的共病率高达 30%～58%。品行障碍表现为攻击性行为，如辱骂、打伤同学、破坏物品、虐待他人和动物、性攻击、抢劫等，或一些不符合道德规范及社会准则的行为，如说谎、逃学、离家出走、纵火、偷盗等。

3. 诊断

目前仍主要以患儿家长和老师提供的病史、临床表现、体格检查、精神检查为主要依据。通常于 7 岁前起病，病程持续 6 个月以上。症状标准和分型与同龄、同性别的大多数儿童相比，下列症状更常见。

A 组症状：①常常不能仔细地注意细节，在做功课或其他活动中出现漫不经心的错误；②在完成任务或做游戏时常常无法保持注意力，往往有始无终；③别人对他讲话时常常显得没在听；④常常无法始终遵守指令(不是由于违抗行为或未能理解所致)，无法按时完成功课；⑤经常很难安排好日常学习和生活；⑥常回避或极其厌恶家庭作业；⑦常常遗失生活必需品，如作业本、书、笔、玩具等；⑧易被外界刺激吸引；⑨经常忘事(如上学时丢三落四，忘记分配的任务)。

B 组症状：①常常手或脚动个不停或在座位上不停扭动(年长儿或少年仅限于主观感到坐立不安)；②在教室或其他需要坐在座位上的地方经常离开座位(包括在家做作业等)；③在一些不该动的场合乱跑乱爬(青少年可能仅表现为主观上坐不住的感觉)；④难以安静地玩；⑤经常忙忙碌碌，或者像一台发动机驱动着一样；⑥经常话多，说起来没完；⑦常在问题没说完即抢着回答；⑧在游戏或集体活动中不能耐心地排队等待轮到他上场；⑨经常打断别人或强让别人接受他(例如插入谈话或游戏)。

4. 治疗

根据患者及其家庭、生活环境、条件的特点制定综合性干预方案。药物治疗能够短期缓解部分症状，对于疾病给患者带来的一系列不良影响则更多地依靠非药物治疗方法。

(1)心理治疗。心理治疗对控制多动行为、冲动和攻击行为有效，主要有行为治疗、认知行为治疗、支持性心理治疗三种方式。行为治疗利用操作性条件反射的原理，及时对患者的行为予以正性或负性强化，使患者学会适当的社交技能，用新的、有效的行为来替代不适当的行为模式。认知行为治疗主要解决患者的冲动性问题，让患者学习如何去解决问题，识别自己的行为是否恰当，选择恰当的行为方式。同时要针对患儿周围人尤其是家长和老师进行支持性心理治疗，使他们消除对患儿的歧视和不公正态度，并缓解对患儿疾病的心理压力；针对患儿伴发的心理问题如焦虑、厌学、情绪低落等采取支持和鼓励性心理治疗，以帮助他们克服自卑心理，恢复自信，重建人际关系。

(2)行为管理和教育。教师和福利机构工作人员需要针对患者的特点进行有效的行为管理和心理教育，避免歧视、体罚或其他粗暴的教育方法，恰当运用表扬和鼓励的方式提高患儿的自信心和自觉性。当患儿的病情或行为已经影响患儿参加学习的能力时，可以在学校里接受干预治疗。可以将患儿的座位安排在老师附近，以减少患儿在上课时的注意力分散，课程安排时要考虑给予患儿充分的活动时间。

(3)针对监护人的教育和训练。适合于伴有品行障碍或其他心理问题患者。教育和训练可采取单个家庭或小组的形式，内容主要有：给监护人提供良好的支持性环境，让他们学会解决家庭问题的技巧，学会与孩子共同制定明确的奖惩协定，有效地避免与孩子之间的矛盾冲突，掌握正确使用阳性强化方式鼓励孩子的良好行为，使用合理的惩罚方式消除孩子的不良行为。

(4)社会技能和躯体训练。在有条件的情况下，让多动症患儿与有同情心的伙伴多接触，如加入某些运动队的活动，不是仅要求患儿完成某些运动，而是为患儿提供社会化活动的环境。

个体运动较为适合。可指导他们控制冲动和攻击行为，使他们听从指导，增强自尊心和自信心。这类运动包括拳击、柔道、举重、游泳等项目。

(5)药物治疗。药物能改善注意缺陷，降低活动水平，在一定程度上提高学习成绩，短期内改善患者与家庭或生活环境中其他成员的关系。如中枢兴奋剂主要有哌甲酯、右苯丙胺、甲基苯丙胺、匹莫林等可选择使用。哌甲酯低剂量有助于改善注意力，高剂量能够改善多动、冲动症状，减少行为问题。中枢兴奋剂仅限于 6 岁以上患者使用。药物副作用有食欲下降、失眠、头痛、烦躁和易怒等，尚不能确定是否影响生长发育，并可能诱发或加重患者抽动症状。可选择性去甲肾上腺素再摄取抑制剂代表药物托莫西汀，托莫西汀疗效与哌甲酯相当，且不良反应少，耐受性好，已被列为 ADHD 的一线治疗药物。

五、儿童语言发育障碍

1. 儿童语言发育障碍的类型

（1）语言障碍。语言是以语音、文字为形式，以词汇为材料，以语法为结构规律构成的符号系统，是用来表达意思、交流思想的工具，包括口头、书面、躯体、内部语言。由于先天不足或幼儿发育期疾患，造成言语功能发育缺陷，导致聋哑或各种喑哑等功能障碍称语言发育障碍。语言发育障碍指各种原因引起的理解、表达和交流过程出现障碍，主要包括表达性语言障碍、感受性语言障碍和伴发癫痫的获得性失语等（图 3-23）。

图 3-23　语言发育障碍儿童
（图片来自岳阳市儿童福利院）

案例：
　　小宇（化名）是个 3 岁半的小男孩，特别喜欢拼图、音乐鼓，他还喜欢跟着音乐鼓读《小手拍拍歌》，在陌生的环境中自言自语比较频繁，尤其是焦虑时更是无法控制。小宇有一定的口语模仿能力，发音也比较清晰，但是理解能力较弱，语言总体还处于仿说阶段，无法进行交互语言的联系。比如，当你问他"你叫什么名字"时，他总是仿说一句"你叫什么名字"。小宇可以辨别生活中常见物品、水果、蔬菜等，对其物品的类别、属性、功能却不理解。

（2）言语障碍。言语（speech）是个体运用语言进行交流的心理行为活动。言语障碍是指口头语言中的发声、发音及言语节律性运动障碍，包括发声障碍（器质性或功能性失声）、发音障碍（发音困难，口齿不清，构音不良）、言语运动节律障碍（口吃）。

对个体而言，语言是一种后天获得的能力。语言能力的发展以大脑的发育与成熟为生物学基础，以早期充分的心理语言刺激为环境条件。语言能力的发展与言语活动的进行，有赖于环境语音信号—视、听感受器—语言中枢分析器—言语运动器等神经生理心理学过程的完整与发展。这一过程的异常，是产生语言/言语障碍的内在基础。

2. 病因

（1）聋哑病。先天因素或婴幼儿时期各种疾病引起严重耳聋或全聋，因失去听取语言能力，不能学习语言而致哑。主要病因有遗传因素，孕期感染、中毒性疾病，产期损害及出生后各种外、中、内耳疾病，如创伤、肿瘤、药物中毒、感染和中枢路径损害均可导致耳聋，并引起言语功能障碍。

（2）其他发育障碍所致喑哑。严重智力发育延迟或障碍、运用机能发育不全等均可造成喑哑。

3. 临床表现

由于个体语言能力的发展有赖于大脑的生物性成熟和心理语言环境的刺激，先有语言感受能力，然后才有语言表达能力的发展，因此有语言感受能力障碍就必然有语言表达能力障碍混合存在，而不可能单有语言感受能力的障碍。

（1）表达性语言障碍。临床表现：①语言表达能力障碍、说话延迟。②语言表达的质和量异常：口语单词贫乏，偏爱特殊、怪癖的表达方式；话语简短不流畅，选词困难，发音困难；语法错误：词性错误，词语倒错，语句不完整。③语言感受能力与非语言智力正常。④寻求使用非言语性交流，手势、游戏、躯体语言和内部语言正常。

（2）感受—表达混合性障碍（又称为"词聋"）。临床表现：①语言理解困难。②语言交流障碍。③社交、情绪、行为问题。④社交行为反应正常。⑤语言感受、表达能力明显低于正常，非言语智力相对正常。

（3）其他伴随症状。①社会—情绪—行为紊乱：感受性障碍较表达性障碍明显。此外30%～70%的患儿有情绪问题，如焦虑、抑郁、孤僻、退缩等，还有部分伴发多动—注意缺陷障碍。②神经功能成熟延迟：软体征、运动笨拙、遗尿。③学习困难：感受性障碍较表达性障碍更明显，入学后常有阅读、书写、计算障碍。

4. 诊断

ICD-10 诊断标准如下：

①发育性发音障碍：a.患儿的发音障碍严重程度超过了其智龄的正常变异程度；b.非言语智力正常；c.语言表达和感受技能在正常范围；d.排除发音器官或神经系统疾病。②表达性语言发育障碍：a.患儿口语表达应用能力显著低于其智龄；b.对语言的理解能力正常；c.排除其他神经系统或发音器官性疾病。③感受性语言发育障碍：a.患儿对语言理解能力低于其智龄应有的水平；b.其语言表达能力常同时受损，且常伴有语音障碍；c.排除听力障碍或其他神经系统疾病。

5. 治疗

（1）个别化的特殊语言训练。语言治疗师基于对个体儿童的语言发育水平而设定目标。

如果患儿不仅不说话，而且理解也很差，则治疗是以理解为主，如在游戏中听指令，教其做，而不急于让其模仿或开口说；如果患儿理解很好但就是不能用语言表达，则设计各种游戏加强语言表达之前的交流，在游戏中，充分调动患儿的兴趣，利用多感觉渠道如听觉、视觉、触觉、嗅觉、味觉等共同参与，从发音开始训练矫治，并鼓励抚养人利用儿童生活环境中的实物不断给予语言刺激，使患儿增加理解，并逐渐过渡至表达。

（2）心理治疗。因表达性语言障碍而继发行为和情绪障碍时使用心理治疗。但心理治疗通常不用来治疗语言障碍本身。人本流派的游戏治疗被证实可对部分语言发育迟缓的儿童起症状缓解的作用。同时可对患儿的扶养人进行心理咨询，可增强其对孩子疾病的理解，减轻其因孩子的言语障碍而产生的紧张心理。

（3）药物治疗。对于合并情绪障碍或行为问题较严重者可予相应的药物治疗。如精神兴奋剂、抗抑郁剂等。

六、儿童学习障碍

儿童学习障碍问题早在 19 世纪中后期就为欧洲一些儿科医生所观察和报道。他们发现一些孩子有着正常的智力，却无法阅读文章，其他方面与同龄正常儿童无异（图 3-24）。在以后的将近一个世纪的研究中，有许多学科的研究人员介入这个问题的探索，出现了很多与学习障碍相关或无关的病名称谓，诸如"纯字盲""先天性词盲""阅读无能""失读症""发

图 3-24 学习障碍儿童
（图片来自岳阳市儿童福利院）

育性语言障碍""书写障碍""计算障碍""轻微脑损伤""Strauss 综合征""轻微脑功能障碍（MBD）"等。进入 20 世纪 70 年代以后这些名称逐渐被淘汰，基本规范到联合国世界卫生组织（WHO）规定的诊断标准 ICD-10 和美国医学会制定的诊断标准 DSM-IV 里，统称为特殊性学习障碍。不过目前，国内外仍有不同的命名和诊断界定的出现。

ICD-10 将学习障碍（learning disorder, LD）归入特殊发育障碍类，定义为：特殊学习技能发育障碍，是指从发育的早期阶段起，儿童获得学习技能的正常方式受损，这种损害不是单纯缺乏学习机会、智力发育迟缓、后天脑外伤或疾病的结果。障碍源于认知加工过程的异常，以大脑发育过程中的生物功能异常为基础。

学习障碍的临床分类包括阅读、拼写、计算、运动等学校学习技能障碍，其中阅读障碍（reading disorder, RD）是临床常见的主要类型，约占其中 80%，其他学习障碍类型大多与之相伴发。美国教育部统计在校儿童患病率为 4.73%，国家疾控中心患病率为 5% ~ 10%。国内长沙调查发现汉语儿童阅读障碍为 3.25%，男性为女性的 2.5 倍。约 95% 的学习障碍儿童在三年级以前出现学习困难。

案例：

东东(化名)是个性格比较温和的孩子，从小寄养在儿童福利机构的社区，和小朋友相处融洽，上课认真听讲，就是写字比较慢。

在一、二年级的时候，他的学习成绩还比较好，总是能得到100分。东东虽然写作业有些慢，总会写错字，但是考试成绩还不错。

上了三年级之后，东东的学习困难越来越明显，不愿意写作业，拖拖拉拉，总是到十一二点才能睡觉，早上起不来。

东东的养育者是个很强势的人，以前对东东吼几声东东就乖乖地写作业了。但是到了这个学期"吼"的方法好像不行了，怎么训斥东东都不愿意写作业……特别是考试的时候，东东做题非常慢，在规定的时间里面总是完不成，但老师多给他一点时间的话，东东基本上就能够做完，成绩会在90分以上。

1. 病因

医学界研究发现，学习障碍问题的发生与遗传、脑结构异常(通常所说的皮层"异位")、左右脑半球对称性异常、轻度的脑功能障碍、智力结构异常等发病机制有关。而这些情况的发生又与儿童出生前遭遇的不利因素(如母亲吸烟、吸毒、酗酒、胎内营养不良、各种原因引起的胎儿神经损伤)、出生后的脑外伤、产伤、早产低出生体重、窒息、新生儿黄疸、某些传染病、重金属(如铅)中毒等因素有关。某些儿童与生俱来就有生物学和神经心理方面的脆弱性，对后天不利因素更具易感性和缺乏耐受，因而也导致本病的发生。

2. 临床表现

(1)早期表现。出生时具有高危因素的儿童容易发生学习障碍。他们往往较早就表现好动、好哭闹，对外刺激敏感和容易过激反应。母亲会感到养育困难，儿童可能不愿被母亲拥抱，喜欢独玩。有的可能走路较早但步态和动作总让母亲不放心。亲子关系不良可能会导致母子语言和情感沟通减少，进而影响儿童的语言发展和情绪分化。好动和易兴奋会使许多母亲感到哺育棘手，因而容易招致母亲的情感忽略甚至虐待。进入幼儿期有些会发生不同程度的语言发育问题，说话偏迟、揪头发、啃咬指甲、扔东西、哭闹、攻击倾向、动作缺乏目的性、对刺激过激反应、伙伴交往不良、语言理解和表达缺欠等。这使得儿童出现团体适应困难，并且认知发展不平衡或对某些狭窄领域的东西感兴趣，而对他人的活动缺乏关注。到了学龄前期出现更明显的认知偏差，如视觉认知不良、协调运动困难、精细动作笨拙、沟通和书写困难等。

(2)入学后的表现。主要在一般认知和特殊学习技能方面表现困难。

①语言理解困难。语言理解和语言表达不良，有的即使能说出少许单词，但构音明显困难。若伴有音乐理解困难则同时缺乏节奏感。常表现为"听而不闻"，不理睬父母或老师的讲话，易被视为不懂礼貌。有的机械记忆字句较好，而且能运用较复杂的词汇，但对文章理解低劣，不合时宜地使用语词或文章，或"鹦鹉学舌"。常表现喋喋不休或多嘴多舌，用词联想奔逸，使人难懂在讲什么。喋喋不休往往是患儿为寻求别人关注和理解而表现的一种手段。

②语言表达障碍。说话较迟，开始说话常省略辅音，语句里少用关系词。言语理解良好而语言表达困难。可模仿说出单音，但不能模仿说出词组。有的患儿可自动反射性说出一两个词汇，但随意有目的性说话困难。有类似口吃表现，节律混乱，语调缺乏抑扬，说话伴身体摇晃，形体语言偏多等。

③阅读障碍。读字遗漏或增字、阅读时出现"语塞"或太急、字节顺序混乱、漏行、阅读和书写时视觉倒翻、不能逐字阅读、计算时位数混乱和颠倒;默读不专心,易用手指指行阅读;若是英语或拼音可整体读出,但不能分读音节;组词读出时不能提取相应的词汇,对因果顺序表达欠佳,并且命名物体困难。

④视空间障碍。特征是手指触觉辨别困难,精细协调动作困难,顺序和左右认知障碍,计算和书写障碍。有明显的文字符号镜像处理现象,如把 p 视为 q,b 为 d,m 为 w,wm 为 mw,6 为 9 等。计算时忘记计算过程的进位或错位,直式计算排位错误,抄错抄漏题,数字顺序颠倒,数字记忆不良,从而导致量概念困难和应用题计算困难。结构性障碍使视觉信号无法传入运动系统,从而使空间知觉不良,方位确认障碍。因此易出现空间方位判断不良,判断远近、长短、大小、高低、方向、轻重以及图形等的困难。

⑤书写困难。缺乏主动书写,手技巧笨拙(如不会使用筷子、穿衣系扣子笨拙、握持笔困难、绘画不良),写字丢偏旁部首或张冠李戴,写字潦草难看,涂抹过多,错别字多。

⑥情绪和行为问题。多伴有多动、冲动、注意集中困难。继发性情绪问题,如不良"自我意识",学习动机不良,焦虑或强迫行为动作(啃咬指甲多见),课堂上骚扰他人,攻击或恶作剧,社会适应和人际关系不良,品行问题等。国外报道,其中左利手(左撇子)比率高,并且过敏性体质者居多。未经及时干预矫治者发展为青少年违法和成年期精神人格障碍者偏多。在日本拒绝上学儿童中 LD 占有相当比例,而在欧美这类儿童则多发展为反社会行为者。

除上述之外,LD 儿童还可伴随注意集中困难,课堂上多动或打瞌睡(觉醒不足),情绪冲动,自我意识不良,继发性情绪问题,品行障碍或青少年违法等问题。

3. 诊断

临床诊断包括体查与发育异常评定、神经系统检查、精神状况检查、心理测验(包括智力测验和学习成就测验)、脑功能检查、相关问题评估等。心理测验要求儿童实际学习技能的成就应持续低于其通过标准化能力测验所估计的期望成就,且学习障碍严重影响学习和日常生活。如果一个儿童的实际能力不低于相应的年龄、年级的期望水平,即使这个儿童的 IQ 和能力分数不一致,也不应该被诊断为学习障碍。

DSM-IV-TR 中关于学习障碍的诊断标准具体如下:

(1)个体在标准化个别测验上的阅读成绩/数学成绩/书写技能得分,显著低于按照个体的年龄、智力测验分数和适龄教育等所做出的预期值。

(2)标准(1)中的问题显著影响了个体需要阅读技能/数学技能/书写能力等参与的学业成就或日常生活。

4. 治疗

由于儿童学习障碍涉及脑功能发育,各种情绪、行为问题和心理障碍,家庭和学校的心理压力,生活环境不良、生活质量恶化等多方面问题,一般要采取综合性治疗措施才能改善。

(1)支持性心理治疗。要让家长或抚养人了解孩子问题的性质、解决的必要性和方法,给予必要的关注和理解,给以知识和心理上的支持,以取得合作并使治疗得以坚持进行。

(2)家庭治疗。矫正家庭成员(含寄养或福利机构成员)的不正确认识和不良行为方式,设法改善家庭心理环境,使之有利于儿童心理的康复和健康发展,提高生活质量。

(3)特殊教育和强化训练。国外一般指以学校为基础的治疗:一方面提供教育补习,另一方面针对存在问题进行强化训练。

（4）神经心理功能矫治。有感觉矫正、整合治疗、感觉转换训练、游戏治疗等方法，以改善引起学习障碍症状的基本认知功能缺陷。

（5）药物治疗。主要有：①兴奋剂：此类药物能提高注意力，帮助儿童投入学习环境，从而阅读词汇量增加，完成的作业量也增加。多动的阅读无能儿童由于行为控制增强，阅读成绩也随之改善。但目前仍缺乏兴奋剂对学业长期帮助的证据。②改善脑营养、促进脑代谢和脑细胞发育等其他药物。

七、儿童品行障碍

儿童品行障碍（conduct disorder in childhood，CD）是指儿童期（7岁以后）持续出现的、违反与其年龄相适应的行为规范、损害他人和公共利益的行为。其严重性超出一般的淘气，行为的发生不是由于一时的过失或年幼无知，而是一贯的行为模式。常见的不良行为有：说谎、打架、偷窃、伤害别人、虐待动物、破坏财物、纵火、逃学、离家出走、惹是生非、酗酒、赌博、过早的性行为、性攻击行为等。以上行为严重时损害他人人身安全、财产或社会治安，具有一定行为责任能力而违反法规时称为违法行为。青少年违法（juvenile delinquency）指18岁以下青少年有违法行为者。以上行为具有下列特点：①反复持续性出现；②偏离正常儿童常轨，在严重程度及持续时间上超过同龄儿童所允许的范围；③具有社会环境适应困难的特征；④它不是由于躯体疾病或精神障碍所致的疾病行为；⑤内在生物学缺陷可能为产生以上行为的基础，但这些行为的形成，与家庭及学校教育、社会环境等文化因素有关。

Cohn和Carr认为，根据应用标准的不同，品行障碍的总体患病率可达4%~14%。湖南省1990年城乡调查7~16岁男女儿童6911名，品行障碍患病率为1.45%，其中男孩为2.48%，女孩为0.28%，男女比率为8.9：1。患病高峰年龄为13岁。2016年研究者对武汉市2361名4~16岁儿童少年行为问题检出率为12.7%，对大连市638名学前儿童行为问题的检出率为17.87%，对阜阳市1046名3~6岁学前儿童行为问题的检出率为14.9%。

品行障碍患者常共患抽动障碍、多动症、去甲苯丙胺使用障碍、癫痫、抑郁、焦虑、单纯性遗尿和肥胖。

案例：

Z是一名15岁的男生，因各种原因，12岁的时候进入儿童福利机构。他的父母在他8岁的时候离婚，父亲在经济上较宽裕，他便跟着父亲生活。父亲对他的教育不闻不问，认为只要钱给够了，小Z的物质生活得到满足了，他的责任也就尽到了。所以，小Z的要求通常都会得到满足。这样时间一长，Z基本上就是班上人尽皆知的"小阔少"了，再加上Z长得也是一副乖巧模样，所以在学校里还颇受老师和同学的喜欢。

进入儿童福利机构后，他习惯了大手大脚，并且特别要面子，又想"自食其力"，但他所想的"自食其力"却完全不是我们通常认为的方式，他采用的方式是-偷。开始的时候，他的只是偷其他孩子发的零食，注意力基本在自己身边的孩子，偶尔偷养育员的东西，后来，Z的目标转到了儿童福利机构的各个角落，有一次他去食堂，把别人的手机偷走了，这件事让遗失的人员很着急，越是着急他越高兴。再后来，Z逐渐发现偷对他来讲是一种乐趣，是捉弄人的方式，所以他开始有了"我偷固我在"的信念，偷成了常态，并不局限于对身边的人下手，虽然有时候这些东西根本不值钱，可是，他就是喜欢选择偷的方式。

1. 病因

儿童品行障碍与遗传因素、躯体发育因素、家庭教育、社会环境等因素有关。主要因素如下。

(1)生物学因素。

①遗传基因：攻击行为的遗传倾向。②激素影响：攻击行为与性别和睾酮调节水平有关。③神经生化因素：中枢神经5-羟色胺含量的降低导致攻击性行为的心理生理易感性增加。④神经生物学因素：边缘系统与攻击行为有关。颞叶、边缘系统脑癫痫发作、精神运动性发作、脑肿瘤等均可能导致攻击性行为增加。⑤神经生理缺陷：基于口头语言推理和执行功能神经心理功能受损，自我调节困难，导致品行问题，学习成绩低和挫折有助于形成攻击性行为。

(2)心理社会因素。①不良家庭影响。如依恋关系不良、养育方式不当、家庭不和或父母离异、家庭成员的不良行为示范等。②不良的社会环境影响。如不良的社会风气、不良的校风、坏人的教唆引诱等。

(3)个人因素。如敌意、偏见、不良的社交技能、个人不良经历、学习成绩不良、物质滥用(如吸毒、酗酒)等。

2. 临床类型及表现

根据处理人际关系的情况，即能否与他人建立亲密关系，分为社会化型和社会化不足型，每型又根据是否具有攻击性分为攻击性与非攻击性。

(1)社会化不足攻击型。性情孤僻，冷酷无情，自私自利，侵犯别人，言行粗鲁，违法乱纪，为所欲为，不听管教，将来可发展成反社会型人格。

(2)社会化不足非攻击型。孤独内向，害羞，胆怯；虽然说谎，但是是为了保护自己；逃学，但不惹是生非；偷窃多是在家小偷小摸。经心理治疗和耐心教育能改变其不良行为。

(3)社会化攻击型。拉帮结伙、讲哥们义气，但对局外人则冷酷无情；酗酒、赌博、打架、偷窃、抢劫、强奸、行凶等；常堕入流氓团伙，落入法网。

(4)社会化非攻击型。能够与人建立亲密关系，但不拉帮结伙，而是自行其是；蔑视权威和纪律，说谎、逃学、离家出走、酗酒等。经耐心教导后不少人能够改过。

3. 诊断

根据 DSM-Ⅳ-TR(《美国精神疾病的诊断与统计手册》第四版修订版，2000)可知，青少年或儿童若在过去一年内符合以下行为标准中的至少3个(或在过去半年内至少符合1个)则符合品行障碍的入组标准：

(1)对他人或动物进行攻击，包括残忍地对待动物、常常欺负或威胁他人、强奸等。

(2)破坏财物，例如故意纵火导致严重损失。

(3)欺骗或者盗窃，比如擅自闯入他人住宅，入室盗窃，通过谎言取得个人利益且逃避责任等。

(4)严重的违法，如在13岁之前就经常不顾父母的反对而夜不归宿或逃学。

若在10岁以前出现上述问题行为则被诊断为"儿童期起始型品行障碍"(childhood-onsetconduct disorder)，青少年时期发生的则被称为"青春期起始型品行障碍"(adolescent-onset conduct disorder)。

4.治疗

（1）心理干预。品行障碍当前一般采用长期干预而不是短期急性干预模式。每隔6~12个月定期进行5~10次短期心理治疗，最长可达5~10年。有效的治疗方案应包括下列因素：①心理教育；②以反社会行为和平时行为为监测目标；③以奖赏和中止为重点的父母或监护人行为训练；④以家庭为基础建立家人沟通和解决问题的训练和家庭治疗；⑤家庭—学校联系和补习；⑥儿童解决社交问题的技术训练；⑦父母或扶养人个人或婚姻问题的咨询；⑧处理家庭解体所带来的收养—照料安置问题；⑨不同专业和机构间的协调。

品行障碍的干预方式主要为家庭干预。对于长期存在的品行问题，可能需要多系统的干预方案，核心内容包括家庭沟通和解决问题的技能训练。所有的治疗程度都应该包括心理教育，因为父母或监护人需要一个解决问题的框架，使他们理解孩子的问题和交互作用模式。在所有方案中，监测目标行为的训练也是必要的。在此基础上给父母或抚养人提供以阳性强化（及时奖励强化）为主、阴性消退（弱性处罚）为辅的行为管理技能训练。

（2）药物治疗。品行障碍在目前尚无特效的药物治疗。一般根据其生物学理论和伴随症状特点，选用某些药物可有助于改善其行为。

对于伴有情绪障碍、攻击性行为的儿童，可使用抗抑郁药物治疗。如艾咪替林、丙咪嗪等；对于具有偏执症状或知觉障碍的品行障碍儿童，配合给予小剂量精神病药物有效；对活动过度后多动症儿童有品行障碍者，对兴奋性药物反应好，配合给予哌甲酯或苯丙胺等药物有效；患有精神运动性癫痫或其他类型癫痫的儿童具有品行障碍者，可给予卡马西平等抗癫痫药物。

针对不同情况配合应用药物治疗将提高治疗方法的成功率，但应强调的是单纯使用药物治疗品行障碍往往效果欠佳，必须多模式结合行为治疗方能有效。

第 四 章

儿童福利机构儿童心理健康维护的理论与方法

第一节　儿童福利机构儿童心理健康维护的指导理论

一、精神分析理论

精神分析理论由奥地利精神科医生弗洛伊德于 19 世纪末 20 世纪初创立，该理论的创立成为现代心理学的奠基石。它的影响远并没有局限于临床心理学领域，对于整个心理科学乃至西方人文科学的各个领域均有深远的影响。由于弗洛伊德十分强调潜意识对人类心理的作用，所以精神分析理论又被称为"深层心理学"。

弗洛伊德凭借该理论深入探讨了神经症—精神障碍的精神病源及症状意义，又创造了"自由联想""梦的解析"等独特治疗方法，临床治愈了很多病人，其中不乏儿童个案，最著名的如恐惧症患者小汉斯的个案(见《弗洛伊德的五大经典案例》一书)。直到今天，精神分析的理论和技术仍是心理咨询与治疗的一种重要理论和方法。当今心理治疗技术和手段名称虽不相同，但大多脱离不了精神分析理论及技术的基础。同时虽然弗洛伊德没有任何一本关于教育的著作，但"这并不阻碍他在整个学术生涯中对教师及家长所起到的成人对孩子所起到的权威作用作深入探讨及分析，并在必要时提出批评"。

(一) 弗洛伊德精神分析理论的核心观点

弗洛伊德第一次从精神动力学的视角，对幼儿的发展和行为进行了深入描述，并建立了一整套发展理论。弗洛伊德的精神分析理论主要包括以潜意识为基础的人格结构学说、以性欲论为基础的人格发展学说、本能说、焦虑论及自我防御机制。

1.人格结构说

弗洛伊德曾依据人的意识的层次提出著名的"冰山模型"。他认为人的意识就像是漂浮在水上的冰山一般，能让别人和自己看见的只有漏出表面的那一小部分，它们往往只是冰山的一个小角落，可是还有很大一部分是藏在水下的，人们不会轻易地看见它们，而且越往下表示藏匿越深，这大部分在水下的就是潜意识；而在两个之间的就是前意识，它是在水面与深处中间的那一部分，它可以隐隐约约地被看到，只要出现一定的条件，那么它就会很明显地展露在人们面前。

弗洛伊德进一步提出了人格结构模型(图 4-1)，或称人格动力学模型。他将人格分为三部分：①本我(id)：由位于无意识中的本能、冲动与欲望构成，是人格的生物面，遵循"快乐原则"。②自我(ego)：介于本我与外部世界之间，是人格的心理面，一方面能使个体意识到其认识能力；另一方面使个体为了适应现实而对本我加以约束和压抑，遵循"现实原则"。③

超我(superego)：是人格的社会面，是"道德化的自我"由"良心"和"自我理想"组成，作用是指导自我、限制本我，遵循"理想原则"。

本我、自我和超我之间不是静止的，而是始终处于冲突—协调的矛盾运动之中。本我在于寻求自身的生存，寻求本能欲望的满足，是必要的原动力；超我在监督、控制自我接受社会道德准则行事，以保证正常的人际关系；而自我既要反映本我的欲望，并找到途径满足本我欲望，又要接受超我的监督，还要反映客观现实，分析现实的条件和自我的处境，以促使人格内部协调并保证与外界交往活动顺利进行，不平衡时则会产生心理异常。自我只有处理好与本我、超我之间的关系，心理才不会发生异常。

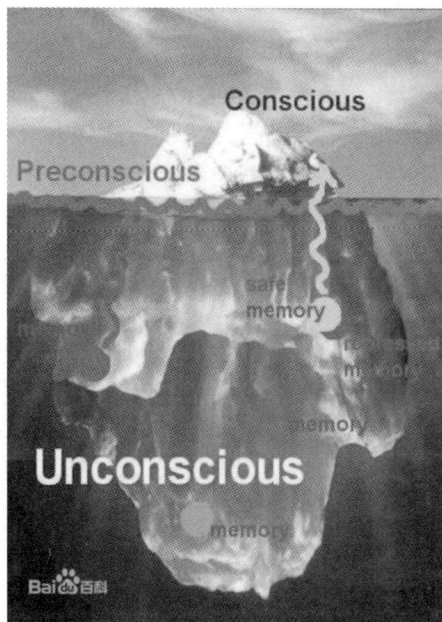

图4-1　弗洛伊德的"冰山模型"

2. 性心理发展阶段论及性本能说

性心理发展是弗洛伊德在19世纪末、20世纪初提出的一个概念，是心理学理论的核心概念。弗洛伊德认为人的精神活动的能量来源于本能，本能是推动个体行为的内在动力。人类最基本的本能有两类：一类是生的本能，另一类是死亡本能或攻击本能，生的本能包括性欲本能与个体生存本能，其目的是保持种族的繁衍与个体的生存。在弗洛伊德眼里，性欲有着广义的含义，是指人们一切追求快乐的欲望，性本能冲动是人一切心理活动的内在动力，当这种能量(弗洛伊德称之为力必多)积聚到一定程度就会造成机体的紧张，机体就要寻求途径释放能量。弗洛伊德将人的性心理发展划分为5个阶段：口腔期、肛门期、性器期、潜伏期、生殖器期。

①口唇期：出生~1岁，性本能的主要区域集中在口唇，因为婴儿从吮吸、咀嚼、咬等口唇活动中可以获得快感。喂食是特别重要的。例如，婴儿突然断奶或断奶太早，后来可能会过分纠缠配偶或者过分依赖配偶。

②肛门期：1~3岁，自发排便是满足性本能的主要方法。大小便训练可能引起父母与儿童之间大的冲突。父母创造的情绪氛围有持久影响。例如儿童如果因上厕所时发生的意外而受到惩罚，就可能会变得抑制、肮脏或浪费。

③性器期：3~6岁，愉快来自性器官的刺激，儿童对异性父母有乱伦的愿望(恋母情节或恋父情节)。这种冲突引发的焦虑，会导致儿童内化性别角色的特征，和与之竞争的同性父母的道德标准。

④潜伏期：5~11岁，性器官的创伤引起性冲突的压抑，性冲动转移到学习和充满活力的游戏活动中。随着儿童在学校获得更多的问题解决能力和对社会价值的内化，自我和超我持续不停地发展。

⑤生殖器期：12岁以后，青春期的到来唤醒了性冲动，青少年必须学会以社会可接受的方式表达这种冲动。如果发展是健康的，婚姻和抚养孩子能够满足这种成熟的性本能。

弗洛伊德认为成人人格的基本组成部分在前三个发展阶段已基本形成，所以儿童的早年环境、早期经历对其成年后的人格形成起着重要的作用，许多成人的变态心理、心理冲突都可追溯到早年期创伤性经历和压抑的情结。

3. 焦虑论

焦虑是精神分析理论中的重要概念之一。弗洛伊德认为焦虑产生于自我，是自我对冲突所引起的结果的反应，是个体把冲突看作是一种危险的或是不愉快的信号的反应。他的这种焦虑论又被称作"焦虑的信号理论"。弗洛伊德认为，焦虑可能使个体不恰当地使用防御机制，导致心理疾病。因此，焦虑是神经症的原因，神经症是焦虑的结果。

弗洛伊德认为，焦虑的发展有两个阶段。一是原始焦虑阶段，二是后续焦虑阶段。原始焦虑主要是出生创伤。弗洛伊德认为，原始焦虑是后续焦虑的基础，后续焦虑是作为信号的焦虑，即个体在以后的发展过程中，只要遇到无法应付的情形或自我意识到力比多的涌现使自己可能再次陷入被动无能的状态，就会以焦虑为信号，调动内部已经形成的防御机制来应付。在原始焦虑中，自我是被动地体验到焦虑，而在后续焦虑中，自我是主动地体验焦虑，并且以此为信号来调动自我的防御机制的。但无论如何，焦虑实际上是早期创伤经验的反复出现。

弗洛伊德探讨了焦虑的种类。他认为个体有三种类型的焦虑。一是现实焦虑，它以自我对外界现实的知觉为基础。现实焦虑相当于恐惧，有助于个体的自我保存。二是神经症焦虑，它以自我对来自本我的威胁的知觉为基础，也以现实焦虑为基础，因为只有当人们认识到自己的本能需要的满足会遭遇现实的危险时，才会恐惧自己的本能。三是道德焦虑，它以自我对来自超我，尤其是良心的谴责的知觉为基础。当个体知觉到自己的行为可能违反自己信奉的道德原则时，会体验到罪恶感和羞耻感，从而使个体的行为符合个人的良心和社会道德规范。

4. 自我防御机制

弗洛伊德认为自我防御机制是个体无意识或半意识地采用非理性的、歪曲现实的应付焦虑、心理冲突或挫折的方式，是自我的机能。其特点是伪造或曲解现实，潜意识运用，包括压抑、投射、反向形成等。适当的应用防御机制，可暂时减轻或消除心理痛苦，避免精神崩溃，但如不适宜的过度应用，会妨碍对现实的正确考察，无法从根本上解决问题。弗洛伊德主要提出了包括压抑、反向形成、投射、否认、移置、升华、认同、退行等八种主要防御机制。

（二）精神分析理论对儿童心理教育及干预的启示

1. 重视儿童早期生活经验，营造良好的成长环境

在儿童期，本我、自我和超我之间矛盾冲突的性质和强度取决于儿童期生长的环境、教养状况和抚养者、教育者对儿童的态度。鉴于精神分析理论的启示，营造和谐温暖的儿童生活氛围，完善儿童教育者的人格，建立积极互动的亲子关系，是儿童健康成长的重要保障，也是儿童心理健康教育及干预的重要内容。

2. 尊重儿童的精神世界，关注儿童的心理卫生

根据精神分析的焦虑理论及防御机制理论，在本我向自我发展及超我初步形成的过程中，儿童有了辨别善恶、是非的能力，有些想法或经历的事情是不合理的、令人生厌的、不符合社会规范的，由于找不到可以诉说的人，或是碍于各种原因不愿意说出来，儿童会有意识地把它们压制在内心深处，形成各种不合理的防御机制，如退行、否认或是反向形成，并通过身体的各种症状表现出来，严重的会导致心理疾病。鉴于此，要重视儿童的精神世界，关

注儿童的心理卫生，尤其要善于辨别儿童的异常反应，要找出儿童身体不适的真正原因，并采取合理的措施帮助儿童克服心理障碍，并要形成一种支持儿童游戏自由、话语自由的氛围。

另外，依据弗洛伊德的性心理发展阶段理论，为了不造成儿童成长过程中的心理固着，导致儿童心理发展的停滞不前，要对儿童实施正确的性启蒙及性教育。对儿童不可谈性色变，更不可以呵斥和鄙视的态度对待儿童的性好奇，不要造成儿童对性的神秘感，最好能用儿童能理解的方式给儿童讲解科学的性知识，在儿童的成长过程中能顺利度过每一个"性欲期"，帮助儿童顺利向前发展。

二、认知行为理论

在 20 世纪 70 年代中后期，认知行为理论开始逐渐受到社会工作专业人士的关注。认知行为理论源自行为主义和认知理论的整合发展。在实践中二者被整合在一起，为人们提供了更有效的服务手段。20 世纪 30—40 年代崛起的行为主义认为，除了一些天生的反射行为，大多数行为都可通过学习获得，因此人类可以学习新的行为、改变旧的行为。这种理论成为行为治疗的理论基础，认为治疗的焦点在于弄清楚什么事情可以持续引起人的行为发生转变，而不去关注人的心理的内在变化。认知学派源自阿尔弗雷德·阿德勒（Alfred Adler）与弗洛伊德精神分析学派分道扬镳。在阿德勒看来，人类行为来自性方面的动力远不如来自社会方面的动力。人的行为是由个人整体生活形态所塑造的。这包括个人对自我的认识、对世界的看法、个人的信念、期待等。而在这个过程中，认知起着至关重要的作用，它不仅影响人的行为，更会影响个人整个生活形态的形成。不适宜的行为产生于错误的知觉和解释。所以，要改变人的行为，就要首先改变人的认知。

认知学派认为，在多数情况下，行为和认知是相伴而生的，认知可以改变行为，行为也可以改变认知。在此基础上，认知行为理论结合二者的核心理论观点及临床实践优势应运而生。

（一）认知行为理论的主要观点

认知行为理论认为，在认知、情绪和行为三者中，认知扮演着中介与协调的作用。认知对个人的行为进行解读，这种解读直接影响着个体是否最终采取行动。

认知的形成受到"自动化思考"（automatic thinking）机制的影响。所谓自动化思考是经过长时间的积累形成了某种相对固定的思考和行为模式，行动发出已经不需要经过大脑的思考，而是按照既有的模式发出。或者说在某种意义上思考与行动自动地结合在一起，而不假思索地行动。正因为行动是不假思索的，个人的许多错误的想法、不理性的思考、荒谬的信念、零散或错置的认知等，可能存在于个人的意识或察觉之外。因此，要想改变这种状况，就必须将这些已经可以不假思索发出的行动重新带回个人的思考范围之中，帮助个人在理性层面改变那些不想要的行为。

艾利斯（Albert Ellis）提出了认知的"ABC 情绪理论框架"，即真实发生的事件，人们如何思考、信念、自我告知和评估其所遭遇的事件和人们思考、信念、自我告知和评估此事件的情绪结果。他用这个框架来说明人们的思考、信念、自我告知和评估是理性的，则情绪是正常的；相反，如果人们的思考、信念、自我告知和评估是非理性的、扭曲的，则人们会逐渐发展出不正常的情绪、情感和行为。简单来说就是，如果人们有正确的认知，他的情绪和行为就是正常的，如果他的认知是错误的，则他的情绪和行为都可能是错误的。

以儿童的强迫症为例。认知行为理论认为强迫症是对侵入性思维加剧反应的一种结果。Stektee 等人认为对危险可能性和严重性的夸大估计是强迫症重要的认知偏差。Salkovskis 等人认为对侵入性思维错误解释为个人的责任是强迫症的关键认知过程。这种理论认为对侵入性思维的产生及内容的解释为对伤害的个人责任的增加，由此产生了许多重要的关联效应。除了负性情绪外，还包括：①注意和推理偏差（过分集中注意在侵入性思维本身和能引起侵入性思维的环境）；②增加对侵入性思维的思考；③行为反应，包括中和反应，即个体试图减少或逃避责任的一种抵消行为。这些强迫行为对患者来说可以压抑或消除强迫思维，虽短期可以减少痛苦和不适，但增加了侵入性思维产生的频率。此外，一旦中和反应（neutralising response）和侵入性思维建立起联系，与之相关的责任感的降低和不适感的减少，便逐步形成强迫行为，并长期持续存在。

认知行为理论将认知用于行为修正上，强调认知在解决问题过程中的重要性，强调内在认知与外在环境之间的互动。认为外在的行为改变与内在的认知改变都会最终影响个人行为的改变。其主要包括问题解决、归因和认知治疗原则三个方面。所谓问题解决是增强个体界定问题、确定行动目标、规划及评估不同行动策略的认知能力，从而能够在不同情况下不断调整自己的认知，能够从他人的角度看待问题和行动目标。所谓归因是指个人对事件发生的原因的解释。所谓认知治疗原则，指的是修正一些认知上的错误的假定，包括过度概括、选择性认知或归因、过度责任或个人肇因假定、自我认错或预罪、灾难化思考、两极化思考等。

（二）认知行为理论对儿童心理教育及干预的启示

1. 助人的理念

（1）要尊重儿童的自主决定和信念。认知行为学派主张，个人的知识经验的形成是积极主动的，个人的认知和生活形态是通过正确解读外在环境事件的意义，并通过有效地自我调适来建构和调节的。

（2）帮助儿童改变错误的认知、建立正确的认知。认知行为学派认为，帮助儿童的关键是协助他（她）自主、自立，使其能够在正确认知的基础上成为自己的咨询者和帮助者，以达到调节和控制自己的情绪和行为的效果。

（3）在正确认知的基础上建立良好的专业关系，并鼓励儿童形成积极的态度，以实现助人和自助的目标。

2. 助人的步骤

认知行为学派认为助人的一般过程是首先帮助受助者改变错误的认知，然后根据社会学习原理用正强化、负强化和示范的方式帮助受助者逐渐形成想要的行为，除去不想要的行为，并使受助者在这个过程中获得愉悦的体验。一般包括以下几个步骤：

①确定不正确的、扭曲的思维方式或想法，确认它们是如何导致负面情绪和不良行为的。

②要求受助者自我监控自己的错误思维方式或者进行自我对话。

③探索受助者错误思维方式与潜在感觉或信念之间的关系。

④尝试运用不同的具有正面功能的、正常的思维方式。

⑤检验受助者新建立的对自我、世界和未来的基本假定在调整行为和适应环境上的有效性。

贵州大学王嫒嫒等曾以儿童福利机构寄养家庭存在偷窃、攻击行为问题的儿童为研究对象，运用认知行为理论指导社会工作者对其进行心理及行为干预，干预后儿童的偏差行为得以缓解，儿童的认知发生了较大改变，并有主动意愿和决心进行行为的持续调整。主要开展三方面干预：

（1）消除儿童的消极认知，建构合理认知。通过咨询访谈纠引儿童的消极认知，引导积极行为；设立合理课程，引导儿童积极参与。

（2）干预行为，矫正儿童不良行为。设立奖励目标，为儿童出现的好的行为准备奖励，正面强化，提高儿童的自我效能感；激发儿童的成就动机，矫正其不良行为；然后树立儿童学习的榜样典范，促进儿童的观察学习。

（3）优化环境，消除外部消极影响。构建良好的寄养家庭环境、学校环境和社会环境，形成家庭、学校和社会教育合力。

该理论指导了特殊教育和心理干预，给动态评量、教育诊断、心理诊断、活动设计以理论的启示和运作实践的思考，在特殊儿童教育和心理干预中运用广泛，尤其在对特殊儿童的积极行为支持上，该理论已成为特殊教育课程编制、目标叙写、教学策略等的重要依据。

三、人本主义理论

人本主义于20世纪50年代在美国兴起，60年代开始形成，70—80年代迅速发展，它既反对行为主义把人等同于动物，只研究人的行为，不理解人的内在本性，又批评精神分析理论只研究神经症和精神病人，不考察正常人心理，因而被称为心理学的第三种运动。该学派的主要代表人物是马斯洛（1908—1970）和罗杰斯（1902—1987）。

（一）人本主义理论的基本观点

人本学派强调人的尊严、价值、创造力和自我实现，把人的本性的自我实现归结为潜能的发挥，而潜能是一种类似本能的性质。人本主义最大的贡献是看到了人的心理与人的本质的一致性，主张心理学必须从人的本性出发研究人的心理。

1.马斯洛的需要层次理论及实现论

马斯洛对人类的基本需要进行了研究和分类。他认为人类行为的心理驱力不是性本能，而是人的需要，他将其分为两大类、五个层次（图4-2），好像一座金字塔，由下而上依次是生理需要、安全需要、归属和爱的需要、尊重的需要和自我实现的需要。人在满足高一层次的需要之前，至少必须先部分满足低一层次的需要。第一类需要属于缺失需要，可产生匮乏性动机，为人与动物所共有，一旦得到满足，紧张消除，兴奋降低，便失去动机。

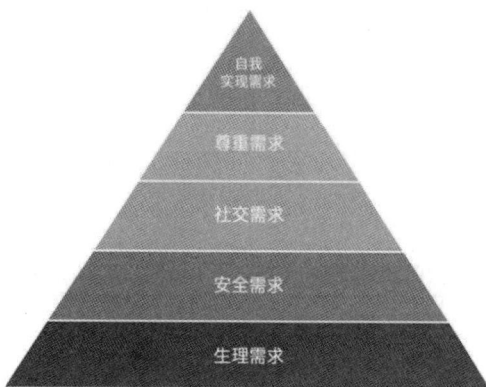

图4-2 马斯洛的需要层次理论

第二类需要属于生长需要，可产生成长性动机，为人类所特有，是一种超越了生存满足之后，发自内心的渴求发展和实现自身潜能的需要。满足了这种需要个体才能进入心理的自由状态，体现人的本质和价值，产生深刻的幸福感，马斯洛称之为"顶峰体验"。马斯洛认为人类共有真、善、美、正义、欢乐等内在本性，具有共同的价值观和道德标准，达到人的自我实现关键在于改善人的"自知"或自我意识，使人认识到自我的内在潜能或价值，人本主义心理学就是促进人的自我实现。心理咨询师可以使用10点量表（0代表未满足，10代表完全满足）来测量儿童的马斯洛需求层次的满足情况。具体见表4-1。

表4-1　儿童需求评估表[①]

生理的需求	评分		
营养、睡眠、运动、综合	0分	5分	10分
安全的需求			
在家庭和同龄人群体中感受到安全感	0分	5分	10分
归属与爱的需求			
对儿童的情感	0分	5分	10分
对儿童作出承诺并履行承诺	0分	5分	10分
有人倾听儿童的表达	0分	5分	10分
整个家庭有独立的活动日程表	0分	5分	10分
儿童有自己的独立的空间、物品和隐私权	0分	5分	10分
儿童到家的时候家里有人	0分	5分	10分
儿童能够得到无条件的爱	0分	5分	10分
儿童在家庭中有一定的地位和角色	0分	5分	10分
儿童被同龄人接受并且在同龄群体中有一定的地位	0分	5分	10分
自尊的需求			
有人肯定儿童的价值	0分	5分	10分
儿童有机会完成任务	0分	5分	10分
儿童有机会做出选择	0分	5分	10分
自我实现的需求			
儿童没有遇到前四个水平上的需求未被满足的阻碍	0分	5分	10分
儿童发展出了潜在的能力、力量和技能	0分	5分	10分
解决问题的能力能让儿童参与发展性而非矫正性的活动	0分	5分	10分

---

① 此表摘自：亨德森，汤普森. 儿童心理咨询[M]. 张玉川，等译. 北京：中国人民大学出版社，2015：105.

2. 罗杰斯的自我理论及患者中心疗法

罗杰斯在心理治疗实践和心理学理论研究中发展出人格的"自我理论",并倡导了"患者中心疗法"的心理治疗方法。

罗杰斯认为刚出生的婴儿并没有自我的概念,随着其与他人、环境的相互作用,开始慢慢地把自己与非自己区分开来。当最初的自我概念形成之后,人的自我实现趋向开始激活,在自我实现这一股动力的驱动下,儿童在环境中进行各种尝试活动并产生出大量的经验。通过机体自动的估价过程,有些经验会使他感到满足、愉快,有些即相反,满足愉快的经验会使儿童寻求保持、再现,不满足、不愉快的经验会使儿童尽力回避。在孩子寻求积极的经验中,有一种是受他人的关怀而产生的体验,还有一种是受到他人尊重而产生的体验,不幸的是儿童这种受关怀、尊重需要的满足完全取决于他人,他人(包括父母)是根据儿童的行为是否符合其价值标准、行为标准来决定是否给予关怀和尊重的,所以说他人的关怀与尊重是有条件的,这些条件体现着父母和社会的价值观,罗杰斯称这种条件为价值条件。儿童不断通过自己的行为体验到这些价值条件,会不自觉地将这些本属于父母或他人的价值观念内化,变成自我结构的一部分,渐渐地儿童被迫放弃按自身机体估价过程去评价经验,变成用自我中内化了的社会的价值规范去评价经验,这样儿童的自我和经验之间就发生了异化,当经验与自我之间存在冲突时,个体就会预感到自我受到威胁,因而产生焦虑。预感到经验与自我不一致时,个体会运用防御机制(歪曲、否认、选择性知觉)来对经验进行加工,使之在意识水平上达到与自我相一致。如果防御成功,个体就不会出现适应障碍,若防御失败就会出现心理适应障碍。

罗杰斯的"患者中心疗法"的治疗目标是将原本不属于自己的、经内化而成的自我部分去除掉,找回属于他自己的思想情感和行为模式,用罗杰斯的话说"变回自己""从面具后面走出来",只有这样的人才能充分发挥个人的机能。人本主义的实质就是让人领悟自己的本性,不再倚重外来的价值观念,让人重新信赖、依靠机体估价过程来处理经验,消除外界环境通过内化而强加给他的价值观,让人可以自由表达自己的思想和感情,获得健康发展。

(二)人本主义理论对儿童心理教育及干预的启示

人本主义强调爱、创造性、自我表现、自主性、责任心等心理品质和人格特征的培育,对现代教育产生了深刻的影响。马斯洛作为人本主义心理学的创始人,充分肯定人的尊严和价值,积极倡导人的潜能的实现。罗杰斯同样强调人的自我表现、情感与主体性接纳。他认为教育的目标是要培养健全的人格,必须创造出一个积极的成长环境。他们认为儿童心理行为问题产生的原因有以下几方面。

(1)安全的需要受威胁。家庭中的矛盾冲突、父母吵架,没有给孩子营造一个安全舒适的环境。缺乏安全感的孩子长期处于不安的状态,导致神经系统一直处于警惕的兴奋状态,随时应对外界的威胁,从而很难静心学习。而孩子表现出的多余动作,正是对自己内心不安与焦虑的释放,也是神经系统处于异常兴奋状态的表现。

(2)归属及爱的需求未获满足。家庭氛围越和谐,关系越亲密,儿童出现品行问题的可能越低。相反,亲子关系或"替代性亲子关系"疏远,孩子感受不到爱,在家庭中缺乏应有的地位,归属与爱的需要受到威胁,导致好哭、敏感、孤僻等情绪特征,同时不敢参加集体活动,害怕不被接纳,从而日益孤僻及回避集体活动。

（3）被尊重感缺乏。家庭中父母的责骂与严厉的惩罚，或者不切合孩子实际的过高期望，都没有顾及孩子的感受与实际情况，让孩子感受到自己的渺小与无能为力，从而产生自卑、自责、沮丧、不安与焦虑。成就感缺乏、自尊与被尊重感的缺失成了儿童成长的障碍，自我实现的潜能受到压抑。

（4）有条件关注影响了自我概念的健康发展。家庭中父母不切合孩子实际的过高期望形成了有条件的关注，孩子为了获得父母的尊重与认可，往往选择取悦父母而抑制自己内在的真实体验，从而导致自我概念并非完全建立在自身经验的基础上。当意识中的自我概念与实际上的经验产生分歧时，孩子就会经历人格的不协调状态，从而更容易出现心理问题。

人本主义认为儿童心理行为问题解决的关键在于形成良好的亲子关系。父母要充分接纳孩子，能站在孩子的角度思考问题，并且能做到无条件地积极关注孩子。①真诚地接纳孩子。在亲子交流的过程中，父母对于孩子的感受、情感和态度可以开诚布公地表达和流露出来，用自己的真诚让孩子感受到安全感和被信赖感，从而愿意和父母讨论自己的情感与态度问题，发生内在改变；②无条件的积极关注孩子。无条件积极关注指父母不用家长的权威压制孩子，不用自己的价值标准衡量孩子的对错，更不能指责惩罚孩子。父母认真倾听孩子的表达，并用非批判性的语言来表达尊重，尊重孩子的个体价值以及自我决定，而不是用成人的决定代替孩子的思考，用积极关注的态度引导、帮助孩子成为自己；③与孩子共情，理解孩子。在罗杰斯看来，共情是父母能从孩子的内在参照体系出发，设身处地体验孩子的内心世界，并把这种感受传递给孩子，达到情感上的交流和共鸣，从而引导孩子做进一步的思考。共情是心理行为问题解决的关键点，它对亲子关系的建立以及孩子的自我探索都起着核心作用。

儿童如果感受到被人理解，有助于产生自我修复的能力，并有勇气去确认并追求自己的潜能。形成良好的亲子关系无疑非常重要，但是家庭中的夫妻关系也在影响着孩子的成长，夫妻关系也应做到真诚、无条件积极关注与共情。

当代特殊教育与心理干预根据人本主义心理学的思想，提出充分满足有特殊教育需要儿童的需求，帮助他们建立积极的自我观念，对他们表达出爱和尊重，表达出无条件的积极关注和共情，他们的潜力就能最大限度地得到发展。在特殊教育实践中，这些思想的有效性得到验证，并且满足每个儿童特殊教育服务的个别化教育与教学，是特殊教育的重要成果，也表达了对人的尊重和对教育公正、公平的追求。

四、家庭系统理论

在现代家庭治疗模式的各种流派中，鲍温家庭系统理论（bowen family systems theory）在家庭成员互动联系研究过程中有着独特的介入视角。鲍温家庭系统理论的产生虽然与弗洛伊德的精神分析理论有着密切的联系，但是它最大的不同在于将人放在家庭系统的关系之中，一定程度上强调了家庭环境的作用。鲍温倡导把家庭置于多代或历史框架中分析，正是由于这一独特的代际视角，该理论又被称为"代际模型"。

家庭系统理论是将人在家庭成员之间的情绪活动与交往行为互动中作为切入点，将整个家庭系统看作是一个内部成员情绪互动过程来思考的。家庭是一个连锁的关系网络，家庭内部成员之间是互动联系的。"当家庭中某个成员情绪波动时，会影响到其他成员的情绪波动，甚至牵扯到整个家庭关系系统。"该理论认为家庭系统由若干个子系统组成，如配偶子系统、亲子子系统和手足子系统。家庭系统也是由个人组成的，每个人都承担着各自的角色，子系统之间既相互联系，又相互制约。

因此家庭中某儿童的失范行为只是家庭问题的一种外在表现形式，心理工作者在面对家庭问题时应从系统理论的视角认识家庭，分析家庭问题，同时要帮助家庭认识到家庭中任何一个成员出现了问题，都不仅仅是单个人的问题，实际是家庭系统出现了问题，需要家庭子系统、家庭成员的相互协助才能恢复家庭功能和家庭稳定。家庭系统理论为分析儿童福利机构类家庭的亲子关系问题提供了更为合理的理论视角。

第二节　儿童福利机构儿童心理健康维护的原则

一、早期干预原则

早期干预又称早期介入或早期疗育，婴幼儿0-6岁是脑部发展的关键期，根据欧美先进国家多年前的经验及研究，早期干预可以达到更好的效果，减少儿童在医疗、康复、特殊教育与机构教养方面的成本支出。早期干预的内容为预防、鉴别、治疗、教育和训练。若能够把握住最佳干预时机，进行系统化的早期干预、通过医疗、康复、特殊教育与社会福利等服务，有助于儿童福利机构特殊儿童更好学习和工作，甚至独立生活，适应社会，得到更好的发展。早期干预是儿童福利机构特殊儿童干预发展的一个趋势，科学合理的早期干预能将损失减少到最小。

二、系统化、结构化原则

心理干预的体系涉及家庭教育、学校教育、社区教育。有学前教育、学龄期教育、职业教育、成人生活教育，且有转衔教育，是全生涯的关照。心理干预必须系统化，机构化。

儿童福利机构特殊儿童早期干预对特殊儿童的基础能力应有足够的重视，基础能力直接影响特殊儿童当前和以后的发展，感官知觉和动作是儿童早期的、基本的基础能力，是身心发展的源泉，是语言、认知、生活自理、社会等能力的奠基。在特殊儿童的早期发展中，粗大动作、精细动作、感官知觉的培养训练应放在首位，成为早期干预的着力点。同时要注意听指令、模仿、自律等基础学习能力的培养。

另外，儿童福利机构特殊儿童早期干预，应该根据每个孩子的情况，通过心理诊断拟定个别化成长计划，不让一个孩子掉队。

三、儿童中心原则

儿童中心原则包括把儿童的健康摆在第一位，注重对动机、兴趣的培养，以及坚持"小步子，多重复，多循环"的工作方式。

首先，儿童福利机构特殊儿童早期干预应该把儿童的健康摆在第一位。因为特殊儿童已有第一次伤害，存在一定的障碍，他们受到第二次伤害的可能性更大。当我们运用科学的健康定义特殊儿童时，我们认为身体的部分缺陷是可以通过学习与成长，并通过环境的调整而替代、补偿的，进而发挥潜能，超越障碍。同时，心理的发展、人格的健康也可以调整影响身体的功能，从而达到身心和谐与社会适应的完好健康状态。

其次，应当注重对动机，兴趣的培养。动机、兴趣是心理的动力系统，是心理的指向，是人的主动性和激发行动的推手。早期干预对儿童福利机构特殊儿童的动机、兴趣要倍加珍惜，并且去发现、去保护，予以尊重。教育康复、心理干预要从学生的需求出发，让学生经历失败、获得成功，让学生看到行动的结果，能够对活动结果有评议和及时的回馈，有对希望行为的肯定、强化。

最后，坚持"小步子，多重复，多循环"的工作方式。儿童福利机构特殊儿童在学习起点、学习风格、学习速度、学习阶段、学习态度、学习动机和学习水平上与普通儿童有一定的差异，需通过小步子、多重复、多循环的教育教学建立知识、生活的基本关系，在学习家庭、社会生活、学校生活的相关知识当中形成适应能力，建构生活结构与常规。

四、生活化原则

在生态环境当中，真实情景中存在最充分的教育教学内容，可以提供最丰富的教学资源，教育教学也更易获得成效。情景教育教学备受早期干预推崇，情景教学主要设计人是教师、家长及情景中相关人员，常由教师、家长、情景中的相关人员与孩子共同完成。情景教学分利用情景 和创设情景。基本步骤是先做情景调查，再培养调动情景，拟定计划进行情景创设（或情景运用处理），进入情景。在特殊儿童的日常生活中情景比比皆是。教育教学中需教师、家长及参与者进行适宜情景选择，去除、回避不良环境，且需具有对环境的敏感性并注意度的把握。

第三节　儿童福利机构儿童心理健康维护的基本方法

儿童福利机构心理干预的对象应定位于全体儿童而不仅仅是个别具有心理困扰和心理问题的儿童，重点为学生班儿童，将帮助他们完成普遍性的成长与发展任务作为主要目的，将对个别面临心理困扰和心理问题儿童进行特别干预和矫正放在辅助地位。心理干预的内容分为发展性干预、适应性干预和障碍性干预三方面。

发展性心理干预的对象是心理健康、身心发展正常的儿童，着重解决的问题是引导儿童更深层地认识自我，发掘自我潜能，使之在能力发展、信心重建等方面实现提升，得到更充分的发展。干预目标包括指导儿童调控情绪、改善精神状态、建立自信等。

适应性心理干预主要是针对儿童在生活和学习中遇到的各种心理问题，给予必要的指导，使之能恰当处理因环境变化所带来的各种心理问题，增强对环境和自我的适应能力。干预的对象是身心发展正常但带有一定的心理、行为问题的儿童，主要是强调发掘和利用其潜在积极因素，使其自己解决问题。

障碍性心理干预是为各种有障碍性心理问题的对象提供心理援助。通过支持、干预和治疗，来消除辅导对象的心理障碍，促进其心理朝着健康方向发展。障碍性心理干预以消除或减缓儿童的心理障碍为目标，除儿童福利机构教师之外，还要依托专业人员的介入和支持，主要使用矫正、治疗性的方法。

发展性心理干预和适应性心理干预都可以通过团体心理辅导的形式来实现，而障碍性心理干预一般以个体咨询的方式完成。

一、儿童个体咨询

(一)个体咨询的概念

个体咨询是指与来访者一对一地进行心理咨询的方式,目的是帮助来访者自助,即通过咨询,使来访者被压抑的情绪得以释放疏泄,并增加对自我或情境的了解,增强自信心与主动性,学会自己做出判断和决定,从而使人格得到成长。广义的个体咨询包括面谈咨询、电话咨询、书信咨询等;狭义的专指面谈咨询(图4-3)。

图4-3 儿童绘画心理辅导室(个体)

(二)个体咨询的特点

(1)针对性强,即咨询者可以根据来访者的问题类型及程度、个性特征,选择适当方法。

(2)易使来访者放松心理防卫,毫无保留地倾诉其内心秘密,真实地表现其喜怒哀乐。

(3)深入细致,即通过个人接触,以建立咨询双方的信任关系,有利于咨询者耐心深入地分析来访者的问题,并提供帮助。

(4)比较费时。一次咨询面谈需要50分钟至1小时时间,一般需要通过多次咨询才能解决问题,花费时间较多。通常包含搜集资料、分析诊断、确定咨询目标、帮助指导、终止咨询五个阶段。

个体咨询成功的先决条件是咨询者真诚、热情、尊重、温暖、共情及无条件积极关注的态度。具体方法与技巧多种多样。常用的有言语及非言语的技巧、倾听的技巧、观察的技巧、施加影响的技巧等。

(三)个体咨询的适用对象

个体咨询适用于心理正常范围内的心理问题困扰者、一般或严重心理问题者。以儿童为对象的个体咨询,儿童年龄不宜低于小学阶段(6岁以下)。幼儿阶段的儿童由于语言发展水平有限,不适宜采用个体咨询的方式进行心理问题的调节。个体咨询尤其适合小学高年级及初高中阶段的儿童青少年,如儿童抑郁、焦虑等情绪困扰或儿童厌学、偷窃、强迫等行为问题。

(四)儿童个体咨询的原则与技巧

1.儿童个体咨询的原则

以精神分析流派个体咨询为例,精神分析家梅里迪思(Merydith,2007)提醒道,咨询师对儿童进行咨询时要特别小心两点。第一,儿童往往会将他们的痛苦归结到外部而非内部原因上,或者他们会将痛苦作为自己生活的一部分而没有意识到其不合理性及试图改变。因此,通过故事和比喻的技术会降低儿童的防御,提升儿童的自我觉知能力。第二,儿童非常依赖他们的父母,而且这种关系可能会影响到对咨询师的移情,这是精神分析咨询中很关键的部分。因此应将咨询作为认识儿童情感和分析儿童思维的主要方法。

因此,梅里迪思将对儿童进行咨询时的基本原则归纳如下:①形成温暖、友善的关系;②接纳儿童;③给儿童创造畅所欲言的气氛;④识别儿童的情感并积极回应;⑤尊重儿童解决问题的能力;⑥允许儿童做主并按照他们的意思来做;⑦要有耐心;⑧只使用非常有必要的限制。

2.儿童个体咨询的基本技巧

厄尔尼曼和兰普(Erdman & Lampe,1996)验证了适合儿童个体咨询的基本技巧的关键。他们督促咨询师注意以下问题:

①了解儿童的认知和情感发展水平;②以儿童能够理解的方式提供信息;③必要时课使用具体事例、实践活动和规则细节,并对结果仔细解释;④承认儿童是以自我为中心的,他们无法看到观点的另一面,也无法质疑自己的想法和理由;⑤了解儿童对时间、数量和频率是没有清晰概念的;⑥认识到儿童的记忆和期望可能是歪曲的;⑦承认儿童在很多方面都经常缺乏控制的现实;⑧理解儿童对所期望的改变也许并非心甘情愿,甚至会出现哭闹、沉默、大笑、坐立不安和打斗。

为了便于处理这些情况,咨询师应设置适宜的物理环境,建立信任关系,保持帮助的态度,并使用合适的提问。

咨询师在帮助儿童或其他人时应打造一套通用的言语技巧,这将有助于密切咨访关系的建立并增加咨询深度和维持咨询进程。

案例：儿童个体咨询的案例（节选）①

比尔：这周我还是害怕面对老师。

咨询师：你对这件事还是感到不舒服？

比尔：我觉得老师不喜欢我。她觉得我是个傻瓜。

咨询师：你的不良感觉来源于你心中老师对你的评价。你想知道这跟我们上周的谈话内容是否很相符。

比尔：你说过不管我做什么，我都是特别的，因为世界上没有人和我是一样的。

咨询师：但是我感觉这周你感到自己不是特别的。

比尔：我不知道，我的老师也不会这样觉得。

咨询师：所以你觉得你不重要也不特别，因为你觉得你老师并不认为你特别。

比尔：是的，我知道你认为我很特别，但是老师不喜欢我，我很难认为我是特别的。

咨询师：你在班级里的表现或许已经证明你已经忘记了自己是特别的。你和老师都告诉我，你一直都在下决心不去完成作业了。我在想是不是你的选择已经伤害到了你。

比尔：我已经伤害到自己了，因为我现在已经不学习了。但是为什么其他人也不学习，但老师却没有批评他们。

咨询师：听起来是因为老师更喜欢其他学生，所以对你不公平，你感到受骗了。让我们一起想想是否能用我们上周学过的知识来解决这个问题。

比尔：好的。

咨询师：我想知道你是否还记得我们说过的，当人们选择不做自己该做的事情时他们伤害的人到底是谁。

比尔：我想，这样会伤害自己。

咨询师：所以，我们一起来看看，当你不学习的时候发生了什么。

比尔：我想这会伤害我的。

咨询师：如果你想，我们可以想办法帮助你停止伤害自己。

比尔：好的，或许当我学习落后的时候我应该向老师寻求帮助，或是找一个朋友帮助我。我也可以找人帮忙记住我的家庭作业。

咨询师：这些办法或许会帮到你。我们要想想哪一个是你想要尝试的。

比尔：我想，这只需要付出上交作业所必需的努力就可以了。

咨询师：我们下周一起看看你是不是已经记住了你帮助自己所要做的事情。或许你可以告诉我你每天所做的作业。

比尔：好的。

---

① 此案例摘自：亨德森，汤普森. 儿童心理咨询[M]. 张玉川，等译. 北京：中国人民大学出版社，2015：132-133.

二、儿童团体心理辅导

(一)团体心理辅导的概念

团体心理辅导是从英文 group counseling 翻译而来，group 可译为小组、团体、群体、集体等。团体心理辅导也可称为小组辅导或集体辅导。临床心理领域，约定俗成，称为"团体心理辅导"这一概念，是指运用团体动力学的知识和技能，由受过专业训练的团体领导者，通过专业的技巧和方法，协助团体成员获得有关信息，以建立正确的认知观念与健康的态度和行为的专业的工作。

儿童团体心理辅导是通过创设类似于真实社会生活的情境，让儿童与辅导者、儿童与同伴之间的多维互动来提升和巩固辅导效果。儿童在发展性团体中能学到有效的社会技能，并尝试新的合理的行为方式。所以，儿童在参与团体辅导过程中能够得到成长、改善适应和加快发展。不过，如果误用、滥用和盗用团体辅导，不仅会使团体成员蒙受伤害，学习错误的行为，加深其自卑和挫败感，而且会破坏团体辅导的专业信誉。因此，从事团体辅导的辅导者必须不断充实团体辅导的专业知识，掌握团体辅导的技巧，了解团体发展的过程，才能组织和实施有效的团体活动，协助成员真正解决问题，促进他们身心发展和生活适应(图4-4)。

图4-4　儿童团体心理辅导
(图片来自岳阳市儿童福利院)

(二)团体心理辅导的理论取向

1.团体动力学

团体动力学由勒温(Kert Lewin)提出，他认为，应该把团体"视为一个富含动力的整体"，然后再来研究团体内部的各种关系，如个体间关系、个体与团体间的关系、团体动力与个体的相互影响。

勒温用物理学中场的概念来解释人的心理活动,提出了"场论"。场论也被认为是团体动力学的基础理论。这一理论认为"个体的行为表现和个体所处的场有着密切的关系,场将个体和环境融为一体"。在他的实验研究中,处于民主型团体中的个人能更好地彼此相处,更专注于工作,更主动地去解决问题,具有更高的工作效率和满意度;然而,专制型团体中的成员则更容易互相攻击、互相不信任,他们以自我为中心,推卸责任,工作效率和满意度低。

团体辅导活动中,辅导者需要营造一种安全、信任的团体氛围,让团体成员能尽快地调整身心,处于一种舒适放松的状态。

2.人际沟通理论

人际沟通理论认为:人际沟通是人与人之间交换思想、表达意见和情感的交流过程,是人际交往的基础和重要形式。通过沟通,个体能够增进与他人的了解,发展与他人的关系,创建良好的人际关系网。与此同时,个体的归属感和安全感也会增加,这将有益于心理健康水平的提高。个体在与他人的沟通过程中,通过将他人的想法与自己的形成对比,帮助个体更加客观准确地评价自己、认识自己,适应工作生活,发展健全人格。

(三)儿童团体心理辅导的一般特点

第一,体验合作,增强团体凝聚力。在团体形成过程中,团体成员的相互交往,会使团体的凝聚力不断增强,团体活动能更加有效地完成。团体心理辅导能给儿童提供一个机会,形成他们自己和同伴之间的合作力量。

第二,观察学习人际交往技巧,获得团体支持感。在团体活动过程中,儿童与辅导者之间、儿童与同伴之间可以获得充分的人际互动。团体创造并孕育了一种相互信任、关心、理解、接纳、鼓励和支持的人际氛围。在团体中,儿童有机会与同伴共同分享他们的问题和快乐,儿童可以知道并非只有自己才为一些特殊问题而纠结。在这种支持性的发展团体中,儿童能够轻松自由地讨论他们的观点和行为。就像在一个功能完好的家庭中那样,儿童在团体中找到归属感和安全感。在他们为解决问题而练习以及在学习新的应对技巧时,他们会受到其他儿童的鼓励和支持。儿童在团体中交往时,他们探究自己的个人价值、信念、态度和决心,并能从同伴那里得到反馈。在这种分享的过程中,儿童学会有效的社会技能,明显获得了对其他人的需要和情感的关心和共情。他们在其他儿童感知的"镜子"里面看到了自己——看见了他们是谁,想要变成什么样的人,在这种支持性的环境里,儿童可以试验新的行为方式,放弃一些不合理的行为方式,保留合理的,在面对正常的发展性问题冲突时,他们能学会选择不同的处理方式,然后做出决定该改变什么行为。

第三,发挥高效的教育功能。团体心理辅导所创设的情境类似于真实的社会生活情境。团体作为社会的一个缩影,提供了一个模拟现实的形式。对儿童而言,它符合班级教育的情境,更接近学校教育的形式,因此团体辅导是一种感染力强、影响广泛且效果容易巩固的方式。

在团体安全信任的氛围中,成员间的积极参与、主动交流能帮助成员体验人际交往的快乐,学会使用有效的沟通渠道与他人交流,认识自己,了解他人,调整行为,改善关系,获得成长。

(四)儿童团体心理辅导的基本过程

1.了解儿童的潜在心理需要

对儿童实施团体辅导,首先必须了解儿童有哪些心理需求,要改变哪些心理行为问题,培养哪些心理能力和社会交往技巧。辅导人员可通过所接儿童个案的突出问题，或通过观察、访谈、心理测验和查阅资料等方法了解儿童常见的心理行为问题和需要培养的社会心理能力。

2. 确定团体的性质、主题和目标

根据团体辅导的目标，团体大致可分为三大类：成长性团体、训练性团体、治疗性团体。

(1) 成长性团体。成长性团体以促进参与者的心理健康、健全人格发展为主要目的，活动内容丰富、形式不拘一格，多针对正处于成长阶段的青少年学生，在学校开展得比较多。在团体活动中，参与者心情轻松愉快，分享、体验和讨论比较多，成员能深入理解自己和他人，团体能促进成员的心理健康和人格成熟。

(2) 训练性团体。训练性团体是以敏感性训练为主要活动方式的团体辅导，目的是学习有效地处理人际关系的方式，训练生活技能，增进社会适应。此类团体辅导在教育机构比较流行，对于青少年而言，参加人际沟通与交往训练团体是他们学习社交技能最有效的途径之一。

(3) 治疗性团体。治疗性团体以心理异常、患有心理疾病的人群为辅导对象，帮助参与者减轻或者消除病症，促进其心理恢复健康的团体。治疗性团体重视潜意识方面的处理，心理学专业性很强。此类团体辅导不适合儿童福利机构儿童。

按照团体的组织方式，则可以分为持续式和集中式团体辅导两类。持续式团体辅导是指团体持续一段时间，在该时间段内定期地举行团体活动。这样的团体一般安排 8~15 次活动，每周 1~2 次，每次 1.5~2 小时。集中式团体辅导是指所有的团体活动集中在一个时间段内完成，如利用节假日或者周末进行团体活动。

3. 搜集相关文献资料与制订计划书

当团体性质和目标确定后，辅导教师就要通过查找相关资料，阅读书籍和杂志，为团体设计提供理论支持。同时，也要了解和搜集同类团体是否有人带过？有哪些可以借鉴的前人经验？有哪些需要注意避免的问题？

4. 完成团体辅导计划书

资料准备充分后，设计者就要思考和讨论解决问题所涉及的各类因素。例如明确带领团体心理辅导的人员及助手的要求及条件，领导者与助手如何分工？团体心理辅导以何种形式进行？什么时候组织团体心理辅导为宜？团体心理辅导进行的地点在哪里？环境条件如何？团体心理辅导效果采用什么方法进行评估？所选测量量表是否容易获得？需要哪些花销？有无财政预算？团体活动各种道具是否具备？在此基础上完成团体辅导计划书。

5. 规划团体辅导整体框架及流程

通过完成团体辅导过程设计表和团体活动单元计划表，编制出团体辅导详细过程，认真安排每次聚会活动，即进行辅导方式及活动的设计。活动设计是为了要引导成员在团体中经历经验学习的四个阶段，即个人的经验→经由与他人分享自己经验的过程，个人回顾与整理自己的感受、看法→个人归纳、分析出一些概念、原则或新的自我了解→尝试将新的自我发现或前面所习得的概念、原则，应用到团体之外的情境中，以达到预定的目标。

由于领导者的带领、成员的反应、活动引发及累积的效果均自然地影响团体辅导的过程，所以同样的设计实施于不同团体时，可能会有不同的情况及结果出现。因此领导者需要准备一些备用的活动，并视团体发展的状况来弹性调整原先的计划。同时，还要准备每一项活动进行的大纲及必需的材料。

6.招募和甄选成员

团体辅导的效果往往与团体成员是否乐意参与，是否积极投入有关，团体与成员要互相配合得宜，才能产生积极效果，因此，需要慎重甄选。甄选团体成员的流程可以包括招募、评估、甄选等几部分，这是团体领导者与成员发生互动的最初环节。

并非每个儿童福利机构儿童都适合参加团体心理辅导。如果治疗团体成员大多以人格失常、行为偏差或情绪严重困扰者为参加对象，就需要通过与有意参加者面对面的直接接触与观察、个别面谈或与儿童福利机构的工作人员接触等方法收集成员资料，决定其是否适合参加团体。如果是一般人员团体，只要评估成员的参与兴趣、专长、权利等因素，普通儿童参加即可。

甄选团体成员时需要考虑到知识能力水平（智力水平、学习能力、领悟能力）、行为表现（行为偏差的成员不能超过正常的成员）、同质性程度等。

7.对团体辅导计划书进行讨论或修订

将设计好的团体辅导计划书在同行之间先行组成试验性小团体试用一次，与同行、督导讨论适用结果，再加以修改完善。

（五）团体心理辅导在儿童福利机构的实践

湖南省知绘心理健康服务发展中心于2018年4月至2019年1月在株洲市儿童社会儿童福利机构开展儿童团体心理辅导活动20次。

活动主题主要有：2018年4—8月主要是针对社区大龄儿童开展了的人际交往、情绪管理、自我保护、自我肯定、人生规划、情商管理等内容，考虑到孩子们情况特殊，男女生单独开展活动；从2018年8月开始主要针对儿童福利机构内低龄儿童开展了认识快乐、认识害怕、认识难过、注意力分配和转移等相关主题的课程。

每次活动主题都有不同的目标，通过团体心理辅导活动提升了院外社区大龄孩子的人际交往能力，以及自信心的提升、情绪的合理宣泄及合理管理自己的情绪等方面的能力。通过红气球心理健康教育课程的开设，低龄孩子们的表达能力、感知能力、专注力等能力得到了改善。

孩子们由内而外一次次地在蜕变，大龄儿童有了更多的力量去走向新的人群，进而走向社会，可以迈向属于自己的天空，低龄儿童的变得越来越自信和勇敢，其内在的安全感和力量也有了明显的提升。

附录：

儿童福利机构儿童团体心理辅导方案[①]

团体辅导主题：认识自己，提升自信心（发展性团体）。本方案适用于智力正常，年龄在10岁以上的儿童福利机构儿童。

①团体辅导的时间地点安排

----

① 该方案摘自：赵红丹.团体辅导改善孤残儿童自尊与人际信任的实验研究[D].武汉：华中师范大学，2014.内容根据儿童福利机构实践情况有适当删改。

目前大多数团体辅导多采用持续式辅导形式，每次进行 1.5~2 小时，每周一次，总共辅导 4~8 周。本次方案设计是每周 1 次，每次 120 分钟，共 8 次。

团体辅导在儿童福利机构的一间小教室进行，由一位心理学教师带领，儿童福利机构的工作人员协助成员的生活安排。

②团体辅导的基本内容

名称：心灵成长团体

性质：成长性、集中封闭式团体

目标：帮助儿童福利机构儿童认识自我、接纳自我、肯定自我，培养成员建立自信心。

领导者：×××

技术：游戏活动、小组分享、讨论总结

方案：方案设计以人本主义、认知理论、社会学习理论等为基础，采用游戏活动、小组分享、讨论总结的形式，共 4 个单元共 8 小时的辅导。

第一单元：有缘相会（120 分钟）

单元目标：帮助团队成员相互认识，建立成员信任感和团队凝聚力；清楚团体辅导的目标和规范，帮助成员建立团体辅导的个人目标。

团辅方案第一单元

主题	内容	目的	操作	材料
快乐相识（60 分钟）	名片对对碰	促进成员间相互认识、增进互动	五对名片卡，其中每两对背面的字母是一样的。成员根据自己的喜好和特点，为自己设计一个个性名片（名字、性格、爱好、特长、希望被人怎么称呼自己等），完成后找到背面字母和自己的一样的另一个成员，针对名片彼此自我介绍，和相互提问。成员依次站在成员面前介绍刚刚自己的搭档。	讲述规则的 PPT、纸片卡、彩笔
	我认识你，创立"爱的信箱"	加深成员间相互了解，让成员在新的团体中感受关注与被关注的感觉	所有成员围站成一个圈，选择一个"执行者"站在圈的中间，手拿"棒子"，由他对面的人喊出一个成员的名字，执行者马上跑到被叫到的成员面前，被叫的人再马上喊出另一成员名字，如果喊不出，就当头一棒，然后由他做执行者，以此类推，让大家相互熟悉。 爱的信箱：每个成员，每人一个专属信封，作为自己的爱的信箱。在信封上写上自己的名字，用细绳穿起来，挂在墙上。将自己的名片装在自己的信封里。	讲述规则的 PPT、报纸做的"棒子"，信封，细绳

		团辅方案第一单元		
建立 信任 (30分钟)	信任 手牵手	培养成员间彼此信任感	两人一组,一人扮演盲人,一人扮演哑人引领道路,两人配合完成一段路途,彼此轮换后分享信任与被信任的感受。	讲述规则的PPT、眼罩
凝聚团队,建立契约 (30分钟)	自有我主张	提高成员的活动参与度,增强成员的团队归属感; 为成员创建安全、开放、信任的团体氛围,为团体辅导的顺利进行做好铺垫	分为两组,每组5人,时间5分钟,让成员就活动中应遵循的规范进行头脑风暴,然后记录下来,每组派一名代表和大家分享,最后在将两组的规范整合,形成契约,大家签字,作为团体活动的规范共同遵守。	讲述规则的PPT、2张A4纸、笔,白板或大白纸,透明胶带
	我的誓言	为成员创建安全、开放、信任的团体氛围,为团体辅导的顺利进行做好铺垫	领导者带领宣誓: 我自愿参加团体辅导小组,在活动期间愿做以下保证:我一定准时参加所有小组活动,因为我的缺席会对整个小组活动造成影响;对于小组活动中所言所行绝对保密,活动外我不做任何有损小组成利益的事;小组活动时,我对其他成员持信任态度,愿对他们敞开自己,与之分享自己的感受,对他人的表露,我愿提供反馈信息;小组活动时,我会认真参与,认真倾听,不做团体活动无关的事情。 宣誓人: ×年×月×日	讲述宣誓的PPT

第二单元:探索自我(120分钟)

单元目标:帮助团队成员更好的探索自我,在成员间的相互帮助下,成员能够透过他人言行了解自身的优点,肯定自己的价值。

		团辅方案第二单元		
主题	内容	目的	操作	材料
破冰游戏 (20分钟)	"颠三倒四"	集中成员的注意力,调整成员状态	成员依次从1~16报数,报数规则:到3、4时颠倒顺序报;到7、8时不报数,7则手指上方,8则手指下方到15报"月亮";到16时不报数,用手画圆。报错了接受小惩罚。	讲述规则的PPT

主题	内容	目的	操作	材料和备注
发现 自我 （40分钟）	我是谁	进一步探索自我，思考现实的自我、理想的自我、以及他人眼中的自我之间的区别和关系，并分析原因，更好的认识真实的自我	1.一张A4纸，连续对折两次，将纸横纵向分成4等分，最左侧写下：身高体重性别相貌性格人际关系爱好……左侧写满后请在白纸的上方从左至右写上：真实的我、理想的我、别人眼中的我。 2.成员间分享感触。 3.最后将记录放到自己的爱的信箱。	讲述规则的PPT，A4纸，笔
遇见美丽的自己 （60分钟）	同心协力风火轮	帮助成员认识自己在团队中的价值，促进成员自我价值感的提升	将成员分为两组，各组用相同的工具制作一个风火轮，所有人踩着风火轮进行竞速接力比赛速度最快的队为获胜队。	报纸、透明胶
	美丽的身体	帮助成员发现自己的特长，练习赞美自己	1.给每个成员一张纸，上面画有一个人的轮廓，这个轮廓代表自己，让每个人在自己的身体轮廓中的各个部分写下褒义的词语，比如：在手臂上写下"给人拥抱"，嘴巴上写下"优秀歌手"，耳朵"好的聆听者"，等等。 2.写好后要信心满满地和大家分享自己的创作。最后将自己的作品放到自己的"爱的信箱"。	讲述规则的PPT，10张A4纸，彩笔

第三单元：挥别非理性认知，向快乐出发（120分钟）

单元目标：推动团体动力的发展，引导团体成员认识和识别自己的不合理信念，学会改变，学会接纳自己、肯定自己，促进自信心的提升。

团辅方案第三单元

主题	内容	目的	操作	材料和备注
破冰游戏 （20分钟）	两个数字	调整气氛，启发成员思考	让成员预估一下一分钟你可以最多鼓掌多少下？把预估的数字写在纸上。接下来带领成员实际测验鼓掌的数量，并将其和预估数相比较。引导成员思考为什么对自己的预估要低于实际能做到的？成员结合自己的亲身经历的小故事，说明自己的能力要比预估大得多。鼓掌实测要求：手掌距离3~5厘米即可；时间10秒×6。	讲述规则的PPT，纸、笔、计时器

续上表

主题	内容	目的	操作	材料与备注
向快乐 进发 (100分钟)	我的 烦恼	帮助成员分析 自烦扰的由来 探索产生烦扰 的真正原因	请成员描述一件自己不愉快的遭遇,将其写在三栏表格中:描述引发情绪的事件、描述你当时的思维方式和信念、描述你的情绪感受,和大家一起分享。	讲述规则的PPT,10张三栏表格,笔
	改变从 此刻 开始	帮助成员了解 常见的不合理 信念,使成员学 会自我对话,学 会处理不合理 信念和合理信 念的冲突,体验 接纳自我的放 松感和提升自 爱的能力	1.让成员观看心理图片—老人与少女等,成员间分享,感受多角度看问题; 2.艾利斯的情绪理论;常见的不合理信念的讲解; 3.情景模拟:选取一个1-2成员的遭遇作为剧本,进行情境再现。过程中引导成员提出更多的合理信念,让成员分别感受不合理的信念带来的情绪体验和合理信念所带的情绪体验的区别,并与大家分享。	陈述内容的PPT

第四单元：快乐道别，迎接全新的自己(120分钟)

单元目标：帮助成员在感受自我的价值感的同时，处理离别情绪，整理心情，向快乐出发。

团辅方案第四单元

主题	内容	目的	操作	材料与备注
破冰 游戏 (30分钟)	我是唯一	体验自我肯定的 感觉和技巧	两人一组相互注视对方,自信诚恳,相互做一分钟自我介绍:如我是×××,我对(唱歌、足球、英语、书法等)很有把握;介绍的内容也可以参照第一单元的名片对对碰的内容。	
未来 的我 (60分钟)	平凡与不 平凡的我	引导成员认识到 在生活点滴之中 均能体现自我 价值	播放视频:Life Vest Inside(爱的传递) 让成员分享观后感和自己的理解。	视频资料

续上表

祝福 你我 (30分钟)	祝福卡片	表达惜别之情，促进成员情感升华	团队的每个成员分别用张卡片写下对团队中其他名成员的好评和祝福，并署上自己的名字。将写好的卡片分别装进对的成员的"爱的邮箱"里。最后每个人取得自己的那个承载着满满祝福的邮箱，将成员的爱大声读出来，分享获得他人肯定和祝福感受，以及这次活动中的收获。	陈述内容的 PPT，90张卡片
	《相逢 是首歌》		大家在《相逢是首歌》的背景音乐下相互拥别。	《相逢是首歌》 的MV
	合影留念		合影留念	相机

三、儿童游戏治疗

游戏治疗主要是基于多种理论整合发展而成，指出儿童主要是通过游戏将内在的焦虑外显化，并通过与游戏治疗师的互动，增加对自我情绪和行为的认识，并促进个人发展，加强自我应对困难的信心和能力。

(一) 游戏治疗概述

1. 游戏治疗的发展历史

赫米妮·胡格-赫尔姆斯(Hermine Hug-Hellmuth, 1921)是第一位将游戏用于儿童的治疗师。她将游戏作为分析的基础，发现了儿童不同于成年人的三个特点：儿童不是自愿来的；相比过去的经验，儿童更多受到正在进行的事件的困扰；儿童无意放弃自己的困难(Carmichael, 2006; Landreth, 2002)。

安娜·弗洛伊德(Anna Freud, 1926)通过做游戏、记录儿童的梦和他们编的故事，提供新颖的玩具等多种手段鼓励儿童参与治疗。安娜·弗洛伊德认为，在对儿童的动机进行解释之前，通过与儿童一起玩耍建立与儿童的关系是非常必要的。

梅兰妮·克莱因(Melanie Klein, 1932)将游戏作为探索儿童动机的途径。她提出，游戏和绘画可以投射出儿童的情感，治疗师可以通过观察儿童的非言语行为理解他们的无意识。克莱因鼓励儿童说出他们的想象、焦虑和防御，然后对其在游戏中表现出来的行为进行解释。她尝试让儿童将那些不能向父母表达的攻击性的情感传达给治疗师，这样可以缓解儿童的内疚。

与克莱因和安娜·弗洛伊德同时期的玛格丽特·洛温费尔德(Margaret Lowenfield, 1935/1991)认为，游戏治疗不仅可以让儿童全程参与，还可以帮助他们理解自己的情绪和认知。她重点关注的是儿童理解世界的能力。她将游戏王国技术和镶嵌测验作为探索儿童推理的具体方法。赫尔妮·胡格-赫尔姆斯、克莱因、安娜·弗洛伊德和洛温费尔德为当代的游戏治疗奠定了基础。

弗吉尼亚·亚瑟兰(Virginia Axline, 1969)作为卡尔·罗杰斯的学生和同事，提出了指导游戏治疗和儿童咨询实践的八条原则,并发展了儿童中心游戏疗法(图4-5)。

图4-5 儿童游戏治疗

(图片来自岳阳市儿童福利院)

2.游戏治疗的目标

韦布(Webb,2007)提出,游戏治疗师不仅要减轻症状,还应消除儿童发展和未来成长中的障碍。可以看出,治疗目标具有双重性——减轻症状,促进发展。柯德曼(Kottman,2004)列举了游戏治疗的典型目标:①提升自我接纳、自信和自立;②促进了解自己与他人;③探索和表达情感;④创造控制和负责的实践机会;⑤探寻对问题和关系的另一种看法;⑥学习和实践问题解决及关系建立的技巧;⑦增加情感词汇和情绪概念。

3.游戏治疗的优势

谢弗(Schaefer,1993)概括了游戏的14项治疗作用和有益结果,斯韦妮(Sweeney,1997)和柯德曼(Kottman,2001)对此进行了解释。

(1)克服阻挠:一些儿童并非自愿前来咨询,游戏可将他们带入与咨询师的工作同盟之中。

(2)沟通:游戏是自我表达的自然媒介。让儿童愿意以儿童的语言进行表达,体现了咨询师对儿童的尊重。对儿童行为和选择的观察,有助于咨询师更快更有效地理解儿童。

(3)胜任力:游戏满足了儿童探索和掌控的需要,从而帮助儿童建立自尊。咨询师指出,儿童的努力和进步可以帮助儿童建立信心。

(4)创造性思维:提升儿童的问题解决能力,从而进步激发其对困境的创新性解决。游戏为创造力和具有想象力的解决办法提供了条件。

(5)宣泄:儿童可以释放他们难以面对的强烈情感。放松的感觉是一种引导儿童成长的体验。

(6)疏泄:儿童通过恰当的情绪表达,在游戏中对生活中的真实困难进行象征性体验从而可以对真实困难进行加工和调整。

(7)角色扮演：儿童可以实践新的行为，并发展对他人的共情能力。

(8)想象：儿童通过想象理解痛苦的现实。他们也可以对改变其生活的可能性进行实验，这是一个滴注希望的过程。

(9)隐喻训练：通过游戏中的隐喻，儿童直面其冲突与恐惧，从而获得洞察力。故事游戏和图画都可以不同的方式用于考察情势。

(10)依恋形成：儿童发展与咨询师的关系，然后学会密切与他人的联结。

(11)关系强化：游戏强化了积极性的咨访关系，帮助儿童迈向自我实现，也学会与他人的亲密互动。儿童开始相信，他是值得爱和积极关注的。

(12)积极情结：儿童喜欢游戏。在一个接的环境中，他们可以欢笑、开心。

(13)掌控发展性恐惧：重复的游戏行为可以降低焦虑和恐惧。通过玩具、美术工具和其他游戏媒介，儿童可以了解他们应对恐惧和照顾自己的能力。

(14)博弈：博弈有助于儿童的社会化，并发展自我力量。儿童可以借博弈的机会扩展自己的人际互动能力。

4. 游戏治疗的效果

不同研究者都对游戏疗法的作用进行了研究。元分析的结论是游戏治疗对许多问题、许多人群，在许多条件下都是有效的，而且是临床方向的。尤其在治疗有父母参与的情况下。而且有效的游戏治疗，其治疗次数一般会持续35~45次。

游戏治疗已被用于干预各种心理健康问题，如愤怒管理和攻击行为（Fischetti，2001；Johnson & Cark，2001）、依恋障碍（Ternberg & Booth，1999）、悲痛和困惑（Bullock，2007；Schuurman& Decristofaro，2007）、离异和家庭解体（Camastra，2008；Cangelosi，1997；Siegel，2007）、危机和创伤（Baggerly，2007；Gren，2008；Shelby & Felix，2005；Shen，2002；Webb，2007）。

游戏治疗对于儿童行为障碍也是有效的（Landreth，2002），如焦虑、抑郁、注意缺陷多动障碍（Kaduson，1997；Reddy，Spencer，Hal，Rubel，2001）、自闭症或广泛发育障碍（Rogers，2005），身体和学习障碍以及举动无序（Bratton et al. 2003；Kottman，2001）。雷（Ray，2008）调查发现，游戏治疗在改善亲子关系紧张方面效果显著。勒布朗和里奇（Leblanc&Ritchie，1999）研究发现，对于存在情绪困难的儿童，游戏治疗与非游戏治疗同样有效。

布兰顿和雷（Bratton8Ray，2001）进行的一项个案研究发现，游戏治疗对很多儿童障碍特别有效，如社会适应不良、品行障碍、学校行为问题、情绪失调、焦虑和恐惧、自我概念不佳，还有身体、心理或学习障碍。

与上述研究一致，柯德曼（Kottman，2001）通过考察逸闻趣事和实证科学研究，并根据游戏治疗干预的有效程度，划分出了四类使用游戏治疗的情形：①任何取向的游戏治疗都可能被选中用于某项障碍的治疗或纠正；②一项具体的游戏治疗技术有益于特定问题的儿童；③游戏治疗与另一项干预的结合是最有效的；④游戏治疗不被采用。表4-3概括了柯德曼关于游戏治疗对儿童问题治疗效果的观点。

表 4-3　游戏治疗对儿童问题治疗效果的清单①

可以采用游戏治疗的情况（不考虑具体方法）	游戏治疗的某些方法有效的情况	若与其他干预手段结合使用，游戏治疗有效的情况	不适应游戏治疗的情况
适应性失调 创伤后应激障碍 分裂性障碍 抑郁 特定对象恐怖症 攻击行为、过激行为 焦虑、孤独行为 虐待与忽视 父母离异 家庭暴力和其他家庭问题 哀伤 收养和领养家庭与关爱相关的问题 严重创伤（如地震、车祸、战争或绑架） 住院治疗 慢性病或者不治之症	依恋障碍（亲子游戏疗法、主题游戏） 选择性缄默症（认知行为游戏、来访者中心游戏治疗） 中度到中度行为问题（亲子游戏治疗、阿德勒游戏治疗和生态游戏治疗）	注意缺陷多动障碍 重度抑郁障碍 分离焦虑障碍 大小便失禁 学习障碍 智力落后 躯体残障	严重行为障碍 严重依恋障碍 明显的精神病症状

(二) 儿童中心游戏治疗

现代心理学专家爱思莲（Axline, Virginia Mae）主张把人本主义的理论融入成为游戏治疗的基础，并提出非指导性游戏治疗（non-directive play therapy）。弗吉尼亚·亚瑟兰在非指导性游戏治疗基础上，充分运用卡尔·罗杰斯的来访者中心治疗理论，发展了儿童中心游戏治疗。根据 20 世纪末的相关研究显示，以游戏治疗为工作模式的工作者大多数采用儿童中心游戏治疗（Kranz et al., 1998；Phillips & Lan dreth 1995/1998）。

1. 基本理论

儿童中心理论假定，不良的环境是儿童出现心理障碍的原因，如果环境适当满足儿童的需求，儿童能够追求自我实现就不会有症状行为。不良的环境让儿童自己否定自己，因为他自己的经验告诉他这是错的。如果他采纳了别人的价值观，内在冲突会发生。

由于儿童天生具有某种与众不同的特质，使其能在某一种环境下发展得更好。该理论强调成人有责任在儿童生命中创造适当的环境。有利于儿童健康的要素存于游戏治疗的情境中，由于游戏情境配合儿童的需要，这一治疗取向可以用在任何发展层次的儿童，能处理较多的儿童精神问题，正常儿童也能在儿童中心游戏治疗中有所收获。由于非常具有攻击性或太行动化的儿童需要相当结构化和限制的情境，这与来访者中心疗法理论的哲学理念相冲

---

① 此表摘自：亨德森，汤普森. 儿童心理咨询[M]. 张玉川，等译. 北京：中国人民大学出版社，2015：374-375.

突，因此游戏治疗师通常不考虑这类儿童。

儿童中心游戏治疗师必须从儿童的观点了解其真实的现象。随着儿童成长，儿童通过有机体评价系统将经验组成自我的概念，对正向经验视为自我增强，负向经验视为威胁或自我挫败。儿童了解到他人有条件的接纳与批评，开始内化他人的观点和评价，并怀疑自己的有机体评价系统。有机体评价系统的"现实"我和内化他人的态度和价值观的"理想"我之间出现差距，这种不一致常导致不适应。

2. 治疗的八个基本原则

原则一：治疗师必须和儿童建立温暖、友善、真诚的关系，以强化治疗关系。

治疗师必须和接受治疗的儿童建立温暖友善的关系，而且建立得越早对治疗越有益。治疗师的一个微笑、一句热情的招呼，都有助于双方关系的建立。例如，治疗师面带微笑拍拍儿童的肩膀："小朋友，你好！我很高兴见到你。你喜欢放在那边桌上的米老鼠吗？"这样一来，那个儿童会感到十分轻松。他可能会说："嗯，我可喜欢玩米老鼠了！"但是，有的孩子也可能很不情愿地随父母前来，他可能在游戏室中故意转身不理治疗师。针对这种情况，治疗师可与孩子父母自然地聊天，想办法吸引孩子的注意力，如用生动的语言介绍最有趣的玩具等。在建立友善关系的过程中，应对避免不适当的称赞，关键在于吸引、热情。

原则二：无条件接纳儿童，接受儿童真实的一面。

前来接受治疗的儿童是极其敏感的，治疗师的一举一动都在儿童的观察之中。治疗师的冷淡或无意中的责备都会关闭治疗的大门。因此，治疗师对儿童各种情感的流露要十分留意，即使是那些明显的带有消极色彩的情绪，也不要轻易予以否定。始终保持冷静、友好的态度，避免对其造成直接或间接的伤害，是成功的治疗不可缺少的。

原则三：治疗师创造和维持一种宽容的环境，使儿童能完全自在的探索和表达感受，宽容的感觉对儿童袒露深层的东西有重要作用。

要使儿童获得宽容的感觉，治疗师的非言语表达固然不可忽视，语言的直接刺激则更为重要。像"在这一段时间里，你想怎么玩这些玩具就怎么玩，弄坏了也没关系"这一类的话，就可以使儿童获得宽容的感受。有的儿童胆子比较小，或者不知道该怎么玩玩具，治疗师应进行示范或说明，这同样有助于儿童获得宽容的感受。

原则四：治疗师必须专注于儿童的感受，并将此感受回应给儿童知道，帮助儿童增加自我了解。

在治疗的开始阶段，儿童的外在反应多，内在反应少，这是正常的。治疗师不应急于求成，而应循着儿童的反应线索逐步捕捉深层的信息。过早地引发儿童的内在情绪，往往会适得其反，使治疗陷入僵局，因为此时儿童的安全感和信任感还没有充分建立起来。此外还应注意，识别儿童的心理反应最好用儿童自己的语言来表述，并且要小心地征求儿童的意见，看是否符合他们真正的意思，这对治疗师形成准确判断至关重要。

原则五：保持对儿童尊重的态度，相信只要提供机会和所需资源，儿童有能力解决问题。

对儿童的尊重不仅应体现在建立关系的开始，还应体现在尊重儿童自己解决问题、自己选择和着手行为改变上。在这一过程中，治疗师的强迫或施加压力予以干涉，不但达不到预期的目的，还会破坏治疗关系。赞同儿童的选择决定，这并不意味着治疗师的迁就和被动，而是尊重儿童积极主动的体验。儿童必须为自己的决定负责任，并有决定是否改变以及何时改变的自由。

原则六：不干涉，让儿童做引领者，启发儿童自觉领悟。

游戏治疗宜用启发的方式由儿童带路，不宜用指导的方式为儿童引路。一位治疗人员如果站在指导者的立场指手画脚，甚至在儿童不愿讲的时候主动去刺探什么隐私，他所得到的回报是可想而知的。当然，强调启发并不是说不可以讲一些引导性的话，如指导儿童掌握使用玩具的方法，这种引导是必然的。但治疗师无论如何不可以挑剔儿童的做法，不可以暗示儿童如何行动，不可以事先布置或设法引诱儿童选择某些"有意义"的玩具。

以人为中心取向的游戏治疗的重要观点即是：整个治疗场所像是儿童的实验室，怎样消磨时光由儿童自己决定。

原则七：不去强求治疗进程。

在游戏室内，儿童自己是时间的主人。不管儿童如何表现，治疗师都需要付出耐心和体谅。欲速则不达，游戏治疗尤其如此。假如儿童坐在那里发呆，治疗师千万不要打断其思路，催促其如何如何。如果儿童真的有问题需要帮助，当他准备好时他会自己表露出来，治疗师对此一定要有信心。主观断定儿童的问题，并想快刀斩乱麻，早早结束治疗过程，是游戏治疗的大忌。当然，经过数周的治疗之后，儿童仍然没有明显进步，这时就需要治疗师审慎思考、认真检查了，看看究竟是什么原因阻碍了儿童进步。除了儿童自身的原因之外，还有一点治疗师须记住：游戏治疗并非适用于所有的儿童，有些儿童单靠游戏治疗是解决不了他们的问题的。

原则八：制定必要的游戏规则。

在儿童中心的游戏治疗中，不需要对儿童过多限制，但这并不意味着一点儿不需要游戏规则。必要的游戏规则还是要有的，这些规则的目的是让儿童了解他在治疗关系中应负的责任，以及使治疗更符合真实生活。

不得故意毁坏玩具(智力障碍儿童发泄情绪时的损坏除外)，不准随便弄脏游戏室，游戏时不要做危险的举动，这些正常游戏所应遵守的基本准则，在游戏治疗中也同样需要。

3.治疗的目标和实施

(1)治疗目标。儿童中心游戏治疗的目标非常广泛和普遍，治疗师不为儿童制定具体的个人目标，而是提供正向的经验帮助儿童积极止向成长，并发现个人的优点。兰德雷斯列举了儿童中心游戏治疗的目标如下：

①帮助儿童增加正向的自我概念；

②帮助儿童为自己承担更多的责任；

③帮助儿童达到自我接纳、自我依赖以及自我指导；

④帮助儿童学习自我作决定；

⑤帮助儿童体验控制的感觉；

⑥帮助儿童增加对问题因果历程的觉察；

⑦帮助儿童发展内在的评价系统；

⑧帮助儿童学习更信任自己。

在儿童再次构架下选择一个特殊的议题或问题进行工作，治疗师不试图引导或指示儿童谈特定的议题，例如父母或老师所关注的问题，也不去试探儿童所要设定的目标，甚至可能真的不知道儿童的目标为何。但他们相信儿童有能力自己设定目标和方向，相信儿童会朝着需要的方向前进。

（2）治疗的实施。Morstakas 通过描述儿童的感受和态度，将儿童中心游戏治疗历程分为五个阶段：

第一阶段，儿童会在每种游戏里表达负向的感受；

第二阶段，开始出现明显的冲突情绪，通常是焦虑或敌意；

第三阶段，再次出现明显的负向感受，但主要是针对监护人、手足或治疗师，或是出现退化性行为；

第四阶段，冲突的情绪再度浮现，但此阶段主要与监护人、手足、治疗师或其他人有关；

第五阶段，儿童能以适当的方式表达正向和负向的感受而没有冲突。

儿童中心游戏治疗中，治疗师的角色主要是提供儿童无条件积极关怀，同理了解以及真诚一致等核心条件。由于治疗师对儿童的接纳，他相信儿童有能力自己解决问题，为了更好地生活而作改变。治疗师运用非指导的技巧，如追踪、重述内容、情感反应、把责任回归给儿童，必要时设限等，避免使用任何可能引导儿童的技巧，如解释、设计治疗性隐喻、阅读治疗和其他违反儿童意愿的技巧。治疗过程中发生改变的基础是情绪而非认知的改变。

儿童中心游戏治疗师在与监护人工作时，广泛运用的是亲子游戏治疗，这种治疗模式主要是教导监护人学习运用儿童中心游戏治疗的技巧。治疗师应用讲述、演示、示范、角色扮演、技巧练习、回馈、游戏单元的督导、增强等方式，教导监护人如何将这些技巧运用在每周半小时和儿童一起的游戏单元中。亲子游戏治疗的目标是降低儿童的问题行为，帮助监护人学习与儿童互动的技巧，改善亲子关系。

（三）沙盘游戏治疗

1.沙盘游戏治疗概念

沙盘游戏，亦称箱庭疗法，是在治疗师的陪伴下，让来访者从摆放各种微缩模具（玩具）的架子上，自由挑选小模具，摆放在盛有细沙的特制的容器（沙盘）里，创造出一些场景，然后由治疗师运用荣格的"心象"理论去分析来访者的作品。

沙盘游戏治疗以心理分析之无意识理论为基础，其基本特征是注重共情（empathy）与感应，在"沙盘"（sandtray）中发挥原型和象征性的作用，实现心理分析与心理治疗的综合效果。

作为一种综合性的心理治疗体系，沙盘游戏被广泛地运用在了心理咨询、心理评估、心理治疗、心理教育、人力资源开发和 EAP，以及专业心理分析的诸多领域；尤其是沙盘游戏与学校心理教育的结合，在国内获得了重要的发展（图4-6）。

2.沙盘游戏治疗的发展

沙盘游戏的起源可以追溯到 19 世纪初，其最初创意来源于 1911 年 Wells 的"地板游戏"；1929 年，Lowenfeld 在此基础上发明了"游戏王国技术"；1966，Kalff 将"游戏王国技术"与荣格的分析心理学相结合，同时借鉴了中国传统文化的思想，创造出一种更为成熟的心理治疗

图 4-6　儿童在摆沙盘

（图片来自岳阳市儿童福利院）

的技术，并最终以"沙盘游戏"来命名。此后，沙盘游戏得到了长远的发展，在我国，一些高校及中小学都建立了沙盘游戏室，并被长期应用于心理咨询实践，在心理治疗、心理辅导与心理教育中。

3.沙盘游戏治疗的应用

（1）儿童心理治疗。沙盘游戏在心理治疗中的主要功能和作用包括：①心理诊断与综合性心理评估；②各种心理压力、紧张和焦虑的辅导与缓解；③各种心身疾病的专业性心理分析与治愈；④沙盘游戏治疗也可以作为一种综合性的心理教育技术，可以在心理健康的维护与人格发展，艺术表现与创造力的培养和生活质量的提高中发挥积极的作用，引导来访者获得以自性化为目标的人格发展与心性完善。

与传统的儿童心理疗法相比，沙盘游戏特别适合儿童，国内外已经将其广泛运用于儿童诸多心理疾病的治疗。沙盘游戏疗法能为儿童提供一个"自由与受保护"的空间，在这里儿童通过象征、隐喻的形式不仅可以再现出与创伤经历相关的情景以帮助发现问题，同时也可以宣泄出与创伤经历相关的复杂情感从而达到治疗的目的。

例如，Grubbs 对沙盘游戏运用于性虐待所致 PTSD 儿童的疗效进行了探讨，发现沙盘游戏是创伤愈合与转化的强有力的媒介，沙盘游戏的过程正是儿童显释放他们的创伤以及逐渐愈合的过程。Louise 对 56 名 4~5 岁遭遇海啸后的 PTSD 儿童进行了沙盘游戏治疗，经过 4 个月每星期 1 次的沙盘游戏治疗，这些儿童获得了积极有效的转变。

沙盘游戏对儿童品行障碍也有着良好效果。沙盘游戏能为此类儿童提供发泄愤怒和表达攻击行为的途径，让他们在虚拟的空间里将其愤怒和攻击性的行为物化地演示出来，从而耗散其攻击性心理能量，最终达到治疗的目的。

（2）儿童心理教育。沙盘游戏广泛运用于学校的心理健康教育中。沙盘游戏的工作原则并非单纯以来访儿童的心理症状为工作目标，而更注重其内在心理的充实与发展，在儿童的健康成长方面，如培养自信与人格、发展想象力和创造力等都发挥着积极的作用，因此特别符合心理教育的基本主张。根据国内外一些实证研究，沙盘游戏尤其对于学校中存在焦虑、注意力集中困难、言语沟通困难以及适应困难等问题的儿童有良好效果。

（3）诊断。沙盘游戏不仅可以用于多种心理疾病的治疗，还可以作为一种临床诊断工具的潜力。维也纳大学儿童发育研究者 Buhler 把沙盘作为诊断和研究工具，在沙盘游戏发展的历史上占有重要的地位。她把自己的技术命名为"世界测验"，并将其标准化。

3. 沙盘游戏治疗的实施过程

第一步，导入沙盘游戏。通常以一些简短的指导语引入沙盘游戏，如："请用这些玩具和沙箱，随便做个什么，想怎么做就怎么做，没有时间限制。"玩具对儿童有很强的吸引力，当咨询师说完指导语，他们可能会立即付诸行动。

第二步，观察儿童制作沙盘。在整个沙盘游戏的过程中，咨询师尽可能不主动与儿童交流，因为任何交流都可能中断来访者的思路，使无意识的表现出现不连贯。如果儿童问问题，你只需回答："随你，你想怎么做就怎么做"或"按你自己想的去做就可以了"。咨询师以关注的目光，积极地关注儿童，静默地陪伴儿童。

第三步，记录制作过程信息。儿童在制作沙盘作品过程中玩具的选用、摆放、移动轨迹，作品的修改，以及与咨询师的交流都应尽可能记录下来，还可以在不打扰儿童制作的前提下间隔性拍摄，从中可以看出来访者制作沙盘作品的大致过程，为日后的整理、分析提供更多的信息。

第四步，陪儿童体验沙盘作品。当来访者制作完沙盘作品时，咨询师用 3~5 分钟陪儿童体验他的作品，让来访者安静地体验自己的内心世界。咨询师可以说："这是你自己的世界，请你用一些时间在自己的世界里神游一番，尽可能详细地品味这个世界的一切，不仅仅用眼睛，还要用心去理解自己的世界。你可以保持沉默，静静地体验这个世界给你的一切感受。"

第五步，理解和对话沙盘作品。当来访者深切地体验完自己的作品，咨询师可以请来访者尽可能详细地解释一下作品的内容。咨询师只要一句"怎么想的"，就可以打开来访者的话匣子，甚至只要朝来访者一点头就可以。来访者在解释作品时，咨询师应以倾听的态度，并及时做出一些反应性回馈，表明咨询师的关注和共感理解，澄清来访者的解释。

第六步，拆除沙盘作品。在沙盘游戏治疗结束之前拆除作品，要征得来访者自己的意愿。如果来访不愿动手拆除，咨询师必须让他知道，等他离开之后咨询师将会拆除。如果来访者愿意自己拆除作品，咨询师要记住来访者首先拆除的玩具，这可能是他认为最需要解决、克服的问题，或者他认为最重要的部分，这会为理解他内心世界提供额外的信息。

第七步，分析和评价沙盘作品。在沙盘游戏过程中不向来访者解释玩具的象征意义，不对其作品进行分析和评价，否则可能使来访者产生不安、评价焦虑，阻碍其无意识的继续表现,阻断自我治愈能量的流动和涌现。对沙盘作品的分析与评价主要是在结束治疗之后,咨询师进行个案总结、分析时需要完成的主要任务。

案例:沙盘游戏治疗的个案运用介绍(节选)

内蒙古呼和浩特市儿童福利机构的何雪霏报告了一例对智力发育迟缓的8岁男孩的沙盘游戏干预。整个过程包括:

(1)初始沙盘分析。在初始沙盘中,小亮(男,8岁,智力发育迟缓)摆放的沙具种类有限、人物被沙子掩埋、暴力倾向的动作出现,这些都是"创伤"的表现。在沙盘游戏及其分析评估的过程中,初始沙盘就像心理分析中初始的梦,具有十分重要的意义。沙盘游戏创始人卡尔夫认为:初始沙盘能够反映出来访者所带来问题的本质,提供辅导的方向以及恢复的可能等重要信息。同时,也能够启发沙盘游戏辅导教师对个案的理解,促进整个沙盘游戏辅导过程。

(2)沙盘游戏工作过程分析。首先与案主建立工作关系,然后与类家庭工作人员,小亮的"妈妈"、康复师、医生、特教教师进行会谈,寻找小亮内心深处的"症结"。随着沙盘游戏的深入,小亮表现的沙盘主题越来越丰富,治愈主题不断出现。具体表现为:一是"人物"沙具数量增多,对"人物"态度发生变化。二是舀沙子的游戏持续整个过程,小亮不断探索玩沙子的方法,从五指抓到两手捏、从双手捧到单手压,从把沙子垒高到来回拨弄沙子,从关注沙子本身到沙具不断出现,这些变化虽然细微却充满着变化的力量。三是模仿性元素出现。小亮对"炊具"系列沙具的喜爱一直持续到游戏始终,沙盘中不断出现"过家家"的游戏。四是沙具逐渐摆放整齐,归类清晰。

此案例引自:何雪霏.沙盘游戏对智力发育迟缓儿童的适用性[J].社会福利,2014(8):50.

四、儿童表达性艺术治疗

(一)表达性艺术治疗的概念

表达性艺术治疗(expressive arts therapy)或称表达性治疗(expressive therapy),起源于艺术治疗却有别于艺术治疗。音乐治疗、舞动治疗、诗歌治疗等都是艺术治疗的范畴,但这些治疗形式都是基于单一的艺术形式。表达性艺术治疗整合了各种不同艺术形式的治疗技术和方法。治疗师依赖于他们的创造力和培训,决定哪一种艺术形式可以用在特定的时间中。表达性艺术治疗师在自己某一个治疗单元里会借鉴和使用多种艺术治疗的技术,即在一种支持性的环境中运用各种艺术形式——沙游、绘画、音乐、舞动、身体雕塑、角色扮演以及即兴创作等来促进心灵的成长和治愈(图4-7)。表达性艺术治疗的关键特征就是在心理治疗中将各种艺术形式进行整合(integration)。

(二)表达性艺术治疗的发展历史

最早将艺术形式与心理学联系起来的是俄国艺术家斯坦尼斯拉夫斯基和艾夫莱诺夫。20世纪80年代,麻省莱斯利(Iesley)大学将各类艺术治疗方法,包括音乐、舞蹈、美术、故事、戏剧、诗歌、即兴写作等总称为"表现性艺术治疗"。

20世纪90年代初,艺术心理疗法悄然登陆中国大陆并受到治疗师的喜爱而迅猛发展起来。国际性表达性艺术治疗协会(IEATA)成立于1994年,协会注重将各个专业的艺术治

图 4-7　表达性艺术治疗：儿童水彩画
（图片来自岳阳市儿童福利院）

（比如音乐治疗、舞动治疗、绘画治疗、诗歌治疗等）整合起来，而且鼓励教育者、艺术家和心理治疗师都成为会员。

表达性艺术治疗作为独立领域近期得到更多的重视和发展。表达性艺术的理论方法已经被应用于儿童早期发展与教育及家庭教育中，并作为当下非常受欢迎的心理健康治疗教育模式，已成为促进体验者自由表达、自我觉察和人格发展的最有效的方法之一，更多具有眼光的心理学家开始学习、引进表达性艺术这一重要的心理学应用技术，每一个人几乎都对某一种或几种艺术有特别的反应和爱好，艺术爱好的渗透为艺术治疗的应用提供了广阔的适用范围。并且根据中国国情进行了中国化的处理，使得表达性艺术越来越多地在国内加以应用。

（三）表达性艺术治疗的作用

人类的艺术创作中会体现自身潜意识思维动机。表达性艺术治疗是在精神分析理论及认知理论的基础上逐渐发展起来，它使用了一定的精神分析的理念。在对艺术创作的分析中，能分析出参与者心中的潜意识动机，提升干预的效果。表达性艺术治疗不仅适用于精神健康相关的病患如抑郁症、强迫症等，发展与学习困难领域如发展迟缓、智障等，社会性需求如家暴受害者、性侵受害者等，也同样适用于一般人的潜能激发、自我成长等。王怡卜等（2019）对自闭症儿童进行了以视觉艺术形式为主的表达性艺术疗愈实践，其治疗的媒材和技术包含影像、绘画、泥塑、手工拼贴等多种艺术形式。研究发现在表达性艺术疗愈的过程中，自闭症儿童的兴趣程度及维持时间逐渐增强，刻板行为明显减少，应答性沟通能力及与人交往互动能力增强。Virkkunen、Jussi 等的研究显示，参与表达性艺术治疗创作能够让参与者右脑活跃，在谈论创作经历、组织条理性言语时，还可以活跃左脑，两方面的结合和互动可以促使走向大脑功能康复，这对于调节攻击行为的被治疗者大脑功能恢复效果较为显著。

在表达性治疗中，非常强调"三角沟通的模式"（triangular communication pattern）。所谓的三角沟通模式是指治疗师—表达性媒材—个案，三者会透过表达性媒材的创作形成一个三角关系，在这样的互动关系下，可以提供个案一个正向、高度接纳的治疗环境，催化个案透过媒材隐喻的方式将心中的想法、感觉与情绪投射出来，使治疗师与个案间呈现一个正向互动的治疗历程。

表达性艺术疗法使用的是直觉的思考方式，能借用非语言、象征性的方式及时将来访者潜意识里被压抑的内容表达出来；也能让来访者有安全感，阻抗较小，利于收集真实信息；可以突破不同来访者年龄、语言、认知范围与艺术技能的限制，能广泛地应用于众多对象，具有很强的灵活性和多面性；可以引导来访者以安全的途径释放内心积攒的破坏性能量，用一种合理的方式发泄愤怒和敌意等不良情绪，更能被社会所接受。

表达性艺术治疗因具有非语言性沟通的特质，常常使用于儿童与青少年的工作。艺术表达可以弥补儿童与青少年的口语词汇的不足，也可降低其抗拒的心理并更好地建立关系。总结起来，表达性艺术治疗用于青少年心理辅导有四点优势：①提供更多元的沟通管道；②减少青少年的焦虑与抗拒；③艺术治疗的独特疗效因子；④容易被使用在学校的设置中。

表达性艺术治疗会因为不同的媒材介入以及治疗师不同的理论取向而有不同的效果。其疗效主要包含：①降低个案的防御；②协助治疗关系的建立；③协助对于用口语表达有困难的个案进行自我表达；④提供安全而接纳的宣泄管道；⑤提供个案完成未尽事务的管道；⑥作品可作为收集资料与评估的参考等效果。因此，治疗师可视治疗目标与个案的实际需求与状况，选择各式各样适用的表达性媒材，以协助个案获得最大的帮助。

(四)表达性艺术治疗的媒材与技术

与媒材的丰富性一样，表达性艺术的技术也非常多样。

1.绘画类

表达性艺术治疗中绘画类的技术比较多样，比较典型的有绘画(drawing/painting)、拼贴画(collage)、曼陀罗(mandalas)、壁画(murals)。

绘画能够让来访者自由、自发地描述自己的感受和思想，能够让来访者有机会自由地将各种颜色和器材结合使用。

拼贴画包括在平面上粘贴纸张、自然物品或其他材料，如厚纸板、树根等，对于不擅长绘画的人来说，拼贴画是表达性艺术治疗更为合适的模式。

创绘曼陀罗是一种释放焦虑和压力的方法，也能让创作者感受自己的创造力，来访者可以自行设计曼陀罗，也可以在预先设计好的曼陀罗里面填色，对色彩和图像的选择可以用来判断来访者内心的感受。

壁画主要用于小组辅导中，鼓励每个成员参与小组合作，为来访者提供自由表达自己、轻松与他人社会互动的方法，从而提高社会解决技能和自尊。

2.音乐舞蹈类

这一类别主要包括舞动(body movement/dance)和音乐(music)。

舞动使用运动作为心理治疗来促进个体的情绪、社会、认知和心理的整合，一个典型的做法是来访者听着鼓点或其他音乐器材，自发地跟着节奏舞动身体，人随着舞动释放情绪，发泄能量。

音乐治疗技术包括弹奏乐曲、听音乐、写歌曲、歌词再创作、讨论歌词等。在音乐治疗中，来访者可以是积极的，他们唱歌、演奏乐器或随着音乐舞动；也可以是消极的，只是听音乐或在音乐中放松。

3. 手工制作类

这一类别包含的技术也比较多：玩偶（木偶）制作（doll/puppet making）、雕塑（sculpture）等，沙盘游戏（sandtray therapy）也能归为这一类。

玩偶（或木偶）制作能够提升诸多领域的成长，比如治疗过去创伤、发展家庭或自我的价值、为未来设定目标，增进对自我照料的洞察，其中玩偶（或木偶）能够作为真实自我的代表来讨论内心的感受、恐惧或创伤，或帮助其探讨自我价值。

雕塑可以使用很多材料，如黏土、木头等，在雕塑媒材的过程中，来访者可以释放压力、焦虑等，因为这些可触知的材料能够吸引人的各种感知——视觉、触觉、听觉和嗅觉，让来访者变成媒材的主人，完全控制媒材。

沙盘游戏主要用于儿童，来访者可以使用沙具，包括卡通人物、玩偶等来代表家庭成员。治疗师和来访者可以深入探索来访者的家庭结构、内心挣扎和其他心理议题。

4. 书写类

主要包括日记（journaling）、写作/诗歌（writing/poetry）和生命地图（life mapping）。

日记包括很多形式，如图画日记、用简短语句的日常记录等。情感的伤害、身体的痛苦、自我的成长等都可以通过每一天的日志来梳理。罗杰斯认为，通过图像和文字，我们对自己的情感、行为有了更多的认识，从而获得更多的自我理解和自我认可。

写作和诗歌能够帮助来访者表达快乐、伤心、幸福或悔恨，从而帮助来访者庆祝、回忆、计划或仅仅是感受生活，作者可以通过朗读或重读自己的作品来洞察自己的情绪或心灵的挣扎，从而反思人生、获得进步。

生命地图是邀请来访者用过去的经验和未来的计划来创设目标，从而完成人生的梦想和理想。在创设生命地图时，一个人会回顾自己的过去，看看哪里是"错误的弯道"，也会畅想未来，看看通达未来最短的路径有哪些。

5. 戏剧摄影类

主要包括心理剧（drama therapy/psychodrama）和摄影（photography）。心理剧中，来访者在安全的环境中表演或再扮演痛苦挣扎过的场景、经历，或用来处理以前未处理好的议题，或用来增强对未来生活的信心。

摄影能够帮助人们对生活的环境更加敏感。当人深入关注一件事物时，便从自我跳脱出来，沉浸在对事物的思考中，这种冥想能够为生命带来生气勃勃的能量。在摄影治疗中，来访者被鼓励使用过去到现在的家庭照或其他照片来呈现他们的生命故事。

五、儿童绘画治疗

（一）绘画治疗的概念

绘画治疗是表达性艺术治疗的主要治疗方式之一。绘画作为各类艺术形式中的一种，在本质上就具有对内在心理、人格、感情、人际关系、文化和社会影响的表征功能。"绘画治疗"正是利用绘画本质功能，将人们无法用语言表达的内在世界进行情绪的宣泄、缓解，并以视觉的形式展现出来，进而帮助人们较好的身心调节，达到良好的治疗效果。绘画疗法是让个体利用绘画这种非言语的途径，将自己潜意识中压抑的感情障碍与心理冲突转化为具体形象呈现出来，传递出个人的需求与情绪；并在绘画创作的过程中释放不安的情绪，获得心理满足，经过作品的创作和分享讨论，从而达到诊断与治疗的良好效果。无论是成年还是儿童，都可在方寸之间呈现完整的内在表现，又以在"欣赏自己"的创作过程中满足心理需求。

（二）儿童绘画治疗

儿童不同时期的绘画能力，对"绘画治疗"采用何种绘画工具和绘画形式及绘画作品分析与评断有着密切的联系。

1. 儿童绘画的阶段特征

在儿童成长过程中，其绘画能力总体可分为三个阶段：

第一个阶段（2~3岁）：这个时期的儿童手部运动能力开始增强，热衷于无序线条的绘制。伴随着心理和生理的成长，线条开始倾向于水平线、直线、闭合线条，但是他们还意识不到所画线条和图形相互之间的联系。这个阶段只是儿童绘画的基础时期。

第二个阶段（4~9岁）：简称儿童"图示时期"。初期，儿童能用简单的不规则图形代表具体的形象，并开始具有造型意识。随着身心的成长，在5~9岁时，儿童所画的形象会越来越具体，并开始有一些细节装饰。

第三个阶段（10~12岁）：儿童会注重绘画的合理性，绘画形象倾向写实。这个时期创作的儿童"绘画治疗"作品，对儿童心理问题的分析和治疗具有重要的参考价值。

2. 儿童绘画治疗的材料选择

儿童绘画治疗对于画纸、画笔和其他工具有一定的要求。以下是根据儿童心理咨询与治疗的临床实践经验提供的绘画材料参考。

（1）用纸。

①画纸的大小：用于儿童个体绘画治疗的纸张不宜太大，一般A4纸大小就可以。如果用于团体辅导的合作画，就需要大一点的纸张A3大小就可以。

②画纸的厚度：在进行绘画分析时，需要关注儿童绘画时的用笔力度，因此纸张不宜太薄，考虑打印纸或比打印纸厚一些的纸张。

③画纸的颜色：一般可准备多种颜色的纸，儿童在选择纸的颜色时，不仅会提升绘画兴趣，也能够反映其心理状况的一些信息，如选择红色的孩子一般情绪度比较强烈。

（2）用笔。绘画治疗分为黑白画和彩色画，对于儿童绘画治疗来说，一般使用彩色画。彩笔需要准备各类24色绘画工具，如24色蜡笔、24色油画棒或24色彩铅。之所以需要24色多种材料的画笔，是因为存在心理问题或障碍的儿童，多存在不同程度的触觉统合失调，这些儿童对绘画材料的要求较高。

（3）其他材料。除了画纸和画笔，绘画治疗还需要橡皮、画板、安全剪刀、胶棒等材料。

3. 儿童绘画治疗中的绘画主题

在儿童绘画治疗过程中，从初期的绘画测验，到中期的绘画治疗，再到结束阶段的绘画疗效评估，每个阶段都会使用到不同的绘画形式。

（1）无主题绘画。绘画治疗的初始阶段建议多进行无主题绘画活动，以便让儿童降低焦虑感、熟悉绘画材料和绘画治疗的环境，与治疗师建立良好的关系。常用的绘画形式包括：涂鸦画、随意画、闭眼画、口头表达画等。

（2）命题绘画。命题绘画是由治疗师规定绘画的主题，要求儿童根据主题作画，在治疗过程中，可使用命题绘画与儿童进行探讨，加深其对问题的认知。常用的绘画形式包括：关键词绘画、画感面具、让画中人说话、画出伤痛事件、画安全岛等。

（3）互动绘画。互动绘画是指治疗师与儿童共同参与绘画活动，以此调动儿童的绘画兴趣，鼓励儿童表达自己的思想和情感，探索和思考解决问题的方法。常用的绘画形式包括：多维添加画、对话线条画、故事画等。

4. 绘画治疗的过程

绘画治疗一般包括初始阶段、探索阶段、行动阶段、结束阶段。

(1)初始阶段：该阶段的主要目标是要与儿童建立良好的关系，帮助他们克服心理防御，激发创作意愿。同时也要制定规则，如向儿童解释绘画治疗过程中涉及的内容，与儿童约法三章明确行为界限。

(2)探索阶段：这个阶段主要任务是带领儿童探索情感、想法和行为。治疗师设计引导儿童开展主题绘画，用专业的眼光观察孩子的一言一行，作品完成后，与儿童围绕作品展开互动，使儿童能够接受自己在作品中表现出来的内隐的情感，进而可以用直接的方式来表达，达到其思想、情感和个人经历的外化。

(3)行动阶段：此阶段的主要任务是促使儿童发生改变，此时治疗师要帮助儿童在创作中寻找解决问题的策略，用全新的方式理解自我与环境及不断探索下的积极体验，树立信心并付诸行动。

(4)结束阶段：帮助儿童接受分离，按创作顺序浏览治疗过程中的所有作品，谈谈经历的感受，回顾整个治疗历程，进一步巩固治疗成果。

5. 绘画治疗中的问题矫正技术

绘画中的问题矫正技术是治疗师与儿童就绘画中所呈现的问题达成一致意见后，再利用绘画形式，从认知、情绪到行为进行问题矫正的相关技术。

认知重建绘画技术：该技术是运用认知疗法对儿童认知层面存在的问题进行分析，达到认知重建，再将重建后的认知在绘画作品中呈现。

情绪舒缓绘画技术：通过绘画过程中的绘画宣泄，或者通过绘画过程中与治疗师之间的游戏沟通，达到疏解儿童情绪的效果。

行为矫正绘画技术：通过治疗师与儿童之间对初始绘画中所反映的行为问题视觉化分析，使儿童懂得如何应对问题，再将相关治疗结果在新的绘画作品中呈现。

(三)绘画治疗在儿童福利机构的应用

儿童福利机构儿童相比于普通儿童，福利院机构儿童潜藏更多的心理问题。在实际的心理治疗活动中，治疗师也会更多地应用到绘画干预。近年来，对儿童福利机构儿童进行绘画心理治疗，是湖南省知绘心理健康服务发展中心的重点工作，特此总结以下注意事项。

1. 儿童福利机构儿童的绘画表现及干预建议

福利机构的儿童在进行绘画活动中，会更多地表现出焦虑感、孤独倾向、自责倾向、过敏倾向、身体症状、恐怖倾向和冲动倾向。有些孩子的自我概念也比较低。残障儿童一般占据福利院儿童的大多数，需要重点了解这部分儿童的绘画特点。

(1)听力障碍儿童：听力障碍儿童由于听力的欠缺，使他们更依赖于视觉的观察，因此比一般儿童在绘画中更善于模仿，包括对现实世界的模仿和对其他画作的模仿。由于他们更倾向于对人物和事物的视觉刻画，人物之间和事物之间经常缺少特定的关系或情节关联。而健康儿童根据绘画主题绘画时，会有更多情节上的描述，有时还会自行赋予画面中没有画到的情节内容，结合自己的现实生活经验对其中隐含的情感进行阐释。听力障碍儿童在此方面有所欠缺，他们倾向于在绘画中直接展现事物，通常借助自然景物或配以自己感兴趣的东西以及装饰性的色彩来表现情感。

干预建议：

①利用他们的视觉观察能力，多带他们欣赏户外自然景观、优美的艺术作品。

②在绘画创作中，鼓励他们与同伴积极地交流和互动，增进与同伴之间的交往。

③绘画内容的选择以及绘画主题的确定要从他们已有经验与绘画能力出发。

（2）智障儿童：智障儿童除了智力低下，语言表达能力也较低，有些甚至无语言表达能力。智障儿童在绘画中经常会表现出没有你我的概念，很难把自己与别人区分开来，分不清主客体之间的关系，还处在母子一体的状态中。

干预建议：

①正确认识孩子的症状，多从医生和书籍中了解其症状的相关情况，进行合理的辅助措施。

②采用模仿记忆法，即结合智障儿童的身心特点，引导他们进行绘画模仿，使其逐渐熟悉绘画这一工具。

③对智障儿童的干预要因人而异地进行，可以结合实践，采用个别教学法，也可以与音乐、游戏相结合，使他们更容易接受。

（3）孤独症儿童：孤独症儿童的绘画水平一般与语言能力的高低成正比，绘画行为比较刻板，往往只是刻板模仿教师所指导的内容。他们大多并不能真正体会到绘画的乐趣，却可能对这种刻板模仿本身产生迷恋。孤独症儿童普遍对色彩敏感，会享受涂色的乐趣。对于需要思维与想象的绘画，由于认知滞后，常常会不知所措地发呆。此外，他们的注意力普遍难以集中。

干预建议：

①促进认知能力的改善。引导他们通过对各种材料的应用，熟悉不同材料的质感，鼓励他们描画各种形状，并通过反复运用这些材料和对形状的描画，让孤独症儿童记住这些感知内容。训练他们凭借各种感知觉器官的协调获取信息的能力，反馈成对形状、颜色、大小的把握，促进认知的发展。

②培养观察力和想象力。

引导孤独症儿童观察颜色并列、聚散时所产生的变化及其特殊效果，如明暗对比、虚实对比等现象，让他们建立一个正确的观察方法，将物体的形象记在脑海里，再经过回忆，将物体画出来，促进记忆力的发展。引导孤独症儿童在物体的周围画上其他物体或涂抹上不同颜色等，有助于培养他们的创造力和想象力。

③培养社会意识。让孤独症儿童的关注点从自身逐渐转向他人或团体，引导他们细致观察他人的样子、行为以及穿着等，绘画主题从描绘自己逐渐扩展到描绘周围的人或事，通过团体绘画艺术治疗，让他们逐渐融入团体中去，感受团体的协作能力和凝聚力，逐步培养其社会意识的形成，提高社会适应能力（图4-8）。

2.绘画治疗的目标

鉴于儿童福利机构儿童的复杂情况，及特殊儿童多维度及全方位心理健康发展与成长的需要，在为儿童福利机构儿童进行绘画治疗的实践中，设计了九个中长期绘画心理治疗的活动主题：①肢体功能障碍；②感知觉障碍：视觉、听觉、触觉、动作、知觉；③社会适应；④沟通能力；⑤情绪情感问题；⑥语言障碍；⑦认知能力；⑧注意力；⑨记忆力。

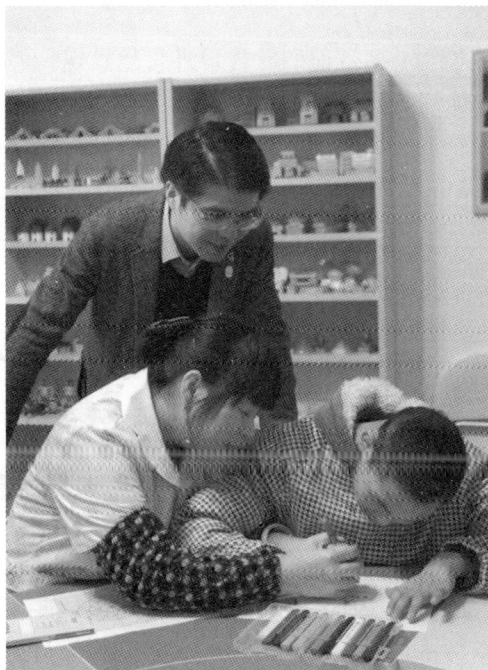

图 4-8　儿童福利机构儿童作画
(图片来自衡阳市社会福利院)

以上主题包括三个方面的心理健康目标：

(1)解决非器质性问题：自信心和自尊、语言能力、社会交往能力、自理能力和社会适应性能力等。

(2)解决情绪问题：情绪困扰、注意力涣散及智能等问题，起支持性的教育作用。

(3)提高生活质量：促使特殊儿童身心愉悦，丰富精神生活。

3.儿童福利机构儿童绘画治疗总思路

苏联心理学家维果茨基认为人们通常对残障儿童的教育计划是建立在他们不能做什么的评估之上，这些被标上标签的孩子便被排除在一些活动之外。由于这种封闭孤立，这些孩子往往会创造出一种不同的文化，由于缺乏对社会活动的完全参与，会限制他们高层次的心智功能。

以听力残疾儿童为例，维果茨基并不认为他们的发展障碍是由他们的听力缺陷直接导致的，反而与他们所生活的环境、教育以及其社会经验密切相关。

因此，对于儿童福利机构中残障儿童的绘画心理干预，我们不应该把重点放在这些特殊儿童"不能做什么"，而应该放在他们"能做什么"之上。治疗师应该树立一种重要的意识：给予这些儿童以其他正常儿童一致的目标。这样才能真正让这些特殊儿童逐渐向正常儿童的方向成长，最大可能地改善他们因先天和后天原因形成的诸多身心问题，促进他们的人格转变，使其心理逐渐达到健康水平，适应社会生活。

案例：儿童绘画治疗个案介绍(节选)

(1)个案基本情况

小 Q 是一个 5 周岁的女孩，天生听力缺陷，有 30-60 分贝的残余听力，经过医疗矫正佩戴助听器，具有一定的语言表达能力(特定语境时会含混不清)，现正处于融合教育阶段。小 Q 除了听障外，经专家诊断还具有轻度自闭的倾向，属于边缘儿童，她较为内向，从不主动直视他人，拒绝与小朋友的交流甚至有时会有一定的攻击性行为，如揪小朋友的头发，故意推倒对方。其情绪有时较难控制，偶尔会拿玩具反复投掷而不听教师的劝阻。

(2)个案研究思路及方案设计

治疗者用绘画治疗法对小 Q 进行了为期半年，平均两周 1 次，共 12 次的治疗。治疗开始前，治疗者以个案的自身特点为突破口，设计了对个案进行干预治疗的整体思路，确定运用绘画治疗法进行干预，并对每一次绘画的主题、目的和方式进行研究设计，表 4-4 是治疗过程中 8 个主题的细致规划。

表 4-4　绘画治疗方案设计

阶段	主题	目的
第一阶段	涂鸦	与个案良好互动，建立安全、信任的相互关系，降低自我防卫意识
第二阶段	自画像	表达个案的性格、态度，了解个案对自我的评价
第三阶段	一个梦	借助象征意义，探索与生活的联系
第四阶段	一个秘密	帮助个案把深藏心底，不为人知的思想、感情呈现出来，帮助个案表达某些事情
	一个喜欢的人一件喜欢的事情	了解个案的兴趣爱好、愿望或人际关系
第五阶段	现在的我	与第二阶段的"自画像"作对比，了解个案在整个绘画治疗中的变化

在整个绘画治疗过程中，治疗者遵循以下几点：首先，要给个案打造一个安全、实用、舒适且较为私密的环境，这是开展治疗的前提条件；其次，个案在治疗过程中的绘画作品所展现出的特殊性以及对于作品的理解，治疗者要予以充分的尊重；再次，对个案要有信心，客观看待转变的规律变化。

(3)个案研究的具体实施过程及作品分析

经过 12 次的绘画治疗，个案在情绪的控制、注意力的集中以及交流活动的能力表现等方面均获得了不同程度的改善和提高(图 4-9)。

在进行第一次干预治疗之前，治疗师与个案在集体环境中已经相处一周，相对而言个案对笔者不会感到陌生，第一阶段这两次绘画的主题其意图就是给个案建立一个轻松、安全的环境和氛围，使个案和研究者之间逐步熟悉，建立一种安全而信任的交互关系。

新文档 2017-11-23_30　　新文档 2017-11-23_31　　新文档 2017-11-23_32　　新文档 2017-11-23_33　　新文档 2017-11-23_34　　新文档 2017-11-23_35

新文档 2017-11-23_36　　新文档 2017-11-23_37　　新文档 2017-11-23_38　　新文档 2017-11-23_39　　新文档 2017-11-23_40　　新文档 2017-11-23_41

新文档 2017-11-23_42　　新文档 2017-11-23_43　　新文档 2017-11-23_44

作品-阳　　　　　　作品-阳　　　　　　作品-阳　　　　　　作品-阳

作品-阳

作品-王　　　　　作品-阳　(2)　　　　作品-阳　　　　　作品-阳　　　　　作品-阳　　　　　作品-阳

作品-阳　　　　　作品-阳　(2)　　　　作品-阳　　　　　作品-阳　　　　　作品-阳　　　　　作品-阳　(2)

作品-阳　　　　　作品-阳

图 4-9　三次绘画治疗的对比图

六、儿童音乐治疗

(一)音乐治疗的概念

音乐治疗作为年轻的边缘学科起源于 20 世纪 40 年代,主要涉及的学科领域有音乐学、医学与心理学。音乐治疗是以心理学的治疗理论作为基础,运用音乐活动的各种形式,包括听、唱、演奏、律动等各种方式对人进行刺激与催眠,并有声音激发身体反应,达到促进人健康的目的。

(二)音乐治疗的发展历史

早在原始社会,西方人就相信音乐可以影响精神和躯体的健康。一些部落中的巫师或法师用击鼓或唱圣曲来进行魔法和宗教活动,目的是驱除患者身上邪恶的幽灵或魔鬼来治疗疾病。古希腊人是音乐疗法的先驱,古希腊人发展了用音乐去缓解疾痛的思想。毕达哥拉斯首先提出"音乐医学"的概念,认为音乐可通过影响灵魂的和谐,具有增加或解除人的激情的作用;柏拉图指出,音乐能影响人的行为、意识;亚里士多德认为,音乐有疏泄情绪的价值。

文艺复兴时期,医学得到很大的发展,音乐开始与日常的医学实践相结合,许多医生和科学家开始观察音乐对人和动物的影响。文艺复兴时期的一位内科医生 Robert Burton 经过观察,在《忧郁的解析》中论述了音乐对抑郁的治疗作用。这一时期的医生不仅用音乐来治疗忧郁、绝望和疯狂,而且认为特定的音乐能够加强情绪健康。

音乐疗法比较重要的发展时期是第二次世界大战期间,很多国家注重为退伍军人发展康复措施,尤其是在美国。演奏家、音乐老师都成为医院治疗组的成员。为了弥补音乐家所缺少的对音乐治疗过程评估的训练和相关的医学、心理学背景知识,一些专门的课程陆续开设,同时一些专门的组织也陆续建立。目前,国际上重要的音乐治疗学术团体有世界音乐治疗联合会、欧洲音乐治疗联合会、欧洲心理治疗协会的音乐治疗工作组、引导想象与音乐治疗协会、诺多夫罗宾斯音乐治疗机构等。

我国音乐治疗具有悠久的历史。医学经典著作《黄帝内经》两千年前就提出了"五音疗疾":运用阴阳五行学说把五音(宫、商、角、徵、羽)全面引入医学领域,指出音乐调式的不同,对人体五脏生理或病理活动以及人的情志变化有不同的影响。中国古代主要强调运用音乐来养生的思想。三国著名文学家、养生学家、音乐家嵇康在《养生论》中记载了西汉时的窦公"以琴抒怀,宣泄感情,调节心志"。自唐宋金元时期以来,音乐治疗已经较为广泛地应用于临床。唐代诗人白居易曾在《好听琴》中强调了音乐对人的心理调节功能。宋代文学家欧阳修在《欧阳文忠公集》中记载了自己每天听古曲《宫声》数次以治疗忧郁。元代刘郁《西使记》中记载着以音乐治愈疾病的事例,是我国古代将音乐用于治疗疾病的明确记录。明清时期,音乐作为一种治疗手段渐渐被医家所重视。很多古代的名医都认为,适当地选听乐曲,有利于精神舒畅、机体健康和疾病康复。

(三)音乐疗法的派别

音乐治疗仍是一项发展中的学科,衍生出的学派及理论繁多。音乐治疗被系统化地分为 10 个学派:①诺多夫罗宾斯音乐治疗法;②临床奥尔夫音乐治疗;③心理动力取向音乐疗法;④达尔克罗兹节奏教学的临床应用;⑤柯达依概念的临床应用;⑥引导想象与音乐治疗法;⑦发展音乐治疗法;⑧完形音乐治疗法;⑨音乐治疗和沟通分析;⑩应用行为矫正的音乐治疗法。其中诺多夫罗宾斯音乐治疗法、临床奥尔夫音乐治疗、心理动力取向音乐疗法、应用行为矫正的音乐治疗法等学派影响力较强。

(四)音乐治疗在儿童福利机构儿童中的运用

儿童期正处于"音乐临界期"的范围内，儿童有较强的音乐反应能力，采用音乐作为矫正儿童行为、消除障碍症状的方法是可行的(图4-10)。

图4-10 儿童团体音乐治疗
(图片来自岳阳市儿童福利院)

1. *对智障儿童的治疗*

音乐能改善大脑功能，协调大脑左右半球，从而促进人的智力发展，所以常被应用于儿童的早期智力开发。有研究者从2008年开始在成都的特殊教育学校、救助站流浪儿童收容中心，运用奥尔夫音乐治疗法对轻度智力障碍儿童进行音乐治疗，发现奥尔夫音乐治疗法对智力障碍儿童的教育和行为治疗具有明显的促进作用。郑州市儿童福利院于2010年初开办了音乐治疗室，聘请专业的音乐治疗师，尝试对3~15岁智障儿童进行音乐治疗。需要注意的是，音乐治疗的目标是力图透过各类音乐活动，实现增进智障儿童的肢体感官、心理情绪、人际互动、语言或认知等能力，而非提升智力障碍儿童的音乐欣赏或创作能力。

2. *对自闭症儿童的治疗*

有研究者就音乐治疗在自闭症儿童中的应用与实施做了研究，认为，音乐治疗可以通过培养自闭症儿童与人交往的能力，进而改善自闭症儿童的社会交往障碍。由于自闭症儿童的个体差异性较大，因此在制定治疗方法时要依据儿童的具体情况，这样儿童就可以在音乐治疗中获得安全感，也较为自由。研究表明，虽然自闭症儿童大脑某部分的发育不够完善，但他们对音乐的喜爱和反应并没有因此受损。王冰用奥尔夫音乐治疗干预自闭症儿童，实验表明，音乐治疗对改善自闭症儿童的交流性语言反应作用显著，特别是对注意力集中，听从指令，肢体接触，参与活动，目光对视等行为有显著的效果。李亚伟研究了即兴音乐治疗的效果，发现自闭症儿童活动中断率降低了，同时眼神接触的频率也增加了。

3.对抑郁症儿童的治疗

对抑郁症儿童进行音乐治疗时,应选择兴奋、激情过渡到活跃、欢快类的音乐作为主要曲目,同时辅以柔和、优美类的音乐。有研究者指出当失眠是抑郁的主要表现时,就要选择平稳、柔和的催眠音乐作为主要曲目。在对抑郁症儿童进行音乐治疗的初期,首先会选用情感丰富(如激昂,情绪激烈等)的音乐引起抑郁儿童的情绪共鸣,促使他们尽情宣泄消极情绪。待消极情绪充分宣泄出来,儿童内心积极的力量就会逐渐显现,此时要逐渐选用积极向上的音乐,回应抑郁儿童内心的积极情绪,达到支持和强化积极情绪的作用,帮助抑郁儿童摆脱内心的消极情绪。这是抑郁儿童面对真实的自己,直面内心情感,逐步走向成熟的过程。

4.对言语和语言障碍儿童的治疗

音乐治疗的先驱塞耶·加斯顿(Thayer Gaston)认为音乐本身是一种沟通交流的方式。那么,音乐活动怎样促进语言的发展呢？首先,音乐活动和语言符号的韵律特征是相似的,而且音乐的演奏过程和口语的阅读过程也较为相近。其次,音乐活动与语言发展是相互作用的,音乐需要不同形式的语言表达,而改编音乐也满足语言训练的需求,音乐的这种灵活性可以为儿童语言发展的训练提供多种形式。有研究者探究了音乐疗法结合康复训练的方式对运动性失语的治疗效果,研究发现,音乐和语言康复结合的康复活动对患者的疗效显著,是治疗失语症一种有效可行的方法。

5.对情绪障碍儿童的治疗

情绪障碍是特殊儿童不良行为的重要表现之一,对儿童的学业、社会适应和身心发展等方面都有较大程度的影响。有研究者将音乐以人为的控制方式使用在患有生理、心理、情绪障碍的成人或儿童身上,有助于治疗、复健、教育与训练。可视音乐治疗是音乐治疗的一种新形式,它集合了视觉、听觉和动觉等多感官,能够安抚患者的过激情绪,改善其不良行为,适应社会生活。研究者指出,躁动不安的儿童接受可视音乐治疗一段时间后,情绪行为得到控制,接受能力也提高了,在现实的生活环境里也不会拒绝一些来自他人的帮助,社会适应能力得到了发展。

6.对视力障碍儿童和听力障碍儿童的治疗

发展肢体运动技能,健壮体质对视力缺陷者,尤其是儿童是十分必要的。在艰苦的身体锻炼中,音乐可以使气氛变得轻松活跃。研究者认为,视力障碍儿童可以用音乐作为表达情绪的方法,获得内心的满足。音乐能带给视力障碍儿童安全感,帮助其发展敏锐的听觉和触觉。乐器演奏可以有效聚合视觉障碍儿童的听觉、动觉及触觉等方面的功能,而这些功能的聚合对视力障碍儿童的日常生活来说是极为重要的。

(五)儿童音乐治疗的实施原则

(1)促进儿童主动发展为主。特殊儿童的音乐治疗是通过结合音乐和活动的方式达到矫正不良的精神状态与行为,促进儿童的感知运动、社会认知和生活技能的发展。因此在治疗中,儿童是音乐的主体,是活动的实践者,应根据儿童的需要与兴趣设计活动。

(2)治疗内容生活化。特殊儿童的发展都是基于生活体验获得的,因此,取材于生活的内容是音乐治疗顺利开展的重要载体,取材于生活的内容,如韵律步行、跑、跳、点头或摇头、拍手、跺脚和掰手指等。

(3)团体治疗为主,个别治疗为辅。音乐治疗是儿童社会化的有效手段,治疗过程中可以给儿童间创造同伴学习的机会。一般来说，在我国的各类特殊学校或儿童福利机构开展音乐治疗时的最佳做法是以团体治疗为主，个别治疗为辅。个别治疗只有在儿童几乎完全不能融入团体生活、家庭治疗或作为强化物才应用。

（4）系列单元和多情境化。系列单元和多情境化立足多感觉刺激和整合，可以使治疗者利用音乐所营造的氛围，让儿童保持在较高的唤醒水平中用心体验自己的情绪或感受，积极主动地参与活动，较为完整地掌握一项主题涉及的多方面知识和技能。

案例：一例团体即兴音乐治疗方案①

干预对象：6 个智力障碍和唐氏综合征儿童，年龄：10~18 岁，性别：3 男 3 女。

干预目标：提升儿童主动表达、主动倾听的能力，增强儿童的专注力，鼓励儿童积极表达意愿和诉求，学会适当分享。

干预过程中行为观察记录：数据由音乐治疗专业背景的观测者收集，包括内容有：①主动表达次数；②问答问题次数；③主动倾听（注视他人说话），④指令下倾听；⑤注意力集中时长；⑥打断他人次数；⑦语言表达的适宜度（问适当的问题，交谈时是否能轮流说话）；⑧主动参与活动；⑨主动表达意愿（同意/不同意，诉求，适当分享）；⑩控制内心冲动，非语言类表达的适宜度（目光对视，适当的个人空间概念，面部表情及肢体语言适宜度，说话及歌唱的音量）。

干预期：以 4 次为 1 个阶段，交替使用即兴音乐治疗和认知音乐治疗技术进行干预。在即兴音乐治疗阶段，主要活动形式有：即兴歌唱问答（当下状态心情的分享表达），限定主题歌曲创作（以当下节日、节气、事件等为主题），团体乐器即兴，限定主题舞蹈（律动）创作，音乐聆听和艺术性表达，即兴音乐戏剧等。在再创造式音乐治疗阶段，主要活动形式有：音乐律动、乐器合奏（含鼓乐）、团体歌唱（认知类歌曲）、歌谣、场景练习等。每次治疗主要流程为：①《你好歌》；②状态问答歌曲或热身活动；③主体干预活动；④总结；⑤《再见歌》。

干预效果：根据行为观察，治疗团体的儿童达到了 90% 的短期干预目标，显著改善的项目有主动表达的次数、语言表达的适宜度、注视同伴说话的时长、主动表达意愿的能力、对他人空间的尊重，使用复杂词汇描述内心情感的能力等。同时，打断他人的次数显著减少。

七、舞动治疗

（一）舞动治疗的概念

舞蹈不仅仅是身体活动，还涉及情感、社交互动、感觉刺激、运动协调和音乐，能激活大脑的不同脑区，改善认知、情绪、记忆等方面的功能。音乐与运动舞蹈的同步，基本上构成了"双重乐趣"。舞动治疗，又称舞蹈治疗、动作治疗，是以动作的过程作为媒介的心理治疗，即运用舞蹈活动过程或即兴动作的促进个体情绪、情感、身体、心灵、认知和人际等层面

---

① 此案例摘自：王露洁，王维迦，吴育霖.团体即兴音乐治疗运用于残疾儿童表达能力改善的研究[J].音乐探索，2017（2）：140-144.

的整合，既可以治疗身心方面的障碍，也可以增强个人意识，改善人们的心智。

（二）舞动治疗的应用

舞动治疗在西方运用甚广，理论基础也比较成熟，不仅有大量的研究发表，并且具有很多成功案例。台湾辅仁大学的李宗芹博士著有《非常爱跳舞：创造性舞蹈的心体验》《倾听身体之歌》等书籍，为舞蹈心理治疗的观念被国人接受奠定了基础。伏羲玉兰（YuLan Fucius）是我国高级舞蹈治疗师创始人，1994年她将舞蹈心理治疗理论与方法传播到中国，她认为舞动疗法是一种可以结合音乐并且运用动作和有节奏的表情动作，来帮助个人来建立整体意识和正常行为的操作功能，包括情感方面、心理方面、行为方面、社会人际方面及精神方面的功能。舞动治疗在已运用于身心疾病、情绪情感调节、人际关系、社会适应等相关内容。

舞动治疗在精神康复中发挥重要作用，其不着重处理精神病理问题，而是通过身体活动改善患者动作品质、情绪表达、认知能力、人际互动等层面的整合，促进患者重新建立健康行为的能力。

舞动治疗也运用于提升儿童青少年的心理健康状况。一项有关青少年女孩内在化障碍（包括如头痛、胃痛、疲乏等躯体症状和焦虑、紧张、抑郁等精神健康问题）的研究发现，舞蹈干预能够获得和丰富个人资源，以非判断气氛和支持性的团结为一体的平台，舞蹈的享受和赋权得以接受，增强对能力的信任和情感的表达空间，以减轻对青少年女孩内化问题的挑战。在一项舞动治疗对自闭症谱系障碍的年轻人的作用的可行性研究中发现，通过每周一次共7周的舞动治疗，在治疗结束后，干预组的参与者报告：改善了健康状况，改善了身体意识和自我区别，提高了社会技能。

（三）舞动治疗的理论基础

舞动疗法是基于舞蹈艺术理论、拉班动作分析理论（laban movement analysis，LMA）和心理学理论而形成的。在广义的舞蹈治疗的领域中有两个主要的取向。

一种取向倾向于艺术本质论，认为舞蹈艺术活动本身即具有治疗功能。通过艺术创作的过程，即可缓和情感上的冲突，提高当事人对事物的洞察力，有助于自我认识和自我成长，或达到情绪净化的效果。具体到舞蹈方面，伴随着音乐节奏的各种动作，如抬手、举足、跳跃、旋转等，刺激着动觉、平衡觉、听觉等人体感受器，由此产生的神经冲动反映到大脑，产生相应的动作知觉。尤其当人体律动与音乐、动作形式真正吻合时，不仅给人带来精神上的美感，还伴有生理上的快感，这是灵与肉的结合。当两者融合在一起，人的心理活动集中感受这种情感时，想象展开了；音乐与律动的和谐，可以使人的情感得到充分宣泄，使人精神获得极大满足，沉浸在美的享受之中。

由于情绪活动与内分泌活动有关，当有机体在情绪激动或作肌肉运动时，可以反射性地引起肾上腺髓质的分泌，使整个有机体活动能力提高；另一方面，当有机体受到正向刺激物的持续作用时，相应的神经中枢就会形成优势兴奋中心，使积极的情感活动的能量在积累中不断地增强，从而调节身心进入良好的情绪状态。

另一种取向为心理学领域的，具有精神分析理念的舞蹈治疗模式。这一模式的舞蹈心理治疗有两个基本理念：一是身体与心理有交互影响，身体动作可以反映人格特点。二是以身体动作当作沟通与改变的"媒介"，即兴创造性的舞动，会投射出不同的心理状态，具有心理分析与治疗的价值。其特点是：舞蹈本身并非目的，也不是为了艺术表演与交流，而只是将即兴舞动作为非语言的沟通媒介，旨在以此为切入点，配合当事人对其创作进行一些联想和诠释，来抒发与内心的种种情绪，解开心结，对于个人维持内在世界与外在世界平衡一致的关系有极大的帮助。

在舞蹈心理治疗中，可以通过身体动作的表达将当事人内心深处的焦虑、哀伤、愤怒等情绪安全地释放出来。还可分析当事人的动作节奏形象，以"动作共情"的方式相互沟通，使人感觉到，一些隐含在动作中的难以言传的情绪得到了理解。进而，通过调整身体动作，扩大动作语汇及行为范畴，用新的积极的动作代替旧的、消极的动作，使人对自我的感觉发生变化，在舞蹈治疗中，当事人可以通过舞蹈动作中的表达与创造活动，获得情感上的满足，并体验一种对自己和生活的积极态度，进而达到调整情绪、治疗心理创伤的目的(图4-11)。

图4-11 儿童舞动治疗
(图片来自岳阳市儿童福利院)

(四)舞动治疗对特殊儿童的干预

1. 对智力障碍儿童的干预

Siege运用舞动疗法对一名10岁智力障碍男孩实施干预，质化研究结果显示，被试者的智商从40增加到70；Costonis对一名9岁智力障碍男孩的自伤行为实施舞动治疗干预，结果显示被试者自伤行为有所减少，日常行为稳定。Tortora对一名智力障碍女孩实施干预，质化研究结果显示，被试者能主动用身体动作与他人沟通，能将舞动治疗中习得的经验迁移到生活情景中去，其认知和社会互动能力均有所提高。

2. 对自闭症儿童的干预

Costonis对一名5岁自闭症女孩实施了4个月的舞动治疗干预，量化研究结果发现被试者增加了60.5%的同步行为，从特殊教育中心转至普通幼儿园。Harts-horn等人对38名自闭症儿童(平均年龄5岁)，每次实施30分钟、每周2次共2个月的舞动治疗，质化研究结果显示，被试者刻板动作、胆怯、抵制教师等行为减少，执行任务行为增加，参与度显著提高；Torrance对4名16岁到18岁的自闭症男孩实施近9个月的舞动治疗干预，每周1次、每次

45分钟，量化研究结果显示，增强了被试的团队凝聚力和对彼此的尊重与交流能力，且暴力行为显著减少，在干预结束后的1个月中仍有正向行为变化。

3.对情绪与行为障碍儿童的干预

Bannon对情绪与行为障碍儿童实施了舞动治疗干预，质化研究结果发现，提高了被试者的身体意象、自我控制、自信心以及对自身优缺点的认知。Kornblum对4名小学二年级情绪与行为障碍儿童的暴力行为进行舞动治疗干预，质化研究结果显示，被试者暴力冲动行为较少，社会意识、空间与身体边界能量调整、注意力广度得到稳定提高。

4.对学习障碍儿童的干预

Schmitz运用舞动疗法对学习障碍儿童实施干预，目的在于研究哪些舞动治疗的策略和方法有利于治疗目标的实现；质化研究结果显示，生态环境的构建、尊重儿童的兴趣和需求、设计活动开始与结束的指令、使用道具进行正强化、发展身体动作意象和呼吸练习、正向行为模式和重复身体定位、班级分组开展评价回馈等策略和方法，可以提高被试语言表达、阅读、运算和社会交往等能力。Caf等人运用舞动疗法对8名(5女3男)7~10岁的学习障碍儿童实施1个月的干预，每周1小时；研究结果显示，舞动疗法对被试者创造力、注意力、身体意象和兴趣需求方面均有正向影响。

5.对身体病弱儿童的干预

Mendelsohn对3名在5~8岁之间患有恶性肿瘤病、肺病的住院身体病弱儿童实施舞蹈治疗干预，质化研究结果表明，被试者的生理功能、人际沟通和情感象征性水平均有提升。Cohen运用舞动疗法对一名患有血液病的7岁男孩实施干预，被试症状表现为脑积水，对外界的刺激反应过度迟缓，质化研究结果发现，舞动疗法提高了被试者的动作姿势、空间偏好、运动驱力和情感表达能力。Goodill对3名身体病弱儿童实施干预，质化研究结果显示，舞动疗法缓解和安抚了被试者的病痛，为被试者及其家庭成员提供了正向情感支持。

(五)我国对舞动治疗的运用

舞动治疗在台湾起步较早也发展迅速，而在中国大陆起步晚。国内学者庞佳在舞动治疗方面进行了较多的实践和深入的研究，她回顾了台湾的舞动治疗运用研究。陈欣婷对台北市某医院精神病儿童实施6个多月的舞动治疗干预，每周1次，每次90分钟，结果显示，舞动疗法改善了被试者的精神分裂负性症状。姚清元等人对台北市文山特殊教育学校54名身心障碍学生实施干预，结果显示舞动疗法提高了被试的动作协调性、反应力和注意力。李宗芹运用舞动疗法对一名3岁男孩的人际沟通障碍问题实施干预，结果显示，改善了被试者人际互动能力。朱庆琳等人对3名自闭症幼儿(2岁9个月高功能女孩、3岁10个月中功能男孩、及3岁6个月低功能男孩)进行每周2次、每次1小时、共计20次的一对一亲子舞动疗法干预。量化研究结果显示，有效提升了3名被试共同注意行为能力。

第四节　儿童福利机构儿童心理三级管理制度

儿童福利机构儿童不同于其他一般儿童的发展规律特点，因为每个儿童在来儿童福利机构前都有大小不同的心理创伤。由于儿童福利机构生活居住环境逐步改变，从个体到集体生活的衣、食、住、行都是院里供给，这些孤残儿童能获得基本满足，但心理问题也同样存在，他们有的心理冷漠、孤独、好斗、厌学等。正因其独特性，需要心理健康工作人员予其更多关注，及时发现问题，进行预防和干预。因此，在针对儿童开展心理辅导时需要建立专门的三级管理制度。

一、三级网络构成

儿童福利机构内普通员工(尤其是保育员)作为一级(初级)心理服务人员；儿童福利机构内专职(或专岗)员工作为二级(中级)心理服务人员；儿童福利机构外专职心理咨询师(包括精神科医师等)作为三级(高级)心理服务人员。

二、各级人员主要工作目标

(一)一级(初级)心理服务人员

(1)参与人员：保育员、特教老师、医生。

(2)主要工作目标：预防。

(3)主要工作：关注儿童福利机构全体儿童的生活，遇到危机事件发生及时上报。

(二)二级(中级)心理服务人员

(1)参与人员：儿童福利机构内心理专职(或专岗)员工。

(2)主要工作目标：介入、改变、转介。

(3)主要工作：针对儿童福利机构部分在学习、生活中具有潜在问题或不适应的儿童。如问题行为、不良习惯、人际关系问题、学习适应问题、生活中的各种危机等事件的儿童进行评估，开展团辅和个辅。遇到特殊难处理的情况及时上报。

(三)三级(高级)心理服务人员

(1)参与人员：儿童福利机构外专职心理咨询师(包括精神科医师等)。

(2)主要工作目标：复原。

(3)主要工作：采取具体辅导、治疗措施，进行个案的跟踪管理。

以上工作将按照三级管理制度标准流程执行，有关该部分的具体内容，已在本书第二章第三节中详细说明。

第 ⑤ 章

儿童福利机构儿童心理健康评估

第一节　儿童心理健康评估的概述

儿童福利机构儿童综合发展的需求涉及了养育、医疗、康复、教育、职业生涯发展、心理与人格发展等多个方面。在这诸多方面中，首先要保证孩子的生存，紧接着就是要解决医疗和救治，包括对脑瘫、失聪、失明等的医治。当孩子的养育、医疗等生理的问题得到了处理，那接下来的教育、心理发展等就开始重要起来。对儿童福利机构儿童的教育和心理辅导，首先是科学的心理评估，然后才能实施恰当的心理干预。

心理评估是儿童福利机构儿童的养育中一个非常重要的环节，同时也是心理咨询中非常重要的环节。通过心理评估，福利机构教育工作者不仅可以对儿童福利机构儿童进行鉴别、诊断和安置，还可以全面地了解儿童的心理发展状况及有关情况，为教育计划的制订、教育效果的评估及教育管理等提供依据；同时，心理评估在儿童保健中也起着重要作用，能有目的地针对不同患儿的心理健康疾病进行有效干预，从而使儿童保健服务的质量不断提高。

一、儿童心理健康评估的概念

心理评估是通过观察少数有代表性的行为，对人的行为活动中的心理特征，依据确定的原则进行推论和数量化分析的一种科学方法。评估的目的是便于比较、观察差异，确定个体心理所处的水平或状态。

在临床医学、幼儿教育和心理学领域都需要对儿童进行一定的心理评估。目的是为了正确了解儿童当前的心理行为状态。一方面是判断儿童的心理发展状况；另一方面需要鉴别出有行为问题和心理发展障碍的儿童，从而有针对性地进行早期教育、早期干预。

心理评估是一个收集资料的过程。评估所收集的资料包括现有的资料和新收集的资料。

现有的资料包括：儿童福利机构儿童在生长发育的过程中接受过的各种各样的检查记录，如身高体重、疾病记录、性别年龄，儿童所做过的作业或作品，如手工作品、绘画作品，康复师或教师对儿童福利机构儿童每天发生的特别事件的记录、平时的观察记录等。通过这些平时的观察记录，评估人员可以判断儿童福利机构儿童是否有行为问题，如攻击行为、违纪行为等。

新收集的资料包括：包括最近刚做或即将做的观察、访谈、课堂考试、行为评定、智力测验及医学检查等。

二、儿童心理评估的作用

儿童福利机构儿童心理评估的目的是要给后续的养育和教学或心理咨询提供依据和指导，做出各种教育决策和心理干预计划。对于婴儿期就被送入儿童福利机构的孩子来说，早期评估尤为重要。例如，我们在儿童福利机构遇到一个孩子，约 10 个月大，他没有外显的躯体问题，也没有脑瘫。但是，当你从他的身后发出声音，他是没有反应的，我们判断他的听力有问题。如果他确实是失聪的，那当时就是一个非常重要的干预时机。因为婴儿在六个月到八个月左右，如果仍然不能接收言语刺激的话，就会影响智力发育。婴儿听不见声音，这个世界对他来讲就是隔离的，没有刺激通过声音通道刺激他的大脑，他的大脑皮层的对应部分就得不到发展。这个时候，发现他听觉有问题，就需要给他做检查，确认声音放大多少倍的时候他的脑部才可以产生回应。事实上，关于儿童的听力障碍，中国残疾人基金会可以提供非常好的援助。

对儿童福利机构儿童的心理评估，一般分为三类：筛查性评估、诊断性评估和治疗性评估。

(一)筛查性评估

指用一些简单易行的测试工具对儿童福利机构儿童进行大范围、快速地测查，判断儿童是否可能存在功能障碍或发育迟缓，从而决定儿童是否需要接受其他更多的评估。婴幼儿整体发育迟缓的早期筛查工具有：儿童心理行为发育预警征象、丹佛发育筛查测验、0~6 岁儿童智能发育筛查测验等。脑瘫等严重发育障碍的早期筛查工具有：全身运动质量评估、0~1岁神经运动检查 20 项、Alberta 婴儿运动量表等。儿童言语或语言发育迟缓的筛查工具有：早期语言发育进程量表、图片词汇测试等。儿童社交能力和行为问题的筛查工具有：婴幼儿孤独症筛查表、孤独症行为量表、Achenbach 儿童行为量表、Conners 父母症状问卷等。

开展筛查性评估需要注意尽量选取操作简单的评估工具，评估工具需要具有较好的敏感性和特异性，筛查结果不能作为诊断依据，对具有发育障碍高危的儿童应该适当增加筛查评估次数，分阶段、多方面开展多项发育筛查，单次筛查结果不能作为判断发育结局的依据。

对筛查出有异常的儿童，如自身不能进行深入、专业的诊断，需转介。即将筛查出的有生理、心理、行为问题的儿童介绍到专业机构那里，请有关的专家作更细致、严格的评估。对于儿童福利机构儿童，一般由心理咨询师或特教教师作要不要转介的决定(表 5-1)。

表 5-1　儿童心理干预转介表①

儿童资料	姓名		性别		出生日期	
	福利机构/学校		班级		导师	
养育情况	养育者		教育程度		年龄	
转介者姓名			与被转介者 之间关系			
电话			填写日期			
转介理由						

---

① 该表引自：陈丽如.特殊儿童鉴定与评估[J].台北：心理出版社，2001：17.

	项目	勾选处	问题叙述	项目	勾选处	问题叙述
心理行为障碍领域（请在勾选处√，可复选）	阅读能力			自理		
	口语能力			知动		
	书写能力			行为问题		
	数学能力			人际关系		
	理解能力			学习习惯		
	其他					
备注						

（二）诊断性评估

主要用于确定儿童是否存在发展障碍或迟缓发展。诊断性测试项目全面精细，敏感度较高，通常采用标准化测量工具，由接受过专门培训的专业人员操作。与筛查性评估相比，诊断性评估工具的测试结果对临床诊断具有更强的依据，也可以用来决定是否需要进行康复干预以及心理干预的重点依据。在对儿童异常情况进行诊断和分类时，基于常模的诊断性评估是最基本也是最重要的评估方法。

判断儿童整体发育水平的诊断性评估工具常见的有：贝利婴幼儿发展量表、Gesell 发育诊断量表、0~6 岁儿童神经心理发育量表、麦卡锡幼儿智能量表等；用于认知能力的诊断性评估工具有 Wechsler(韦氏)智力测验。由于诊断性评估工具通常是以普通人群为常模而建立起来的，用于评估残障儿童时，适宜性会有不同程度地降低，在解释障碍儿童发育程度尤其是用于疗效评价时需要特别谨慎。

（三）治疗性评估

又称任务性评估，是指采用多种方法对儿童在各种环境中的能力与表现进行观察和测试，确定儿童当前的发展水平和干预目标，并以此为标准评价儿童能力的改变状况，治疗性评估大多数为专项评估，通常包括运动功能、认知能力、语言能力、生活自理能力和社会交流能力等方面的评估，是心理康复评估中最为重要的手段。

用于评价儿童日常生活能力的治疗性评估工具主要有：能力低下儿童测试量表（PEDI）和儿童功能独立性量表（Weefim 量表）等。治疗性评估具有以下主要特点：注重观察法与标准化测试相结合，注重评估儿童的个体特性和潜在发展能力。

三、儿童心理健康评估的方法

心理评估资料的收集方法多种多样。常用的方法有观察、访谈、心理测验法等。

（一）观察法

观察法是指观察者运用自己的感觉器官或借助一定的科学仪器能动地对儿童福利机构儿童的心理特征或行为表现进行感知和描述，从而获得有关事实材料的方法。观察法是一种认识儿童最基本的途径和方法。通过观察，观察者可以收集大量丰富的资料，达到对儿童较为全面地了解。

使用观察法系统观察儿童的行为表现的一般步骤如下：

第一步，确定观察的目标行为的操作性定义，并设定具体的观察指标。儿童心理评估的目的之一是了解他们有没有要发展或改变的行为，因此，我们一定要清楚地描述行为的操作性定义，哪些算是目标行为，哪些不是目标行为。所要观察的行为一般有以下几方面：

（1）有用的行为：如动作、言语、生活自理、社会交往等；

（2）有害的行为：如拿头去撞硬物、打自己脑袋、咬指甲等自伤行为或打人、推倒其他同学、用语言侮辱别人等对他人造成伤害的行为；

（3）无害但也无用的行为：如摇晃脑袋、摇晃身体、鹦鹉学舌等刻板行为；

（4）有缺陷的行为：如注意力缺陷、记忆力缺陷等；

（5）正常但在不适当的场合出现的行为：如游乐场里大闹、喊叫属于正常行为，而上课时大声喧哗属于破坏课堂纪律的行为。对目标行为的观察和记录，可以从持续时间、潜伏期、频数、强度四个方面来进行。

第二步，选择观察背景。儿童在不同的背景下常常有不同的行为表现。如在生活场景（就餐、洗澡、自由玩耍）和上课或康复训练时的行为表现常常不同。观察儿童在不同背景下的行为表现有助于了解问题行为产生的原因，从而找到有效的教育策略，因此，应该从多个不同的背景下进行观察。

第三步，确定观察日程。首先，要确定对儿童观察多长时间，1个月、3个月，还是半年。每周观察几天，是每天都观察，还是进行时间取样，如只在每周的周二和周五上午实施观察。其次，要确定每次观察的时间长短。在儿童福利机构的特教课上进行观察，每次观察一般不超过每次课的时间，通常以一节课为一个观察单元，然后，要确定是连续观察还是间隔观察。连续观察就是在每个观察单元里不能有停顿，而间隔观察则可以有停顿。采取哪一种观察策略要依据具体的行为而定。如果所观察的行为发生的频率很低，采取连续观察的方法效果可能较好。

第四步，设计观察记录表。对行为的记录也必须有计划，最好采用记录表的形式。记录表中应该包括观察者姓名、观察对象姓名、观察日期、时间、方法、内容及儿童的行为表现等项目。

第五步，选择观察工具。观察中用纸笔记录还是用电子仪器（如摄像机）记录要根据具体情况而定。有条件的话，最好用电子设备做连续的观察和记录；如果没有条件，就要由人来进行观察。观察人员若首次做观察记录，事先必须经过培训。

（二）访谈法

访谈法是指评估者通过有目的的交谈收集有关儿童福利机构儿童心理特征和行为表现资料的一种方法，它也是收集评估资料最基本的途径和方法。与观察法相比，访谈法有两点主要的不同：一是采用观察法时评估者主要用眼睛看，而用访谈法时评估者主要用口问，用耳朵听；二是前者直接考察和收集儿童福利机构儿童的资料，而后者往往通过与保育员和教师的交谈间接地了解儿童。访谈法的实施主要包括访谈设计、访谈人员的选择与培训、访谈的实施三个环节。

访谈设计环节中，首先要确定访谈对象。儿童福利机构儿童的心理评估中，被访谈者一般不是儿童本人，而是保育员、特教教师和康复师等。其次，要确定访谈的内容。每次访谈都应围绕一个中心来进行，事先需拟定一份访谈提纲，编制访谈记录表，并制定访谈工作细则。访谈的内容大致可包括被访谈者的个人情况、健康状况、良好的行为表现和不良的行为表现等。

访谈人员的选择与培训中，首先要选择基本素质良好的人来担当访谈人员，这是访谈能否成功的关键。一名合格的访谈人员应具备以下一些基本条件：举止大方，知识面广，表达能力强，善于与人相处，有责任心，有一定的访谈经验。其次要对访谈人员进行培训，就访谈目的、意义和时间安排；讲解访谈表的内容、访谈技巧、被访谈者的特点、访谈过程中的一些注意事项等。

访谈实施中，访谈人员要按计划一步一步进行，首先要和访谈对象建立融洽的关系，消除他们的紧张、戒备心理；然后提出一些简单、容易引起兴趣的问题，再逐步深入到复杂的问题；最后，提出一些比较敏感的问题(图 5-1)。

(三)心理测验法

是评估者通过使用各种心理和教育的标准化测验收集有关儿童心理特征和行为表现资料的一种方法。

自 20 世纪初以来，已有大量的标准化测验被编制出来。在选择心理测验量表时，评估者应注意以下三点。

1.所选的测验必须符合测量目的

每一个测验都有特殊的用途和使用范围，因此，在选择测验时，首先要考虑所选测验的适用范围是什么，能够达到什么测量目的。例如，有些测验可以测量范围很广的一般能力或多种能力，有的测验只能测量范围很窄的某种特殊的技能，有的测验可用来测量个性品质。测验的用途和适用范围不同，对于特定的测量目的来说，它所产生的功效就不同。然后，要分析和判断哪个测验最符合自己的测量目的。例如，虽然瑞文推理测验、绘人测验和韦克斯勒儿童智力量表都可以用来测量儿童的智力，但是如果要鉴别智力障碍儿童并对其进行分类，选用瑞文推理测验和绘人测验是不太合适的，因为他们只适合于对智力障碍儿童进行筛查，不能对智力障碍儿童做细致的分类，因此，要选用韦克斯勒儿童智力量表。

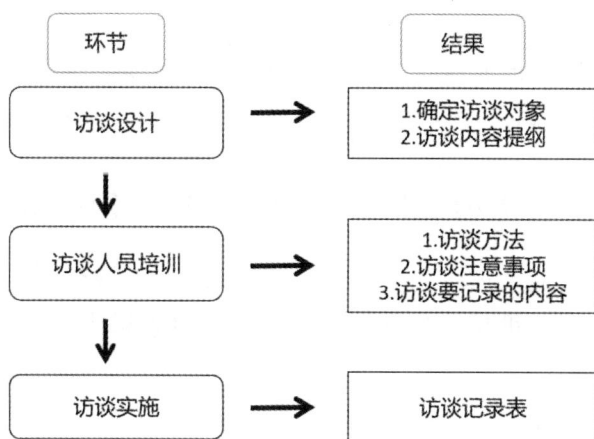

图 5-1 访谈法操作步骤示意图

2.所选的测验应适用于特殊儿童

对于不同类型的特殊儿童，在测验内容测验方式的选择上应该采取不同的策略。一般来说，对于智力水平比较低的儿童，如中、重度智力障碍或年幼的特殊儿童，要尽量使用评定量表，即通过保育员、特教老师、康复师或其他人的观察来了解受测者的发展状况及存在的问题。对于有听力和语言障碍、孤独症、智力障碍的儿童等，要少用文字测验，多用一些像图片、积木、拼板之类的非言语测验。对于肢体障碍儿童，尽量用应答方式简单的测验。对于视觉障碍儿童，在测验中不能出现视觉材料，而应使用一些能用盲文呈现或者可以念出声来的材料。

在儿童心理测量和评估中，有时还需要改变测验方式。最常见的做法有两种：①改变测验的呈现方式或程序，以适于某类儿童。例如，用手语向听觉障碍儿童说明题意及应答要求；将题目念给视觉障碍的儿童听。又如，对于有运动障碍的儿童，在他们回答问题时不予计时。②改变受测者的应答方式。例如，对有听力及严重语言障碍的儿童，只要求他们用手指指出多项选择题中哪个选项是正确的；对于视觉障碍儿童，只让他们口头回答问题。

3.所选的测验必须具备良好的心理测量学性能

一个性能良好的测验应具备以下几个特点：①题目要有适当的难度和区分度。有些测验在编制时可能有适宜的难度和区分度，但由于难度和区分度具有相对性，将它们用于特殊儿童可能不太合适。因此在选择测验时还要考虑受测者的特殊性，事先估计一下测验对特殊儿童的相对难度。②测验结果具有很高的可靠性和有效性。也就是说，在不同的时间、情境、由不同的人来施测，测验结果都是稳定、一致的，测验的题目取样对所要测量的内容领域有很好的代表性，测验确实测量了想要测量的东西。测验的可靠性和有效性可以从测验手册提供各种信度和效度资料中了解到。在选择测验时要仔细查看这些资料，并根据心理测量学的标准来判断测验的质量。③测验手册中提供了标准答案、记分规则和适宜的常模。有标准答案、记分规则和常模的测验，不仅使用起来方便，而且可以控制由于记分标准和规则不统一而引起的误差，还能将受测者与他人进行比较，说明受测者目前的学习和发展水平以及存在的问题。④施测、记分及分数的解释方法简便易行。在测验质量相同的情况下，施测、记分及分数的解释方法越简便，就越能省时、省力和省钱。在选择测验时，除了要考虑测验的质量外，有时也需要考虑测验的成本以及是否易于操作等。如果有多种测验可供选择，具有上述特点的测验应该作为首先。

第二节　儿童福利机构儿童心理评估的内容及常用工具

心理评估的内容包括智力评估、适应行为评估、问题行为评估、情绪障碍评估和人格评估。心理评估的工具包括标准化的心理测验工具（其具有客观性，信效度高）和投射测验工具，如绘画测验（图5-2）。

一、儿童智力评估及工具

（一）智力的定义

早在19世纪末，心理学如高尔顿（F. Galton）等就已开始积极地探讨什么是智力（intelligcnce）这个问题，然而直到今天，对智力的本质仍有不同的理解和解释。下面列出的

图5-2　儿童心理评估
（图片来自衡阳市社会福利院）

就是一百多年来心理学家对这个问题提出的一些比较有代表性的观点。

（1）智力是抽象思维能力。1890年，比内在尝试用新的途径来测量智力时曾经说过："智力就是推理、判断、记忆和抽象能力。"推孟也说过："一个人的聪明程度与抽象思维能力成正比。"我国的许多学者也持这种观点。

（2）智力是适应环境的能力。受达尔文进化论思想的影响，一些学者把智力看成是人类适应环境的能力。斯腾曾说过："普通智力就是有机体对于新环境充分适应的能力。"桑代克也说过："智力是一种适当的反应能力。"持这一观点的学者还有平特纳（R. Pinner）、威尔斯（F. L. Wells）、皮亚杰（J. Piaget）等。

（3）智力是学习的能力。通过日常的观察不难发现，有些人能够学习较难的材料，不仅学得迅速，而且成绩优异；而一些人即使学习较容易的材料也感到很吃力。于是，一些学者提出，智力就是学习的能力。汉蒙（V. A. Hermon）曾说过："智力就是获得知识的能力。"持这种观点的学者还有伯金汉（B. R. Buckingham）、科尔文（S. S. Colvin）等。

（4）智力是各种能力的综合。学者们首先从不同的层面、不同的角度阐述了各自对智力的看法，这些观点之间并不矛盾，因此，一些学者在这些观点的基础上提出了综合的观点。例如，在20世纪70年代韦克斯勒曾明确指出，智力是一个人有目的地行动，合理地思维，并有效地处理周围事物的整体能力。如今，无论在国外还是在国内，越来越多的学者赞同这种观点。

自20世纪80年代以来，出现了一个明显的趋势，即把智力看成与个体所处的环境和文化息息相关。1983年，加德纳（H. Gardner）在《智力的结构》一书中把智力定义为人类在解决问题和创造产品的过程中所表现出来的，为一种或数种文化所珍视的那种能力。1985年，斯滕伯格（R. J. Sternberg）提出了智力的三元理论，其中包括一个情境亚理论。

编者认为，智力首先属于认知能力的范畴，超出这个范畴就不应该称为智力，否则容易造成概念上的混乱。其次，在智力结构中包含了多种成分，这些成分是有主次之分的，思维能力是其核心成分。另外，智力最主要的功能是学习和适应。智力越高，个体越容易掌握各种知识和技能，适应能力就越强。反过来，在学习和适应过程中又促进了个体智力的发展。

智力测验是评估个体智力的方法，它是根据有关智力概念和智力理论，通过标准化过程编制而成的。智力的高低一般用智商（intelligence quotient，IQ）来表示。

（二）儿童智力评估常用工具

1. 儿童智力发育评估筛查性工具

儿童发育评估是一种测量技术，是根据儿童发育规律，应用一定方法对儿童群体或个体发育状况进行程序化、标准化测量和评价的过程，是被用来获得儿童发育行为心理变化数据的一种方法。在开展儿童保健及儿科临床诊疗时，发育评估是不可缺少的监测工具。这方面的心理测量工具有很多，以下详细介绍应用广泛且实效性较高的三个心理测验量表。

（1）丹佛发育筛查。丹佛发育筛查（Denver developmental screening test，DDST）是常用的发育筛查方法，适用于0~6岁的儿童，目前国内常用的是第二版。DDST主要测查个人—社会适应技能、精细运动适应、粗大动作和言语四大方面的能力。

（2）瑞文彩色推理测验。瑞文彩色推理测验（Raven color progressive matrices，CPM），是瑞文推理测验中的一种，适用于5~11岁的儿童及智力有缺陷的成人。CPM由一系列彩色图形组成，分为三组，每组12题，总共有36道题。1992年，北京师范大学的陈帼眉教授制定了CPM的幼儿常模。CPM测验分数易于解释，适用年龄范围很宽，受测者可以是幼儿，也可以是老人；测验对象不受文化、种族、语言以及是否有听力、语言、肢体障碍等的限制；既可以团体施测也可以个体施测。

（3）婴儿—初中学生社会生活能力量表。婴儿—初中学生社会生活能力量表（S M量表），原为日本心理适应能力研究所等单位编制的"S-M社会生活能力检查表"，北京医科大学儿科左启华教授进行了修订。该量表是经过多年临床检验并修订完善而成的，在我国推广应用，得到了广泛认可，被公认是一种简便、可靠、操作性强的行为评定量表，由第二次全国残疾人抽样调查智力残疾评定专家组主持认定，具有较大实用价值。S-M量表可以作为儿童智力筛查方法之一。量表可以得出6个分测验分数，包括：独立生活（SH）、运动（L）、作业操作（O）、交往（C）、参加集体活动（S）、自我管理（SD）。检查时，按不同年龄分七个阶段：Ⅰ（6个月~1岁11月）；Ⅱ（2岁~3岁5个月）；Ⅲ（3岁6个月~4岁11个月）；Ⅳ（5岁~6岁5个月）；Ⅴ（6岁6个月~8岁5个月）；Ⅵ（8岁6个月~10岁5个月）；Ⅶ（10岁6个月以上）。

从相应的年龄阶段开始检查。从年龄阶段的第一项开始提问，如连续十项通过，则认为这以前的项目均已通过，可继续向下提问，直至连续十项不能通过，则认为这以后的项目均不能通过，检查即可结束。如开始十项未能全部通过，应继续向前提问，直至连续十项均能通过，即认为前面的项目全部通过，可以继续向后提问，直至连续十项不能通过，则认为这以后的项目均不能通过，检查即可结束。（具体测量题目见附表1-1）

2. 儿童智力发育评估诊断性工具

诊断性评估主要用于对已经被确认是发展偏常或迟滞的特殊儿童进行心理或行为问题的诊断。

（1）0~6岁小儿神经心理发育诊断量表。"0~6岁小儿神经心理发育诊断量表"是首都儿科研究所生长发育研究室研制的。该量表的研制历经 10 年，摸清了我国各地区婴幼儿神经、精神发育的基本情况，并且首次获得了适合我国国情的有系统、有代表性的婴幼儿神经、心理发育常模。该量表主要测量婴幼儿的大运动、精细动作、适应能力、语言、社交行为五个方面的能力。该量表不仅可以用发育商来评价孩子的智能发育速率，也可用智龄来表明其发育水平，为智能超常或发育迟缓提供了可靠的早期诊断依据。(具体测量题目见附件1-2)

（2）韦克斯勒儿童智力量表（中文版）。韦克斯勒儿童智力量表（Wechsler Intelligence Scale for Children，WISC）是韦克斯勒在 1949 年发表的一套儿童智力量表，后经历过 4 次修订。2003 年，发表了韦克斯勒智力量表第四版（WISC-Ⅳ），2014 年，发表了韦克斯勒儿童智力量表第五版（WISC-Ⅴ），各个修订本的适用年龄范围都是 6 岁至 16 岁 11 月。韦克斯勒儿童智力量表中文版（WISC-CⅣ）是由北京师范大学张厚粲教授在 WISC-Ⅳ 的中文版的基础上修订而成的。该量表于 2008 年正式出版。WISC-CⅣ 是我国目前最优秀的儿童智力量表之一，量表适用于 6 岁至 16 岁 11 个月的儿童。

WISC-CⅣ全量表 IQ 由言语理解、知觉推理、工作记忆和加工速度 4 个因素指数组成，每个因素指数下包含若干核心分测验和补充分测验。

言语理解指数（verbal comprehension index，VCI）：评估受测者的语言学习、概念形成、抽象思维和分析概括的能力；其中类同、词汇、理解为核心分测验，常识为补充分测验。

知觉推理指数（perceptual reasoning index，PRI）：评估受测者的流体推理、空间知觉、视觉组织的能力；其中积木、图画概念、矩阵推理为核心分测验，填图为补充分测验。

工作记忆指数（working memory index，WMI）：其中背数、字母-数字排序为核心分测验，算术为补充分测验。

加工速度指数（processing speed index，PSI）：评估受测者对信息的理解速度、记忆速度和准确度以及注意力和书写能力，其中译码、符号检索为核心分测验，划消为补充分测验。

WISC-CⅣ每个分测验的原始分可以转化为年龄当量和平均分为 10，标准差为 3 的量表分。10 个核心分测验的量表分通过不同分测验之间的组合还可以转化为言语理解 IQ，知觉推理 IQ，工作记忆 IQ，加工速度 IQ 和全量表 IQ 5 个合成分数（平均分=100，标准差=15）。通过不同的 IQ 分数可以分析出儿童的强项和弱项，从而进针对性地教育，帮助儿童发挥最大潜力。WISC-Ⅳ以最先进的智力理论为依据，运用最新的测验编制技术编制的，是目前儿童智力评估领域最优秀的量表之一。

二、儿童适应性行为评估及工具

（一）适应行为的定义

1992 年，拉克逊（R. C. Luckson）等人将适应行为细分为由沟通、自我照顾、居家生活、社交技能、社区利用、自我指导、健康与安全、功能性学业技能、休闲与工作等 10 项技能构成。

2002 年，美国智力缺陷学会对智力障碍及相关术语进行了第十次修订，提出适应行为应包括以下面的技能：

（1）概念性技能包括语言的理解和表达、钱的概念、自我定向等。

（2）社会性技能包括处理人际关系、责任心、自尊、遵守规则、服从法律、自我保护等。

（3）实践性技能包括个人日常生活技能和职业技能，如吃饭、穿衣、大小便、做家务、使通工具等。

通过回顾适应行为的产生及演变过程，我们可以从以下几方面来把握这个概念。首先，适应行为是指个人保持生活独立并承担一定社会责任的行为。它既以一定的生理成熟和认知发展为前提，又是在社会化的过程中逐步习得的行为。一个人不能或没有按社会要求去掌握一定的行为，或按社会的要求做出适当的表现，他就有适应的障碍。其次，适应行为是具有年龄特征的。这里包含两层意思，第一层意思是指随着年龄的增长适应行为会变得越来越复杂，另一层意思是指社会对不同年龄的儿童有不同的行为要求，因此，适应行为的缺陷要根据儿童年龄来判断。

适应行为与智力有区别也有联系。二者区别在：适应行为主要涉及个体的日常行为，而智力通常被认为是抽象思维能力及某些认知能力；适应行为强调某些能力的运用是否适当，而智力更强调个体是否有这些能力。二者联系在：有心理学家像桑代克、韦克斯勒等认为智力的实质就是适应；大量研究也表明，适应行为量表分数与智力测验分数存在显著相关。

(二)适应行为的评估工具

1.儿童适应行为量表

AMMR 适应行为量表(AMMR Adaptive Behavior Scale, ABS)是目前国际上最著名、应用最广泛的两大适应行为量表之一。1981 年，兰伯特(N. Lambert)等人对其进行了一次重大的修订，取名为 AMMR 适应行为量表-学校版(ABS-SE)。1996 年，北京师范大学的韦小满对 ABS-SE 进行了修订，新量表取名为儿童适应行为量表。

儿童适应行为量表由两部分组成：

第一部分主要评估一般适用能力，由动作发展、语言发展、生活自理能力、居家与工作能力、自我管理和社会化等 6 个分量表组成；

第二部分主要评估不良的适应行为，由攻击行为、反社会行为、对抗行为、不可信赖行为、退缩、刻板与自伤行为、不适当的人际交往方式、不良的说话习惯、不良的口腔习惯、古怪的行为、多动和情绪不稳定等 12 个分量表组成。

量表适用年龄范围是 3~16 岁。施测时主试把题目逐条念给受测者的监护人或老师听，在他们报告有关情况之后，对受测者的行为表现作出评定。在解释结果时，评估人员需要将总分及各领域的原始分数转换成百分等级和标准分数，以便判断受测者在各领域能力的高低。受测者在各条目上的得分情况也可以作为制订个别化教学计划的依据。量表的信度效度良好。儿童适应行为量表制订了三套常模：①智力障碍儿童常模，②城市儿童常模，③农村儿童常模。

2.生活适应能力检核手册

生活适应能力检核手册是一套生活能力的综合评估工具，由台湾学者王天苗编制，于 1987 年发表。适用对象为中、重度智力障碍儿童、情绪和行为障碍儿童及多重障碍儿童等。

生活适应能力检核手册由 7 个分测验组成。①自理能力 共有 201 题，包括吃、喝、如厕、穿、脱、清洗与卫生 6 项内容。②社会性能力 共有 139 题，包括安全、社交人际、环境适应及特殊行为 4 项内容。③知动能力 共有 350 题，包括感官知觉、听觉、视动协调及大动作 4 项内容。④语言能力 共有 90 题，包括发音前能力、发音及表达 3 项内容。⑤基本学科能力 共有 356 题，包括注意力、阅读、数学等 4 项内容。⑥休闲能力 共有 112 题，包括音乐与韵律、美劳 2 项。⑦居家与工作能力 共有 106 题，包括居家技能、工作能力 2 项内容。在实施测验时，可逐项或者选择适当的项目对受测者的能力状况进行观察和评定。若受测者"已达成"该项目，就在该项目右边的方格内划"√"；若受测者"未达成"该项目，则在该项目右边的方格内画对角线，并在左上角记录本次评估的日期，待该项目在教学和训练后经评估"已达成"时，再在右下角记录"已达成"的日期。最后，把所有已达成的项目汇总在4张圆形图上。生活适应能力检核手册是一种目标参照测验，其内容与教学内容有直接联系，施测方法十分简便。通过该测验的实施，可以全面、系统地评估受测者的生活适应能力，为适应技能缺陷的诊断、教学计划的制订，以及教学效果的评估等提供依据。不过，测验的使用手册中没有提供有关测验的信效度及常模的资料，因此，它不能用来鉴别智力障碍儿童。

三、儿童问题行为评估及工具

(一)问题行为的定义

问题行为，又叫行为问题、行为异常、行为障碍、情绪障碍等，至今还没有一个为人们普遍接受的定义。林永馨等人(1995)认为，情感和行为障碍具有以下几方面的特点：①学习困难，但又没有智力、感觉和健康等方面的原因；②不能与同龄人及教师建立并保持一种良好和谐的人际关系；③在正常情况下作出不恰当的行为或情感反应；④持续地不高兴或有抑郁情绪；⑤出现与个人或学校适应不良有关的身体疾病、疼痛或恐惧。

1967年，英国心理学家路特(M. Rutter)将问题行为分成两大类：第一类叫作A行为(Antisocial Behavior)，即违纪行为或反社会行为，包括毁坏自己和他人的物品、不听管教、说谎、欺负弱小和偷东西等；第二类叫作N行为(Neurotic Behavior)即神经症性行为，包括肚子痛、呕吐、烦恼、害怕新事物和新环境、拒绝上学、有睡眠障碍等。

对儿童问题行为的评估主要采用测验法。即通过用一些标准化的行为量表对儿童的行为进行系统的评定，从而判断儿童是否存在行为问题及存在什么性质的问题。下面介绍几种目前比较常用的儿童行为评定量表。

(二)儿童问题行为评估工具

1. 康纳斯行为评定量表(Conners Rating Scales, CRS)

由家长用表、教师用表及家长教师用表构成，主要用于评估儿童的品行问题、学习问题和多动性，是筛查儿童行为问题(特别是多动症)用得最广泛的量表。家长评定量表和教师评定量表都适用于3～17岁的儿童和青少年，而自我评定量表只适用于12～17岁的青少年。完整版的施测时间为15～20分钟，简化版5～10分钟，多动指数评定量表大约为5分钟。Conners行为评定量表的所有题项均按0、1、2、3计分。把各分量表的条目分数加起来，即可得到分量表的原始分数。根据受测者所在年龄及性别常模团体的平均分和标准差就可以将各分量表的原始分转换成T分数。

2. Achenbach儿童行为量表(CBCL)

儿童行为量表(Achenbach Child Behavior Checklist, CBCL)是在众多儿童行为量表中用得最多，内容较全面的一种。我国在1980年初引进适用于4～16岁的家长用表，在上海及其他城市做了较广泛的应用，并总结出了我国常模的初步数据。这一量表主要筛查儿童的社交能力和行为问题，共有五种表格，即家长填，老师填和智龄10岁以上儿童自己填的，其中家长填的使用经验最多。内容分三部分：①一般项目：姓名，性别，年龄，出生日期，种族，填表日期，年级等。②社交能力：包括七大类：参加体育运动情况，课余爱好，参加集体(组织)情况，课余职业或劳动，交友情况，与家人及其他小孩相处情况，在校学习情况。③行为问题：包括113条，其中56条包括8小项，113条为"其他"。填表时按最近半年（6个月）内的表现记分。（完整测量量表见附件1-3）

3. 儿童孤独症评定量表（Childhood Autism Rating Scale，CARS）

儿童孤独症评定量表（Childhood Autism Rating Scale，简称CARS）被广泛用于孤独症儿童的诊断中。CARS包含15个分量表，分别是人际关系、模仿、情感反应、身体使用、与物体的关系、对环境变化的适应性、视觉反应性、听觉反应性、近接受器的反应性、焦虑反应、言语沟通、非言语沟通、活动水平、智力功能和总体印象。每个分量表由正常到极不正常分为四级（分别记1分、2分、3分和4分），受测者获得哪个等级分数，由他的行为特征决定。CARS的得分范围在16~60分之间。如果受测者的分数低于30，就表明没有孤独症；如果分数在30~36分之间，表明有孤独症倾向；如果分数≥37分，就可确定为有孤独症。（具体测量量表见附件1-4）

4. 儿童焦虑性情绪障碍筛查表（SCARED）

儿童焦虑性情绪障碍筛查表（The Screen for Child Anxiety Related Emotional Disorders，SCARED）是Birmaher编制的一种儿童焦虑症状的筛查表，用于评估儿童焦虑性障碍，可作为辅助临床诊断、科研及流行病学调查的筛查工具。2002年，王凯、苏林雁等将此量表进行了中国化并建立了城市常模。全量表共41个条目，包括5个因子，分别为躯体化/惊恐、广泛性焦虑、分离性焦虑、社交恐怖症和学校恐怖症，为0~2三级评分，0：没有症状，1：部分有，2：经常有，评定过去3个月的情绪。儿童的自评或其父母填写都可以。

5. 儿童抑郁障碍自评量表（DSRS）

儿童抑郁障碍自评量表（Self-Rating Scale for Depressive Disorder in Childhood，DSRS）是儿童抑郁症评估工具。伯莱森1981年根据成人抑郁症诊断标准制定。适用于7~13岁儿童。我国学者（苏林雁、王凯、朱焱等2003）等对该量表进行了中国化，制订了中国城市儿童常模。量表共有18个条目，采用三级评分：经常有=2分，有时有=1分，没有=0分。若总分≥13分，儿童可能有抑郁性问题。其特点是项目少，用于学龄儿童时费时不多，可用于门诊及住院抑郁症患儿，作为辅助手段，也可作为追踪疗效的工具，还可用于对有抑郁危险的儿童（如父母患抑郁症、人格障碍、儿童本人学习成绩下降或患有躯体疾病）的初步筛查。

四、儿童人格评估及工具

（一）人格的定义

人格指的是对人们呈现自己经历，以及与外界相互作用方式的结构和一致性程度的观察。这种一致性有两个方面：不同境遇的稳定性和相似环境或境遇的跨时间一致性（Mischel，1968，1998）。人格与人们稳定、持久的特征或特质有关，即感知自我、世界和他人方式的一致性和行为方式的一致性。这些在行为、思想和情感方面基本的一致性也许与遗传因素有关，也许是习得的根深蒂固的行为方式，或者二者均有（Mischel 1998, Plomin, Defries, McClearn & Rutter, 1997）。

（二）人格评估的工具

人格测验一般采用观察、晤谈、行为评定量表、心理量表进行。

1. 3~7 岁儿童气质量表(PTQ)

气质是对环境反应方式的素质倾向，是个性心理特点之一。美国儿童心理学家及精神病专家 Thomas 和 Chess 将每个儿童的行为方式称为儿童气质，他们认为气质是一个描述每个儿童的速度、节律、适应性、能量消耗、情绪和注意的现象学术语，是一种先天的素质，具有稳定性、持续性和连续性。气质主要由先天和遗传因素决定，但随着儿童的成长，儿童的气质也会受环境的影响(如教育、社会背景)发生某些改变。

1977 年，NYLS 小组设计了由家长进行评定的 3~7 岁儿童气质量表(Parent Temperament Questionnaire，简称 PTQ)。该量表为其他儿童气质的测查量表的发展奠定了基础，目前仍是测查 3~7 岁儿童气质的常用工具。80 年代初，台湾大学的徐澄清将该量表翻译成中文，并在台湾进行了大样本的测试。1992 年，张雨青等人将该量表译成中文，并在内地进行了测量。

该量表由 9 个分量表组成，分别是：

活动水平：儿童身体的运动量，如儿童洗澡、室内外活动、玩耍等时候的活动水平。

节律性：儿童反复性生理功能的规律性，如对睡眠、饮食、排便等评价。

趋避性：对新刺激的最初反应，如新食物、新玩具、陌生人、新情境。

适应性：指对新事物、新情境的接受过程，是容易还是困难。如旅游、初去幼儿园或学校时的适应能力。

反应强度：对刺激产生反应的激烈程度，包括正性情绪和负性情绪。如遇某事是大声哭闹或兴高采烈还是反应轻微。

情绪本质：愉快、和悦、友好的行为相对于不愉快、不和悦、不友好的比例。如与小朋友玩时、与人接触时等情境中的情绪状态。

注意分散度：外界刺激对正在进行的活动的干扰程度。如做事情时对旁边干扰的反应。

注意时限和坚持度：活动持续的时间长度和克服阻碍继续进行的能力。如做一件事情的坚持性、对别人建议的接受、是否易哄等。

反应阈：引起儿童产生可分辨反应的外在刺激水平，如对声、光、温度等。

该量表共有 72 个条目，九个维度，每个维度有 8 个条目。由最了解孩子的抚养者根据孩子最近一年的表现来评定。采用 7 点量表进行评分，每个条目是一个陈述句。整个测验大约需要 20 分钟。

2. 艾森克人格问卷儿童版(EPQ)

艾森克人格问卷(Eysenck Personality Questionnaire，简称 EPQ)是由英国心理学教授艾森克及其夫人编制，该量表施测方便，有较好的信度和效度，是国际上最具影响力的心理量表之一。此量表是专用于 5~7 岁儿童的儿童版(见附件 1-5)。

量表有三个内容维度：内外向、神经质和精神质以及一个测谎量表组成。全量表共有 88 个问题。

测试结果的解释：根据 EPQ 记分卡算出各个维度的原始分，在根据不同年龄的常模找到标准分。

五、儿童投射性测验及常用类型

投射技术是三种主要的心理评估方法之一，绘画测验是众多投射技术中的一种，它所依据的原理是精神分析理论，它的假设是绘画作品能够投射出个人的智力、行为、情感、人格、社会化等一系列心理特征。儿童绘画能力的发展与认知、心理的发展是相互联系的。个人的智力障碍、行为与情感问题以及发展滞后都会在其绘画作品中有所体现。

在使用绘画测验进行心理评估时，应该考虑到个体所有方面，也包括非言语的沟通(Lisa B. Moschin, 2012)。儿童通过特殊的艺术表达方式告诉评估者一个关于他们自己的故事，他们通过选择创作绘画的过程、作品，表达积极的和消极的想法和情感。他们可以讲出一件令他们非常恐惧的往事，描述最近发生的愉快或者烦恼的事，也可以描绘他们希望发生的或担心发生的事情。这些独特的、个人的内心经验的表达，如果运用得当，就能够为评估提供有用的线索。作为评估过程的一部分，评估者需要观察或"倾听"儿童绘画的颜色、信息和主题，并观察儿童在画画时的情感，密切关注他们言语和非言语的表达。只有这样，评估者才能对儿童在画中所表现出来的心理冲突、需要和情感做一个初步的诊断。儿童的绘画代表了个人的倾向，评估者需要把他们所表达的其他所有事情联系起来考虑。

常用的标准化的绘画评估工具有：画人测验(Machover, 1949)、"房—树—人"测验(Buck, 1948)、动态"房—树—人"(Burns, 1987)测验以及家庭动态画(Burns & Kaufman, 1970)。需要注意的是，这些评估程序需要评估者受过特殊的培训，知道如何管理和解释这些绘画。

(一) 画人测验

画人测验(D-A-P)这一程序是在 Machover(1949)验证了 Goodenough 测量儿童智力水平技术(Draw-A-Man, 1926)的基础上发展起来的，在美国，它已成为各种投射测验中使用最为广泛的测验。Machover 把人像画发展为一项可以用来揭示人格特征和自我概念的技术。她的基本理论是，当被要求"画一个人"时，来访者画出的人与其冲动、焦虑、冲突、防御机制以及个体是否做出调整等信息密切相关，甚至从某种意义上说，画出的这个人就代表了来访者本人，而画纸则代表了环境。对人像画中所表达的一些特征的解释，Moschini(2012)认为需要关注三个方面：结构和量化分析，包括：①绘画的设计方面(如尺寸、布局、细节或强化、线条特征、阴影、色彩和整体印象)；②形态和定性分析，指的是文献和研究中提到的象征的识别；③来访者的自由联想和言语陈述，在绘画完成后评估者会询问来访者或被试关于画作的相关内容，如画的是什么，由此画想到了什么等，来访者一般会做出自己的解释和言语陈述。这三个方面对于其他形式的绘画测验也适用，以画人测验来说，你需要关注来访者所画出的人像的结构、形态以及来访者的解释说明，比如，基于人像的总体特点(线条的特点，身体各部位整合所表现出来的动作协调性，身体各部位的比例、色调等)；省略人像画中的典型细节性特征(或大或小的脑袋或者夸张的牙齿，断手，手脚、脖子等的省略)。当然，只有对绘画作品做整体的考虑并联系情绪指征才能得出有意义的诊断。

(二) 动态"房—树—人"测验(K-H-T-P)

Burns(1987)在原先"房—树—人"测验的基础上融合了 Burns 和 Kaufman 所设计的家庭活动绘画测验(K-F-D)中的运动概念(1970, 1972)发展出这样一种测验。给儿童一张 A4 纸，并要求他们在纸上"画一间房子、一棵树和一个完整的人，同时这个人要在做一件事情"(Burns, 1987)。房子能反映家庭和家庭成员的相关信息和问题，树能表现儿童心理发展和他们对环境的感受。研究者可以通过分析儿童是否画出房子、树和人的特征，以及画中细节、比例、透视、颜色的使用对所画形象进行定量和定性分析，以得到来访者的人格特点和人际关系方面的信息。K-H-T-P 测验更有助于探索儿童生活的人际关系维度，它在儿童如何看待自身与环境以及与其他人之间的关系上提供了更多的信息。因此有的评估者喜欢对儿童使用房—树—人测验，而对成人使用画人测验。

（三）动态家庭画（K-F-D）

动态家庭画（K-F-D）这一技术把运动的概念引入家庭绘画。给儿童一张 A4 的白纸、一支铅笔、一块橡皮，并要求"画出你家庭中的每个成员，包括你自己，并画出每个人正在做某件事或从事某个活动"（见 Burns&Kaufman，1970，1972）。K-F-D 展示了一个更为清晰的有关家庭活动、人际关系及家庭成员间情感关系的画面。动态家庭绘画通过要求儿童组织画面，提供了一个分析的新维度。治疗者关注空间划分、压缩、画面顶部和底部的线条、带有下划线的人物形象、接缝和折叠的空间划分等诸如此类的"风格"化的内容。这一技术有助于确定儿童如何看待自己在家庭中的位置，也有助于理解与儿童有关的家庭问题和事务，并据此跟他们进行交流（Handler，1996）。Zoltan Vass（2002）发展了一种由计算机协助的筛查程序，用于动态家庭画，使用计算机的运算来评估外形和结构性的图画特征。

除了以上三种常用的图画工具外，近来有些实践者还运用画自画像、画一位异性、画雨中之人、树木人格图等来进行评估。这些投射技术因具有结构化、正式性、指代性等优势，成为获得更多信息的很好手段。这些信息可能提供一个完整的病情诊断参考依据，但使用这些评估工具时，要避免绝对化和刻板化，需要把儿童多次的艺术作品联系起来考虑，不宜从一次创作中下定论，还要与其他相关事情联系起来考虑，并考虑每个孩子的独特性。做到这一点，评估者的专业经验是非常重要的。

为了能够较好地开展系统性投射测验，实现多维度、连续地记录儿童心理发展，湖南省知绘心理健康服务发展中心为福利机构儿童使用了绘画测验记录工具——儿童绘画心理成长记录本（图5-3、图5-4），以儿童成长的春、夏、秋、冬四季为时间轴，定期用绘画记录儿童的认知发展状况和情绪状态，其中穿插自画像、雨中人、树木画、房树人等绘画测验，由专业人员进行心理分析和评估，较好地实现心理动态评估，进而开展心理辅导或干预措施。

该项措施特别适用于儿童福利机构儿童的跟踪观察、评估及干预，不仅能根据他们不同时期表现出的绘画特点，纵向记录孩子认知水平的成长变化，还记录了孩子性格、气质、兴趣爱好、情绪状态等，是一种独特的心理健康档案形式。

图5-3　儿童绘画心理成长记录本

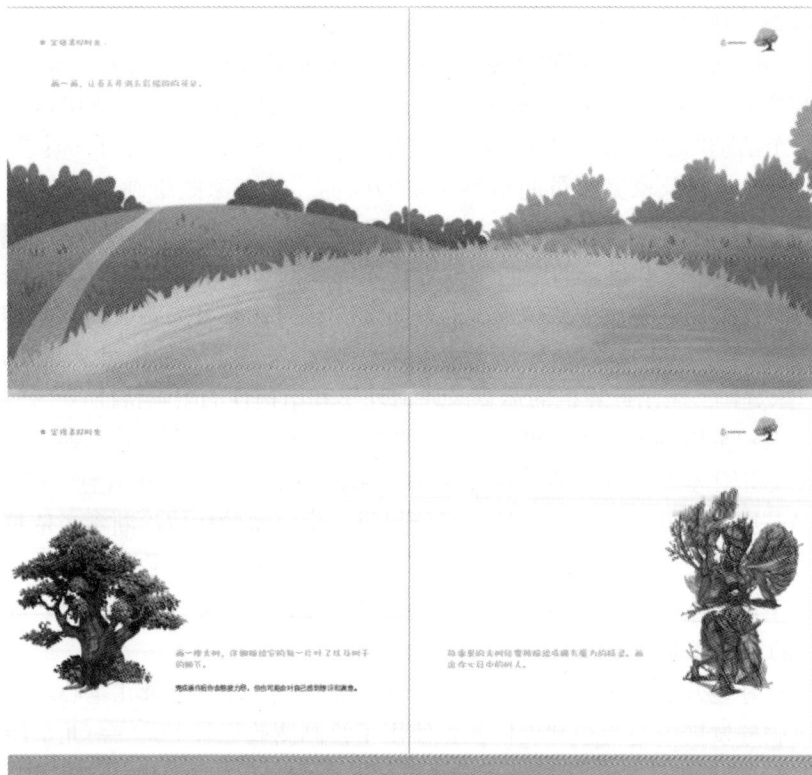

图 5-4　儿童绘画心理成长记录本内页

第三节　儿童福利机构儿童心理评估的过程

一、确定评估目的和评估对象

(一)确定评估目的

评估目的,即通过评估想要获得的结果或想要解决的问题。在特殊教育领域,特殊儿童心理评估有着广泛的应用,其目的主要有筛查、转介、鉴别、制订教育计划和教育评价等。在做心理评估之前,要先明确本次评估的目的是什么,以便于确定评估的内容,选择恰当的评估工具和方法。

(二)了解评估对象

在确定评估目的时,评估者已大致了解将对什么人实施评估。不过,在设计评方案之前应该多了解一点评估对象,因为评估对象的类别、年龄和阅读水平等会影响评估工具的选择和方法的使用。

二、设计评估方案

确定评估目的和对象之后,就要考虑评估的具体内容。有些评估可能非常简单,只需对被评估者心理发展的某些特定领域进行评估;有些评估可能比较复杂,需要对心理发展的整体状况进行评估;而有些评估还需要结合有关资料进行综合评估。无论评估是简单的还是复杂的,事先都应拟定一份评估计划。

一份完整的评估方案通常包括以下三个方面的内容。

(一) 确定评估的指标体系

所谓心理评估的指标体系,是指表征评估对象心理及相关属性发展状况的各级各类因素的集群及量化方法。例如,要鉴别某个儿童是不是智力障碍,根据智力障碍的鉴别标准及智力障碍的有关研究,可以确定心理评估的指标体系如下。

(1)智力筛查。一般用标准化智力测验来测查智力。目前国际上流行的智力测验不少,像斯坦福–比内智力量表、韦氏儿童智力量表、瑞文推理测验、绘人测验、丹佛发展筛选测验都是非常著名的。在智力障碍儿童的鉴定中,要根据儿童的年龄及认知水平选择适宜测验。

(2)适应行为评定。一般要用标准化的适应行为评定量表来衡量儿童的适应行为水平。目前国际上流行的适应行为量表有文兰适应行为量表、AAMR 适应行为量表等。

(3)儿童生长发育史。在智力障碍儿童的鉴别中,应该了解儿童主要由谁抚养,出生后几个月时断奶,几个月时开始用奶瓶喂奶,几个月时自己进食,何时会独坐、自己站立、走路、跑、跳,什么时候能对声音作出反应,发第一声、牙牙学语、说出第一个词、第一句话各在什么时候,什么时候能控制大小便,与其他儿童相比这些情况是慢、一般还是快?另外,工作人员还要了解儿童是否曾接受过早期干预,上过什么学校(包括一些特殊的训练机构),是否留过级,老师或训练人员对他的评价如何等等。

(4)儿童疾病史。主要包括:出生时是否用过产钳助产或出现过窒息,是否为早产儿、过期产儿、低体重儿?是否用过麻醉剂出现麻醉剂中毒等?出生后有没有过脑膜炎、脑炎、脑脓肿和脑震荡?是否有过一氧化碳或铅、汞中毒?有没有甲状腺功能低下或严重营养不良?在幼年时期是否生过大病,如曾经发高烧至 40℃ 久久不退?这些情况都可能造成脑损伤,最终导致智力障碍。

(5)儿童家族病史。对儿童家族病史材料的收集,有助于诊断某些属于遗传性的智力障碍。

(6)体检,即体格检查,具体内容包括对儿童的头围、面容、毛发、眼、耳、口、四肢、身高、体重等的检查。儿童在某些方面的异常可以为诊断智力障碍及其产生的原因提供依据。

(二) 选择收集资料的方法、途径和工具,并设计收集资料的程序

首先,选择收集评估资料的方法。收集评估资料的方法有很多,如心理测量、生理测量、观察法、访谈法、作品分析法、医学检查等,要根据每项指标的具体要求选择最适合的方法。例如,测查智力最适合的方法是做智力测验,了解儿童的家族病史最好用访谈法,而体检最好去医院。

然后,要选择适当的工具和途径。例如,目前国内比较有名的智力测验有一二十种,明确在本次智力障碍儿童的鉴别中选择哪一种。

最后,设计评估程度。收集资料的程序设计就是为收集资料制订一个时间表。哪种资料先收集,哪种后收集,要看收集资料的难易程度。一般来说,容易的先收集,难度大的后收集。当然,还要考虑各种客观条件。

(三) 评估人员的选择和培训

在特殊儿童的心理评估中,所要收集的资料往往是多种多样的,有时评估组织者一个人难以承担全部工作,需要组成一个评估小组来共同完成资料的收集工作。

评估小组成员一定要经过筛选，应该符合专业人员的标准，否则，他们收集来的资料就难以保证准确、可靠。不过，有时很难找到非常合适的人选，评估的组织者就应该选择一些大致符合条件的人，然后对他们进行培训，直到都成为合格的评估人员为止。

三、实施评估

(一)根据评估方案收集多方面的资料

根据观察、访谈和心理测验等方式收集被评估者的智力、适应性行为、情绪和问题行为以及人格等方面的资料或测验结果。

(二)对各种资料进行分析与综合整理

把可靠的资料与需要证实的资料分开。有些用间接方式获得的资料，如通过访谈收集来的资料可能会出现误差。即使是直接观察，由于观察者的介入也会引起评估对象行为的改变。因此，在对资料进行综合整理之前必须确定哪些资料是准确的，哪些需要进一步证实。

运用专业知识对各种资料以合理的方式进行比较和解释，根据评估的目的对评估对象的心理发展状况及问题得出结论。

四、撰写评估报告

通常一份完整的评估报告需要包括个案的身份资料、来访理由、既往病史、家庭与人际关系状况以及心理测验和相关评估结论等方面的材料。评估者在撰写评估报告时要考虑到听取报告的对象，评估报告最主要的目的是使对方能够理解为什么要采用这些治疗措施/干预方案，如果最后的结果不能被理解，那么评估程序毫无用处(Groth-Marat&Horvath，2006)。因此，评估者在撰写报告时应当注意尽量不使用难懂的专业词汇，使报告简单易懂。

下面通过对一个9岁男孩吴小宇(化名)进行心理评估的案例说明最终评估报告的撰写范式。个案资料收集的过程完全是依靠本章所述的评估方法而来：先让其父母填写儿童信息表；然后与他的父母进行一次访谈，与他的母亲单独访谈3次，每次1小时；与吴小宇本人访谈1次。另外，还收集了他的四个老师对他进行的课堂行为观察记录、学校心理咨询师和治疗者在不同情境中对他的观察记录，并对他进行了智力测验、成就测验、数学与阅读能力测验及视、听觉能力测验等。这些测量或访谈的结果由评估小组进行会诊分析，评估小组的成员有治疗者(组长)、语文老师、数学老师、体育老师、班主任老师、校医、学校心理辅导老师7人，最终形成如下评估报告。

(一)吴小宇的身份资料①

姓名：吴小宇

出生年月：2010年3月

年龄：9岁

年级：四年级

出生顺序：排行老二，上有一个姐姐，比他大8岁，正上大学一年级。

父亲：45岁，技师。

---

① 此案例摘自：傅宏.儿童心理咨询与治疗[M].南京：南京师范大学出版社，2015：75—77.有删改。

母亲：44 岁，普通工人。

（二）为什么前来寻求心理治疗

吴小宇是被他的老师和家长带来寻求治疗者的帮助的，因为他有下列问题行为：他平时经常喜欢侵犯其他儿童以引起别人的注意，而当其他儿童还击时，吴小宇会号啕大哭；从来不能很好地坐在位子上；注意力不集中，易分散；在课堂上大声讲话，说一些与上课无关的事情。

（三）既往病史

从 6 岁起开始过敏治疗。近视，戴眼镜。胃口不好。身高偏低，体重偏轻。

（四）出生情况/早期发展

出生时母亲 35 岁，怀孕和分娩正常。从出生起，吴小宇就被大家当作"困难儿"，易怒，经常啃吃婴儿床和家具。在大小便训练中有困难。但走路和说话都比同龄人早。逆反，容易被激怒并喜欢对所有的事情说"不"。没有机会和同龄的伙伴在一起玩耍，由于年龄悬殊，他与亲姐姐之间也没有什么机会交流和玩耍。

（五）学习发展

1. 强项（优势）

智商 130 分，语文阅读成绩不错，数学也还好。上学几乎没有缺过课，也没有留过级。

2. 弱项（劣势）

现有的成绩并没有反映出其真正的潜力。对学校的事情不能集中注意力，不能单独坐好，很难参与课堂活动，对没有很大兴趣的事情不想去做。

（六）社会发展/同伴关系

1. 学校里

同学们很难容忍他，他喜欢冒犯别人以引起别人注意，但对于别人的反抗却反应过度，从来不知道自己什么时候得罪了别的同学，因此，他在学校里没有一个好朋友。

2. 邻里之间

与邻居孩子的关系并不融洽。在一、二年级时，放学回家的路上经常会与别人打架，现在由他的一位表哥每天护送他回家。他还经常会与一个比他小的表妹打架。

（七）情绪发展

相对于他的年龄来说，他的情绪发展尚未达到应该达到的年龄，也就是说，情绪发展不成熟，缺乏同情心。疲劳时或受挫时很容易哭泣。即便是表扬称赞，他也表现得无所谓。在与同伴相处时，喜欢不时对其他儿童实施言语或身体上的攻击。

（八）家庭关系

1. 亲子关系

妈妈非常溺爱他，对他保护过度。爸爸则不怎么管他。父母对他几乎没有什么约束。妈妈几乎包办了他的一切事情，因此他表现出对母亲的极度依赖。

2. 姐弟关系

由于年龄悬殊，姐姐对他关爱有加，但两人之间没有什么共同语言。

（九）评估小组的会诊评估

由评估者（组长）、语文老师、数学老师、体育老师、班主任老师、校医、学校心理辅导老师 7 人组成的评估小组对吴小宇有以下共同的看法：①注意力不集中、任性冲动、活动过度提示有儿童多动症征候；②意识不到自己的行为给同伴造成的伤害；③不能控制自己的行为或调节自己的情绪；④孤独，没有朋友；⑤低自尊；⑥容易受挫；⑦缺乏自信；⑧判断力差，缺乏做决定的技巧。

评估小组的成员们都认为吴小宇的行为与儿童多动症的症状是相一致的，而他的许多行为问题是相互关联的。例如，他不能控制自己的冲动去欺负其他孩子，从而导致同伴拒绝。评估小组提议转诊，但他们仍然认为吴小宇需要继续接受教育和心理咨询来克服与儿童多动症有关的问题。

吴小宇被送到了某市脑科医院的儿童精神卫生中心做进一步的评估。专家要求看吴小宇的老师对他在课堂中表现的观察记录，并根据这些记录作出初步判断为儿童多动症，并对他进行为期一个月的兴奋剂治疗。在此期间，治疗小组成员对他继续进行观察，以检查他的行为是否发生变化。结果发现，吴小宇在学校和在家里的表现都有所好转，因此确定吴小宇患的是儿童多动症。

附录：

儿童福利机构儿童心理评估常用工具清单

一、儿童智力发育评估量表

1.丹佛婴幼儿智能发育筛查(适合0~6岁)

2.瑞文彩色推理测验(适合5~11岁)

3.婴儿—初中学生社会生活能力量表(附件1~1)

4.中国0~6岁小儿神经心理发育检查表(附件1-2)

5.韦克斯勒儿童智力量表中文版(WISC-CⅣ)(适合6~16岁11月)

二、儿童适应性行为评估量表

1.儿童适应行为量表 (适合3~16岁)

2.生活适应能力检核手册(适合智力障碍儿童的个别教育计划和评价)

三、儿童问题行为评估量表

1. Conners 儿童行为问卷(适用3~17岁儿童和青少年)

2.Achenbach 儿童行为量表(CBCL)(家长用适用4~16岁儿童，附件1-3)

3.儿童孤独症评定量表(CARS)(附件1-4)

4.儿童焦虑性情绪障碍筛查表(SCARED)

5.儿童抑郁障碍自评量表(DSRS)

四、人格评估量表

1.3~7岁儿童气质量表(PTQ)

2.艾森克人格问卷儿童版(EPQ)(附件1-5)

附件1-1 婴儿—初中学生社会生活能力表

记 录 单

儿童姓名_____ 性别____ 检查日期____年____月____日
出生日期____年____月____日 实足年龄____年____月____天

住址 _____

领域	SH	L	O	C	S	SD	总分	评定结果

记录人签名 _____

检查注意事项：

1. 指导语：此项检查是为了了解您孩子的各种生活能力而进行的，与幼儿园或学校的成绩无关。其中有些项目可能不能完成，这是因为您的孩子还小。请认真考虑您孩子的日常表现后，坦率地回答。我们对您的真诚合作表示感谢。

2. 回答人：本量表的回答人可以是孩子的父母，每天照料孩子的人，或经常与孩子接触的老师。

3. 首页填写：首先请填写儿童姓名、性别、实足年龄(检查年、月、日减去出生的年、月、日)、所在的幼儿园、学校或其他设施的名称及家庭住址。检查结束后，由记录人分别填写该儿童在各领域所通过的项目数得分及总分，并根据手册填入评定结果。各分项目包括：独立生活(SH)、运动(L)、作业操作(O)、交往(C)、参加集体活动(S)、自我管理(SD)。

4. 检查方法：检查时，按不同年龄的七个阶段

Ⅰ(6 个月~1 岁 11 月)

Ⅱ(2 岁~3 岁 5 个月)

Ⅲ(3 岁 6 个月~4 岁 11 个月)

Ⅳ(5 岁~6 岁 5 个月)

Ⅴ(6 岁 6 个月~8 岁 5 个月)

Ⅵ(8 岁 6 个月~10 岁 5 个月)

Ⅶ(10 岁 6 个月以上)

从应的年龄阶段开始检查。从年龄阶段的第一项开始提问，如连续十项通过，则认为这以前的项目均已通过，可继续向下提问，直至连续十项不能通过，则认为这以后的项目均不能通过，检查即可结束。如开始十项未能全部通过，应继续向前提问，直至连续十项均能通过，即认为前面的项目全部通过，可以继续向后提问，直至连续十项不能通过，则认为这以后的项目均不能通过，检查即可结束。

"通过"是指孩子对项目会(基本上会)，或认为有机会就会，则在项目后的括号内填"√"；"不通过"是指孩子对该项目不会(不太会)，或认为有机会也不会，在项目后的括号内填"×"。

记录人签名 _____

【Ⅰ】

1. 叫自己的名字，能知道是叫自己。(自己的名字被叫时，能把脸转向叫自己名字的人的方向。)(   )

2. 能传递东西。(给小儿可握住的东西时，能从一手传递另一手。)(   )

3. 见生人有反应。(给小儿可握住的东西时，能从一手传递另一手。)(   )

4. 会做躲猫猫的游戏。(在游戏中，小儿能注视检查者原先露面的方向。)(   )

5. 能拿着奶瓶喝奶。（　　　）

6. 能模仿大人或兄弟姐妹的动作。（如能发挥说"再见"，或捂着脸说"没有了！没有了！"）（　　　）

7. 能用手指头抓东西。（不是大把抓，而是用大拇指和食指抓起很小的东西。）（　　　）

8. 能回答"是"，"嗯"。（　　　）

9. 在孩子们当中，能高高兴兴地玩耍。（在公园等处，想模仿着玩。）（　　　）

10. 能自己走路。（　　　）

11. 能说简单的词。（能说"爸爸""妈妈""再见"等两、三个单词。）（　　　）

12. 能拿着杯子自己喝水。（不用帮助，水也不会怎么撒出来。）（　　　）

13. 能做出引起大人注意的行为。（当大人表示"不可以""不行""喂喂"等禁止时，特意表示出让人注意。）（　　　）

14. 别人给穿衣服时，能按需要伸出手或脚。（　　　）

15. 能明白简单的命令。（能听从"把××拿来""到××地方去"之类的指示。）（　　　）

16. 能在纸上乱画。（能用蜡笔或铅笔在纸上乱画。）（　　　）

17. 能抓住扶手自己上阶梯。（　　　）

18. 能使用勺子自己吃饭。（　　　）

19. 能和大人拉着手外出。（基本上能自己走二三十分钟的路。）（　　　）

【Ⅱ】

20. 能脱袜子。（不借助父母的手，只要提示就可以脱。）（　　　）

21. 大便或小便后，能告诉别人。（不单是哭闹，而是能用动作或是语言表示。）（　　　）

22. 什么事都想能自己独立干。（　　　）

23. 希望拥有兄弟姐妹或小朋友都拥有的相同或相似的东西。（　　　）

24. 当受到邀请时，能加入到游玩的伙伴当中去。（跟着伙伴一起玩。）（　　　）

25. 能说两个词组成的话。（如"去外面""吃饭"等）。（　　　）

26. 能区别自己的东西和别人的东西，不随便拿用别人的东西。（　　　）

27. 当别人说"以后……""明天……"之类的话时，能够等待。（　　　）

28. 会说日常的客气话。（能正确运用"您早！""谢谢！"等两个以上的词。）（　　　）

29. 不借助扶手或他人帮助，能够自己上、下阶梯，或能双脚跳下一层台阶。（　　　）

30. 要上厕所时，能告诉别人，并能解下裤子。（　　　）

31. 能自己洗手。（不只是把手弄，而是能擦着洗。）（　　　）

32. 不拉着别人的手，自己也可以在人行道上走路。（没有人行道时，则可以在马路边上走。）（　　　）

33. 能把水、牛奶或橘汁倒入杯子里。（从瓶子倒入杯中，或从一个杯子倒入另一个杯子。）（　　　）

34. 能懂得顺序。（能按照大人的指示，等待按顺序轮到自己。）（　　　）

35. 能帮助做饭前准备或饭后收拾工作。（按照别人的吩咐把筷子或碗摆在桌子上，或收拾吃完后的餐具。）（　　　）

36. 能自己脱短裤。（　　　）

37. 能分别说出自己的姓和名。（能把姓和名区分开。）（　　　）

38. 如果上厕所，自己能料理。（在白天基本不会出问题。）(   )

39. 能自己说出所见所闻。（能说明身边发生的事情。）(   )

40. 吃饭时能使用筷子吃。（能拿住筷子即可以。）(   )

41. 吃饭时不随便离席。(   )

【Ⅲ】

42. 有想要的东西，经过说服，可以忍耐。（如外出买东西时。）(   )

43. 能把玩具和小朋友轮流玩，能把玩具借给别人玩，或借别人的玩具玩。(   )

44. 在车子里或人多的地方不撒娇磨人。(   )

45. 能自己到附近的朋友家或游乐场所去。（附近的朋友家是指本层楼或本院以外的人家。）(   )

46. 能自己穿脱简单的衣服。（如睡衣、毛衣或带纽扣的外衣等。）(   )

47. 能自己穿鞋。（穿拖鞋不算，如鞋有带，不要求系带，亦不要求左右脚穿得正确。）(   )

48. 会玩过家家的游戏。（如模仿做饭或买东西等游戏时，能扮演其中角色。）

49. 能穿脱一般的衣服。（如小纽扣的、带拉链的或有袋子的衣服。）(   )

50. 会自己洗脸。（不只是玩玩水，要能擦洗整个脸。）(   )

51. 会粘贴。（能用浆糊或胶水粘贴纸。）(   )

52. 能上公共厕所解手。(   )

53. 便后能自己用手纸把大便擦干净。(   )

54. 懂得用划拳决定输赢。（如用手表示锤子、剪子、包袱的游戏。）(   )

55. 能遵守交叉路口的交通信号过马路。（没有交通信号的地方则注意来往车辆过马路。）(   )

56. 能用剪刀剪出简单的图形。(   )

57. 能在电话中进行简单对话。（打电话时，能拿起电话转交父母或告诉对方家里没人，如家中没有电话，当家长不在时，能接待来人，说明家长不在，事后能转告给家长。）(   )

58. 能识数字和挑读正楷的字。（能识电视频道或钟表的数字，能挑读小人书上的一些字。）(   )

59. 能按照吩咐，自己梳头或刷牙。(   )

60. 洗澡时能洗自己身子。（不会洗头也可以。）(   )

61. 能和小朋友交谈在电视中所看到的内容。（不模仿主人公，而是交谈故事的主要情节。）(   )

62. 能够看着样子画出圆形、三角形和正方形。（○　△　□）(   )

63. 能玩室内的竞赛游戏。（在有年长的孩子或大人参加的情况下，会玩扑克等游戏。）(   )

【Ⅳ】

64. 穿鞋子时，不会把左右脚穿错。(   )

65. 能打开小瓶的螺旋样盖子。(   )

66. 能写自己的姓和名。(   )

67. 能熟练地使用筷子。（熟练地夹起细小的食物，吃时不会掉下来。）(   )

68. 衣服脏了或湿了，父母不用说自己也会换下来。（　　）

69. 能参加躲避球、攻阵等规则简单的集体游戏。（　　）

70. 能到指定的街上买回花钱不多的东西。（　　）

71. 能一个人看家一个小时左右。（　　）

72. 能把别人(阿姨或老师)的话完整地传达给家里人。（　　）

73. 会拧擦布或手巾。（拧到不滴水的程度。)（　　）

74. 能独立看并理解内容简单的书。（以画为主的书。)（　　）

75. 到规定的时间自己主动就寝。（不是命令孩子"睡觉去"，但可以提醒他到睡觉的时间了。)（　　）

76. 可以步行到距离一公里左右常去的地方。（　　）

77. 能系、解带子。（单结、复杂结、活结、活蝴蝶结等。)（　　）

78. 不必由父母带着，可以和小朋友一起去参加地区的活动，如赶庙会，看电影。（　　）

79. 能够完成在班级所承担的任务，如值日、当班干等。（　　）

80. 能自己一个人上学校。（　　）

【Ⅴ】

81. 到别人家里很有礼貌。（如大人交谈时，能保持安静一个小时左右。)（　　）

82. 不必父母吩咐也会把脱下的衣服收拾好。（不是脱下不管，而是放在规定的地方。)（　　）

83. 能自己洗澡。（也会自己洗头。)（　　）

84. 能够根据需要自己打电话。（　　）

85. 买书时，能自己选择内容适当的书。（　　）

86. 能按照吩咐，自己把房间打扫干净。（父母不帮助也能尽力去干。)（　　）

87. 能按时按计划行动。（能遵守约定的时间，计算乘车所需要的时间。）

88. 能小心使用小刀等刃具。（　　）

89. 会玩象棋、扑克等规则复杂的游戏。（　　）

90. 能识别"禁止穿行马路""危险"等标志，并遵守指示。（　　）

91. 能主动给小朋友等人写贺年片或信，能写出收信人的地址。（　　）

92. 能在班会上陈述自己的意见。（　　）

93. 会使用锤子和螺丝刀。（　　）

94. 能根据需要记下事情或要点。（如外出留条，告诉要去的地方，或在记事本上写下必要的事项。)（　　）

95. 能就身边的事情写成简单的文章。（如日记、作文等，即使几行字的小文章也可以。)（　　）

96. 能作为一名成员参加学校或地区的文体等方面的活动。（　　）

【Ⅵ】

97. 指甲长了自己会剪。（　　）

98. 不必别人提醒，也能静静地把别人的谈话或说明听完。（　　）

99. 能够根据天气或当天的活动，自己调换衣服。（　　）

100. 能考虑对方的立场或情绪，不增添麻烦，不提无理的要求。（　　）

101. 会用词典查找不懂的词句。(   )

102. 可以放心让其照顾或照管年幼的孩子。(   )

103. 会使用洗衣机、电视机、录音机等家用电器。(   )

104. 能遵守规则打垒球、篮球、足球或乒乓球等。(   )

105. 能储蓄零花钱，有计划地买东西。(   )

106. 自己能乘电车或公共汽车到常去的地方去。(   )

107. 对长辈说话会使用尊敬的词语。(如"叔叔好""阿姨好""麻烦您啦""请您"等，不使用平常伙伴之间使用的粗鲁的话。)(   )

108. 会使用煤气、煤(柴)灶、电气灶烧开水。(   )

109. 能关心幼儿和老人。(   )

110. 即使没有去过的地方，如果能说明走法，也能步行达到。(   )

111. 自己会烧水沏茶。(   )

112. 能承担学校的工作。(如少先队、班委、班长等工作。)(   )

113. 到常去的地方，即使途中需要换车，也能自己乘车、公共汽车或地铁去。(   )

【Ⅶ】

114. 喜欢摆上花、贴上画，把自己的房间和教室装饰得很漂亮。(   )

115. 一次得到许多零花钱也不乱花。(自己有计划地使用获得的压岁钱、贺礼钱等。)(   )

116. 会缝纽扣。(   )

117. 注意自己的容貌打扮，能根据时间、地点穿着打扮。(   )

118. 能控制自己以免生病。(如注意不吃得过饱，稍有不舒服能尽早躺下，不吃不洁食物等。)(   )

119. 能用小刀或菜刀削去水果或蔬菜和皮。(   )

120. 能很好地遵守吃饭时的礼节。(如不发出响声，不作出不礼貌的姿态，不给人留下不愉快的印象。)(   )

121. 会做简单的饭菜或加热已经做好的饭菜。(   )

122. 相当远的地方也能骑自行车来回。(   )

123. 说话时能考虑对方的立场。(   )

124. 能阅读并理解报纸和小说。(   )

125. 对日常接触的学校和当地小朋友以外的人事交往也很关心。(如和友人通信，参加兴趣爱好相同的组织等。)(   )

126. 能根据需要，利用乘车的时间表和票价表。(指长途汽车或火车时间表和票价表。)(   )

127. 不需要督促，自己也能制定学习计划，并能实施。(   )

128. 关心电视或报纸上报道的消息和新闻。(   )

129. 没有大人的指导，也能集体制定会议、郊游、体育活动等计划，并能付诸实行。(   )

130. 即使是没有去过的地方，也能通过问路或查找地图，独立达到目的地。(   )

131. 自己能恰当地利用交通工具，到达陌生的地方。(   )

132. 会修理简单的电器、家具等。(如插口、插座、自行车等。)(　　)

SM 量表简单记录表

儿童姓名：_____　　性别：_____　　被询问者：_____

检查日期：_____　　出生日期：_____　　实足年龄：_____

序号 （领域）	结果		序号 （领域）	结果		序号 （领域）	结果		序号 （领域）	结果	
	0	1		0	1		0	1		0	1
I			34.（S）			67.（SH）			100.（SD）		
1.（C）			35.（O）			68.（SH）			101.（C）		
2.（O）			36.（SH）			69.（S）			102.（S）		
3.（C）			37.（C）			70.（SD）			103.（O）		
4.（S）			38.（SH）			71.（SD）			104.（S）		
5.（SH）			39.（C）			72.（C）			105.（SD）		
6.（S）			40.（SH）			73.（O）			106.（L）		
7.（O）			41.（SH）			74.（C）			107.（C）		
8.（L）			III			75.（SD）			108.（O）		
9.（S）			42.（SD）			76.（L）			109.（SD）		
10.（L）			43.（S）			77.（O）			110.（L）		
11.（C）			44.（SD）			78.（S）			111.（O）		
12.（SH）			45.（L）			79.（S）			112.（S）		
13.（S）			46.（SH）			80.（L）			113.（L）		
14.（SH）			47.（SH）			V			VII		
15.（C）			48.（S）			81.（SD）			114.（SH）		
16.（O）			49.（SH）			82.（SH）			115.（SD）		
17.（L）			50.（SH）			83.（SH）			116.（O）		
18.（SH）			51.（O）			84.（C）			117.（SH）		
19.（L）			52.（SH）			85.（SD）			118.（SD）		
II			53.（SH）			86.（SH）			119.（O）		
20.（SH）			54.（S）			87.（SD）			120.（SH）		
21.（SH）			55.（L）			88.（O）			121.（O）		
22.（SD）			56.（O）			89.（S）			122.（L）		
23.（S）			57.（C）			90.（L）			123.（C）		
24.（S）			58.（C）			91.（C）			124.（C）		
25.（C）			59.（SH）			92.（S）			125.（S）		
26.（SD）			60.（SH）			93.（O）			126.（L）		
27.（SD）			61.（C）			94.（C）			127.（SD）		
28.（C）			62.（O）			95.（C）			128.（C）		
29.（L）			63.（S）			96.（S）			129.（S）		
30.（SH）			IV			VI			130.（L）		
31.（SH）			64.（SH）			97.（SH）			131.（L）		

序号 （领域）	结果		序号 （领域）	结果		序号 （领域）	结果		序号 （领域）	结果	
	0	1		0	1		0	1		0	1
32.（L）			65.（O）			98.（SD）			132.（O）		
33.（O）			66.（C）			99.（SH）			总计：		

①SH＿＿＿分，②L＿＿＿分，③O＿＿＿分，④C＿＿＿分，⑤S＿＿＿分，⑥SD＿＿＿＿分

粗分：＿＿＿＿＿＿分；标准分：＿＿＿＿＿＿分；最终评定：＿＿＿＿＿

粗分与标准分换算表

标准 分	6月~	1~	1.5~	2~	2.5~	3~
5	—	—	—	—	—	—
6	—	—	—	<2	<4	<6
7	—	—	—	2~11	4~15	6~17
8	—	<3	<8	12~20	16~23	18~28
9	<4	3~9	8~17	21~29	24~32	29~40
10	4~10	10~25	18~37	30~48	33~53	41~65
11	11~14	26~33	37~47	49~58	54~63	66~76
12	15~18	34~04	48~57	59~67	64~73	77~88
13	>18	>40	>57	>67	>73	>88

粗分与标准分换算表

标准 分	4~	5~	6~	8~	10~	12~14
5	<5	<9	<30	<38	<63	<70
6	5~16	9~22	30~42	38~52	63~74	70~80
7	17~28	23~37	43~54	53~66	75~86	81~91
8	29~40	38~51	55~67	67~80	87~97	92~102
9	41~51	52~65	68~80	81~95	98~109	103~113
10	52~74	66~95	81~106	96~124	110~122	114~126
11	75~88	96~109	107~119	>124	>122	>126
12	89~100	110~123	120~131	—	—	—
13	>100	>123	>131	—	—	—

标准分及评定结果

6分（重度）　7分（中度）　8分（轻度）　9分（边缘）

10分（正常）　11分（高常）　12分（优秀）

智力水平的分级

IQ范围	等级	频率（%）	
		Stanford-Binet Form L-M	Wisc-R
≥130	非常超常	4.4	2.3
120~129	超常	8.2	7.4
110~119	高常	18.1	16.5
90~110	正常	45.6	49.4
80~89	低常	14.5	16.2
70~79	边缘	5.6	6.0
≤67	智力低下	2.6	2.2
52~67	轻度（可教育的）	(2.14%)	
36~51	中度（可训练的）	(0.135%)	
20~35 ≤20	重度 极重度 }（全护）	（很少）	

附件1-2　中国0~6岁儿神经心理发育检查表

姓名：_____　　性别：_____　　测查日期：_____年_____月_____日）

身高：_____厘米　　体重：_____公斤　　出生日期：_____年_____月_____日

头围：_____厘米　　实足年龄：_____年_____月_____日

语言：_____　　发育商：_____

社交行为：_____

大运动：_____　　全量表分：_____

精细运动：_____　　智龄：_____

适应能力：_____　　发育商：_____

项目/月龄	1	2	3	4	5	6
大运动	1□拉腕坐起头竖直片刻（2秒）	7□拉腕坐起头竖直片刻（5秒） 8□俯卧头抬离床面	13□俯卧抬头45° 14□抱直头稳（10秒）	20□俯卧抬头90° 22□扶腋可站片刻2~3秒	29□轻拉腕部即坐起 30□独立头身前倾5秒	35□仰卧翻身
精细运动	2□触碰手掌握拳	9□拨浪鼓留握片刻	15□两手握一起3~4秒 16□拨浪鼓留握0.5分钟	23□摇动并注视拨浪鼓	31□抓住近处玩具2.5厘米	36□会撕纸16开 37□把弄桌上一积木
适应能力	3□眼跟红球过中线 4□听声音有反应	10□立刻注意大玩具	17□眼跟红球180°	24□偶然注意小丸1~2次 25□找到声源（一侧即可）	32□拿住一积木注视另一积木	38□两手同时拿住两块积木 39□玩具失落会找
语言	5□自发细小喉音	11□发a、o、e等母音	18□笑出声	26□高声叫（高兴或不满时） 27□伊语作声（无音节无意）	33□对人及物发声	40□叫名字转头

续上表

项目/月龄	7	8	9	10	11	12
社交行为	6□眼跟踪走动的人	12□逗引时有反应	19□灵敏模样 20□见人会笑	28□认亲人	34□见食物兴奋	41□自喂饼干（咀嚼） 42□会躲猫猫
大运动	43□独坐自如10分钟	51□双手扶物可站立5秒	58□会爬	65□拉栏站起	72□扶物蹲下取物（要站起）	80□独站稳10秒
精细运动	44□把弄到小丸 45□自己取一积木，再取一块	52□拇它指捏小丸 53□试图取第三块积木	59□拉双手会走三步以上 60□拇食指捏小丸	66□扶栏可走3步以上 67□指食指动作熟练	73□独站片刻 74□打开包积木的纸	81□牵一手可走2步以上 82□试把小丸投小瓶 83□会掌握留笔道
适应能力	46□积木换手 47□伸手够远处玩具（欠身取）	54□持续用手追逐玩具 55□有意识地摇铃	61□从杯中取出积木 62□积木对敲	68□拿掉扣积木杯玩积木 69□寻找盒内东西	75□积木放入杯中 76□模仿推玩具小车	84□盖瓶盖（不需拧紧）
语言	48□发 da-da, ma-ma 所指	56□模仿声音（舌或咳嗽）	63□会欢迎，再见	70□模仿发语声（爸爸/妈妈/拿/走）	77□有意识地发一个字音（拿/走/糖/奶/鸡/等，不求音准）	85□叫妈妈爸爸有所指 86□向他/她要东西知道给

续上表

社交行为	49□对镜有游戏反应	57□懂得成人面部表情	64□表示不要（摇头或推开）	71□懂得常见物及人名称会表示（注视）	78□懂得"不"	87□穿衣知配合

项目/月龄	15	18	21	24	27	30
大运动	88 独走自如	96 扔球无方向（手举过肩，一臂远）	103 脚尖走（散步）；104 扶墙上楼（熟练三级以上）	111 双足跳离地面（同时并离地2次以上）	118 独自上楼3级以上；119 独自下楼3级以上	126 独脚站2秒
精细动作	89 自发乱画；90 从瓶中拿到小丸	97 模仿画道道（方向不限）	105 玻璃丝穿过扣眼（线过0.5 cm）	112 穿扣后运过线	120 模仿画竖道	127 模仿搭桥（示范）；128 穿扣子3~5个
适应能力	91 翻书二次；92 盖上圆盒（盖严）	98 积木搭高四块(1/3)；99 正放圆积木入型板（不教）	106 积木搭高7~8块；107 倒放圆积木入型板	113 一页翻书3页；114 式样板放准三块（不教）	121 认识大小(2/3)；122 正确放置倒放型板	129 知道1与许多（多和1个）；130 知道红色（出示红黄蓝绿）
语言	93 会指眼、耳、鼻、口手(3/5)；94 说3~5个字（除爸妈）	100 懂得三个投向；101 说十个字（除爸妈）	108 回答简单问题；109 说3~5个字句子（主谓语）	115 说两句以上儿歌；116 问"这是什么？"	123 说8~10个字的句子（星期天妈妈带我去公园）	131 说出图片10样(10/18)
社交行为	95 会脱袜子	102 白天会控制大小便	110 开口表示个人需要	117 说常见物用途（碗、笔、球3种以上）	124 脱单衣或裤（不解扣）；125 是非观念	132 来回倒水不洒（倒两次）

续上表

项目/月龄	33	36	42	48	54	60
大运动	133□立定跳远跳过16开纸	141□两脚交替跳（高度在5厘米以上）	149□交替上楼；150□并足从楼梯末级跳下	156□独脚站5秒（示范）	163□独脚站10秒钟（示范）；164□足尖对脚跟向前走2米	171□接球（距离1米）
精细运动	134□模仿画圆（示范，闭合圆形不能明显成角）	142□折纸边角整齐（长方形）；143□模仿画十字	151□模仿画口（各角>45°）	157□画人像3个部位	165□搓子夹花生米(3/3)	172□画人像7个部位
适应能力	135□懂得"里""外"	144□认识两种颜色(2/4)；145□懂得"2"	152□懂得"5"	158□拼圆形、正方形；159□图画中缺什(2/6)	166□照图拼椭圆形（不示范）；167□图画中缺什么(3/6)	173□鸡在水中游；174□图画中缺什么(5/6)；175□会认识数字（十以内都会）；176□说出两种图形的东西
语言	136□积木搭高10块；137□说出性别；138□连续执行三个命令	146□懂得"冷了、累了、饿了"；147□说出图片14样(14/18)	153□说出图形(△○□)三个；154□会说反义词(2/3)	160□苹果一刀切开有几块(2)；161□说四个反义词(4个)	168□数手指（两手心算）；169□衣服、钟、眼睛(2/3)作用	
社交行为	139□会穿鞋；140□解扣子	148□扣扣子(1个)	155□会穿上衣	162□吃饭之前为什么要洗手？（避免生病）	170□认识红、黄、绿、蓝四种颜色	177□桌子、鞋、房子是用什么做的？

项目/月龄	66	72	78	84
大运动	178□足尖对足跟向后走2米	186□拍球2个	195□拍球5个	203□拍球10个以上

续上表

精细运动	179□画人像10个部位	187□拼小人	196□译码（2分钟25个）	204□打结（活扣）
	180□知道左右	188□会写自己的名字	197□图形类比	205□描画几何图形
适应能力	181□拼长方形	189□雨中看书	198□牛、兔缺什么？	206□数字类比
	182□你姓什么？	190□懂得星期几	199□你吃的图是从哪里的？	207□一年有几个月？
语言	183□上班窗苹果香2/3	191□一年有哪四个季节？	200□面包是什么做的？	208□寄信时信封上要贴什么？
	184□你家住哪里？	192□什么动物没有脚？	201□一元有几角？	209□衣、裤、鞋有什么共同之处？
社交行为	185□2+3=？5-2=？	193□你捡到线包怎么办？	202□倒数三位数	210□儿童节是哪一天？
		194□为什么要走人行横道？		211□12+9=？18-12=？

附件 1-3　Achenbach 儿童行为量表(CBCL)

说明：1.各项目后有横线者请用文字填写；有小方框者，请在相应的方框后打√。2.本表内容可分三个部分。

第一部分：一般项目

儿童姓名：

性别：男□　　女□

年龄：　　出生日期：　　　年　月　　日

入院时间：　　　年　月　　日

智力水平：(正常；智力缺陷：轻度、中度、重度)

躯体残疾：

机构内班级：　　　　　　是否入学：

学习成绩状况：　　　(差、中等、优秀)

是否接受过理疗训练：是□　　否□

填表者：父□，母□，其他人□

填表日期：　　　年　月　　日

第二部分　社会能力

Ⅰ

(1)请列出你孩子最爱好的体育运动项目(例如游泳，棒球等)：

无爱好□

爱好：a.

　　　b.

　　　c.

(2)与同龄儿童相比，他(她)在这些项目上花去时间多少？

不知道　较少　　一般　　较多

□　　　□　　　□　　　□

(3)与同龄儿童相比，他(她)的运动水平如何？

不知道　较低　　一般　　较高

□　　　□　　　□　　　□

Ⅱ

(1)请列出你孩子在体育运动以外的爱好(例如集邮、看书、弹琴等，不包括看电视)

无爱好□

爱好：a.

　　　b.

　　　c.

(2)与同龄儿童相比，他(她)花在这些爱好上的时间多少？

不知道　较少　　一般　　较多

□　　　□　　　□　　　□

(3)与同龄儿童相比，他(她)的爱好水平如何？

不知道　　较低　　　一般　　　较高
☐　　　　　☐　　　　　☐　　　　　☐

Ⅲ

(1)请列出你孩子参加的组织、俱乐部、团队或小组的名称

未参加☐

参加：a.

　　　b.

　　　c.

(2)与同龄儿童相比,他(她)在这些组织中的活跃程度如何?

不知道　　较差　　　一般　　　较高
☐　　　　　☐　　　　　☐　　　　　☐

Ⅳ

(1)请列出你孩子有无干活或打零工的情况(例如送报、帮人照顾小孩、帮人搞卫生等)

没有☐

有：a.

　　b.

　　c.

(2)与同龄儿童相比,他(她)工作质量如何?

不知道　　较差　　　一般　　　较好
☐　　　　　☐　　　　　☐　　　　　☐

Ⅴ

(1)你孩子有几个要好的朋友?

无　　1个　　　2~3个　　　4个及以上
☐　　　☐　　　　☐　　　　　　☐

(2)你孩子与这些朋友每星期大概在一起几次?

不到一次　　1~2次　　　3次及以上
☐　　　　　☐　　　　　　☐

Ⅵ. 与同龄孩子相比,你孩子在下列方面表现如何?

	较差	差不多	较好
a. 与兄弟姊妹相处	☐	☐	☐
b. 与其他儿童相处	☐	☐	☐
c. 对父母的行为	☐	☐	☐
d. 自己工作和游戏	☐	☐	☐

Ⅶ

(1)当前学习成绩(对六岁以上儿童而言)

未上学　☐

	不及格	中等以下	中等	中等以上
a. 阅读课	☐	☐	☐	☐
b. 写作课	☐	☐	☐	☐

c. 算术课　　□　　　□　　　□　　　□

d. 拼音课　　□　　　□　　　□　　　□

其他课(如历史、地理、常识、外语等)

e.　　　　　□　　　□　　　□　　　□

f.　　　　　□　　　□　　　□　　　□

g.　　　　　□　　　□　　　□　　　□

(2)你孩子是否在特殊班级?

不是　□

是　□,什么性质?

(3)你孩子是否留级?

没有　□

留过　□,几年级留级质?

留级理由:

(4)你孩子在学校里有无学习或其他问题(不包括上面三个问题)?

没有　　□

有问题　□,问题内容:

问题何时开始:

问题是否已解决?

未解决　□

已解决　□,何时解决:

第三部分:行为问题

Ⅷ.以下是描述你孩子的项目。只根据最近半年内的情况描述。每一项目后面都有三个数字(0,1,2),如你孩子明显有或经常有此项表现,圈2;如无这些表现,圈0。

1.行为幼稚与其年龄不符	0	1	2
2.过敏性症状(填具体表现)	0	1	2
3.喜欢争论	0	1	2
4.哮喘病	0	1	2
5.举动向异性	0	1	2
6.随地大便	0	1	2
7.喜欢吹牛或自夸	0	1	2
8.精神不能集中,注意力不能持久	0	1	2
9.老是想某些事情,不能摆脱,强迫观念(说明内容)	0	1	2
10.坐立不安活动过多	0	1	2
11.喜欢缠着大人或过分依赖	0	1	2
12.常说感到寂寞	0	1	2
13.糊里糊涂,如在云里雾中	0	1	2
14.常常哭叫	0	1	2
15.虐待动物	0	1	2

续上表

16. 虐待、欺侮别人或吝啬	0	1	2
17. 好做白日梦或呆想	0	1	2
18. 故意伤害自己或企图自杀	0	1	2
19. 需要别人经常注意自己	0	1	2
20. 破坏自己的东西	0	1	2
21. 破坏家里或其他儿童的东西	0	1	2
22. 在家不听话	0	1	2
23. 在学校不听话	0	1	2
24. 不肯好好吃饭	0	1	2
25. 不与其他儿童相处	0	1	2
26. 有不良行为后不感到内疚	0	1	2
27. 易嫉妒	0	1	2
28. 好吃不能作为食物的东西(说明内容)	0	1	2
29. 除怕上学外,还害怕某些动物、处境或地方(说明内容)	0	1	2
30. 怕上学	0	1	2
31. 怕自己想坏念头或做坏事	0	1	2
32. 觉得自己必须十全十美	0	1	2
33. 觉得或抱怨没有人喜欢自己	0	1	2
34. 觉得别人存心捉弄自己	0	1	2
35. 觉得自己无用或有自卑感	0	1	2
36. 身体经常弄伤,容易出事故	0	1	2
37. 经常打架	0	1	2
38. 常被人戏弄	0	1	2
39. 爱和出麻烦的儿童在一起	0	1	2
40. 听到某些实际上没有的声音(说明内容)	0	1	2
41. 冲动或行为粗鲁	0	1	2
42. 喜欢孤独	0	1	2
43. 撒谎或欺骗	0	1	2
44. 咬指甲	0	1	2
45. 神经过敏,容易激动或紧张	0	1	2
46. 动作紧张或带有抽动性(说明内容)	0	1	2
47. 做噩梦	0	1	2
48. 不被其他儿童喜欢	0	1	2
49. 便秘	0	1	2
50. 过度恐惧或担心	0	1	2
51. 感到头昏	0	1	2
52. 过分内疚	0	1	2

续上表

53. 吃得过多	0	1	2
54. 过分疲劳	0	1	2
55. 身体过重	0	1	2
56. 找不到原因的躯体症状:	0	1	2
a. 疼痛	0	1	2
b. 头痛	0	1	2
c. 恶心想吐	0	1	2
d. 眼睛有问题(说明内容。译注:不包括近视及器质性眼病)	0	1	2
e. 发疹或其他皮肤病	0	1	2
f. 腹部疼痛或绞痛	0	1	2
g. 呕吐	0	1	2
h. 其他(说明内容)	0	1	2
57. 对别人身体进行攻击	0	1	2
58. 挖鼻孔、皮肤或身体其他部分(说明内容)	0	1	2
59. 公开玩弄自己的生殖器	0	1	2
60. 过多地玩弄自己的生殖器	0	1	2
61. 功课差	0	1	2
62. 动作不灵活	0	1	2
63. 喜欢和年龄较大的儿童在一起	0	1	2
64. 喜欢和年龄较小的儿童在一起	0	1	2
65. 不肯说话	0	1	2
66. 不断重复某些动作,强迫行为(说明内容)	0	1	2
67. 离家出走	0	1	2
68. 经常尖叫	0	1	2
69. 守口如瓶,有事不说出来	0	1	2
70. 看到某些实际上没有的东西(说明内容)	0	1	2
71. 感到不自然或容易发窘	0	1	2
72. 玩火(包括玩火柴或打火机——译注)	0	1	2
73. 性方面的问题(说明内容)	0	1	2
74. 夸耀自己或胡闹	0	1	2
75. 害羞或胆小	0	1	2
76. 比大多数孩子睡得少	0	1	2
77. 比大多数孩子睡得多(说明多多少。译注:不包括赖床)	0	1	2
78. 玩弄粪便	0	1	2
79. 言语问题(说明内容。译注:例如口吃不清)	0	1	2
80. 茫然凝视	0	1	2
81. 在家偷东西	0	1	2

82. 在外偷东西	0	1	2
83. 收藏自己不需要的东西(说明内容。译注:不包括集邮等爱好)	0	1	2
84. 怪异行为(说明内容。译注:不包括其他条已提及者)	0	1	2
85. 怪异想法(说明内容。译注:不包括其他条已提及者)	0	1	2
86. 固执、绷着脸或容易激怒	0	1	2
87. 情绪突然变化	0	1	2
88. 常常生气	0	1	2
89. 多疑	0	1	2
90. 咒骂或讲粗话	0	1	2
91. 声言要自杀	0	1	2
92. 说梦话或有梦游(说明内容)	0	1	2
93. 话太多	0	1	2
94. 常戏弄他人	0	1	2
95. 乱发脾气或脾气暴躁	0	1	2
96. 对性的问题想得太多	0	1	2
97. 威胁他人	0	1	2
98. 吮吸大拇指	0	1	2
99. 过分要求整齐清洁	0	1	2
100. 睡眠不好(说明内容)	0	1	2
101. 逃学	0	1	2
102. 不够活跃,动作迟钝或精力不足	0	1	2
103. 闷闷不乐,悲伤或抑郁	0	1	2
104. 说话声音特别大	0	1	2
105. 喝酒或使用成瘾药(说明内容)	0	1	2
106. 损坏公物	0	1	2
107. 白天遗尿	0	1	2
108. 夜间遗尿	0	1	2
109. 爱哭诉	0	1	2
110. 希望成为异性	0	1	2
111. 孤独、不合群	0	1	2
112. 忧虑重重	0	1	2
113. 请写出你孩子存在的但上面未提及的其他问题:	0	1	2
其他问题:	0	1	2
	0	1	2

注:请检查一下是否每条都已填好。

请在你最关心的条目上画√

儿童行为量表(CBCL)记分方法(4~16岁)

第一部分：一般项目。不记分，由于父母亲的职业最能代表儿童家庭的社会经济情况，因此"一般项目"中只着重此条。

第二部分：社交能力。包括七大类，分为三个因子。项目除个别条目外，均需记分，其记分方法如下：

(1)活动情况(包括第Ⅰ、Ⅱ、Ⅲ条)

Ⅰ(1)：无爱好或一种爱好记0分，两种爱好记1分，三种或以上记2分。

Ⅰ(2)及Ⅰ(3)："不知道"。不记分，低于一般记0分，一般记1分，高于一般2分。(2)及(3)的分数加起来求出平均数，作为这一项的分数。

Ⅱ(1)：记分法同Ⅰ(1)

Ⅱ(2)及Ⅱ(3)：记分法同Ⅰ(2)及Ⅰ(3)

Ⅲ(1)：记分法同Ⅰ(1)

Ⅲ(2)：记分法同Ⅰ(2)及Ⅰ(3)

(2)社交情况(第Ⅳ、Ⅴ、Ⅵ条)

Ⅳ(1)：记分法同Ⅰ(1)

Ⅳ(2)：记分法同Ⅰ(2)及Ⅰ(3)

Ⅴ(1)：无或一个记0分；二、三个记1分；四个或以上，记2分。

Ⅴ(2)：不到一次记0分，一、二次记1分。三次以上记2分。

Ⅵ：较差记0分，差不多记1分，较好记2分，把a、b、c的三个分数加起来求出平均分，作为一个分数，d的记分法同上，另作一个分数(即Ⅵ项有两个分数)

(3)学校情况(第Ⅶ条)

Ⅶ(1)：不及格记0分，中等以下记1分，中等记2分，中等以上记3分。把各项分数加起来求出平均数，作为Ⅶ(1)的分数。

Ⅶ(2)："不是"记1分，"是"记0分。

Ⅶ(3)："没有"记1分，"留过"记0分

Ⅶ(4)："没有"记1分，有问题记0分。问题开始及解决情况不记分。

社会能力的分数越高越好，但绝大多数的分数处于2百分位和69百分位之间(即T分30~55)。低于2百分位者(即T分<30)被认为可能异常。

表1 社会能力因子分的分界值(美国常模)

因子名称	6~11 岁		12~16 岁	
	男	女	男	女
活动能力	3~3.5	2.5~3	3.5	3
社交能力	3~3.5	3.5	3.5~4	3
学习情况	2~2.5	3~3.5	2~2.5	3

第三部分：行为问题

每一条行为问题都有一个分数(0、1 或 2 分)称为粗分，把 113 条的粗分加起来，称为总粗分。分数越高，行为问题越大，越低则行为问题越小。根据大样本的统计分析，可以算出一个正常上限，例如 4~5、6~11、12~16 岁男孩的总粗分上限分别为 42、40、42 和 38，同龄女孩的上限分别为 42~45、37~41 和 37。超过这个上限分数，就应做进一步检查。

行为问题经过多元分析，归纳为 8-9 个因子。把每一因子包括条目的粗分加起来，就是这个因子的分数，为了统计方便，这个分数又可以折算成标准转换分(即 T 分)。因子分的正常范围在 69 至 98 百分位之间，即 T 分在 55 至 70 分之间。分数超过 98 百分位(T 分为 70 分)时即以为可能异常，应予复查。

表2 6~11 岁男孩行为问题因子分正常范围

分界值	5~6	9~10	5~6	8~9	6~7	5~6	10~11	19~20	7~8
因子名称	分裂样	抑郁	交往不良	强迫性	躯体诉述	社交退缩	多动	攻击性	违纪
包括条目	11	12	13	9	49	25	1	3	20
	29	14	65	13	51	34	8	7	21
	30	18	69	17	54	38	10	16	23
	40	31	71	46	56a	42	13	19	39
	47	32	75	47	56b	48	17	22	43
	50	33	80	50	56c	64	20	23	67
	59	34	86	54	56f	102	41	25	72
	70	35	103	66	56g	111	61	27	81
	75	45		76	77		62	37	82
		50		80			64	43	90
		52		83			79	48	101
		71		84				57	106
		88		85				68	
		89		92				74	
		91		93				86	
		103		100				87	
		112						88	
								90	
								93	
								94	
								95	
								97	
								104	

表3   6~11岁女孩行为问题因子分正常范围

分界值	3~4	8~9	8~9	3~4	10~11	3~4	2~3	18~19	3~4
因子名称	抑郁	社交退缩	躯体诉述	分裂强迫	多动	性问题	违纪	攻击性	残忍
包括条目	11 12 30 31 32 33 34 35 38 45 50 52 71 75 88 103 111 112	13 42 65 69 75 80 87 88 102 103 111	2 4 7 51 54 56a-g 77 92	9 18 40 66 67 70 76 84 85 91 100	1 8 10 13 17 23 38 41 48 61 62 64 79 80	52 60 63 73 93 96	39 43 67 81 82 90	3 7 14 16 19 21 22 23 25 27 33 37 41 48 68 74 86 87 88 93 94 95 97 104 109	5 15 16 20 21 37 57

表4   12~16岁男孩行为问题因子分正常范围

分界值	10~11	7~8	14~15	5~6	5~6	10~11	8~9	18~19	9~10
因子名称	躯体诉述	分裂样	交往不良	不成熟	强迫性	敌意性	违纪	攻击性	多动性
包括条目	36 49 50 51 54 56a-g 80 102 112	5 11 30 31 32 40 51 52 99 102	13 42 65 69 71 75 80 86 87 88 89 102 103 111 112	1 11 14 19 64 108 109	7 9 17 31 63 66 84 85 104	1 12 20 21 25 33 34 35 37 38 48 62 64 111	20 21 23 39 43 61 67 72 81 82 101 106	3 10 16 19 22 27 33 34 37 57 68 74 86 87 88 89 90 93 94 95 97 104	15 16 20 21 25 34 37 48 57 81 97 106

（前5个属内向因子，后4个属外向因子）

表5 12~16岁女孩行为问题因子分正常范围

分界值	17~18	7~8	3~4	12~13	11~12	11~12	7~8	4~5
因子名称	焦虑强迫	躯体诉述	分裂样	抑郁退缩	不成熟	违纪	攻击性	残忍
包括条目	9	30	17	42	1	8	3	15
	12	51	29	54	8	22	7	16
	14	56a-g	40	65	10	23	16	20
	27		47	69	11	26	19	21
	29		70	71	13	39	22	25
	30		80	75	17	41	27	34
	31		84	77	25	43	33	37
	32		85	80	38	61	34	48
	33		96	86	48	63	37	57
	34			88	56	67	57	81
	35			102	62	69	68	97
	45			103	64	81	74	106
	47			111	80	85	86	
	50				93	90	87	
	52				98	101	88	
	71					105	89	
	76						90	
	100						93	
	112						94	
							95	
							97	
							104	

（前4个属内向因子，后3个属外向因子，第5个因子不计内外）

附件1-4 儿童孤独症评定量表（CARS）

该量表编制于20世纪80年代初，从15个主要方面对孤独症儿童进行评估，是主要适用于医师或儿童心理测验专职人员的他评量表。应用时最好能结合儿童孤独症家长评定量表共同使用。

一、人际关系	
与年龄相当；与年龄相符的害羞、自卫及表示不同意。	1分
轻度异常：缺乏一些眼光接触，不愿意，回避，过分害羞，对检查者反应有轻度缺陷。	2分
中度异常：回避人，要使劲打扰他才能得到反应。	3分
严重异常：强烈地回避，儿童对检查者很少反应，只有检查者强烈地干扰，才能产生反应。	4分
二、模仿（词和动作）	
与年龄相当：与年龄相符的模仿。	1分

轻度异常：大部分时间都模仿，有时激动，有时延缓。	2分
中度异常：在检查者极大的要求下有时模仿。	3分
重度异常：很少用语言或运动模仿他人。	4分
三、情感反应	
与年龄相当：与年龄、情境相适应的情感反应-愉快不愉快，以及兴趣，通过面部表情姿势的变化来表达。	1分
轻度异常：对不同的情感刺激有些缺乏相应的反应，情感可能受限或过分。	2分
中度异常：不适当的情感的示意，反应相当受限或过分，或往往与刺激无关。	3分
严重异常：极刻板的情感反应，对检查者坚持改变的情境很少产生适当的反应。	4分
四、躯体运用能力	
与年龄相当：与年龄相适应的利用和意识。	1分
轻度异常：躯体运用方面有点特殊-某些刻板运动，笨拙，缺乏协调性。	2分
中度异常：有中度特殊的手指或身体姿势功能失调的征象，摇动旋转，手指摆动，脚尖走。	3分
重度异常：如上述所描述的严重而广泛地发生。	4分
五、与非生命物体的关系	
与年龄相当：适合年龄的兴趣运用和探索。	1分
轻度异常：轻度不适当地使用物体，像婴儿一样咬东西，猛敲东西，或者迷恋于物体发出的吱吱叫声或不停地开灯、关灯。	2分
中度异常：对多数物体缺乏兴趣或表现有些特别，如重复转动某件物体，反复用手指尖捏起东西，旋转轮子或对某部分着迷。	3分
严重异常：严重的对物体的不适当的兴趣，使用和探究，如上边发生的情况频繁地发生，很难使儿童分心。	4分
六、对环境变化的适应	
与年龄相当：对改变产生与年龄相适应的反应。	1分
轻度异常：对环境改变产生某些反应，倾向维持某一物体活动或坚持相同的反应形式。	2分
中度异常：对环境改变出现烦躁、沮丧的征象，当干扰他时很难被吸引过来。	3分
严重异常：对改变产生严重的反应，假如坚持把环境的变化强加给他，儿童可能逃跑。	4分
七、视觉反应	
与年龄相当：适合年龄的视觉反应，与其他感觉系统是整合方式。	1分
轻度异常：有时必须提醒儿童去注意物体，有时全神贯注于"镜像"，有的回避眼光接触，有的凝视空间，有的着迷于灯光。	2分
中度异常：经常要提醒他们正在干什么，喜欢观看光亮的物体，即使强迫他，也只有很少的眼光接触，盯着看人，或凝视空间。	3分
重度异常：对物体和人的广泛严重的视觉回避，着迷于使用"余光"。	4分

八、听觉反应	
与年龄相当：适合年龄的听觉反应。	1分
轻度异常：对听觉刺激或某些特殊声音缺乏一些反应，反应可能延迟，有时必须重复声音刺激，有时对大的声音敏感，或对此声音分心。	2分
中度异常：对听觉不构成反应，或必须重复数次刺激才产生反应，或对某些声音敏感(如很容易受惊，捂上耳朵等)。	3分
重度异常：对声音全面回避，对声音类型不加注意或极度敏感。	4分
九、近处感觉反应	
与年龄相当：对疼痛产生适当强度的反应，正常触觉和嗅觉。	1分
轻度异常：对疼痛或轻度触碰，气味、味道等有点缺乏适当的反应，有时出现一些婴儿吸吮物体的表现。	2分
中度异常：对疼痛或意外伤害缺乏反应，比较集中于触觉、嗅觉、味觉。	3分
严重异常：过度地集中于触觉的探究感觉而不是功能的作用(吸吮、舔或磨擦)，完全忽视疼痛或过分地作出反应。	4分
十、焦虑反应	
与年龄相当：对情境产生与年龄相适应的反应，并且反应无延长。	1分
轻度异常：轻度焦虑反应。	2分
中度异常：中度焦虑反应。	3分
严重异常：严重的焦虑反应，可能儿童在会见的一段时间内不能坐下，或很害怕，或退缩等。	4分
十一、语言交流	
与年龄相当：适合年龄的语言。	1分
轻度异常：语言迟钝，多数语言有意义，但有一点模仿语言。	2分
中度异常：缺乏语言或有意义的语言与不适当的语言相混淆(模仿言语或莫名其妙的话)。	3分
严重异常：严重的不正常言语，实质上缺乏可理解的语言或运用特殊的离奇的语言。	4分
十二、非语言交流	
与年龄相当：与年龄相符的非语言性交流。	1分
轻度异常：非语言交流迟钝，交往仅为简单的或含糊的反应，如指出或去取他想要的东西。	2分
中度异常：缺乏非语言交往，儿童不会利用或对非语言的交往作出反应。	3分
严重异常：特别古怪的和不可理解的非语言的交往。	4分
十三、活动很大	
与年龄相当：正常活动水平-不多动亦不少动。	1分
轻度异常：轻度不安静或有轻度活动缓慢，但一般可控制。	2分
中度异常：活动相当多，并且控制其活动量有困难，或者相当不活动或运动缓慢，检查者很频繁地控制或以极大努力才能得到反应。	3分

严重异常：极不正常的活动水平，要么是不停，要么是冷淡的，很难得到儿童对任何事件的反应，差不多不断地需要大人控制。	4分
十四、智力功能	
与年龄相当：正常智力功能——无迟钝的证据。	1分
轻度异常：轻度智力低下——技能低下表现在各个领域。	2分
中度异常：中度智力低下——某些技能明显迟钝，其他的接近年龄水平。	3分
严重异常：智力功能严重障碍——某些技能表现迟钝，另外一些在年龄水平以上或不寻常。	4分
十五、总的印象	
与年龄相当：不是孤独症。	1分
轻度异常：轻微的或轻度孤独症。	2分
中度异常：孤独症的中度征象。	3分
严重异常：非常多的孤独症征象。	4分

儿童孤独症评定量表(childhood autism rating scale 简称 CARS 量表)供专业人员评定用。当总分大于30分可考虑为孤独症，30~36分为轻—中度孤独症，大于36分并且5项以上达3分或大于3分时为重度孤独症。

附件1-5　艾森克人格问卷—儿童版(7~15岁)

指导语：

本问卷共有88个问题，请根据自己的实际情况作"是"或"不是"的回答。这些问题要求你按自己的实际情况回答，不要去猜测怎样才是正确的回答。因为这里不存在正确或错误的回答，也没有捉弄人的问题，将问题的意思看懂了就快点回答，不要花很多时间去想。每个问题都要问答。问卷无时间限制，但不要拖延太长，也不要未看懂问题便回答。

测试题：

性别_____年龄_____【与后面计分有关】

1. 你喜欢周围有许多使你高兴的事情吗？

2. 你爱生气吗？

3. 你喜欢伤害你喜欢的人吗？

4. 你贪图过别人的便宜吗？

5. 与别人交谈时，你几乎总是很快地回答别人的问题吗？

6. 你很容易感到厌烦吗？

7. 有时你喜欢开一些的确使人伤心的玩笑吗？

8. 你总是立即按别人的吩咐去做吗？

9. 你宁愿单独一人而不愿和其他小朋友在一道玩吗？

10. 有很多念头占据你的头脑使你不能入睡吗？

11. 你在学校曾违反过规章吗？

12. 你喜欢其他小朋友怕你吗?

13. 你很活泼吗?

14. 有许多事情使你烦恼吗?

15. 在上生物课时你喜欢杀动物吗?

16. 你曾拿过别人的东西(甚至一个大头针、一粒纽扣)吗?

17. 你有许多朋友吗?

18. 你有无缘无故地觉得"真是难受"吗?

19. 有时你喜欢逗弄动物吗?

20. 别人叫你时,你有过装作没听见的事吗?

21. 你喜欢在古老的闹鬼的岩洞中探险吗?

22. 你常感觉生活非常无味吗?

23. 你比大多数小孩更爱吵嘴打架吗?

24. 你总是完成家庭作业后才去玩耍吗?

25. 你喜欢做一些动作要快的事情吗?

26. 你担心会发生一些可怕的事情吗?

27. 当听到别的孩子骂怪话,你制止他们吗?

28. 你能使一个晚会顺利开下去吗?

29. 当人们发现你的错误或你工作中的缺点时,你容易伤心吗?

30. 看见一只刚辗死的小狗你会难过吗?

31. 当你粗鲁失礼时,总要向别人道歉吗?

32. 是不是有人认为你做了对他们不起的事,他们一直想报复你吗?

33. 你认为滑雪好玩吗?

34. 你常无缘无故觉得疲乏吗?

35. 你很喜欢取笑其他的小朋友吗?

36. 成年人谈话时,你总是保持安静?

37. 交新朋友时,通常是你采取主动吗?

38. 你为某些事情发脾气吗?

39. 你常打架吗?

40. 你说过别人的坏话或下流话吗?

41. 你喜欢给你的朋友讲笑话或滑稽故事吗?

42. 你有一阵阵头晕的感觉吗?

43. 在学校里,你比大多数儿童更易受罚吗?

44. 通常你会拾起别人扔在教室地板上的废纸和垃圾吗?

45. 你有许多课余爱好和娱乐吗?

46. 你的感情很脆弱吗?

47. 你喜欢捉弄人吗?

48. 你总要在饭前洗手吗?

49. 在文娱活动中,你宁愿坐着看而不愿亲自参加吗?

50. 你常常感到厌倦吗?

51. 有时感到一伙人取笑或欺侮一个小孩是你感到很好玩吗？

52. 课堂上你常保持安静，甚至老师不在教室也如此吗？

53. 你喜欢干点吓唬人的事吗？

54. 你有时不安，以致不能在椅子上静静地坐一会吗？

55. 你愿意单独上月球去吗？

56. 开会时别人唱歌，你也总是一道唱吗？

57. 你喜欢与别的小孩合群吗？

58. 你做许多噩梦吗？

59. 你的父母对你非常严厉吗？

60. 你喜欢不告诉任何人独自离家到外面去漫游吗？

61. 你喜欢跳降落伞吗？

62. 你如果觉得自己干了件蠢事，你后悔很久吗？

63. 吃饭时摆上桌的食物你常常样样都吃吗？

64. 在热闹的晚会上，你能主动参加并尽情玩耍吗？

65. 有时你觉得不值得活下去吗？

66. 你会为落入猎人陷阱的动物难过吗？

67. 你有不尊重父母的行为吗？

68. 你常常突然下决心要干很多事情吗？

69. 做作业时，你思想开小差吗？

70. 当别的孩子对你吼叫时，你也用吼叫来回报他们吗？

71. 你喜欢潜水或跳水吗？

72. 夜间你因为一些事情苦恼而有过失眠吗？

73. 你在学校或图书馆的书上乱写乱画吗？

74. 你在家中是否好像老是感到苦恼吗？

75. 别人认为你很活泼吗？

76. 你常觉得孤单吗？

77. 你对别人的东西总是特别小心爱护吗？

78. 你总是将自己的全部糖果与别人分着吃吗？

79. 你很喜欢外出玩耍吗？

80. 你在游戏中有过弄虚作假吗？

81. 有时你无缘无故感到特别高兴，而有时又无缘无故感到特别悲伤吗？

82. 找不到废纸筐时你把废纸扔在地上吗？

83. 你经常感到幸福和愉快吗？

84. 你做事情往往不先想一想吗？

85. 你认为自己是一个无忧无虑的人吗？

86. 你常需要热心的朋友与你在一起使你高兴吗？

87. 你曾经损坏或遗失过别人的东西吗？

88. 你喜欢乘坐开得很快的摩托车吗？

EPQ 儿童版记分卡

P	E	N	L
3	1	2	−4
7	5	6	8
12	−9	10	−11
15	13	14	−16
23	17	18	−20
−30	19	22	24
32	21	26	27
35	25	29	31
39	28	34	36
43	33	38	−40
47	37	42	44
51	41	46	48
53	45	50	52
55	−49	54	56
59	57	58	63
60	61	62	−67
−66	64	65	−70
−77	68	69	−73
	71	72	78
	75	74	−80
	79	76	−82
	83	81	−87
	85	84	
	86		
	88		

第 六 章

儿童福利机构儿童的心理危机干预

第一节　儿童福利机构儿童心理危机干预概述

儿童福利机构儿童大多是孤残儿童。当儿童意识到自己是被亲生父母所抛弃的，是一个弃儿，或者意识到由于至亲的死亡，他成为孤儿时，这种被抛弃感会让儿童产生极大的恐惧感，特别是儿童初次入住儿童福利机构或者在儿童福利机构遇到一些危机事件时这种恐惧感、无助感更为强烈。

在儿童福利机构内，教职工实行轮班制，这种情况下，儿童往往难以观察到成人在处理私人生活问题时的应对过程与方法，在日常行为规则、人际交往和问题解决技巧等方面缺乏有效的行为学习榜样。他们在面临危机事件时，容易采取如攻击、退缩等消极的应对方式，变得孤独、抑郁、多疑，甚至产生绝望情绪。长此以往，儿童的心理健康就会受到影响，甚至发展为神经症、精神病。因此，对儿童福利机构教职工开展危机干预教育培训，对儿童福利机构心理危机高危儿童进行及时的心理排查、评估、辅导与干预刻不容缓。

一、儿童心理危机

(一)儿童心理危机概念

心理危机的概念最先由美国心理学家 G. Caplan 在 1961 年提出，他认为"危机产生于通向生活目标的障碍，而这些障碍一定是当事人确信用通常的选择方案及行为方法无法克服的"。随后国内外研究者提出了多种不同的心理危机概念。Punukohu 则认为心理危机是个体运用通常应对应激的方法或机制仍不能处理当前所遇的外部或内部应激时所出现的一种反应。

20 世纪 90 年代我国研究者开始关注心理危机。胡泽卿等人认为，突然发生重大生活事件会让人出现严重的应激状态，表现为情感和思维失控，甚至极端的情感紊乱，心理就会暂时失去平衡，这就是心理危机。

由此可见，心理危机包括了危机事件本身和个体面对危机事件时所产生的身心应激反应状态。

综上所述，我们认为，当人面临突发或者重大困难情境时，其先前惯用的危机处理方式和惯常的社会支持系统不足以应对眼前的处境，而又无法回避当前困难情境时，人就会产生暂时的心理失衡，这种暂时性的心理失衡状态就是心理危机。

那么，儿童心理危机就是指当儿童必须面对的困难情境超过他的应对能力和可用资源时所产生的暂时性的心理失调状态。

（二）儿童心理危机的一般反应与年龄特征

儿童在经历危机事件时会出现系列应激反应，如躯体不适，情绪波动剧烈和不适应行为，主要表现在以下四个方面：

（1）生理方面。消化系统方面出现肌肉紧张、食欲下降、消化不良、肠胃不适、腹泻等，神经系统方面出现疲乏、失眠、头痛、易受惊吓、做噩梦、梗死感等，持续的生理应激反应容易导致儿童免疫功能下降和内分泌功能紊乱，增高儿童患病危险性。

（2）情绪方面。主要表现为惊恐、紧张、焦虑、忧郁、悲伤、沮丧、易怒、绝望、孤独、麻木、烦躁、自责，过分敏感或警觉、持续担忧、无法放松等。

（3）认知方面。主要表现为注意力难以集中、健忘、缺乏自信，对自己、他人及前景表现出悲观认知。

（4）行为方面。表现出反复洗手、反复消毒等强迫行为，反复怪罪自己等强迫思维，害怕见人、不敢出门、逃避与疏离他人等社交退缩行为，暴饮暴食、容易自责或怪罪他人、不易信任他人或者盲从等。

在不同年龄阶段，儿童的心理危机反应稍有不同，具体见表6-1。

表6-1　儿童心理危机反应与年龄特征①

年龄段	心理行为反应特征
学龄前（1~5岁）	生理：吸手指、尿床、大小便失禁或便秘 行为：说话困难（如口吃）、食欲减退 情绪：怕黑、畏惧夜晚、黏住父母
学龄初期（5~10岁）	生理：怕黑、畏惧夜晚、做噩梦 行为：逃避上学、学习不能专心、在家或学校出现攻击行为、同伴交往退缩 情绪：易怒、黏人、哭诉
青春前期（11~14岁）	生理：睡眠失调、食欲不振、不明原因的头痛或排泄问题等 行为：与父母冲突、学校问题（如攻击行为、退缩或失去兴趣）、同伴交往退缩 情绪：烦躁、紧绷
青春期（14~18岁）	生理：排泄问题、气喘、头痛与紧张、食欲与睡眠失调、月经失调、疑病症 行为：攻击或犯法行为、反抗父母的控制、注意力不集中 情绪：烦躁、冷漠、对异性兴趣降低

心理危机可能发生在任何年龄阶，它可能导致个体出现严重的心理障碍，也可能迫使个体寻求帮助，突破困境，实现自我成长。但是，儿童缺乏生活经验和知识，容易过分估计危机问题和事件带来的不良后果，并且他们的心理防御机制不成熟，反应特别脆弱，容易出现极度害怕、恐惧或无助感，在面对重大危机事件时，严重时可能演变为应激障碍。

---

① 此表摘自：张英萍. 儿童心理危机干预：理论、策略和应用［M］. 北京：中国社会科学出版社，2015：17.

因此识别儿童的心理危机并对其及时进行有效的危机干预，解除其当前的焦虑，引导其学会新的应对压力技巧和方法就有重要意义。

二、儿童心理危机干预

(一)儿童心理危机干预的概念

危机干预(crisis intervention)又称为危机介入或危机管理，早期危机干预研究主要集中在军队临床领域和社会精神卫生领域。危机干预的定义众多，研究角度不同，概念的描述有所不同。

从心理治疗范畴上看，危机干预是指采用一定的心理咨询与治疗技术对处于心理危机状态下的个体给予关怀、支持与援助，促使其恢复心理平衡，安稳度过危机。从狭义角度看，危机干预是指心理危机爆发后，危机干预者对当事人进行的短暂心理治疗，主要是消除或缓解危机对象当前的症状，不涉及人格矫治等深层次干预治疗。广义的危机干预不仅包括危机爆发阶段的反应性处理，缓解或降低危机当事人的压力，还包括心理危机的预防和危机恢复期的人格矫治。

本文所指的儿童心理危机干预是从广义角度来定义的，是指对处于心理危机状态下的儿童及时给予适当的心理援助，使其症状得到缓解，心理功能恢复到危机前水平，并获得新的应对技能，以预防将来类似心理危机的发生。

(二)心理危机干预理论

认知干预理论认为客观世界或外部刺激无法直接导致个体心理危机的出现，个体的不良认知和思维方式是造成个体情感和行为问题的主要原因，因此心理危机干预的目标和切入点是歪曲的、不合理的、消极的认知。

行为干预理论认为通过特定行为的改变就能提高个体对危机的免疫能力。当危机中的个体出现不良行为时给予惩罚，出现良好行为时给予其喜爱、令其愉快的事物来予以正强化等，这样持续地进行，个体的行为就得以塑造，在面对危机情境时，个体就不再出现不良行为，而是作出积极的良好行为。

生态系统理论认为危机是产生于整体生态系统中，危机性事件影响和改变了个体及其周边的整个生态系统，因此心理危机干预不仅要处理心理危机个体的情绪创伤，还要恢复和稳定其余环境之间的平衡。

随着危机干预理论发展的多元化，出现了折中的危机干预理论，该理论认为所有的危机既有共性，也有独特性，因此在进行危机干预时要根据任务来进行操作，不要拘泥于任何单一理论，保持开放的心态，整合各种有效的技术、方法、策略来帮助干预对象。

随着危机干预研究的深入和积极心理学研究思潮的兴起，有研究者将复原力的概念引入心理危机干预理论中，提出一种基于儿童自身力量与社会支持系统的危机干预模式。该干预模式认为，在危机事件中，个体出现的危机反应都是独特的，每个人都是自身复原过程的"专家"，因此要允许个体自然的复原，给予的心理援助或实际帮助是个性化的，专业人员要激发个体的能力，促使他将过去的能力和力量与当前的危机形成联结，社会支持和资源的使用由个体自己决定。

案例：

1. 背景资料

蒋××，女，8岁，从小母亲失联，父亲常常不在家。在社区吃百家饭长大，从小缺少陪伴，一年级没有上完辍学，最近因父亲吸毒被抓，自己被送进儿童福利机构，智力和生理发育比较正常。

2. 辅导设置

每月两次个体咨询，1~1.5小时，共4次。

3. 辅导目标

建立安全感，接纳突发事件。

4. 辅导效果

(1)安全感建立。辅导前，长期缺少陪伴，缺乏安全感，害羞、话少。辅导师运用游戏治疗建立关系，通过大六卡牌，孩子能够顺畅地表达自己，由害羞、表情僵硬到更加自如，肢体的动作更加舒展。

(2)接纳现实。辅导前，对父亲突然被抓没有概念，不知道为什么被抓，也不知道抓去了哪里，只知道见不到了。辅导师运用涂卡讲故事，合理化父亲入狱这一事实，改写生命故事，让孩子从小对父亲的离开有合理化的认知，就会减少随着年龄增大导致的孩子的心理创伤。在改写故事的过程中，多一些正面的滋养，将消极的事件转为积极事件，危机即转机。

第二节　儿童福利机构儿童心理危机的评估

心理危机评估是指临床心理人员或经过专业培训的心理危机干预者利用相关理论与技术对危机当事人的心理危机类型、严重程度及干预过程中的行为反应进行鉴别、诊断和预测的过程。

面对同一危机情境，不同儿童危机反应发生的时间、程度、持续时间不一样，而且儿童的能力、资源和需求也不一样，因此，为了将伤害降到最低，危机干预者必须先对危机情境进行了解、评估，方能确定心理危机干预方案。心理危机评估贯穿整个危机干预过程。

危机评估不同于标准化评估，是要在有限的时间获得尽可能多的关键背景资料，因此，评估内收集资料必须有所选择。

一、福利机构儿童心理危机评估的内容

有效的儿童心理危机干预始于对儿童心理危机的严重程度、目前情绪状态及危险性状态进行整体评估。具体来说，儿童心理危机评估必须解答以下问题：儿童心理危机的严重程度如何？儿童是否有自杀或伤害他人的倾向？儿童需要住院吗？儿童解决此危机情境需要哪些资源？需要从家庭(类家庭)、儿童福利机构等社会机构那里获取哪些支持？可以从危机情境、危机个体以及支持系统三方面来进行综合危机评定。

(一)危机情境的评估

危机的严重性与危机的预期性、危机经历过程、身体是否受到伤害、受暴力情况、生命受威胁情况等有关，韦伯发展出一个九题式的"危机情境评估表"(The nine-item Crisis Situation Rating Form)。干预者可借助该评定表全面性的了解、评估危机情境，具体见表6-2。

图6-1　心理危机干预

（图片来自衡阳市社会福利院）

表6-2　危机情境评估表①

1. 心理社会压力的严重程度

严重度：轻度：1□　2□　　中度：3□　4□　　重度：5□　6□

持续时间：紧急□　　　　　　慢性 □

2. 可预期的 □　或突发的 □　　危机

3. 单一事件 □　或重复发生的 □ 危机事件（列出各种危机事件）

a. _____　b. _____

c. _____　d. _____

4. 自己单独 □　或与他人同时经验 □ 的危机事件，同时经验此危机的人数____。

5. 丧失因素的情况

与家人分离（列出关系和分离的时间）_____

家人死亡（列出关系和死因）_____

熟悉环境的改变_____

失去熟悉的角色或地位_____

失去身体某部位或功能（详述，并说明愈后）_____

6. 身体受伤/疼痛（详述，并说明愈后）_____

7. 暴力的情况：言语上或肢体上

目击者 _____言语上_____肢体上

亲身经历_____言语上_____肢体上

8. 生命受到威胁的情况

对个人_____

对家人_____

对他人_____

9. 其他危机情境因素_____

_____

---

① 此表摘自：张英萍. 儿童心理危机干预：理论、策略和应用［M］.北京：中国社会科学出版社，2015：65.

(二)危机个体的评估

儿童的生理年龄、心理发展阶段、过去的危机经验适应情况等也会影响儿童的心理危机反应。这里可以采用韦伯发展出危机儿童个体评估表(见表6-3)来评量危机中儿童的功能状态。

表6-3 危机儿童个体评估表①

1.年龄：_____岁　　　　　　　出生日期：_____ 评估日期：_____ a.发展阶段(安娜·弗洛伊德)_____(埃里克森)_____ b.认知层次(皮亚杰)_____ c.道德发展(科尔伯格)_____ d.气质特质(托马斯和切斯)_____ 2.危机前的适应 a.家庭(由家长报告，三选一)：好____　普通____　不良____ b.学校(由家长和老师报告，三选一)：好____　普通____　不良____ c.人际关系(由家长、老师和同学报告，三选一)： 好____　普通____　不良____ d.身体状况(由家长或医生报告，详述自出生以来的严重疾患、手术和受伤情况)： _____ 3.应对情况评估(由家长报告或对儿童在会谈中观察) a.焦虑程度(二选一)：高____　中____　低____ b.忍受与父母分离的能力：高度焦虑____　有些焦虑____　无焦虑____ c.讨论危机情境的能力(二选一)：好____　普通____　无此能力____ d.症状(口述)：_____ _____ 儿童过去的危机经验(每项均列出，发生年或年龄) a.先前的丧失经验：_____ _____ b.主要生活改变适应：_____ _____ c.过去受暴力的经验：_____ _____ d.其他：_____ _____ 5.功能整体评估 现在：_____过去一年：_____ 6.危机事件对儿童的特殊意义：_____ 为什么这一危机情境会特别在这个时候，对这个儿童造成如此困难？ _____

---

① 此表摘自：张英萍. 儿童心理危机干预：理论、策略和应用[M]. 北京：中国社会科学出版社，2015：67.

(三)支持系统评估

由于儿童年纪小,认知发展水平较低,比较依赖成人。如果儿童有很多正向支持系统,那么危机对儿童的影响可能会减弱,儿童心理状态的恢复也更快。因此,危机干预者还要对儿童的支持系统情况进行评估。

(1)家庭的支持。需要评估具体哪些家庭成员可以给儿童支持,了解他们的地理位置、与儿童的接触频率、能否给儿童提供陪伴等。

(2)朋友、学校和社区的支持。儿童在遇到危机的状态下,如果可以获得除来自家庭之外的很多其他正向支持,如学校、朋友、社区等,那么危机对儿童的影响就可能会减弱。

为此,相关研究者设计了儿童支持系统生态图(图6-2),以帮助危机干预者更好地了解和评估儿童支持系统状况。

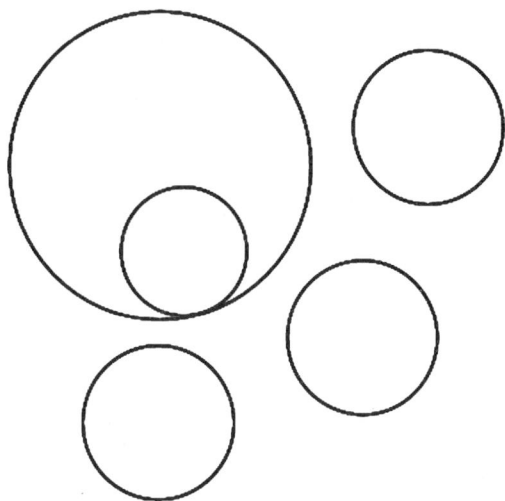

图6-2 儿童支持系统的生态图

(说明:可在空白的圆圈填上支持系统的人的名字或称谓,用不同的线条或符号标示出关系,顺着线条加上箭头表示力量。)

二、儿童心理危机评估的常用方法

与心理咨询和治疗不同,心理危机干预必须及时、有效。因此,儿童心理危机评估也需要在短时间内迅速完成,这里介绍量表法、访谈法和行为观察法三种常用的方法。

(一)量表法

量表法是指采用标准化的心理测验量表,对个体有关心理特质进行测量的方法,主要适应于有一定文化水平的个体。在危机评估中常用的心理测验有智力测验、人格测验、应激与压力评估等。有自评量表,也有他评量表。

鉴于量表的适用性,我们主要介绍荷洛威茨、威尔纳和艾尔费纳兹(Horowitz, Wilner & Alverez)编制的事件冲击量表。该量表主要用来测量人在经历灾难后的两种主要思维反应:闯入思维——人不由自主地会产生与灾难有关的影像,噩梦和感觉等;回避思维——人刻意地不去回想或谈论他们所经历的灾难以及所有与此灾难有关的事物。魏斯(Weiss)和马默

（Marmar）（1997）结合第四版《精神疾病的统计与诊断手册》对创伤后应激障碍的描述，加入了情绪唤醒分量表，形成了事件冲击量表修订版（Impact of Event Scale-Revised，IES-R）（见表6-4），具有良好的信度和效度，是目前使用频率较多的儿童危机评估临床评定量表。

表6-4　事件冲击量表修订版（IES-R）①

下面是人们在经历过有压力的生活事件刺激后所体验到的一些困扰，请您仔细阅读每个题目，选择最能够形容每一种困扰对您影响的程度。

以下提到的那件事是：＿＿＿＿＿＿＿＿＿

请按照自己在最近7天之内体验，说明这件事对你有多大影响。影响分5级：一点没有0，很少出现1，有时出现2，常常出现3，总是出现4。

	从没	很少	有时	常常	总是
1. 任何与那件事相关的事物都会引发当时的感觉	0	1	2	3	4
2. 为很难安稳地一觉睡到大晃	0	1	2	3	4
3. 别的东西也会让我想起那件事	0	1	2	3	4
4. 我感觉我易受刺激，易发怒	0	1	2	3	4
5. 每当想起那件事或其他事情使我记起它的时候，我会尽量避免使自己心烦意乱	0	1	2	3	4
6. 即使我不愿意去想那件事时，也会想起它	0	1	2	3	4
7. 我感觉，那件事好像不是真的，或者从未发生过	0	1	2	3	4
8. 我设法远离一切能使我记起那件事的事物	0	1	2	3	4
9. 有关那件事的画面会在我的脑海中突然出现	0	1	2	3	4
10. 我感觉自己神经过敏，易被惊吓	0	1	2	3	4
11. 我努力不去想那件事	0	1	2	3	4
12. 我觉察到我对那件事仍有很多感受，但我没有去处理它们	0	1	2	3	4
13. 我对那件事的感觉有点麻木	0	1	2	3	4
14. 我发现我的行为和感觉，好像又回到了那个事件发生的时候那样	0	1	2	3	4
15. 我难以入睡	0	1	2	3	4
16. 我因那件事而有强烈的情感波动	0	1	2	3	4
17. 我想要忘掉那件事情	0	1	2	3	4
18. 我感觉自己难以集中注意力	0	1	2	3	4
19. 令我想起那件事的事物会引起我身体上的反应，如：出汗、呼吸困难、眩晕和心跳	0	1	2	3	4

---

① 此表摘自：张英萍. 儿童心理危机干预：理论、策略和应用[M]. 北京：中国社会科学出版社，2015：75.

20. 我曾经梦到过那件事			0	1	2	3	4
21. 我感觉自己很警觉或很戒备			0	1	2	3	4
22. 我尽量不提那件事			0	1	2	3	4
I	A	H			T		
侵袭性症状	回避症状	高唤醒状态			总分		

生活事件冲击量表修订版是一个被试对待生活事件的灾难性体验进行测量和评估的自陈式问卷，他可以用于测量在治疗过程中来访者获得的改善和进步。

量表共有22题，分为侵袭性症状、回避症状、高唤醒状态三个分量表，回避分量表包括第5、7、8、11、12、13、17、22题；侵袭分量表包括第1、2、3、6、9、14、16、20题；高唤醒量表包括第4、10、15、18、19、21题。韦斯和玛玛(Weiss and Marmar)(1997)报告三个分量表的内在一致性信度很高(α为0.87~0.92)。

预测效度：高唤醒分量表对创伤有着较高的预测效度；侵袭性症状分量表和回避分量表可以预测来访者的改变和对创伤事件反应的严重程度。

内容效度：侵袭性症状分量表和回避症状分量表高达85%。

结构效度：三个分量表之前相关0.74~0.87。

计分方法：

回避量表：5+7+8+11+12+13+17+22

侵袭量表：1+2+3+6+9+14+16+20

高唤醒量表：4+10+15+18+19+21

结果分析：

接回避量表+侵袭量表计算得分。0~8分为亚临床；9~25分为轻度；26~43分为中度；44~88分为重度。

(以上结果为情况提示参考，并不代表诊断)

年幼的儿童认知能力有限，不适应用自陈式的量表法。访谈法和行为观察是更适合年幼儿童的方法。

(二)访谈法

访谈法不受危机当事人的社会身份、文化程度限制，能够快速收集多方面资料，且有助于深入了解当事人深层次的态度、动机、情绪等。这能促进对危机当事人的心理危机类型、严重程度等进行分析和判断，因此访谈法是心理危机评估中最基本、最有用的方法。

访谈可分为结构性访谈、半结构性访谈和非结构性访谈、个别访谈和非集体访谈。危机干预者可根据危机情境、对象、目的来选择访谈形式。

有效的访谈依赖于良好访谈关系的建立。因此，尽管儿童年幼，但危机干预者依然要把儿童看成是一个完整的人，不能把孩子看成是不懂事的人，也不能把儿童成人化。在与儿童的访谈中需要注意以下几点：

(1)谈话要有耐性，努力创造温暖、舒适、有安全感的访谈氛围，缓解儿童的焦虑情绪；

(2)根据儿童年龄发展阶段特点进行谈话，用词要考虑儿童的理解能力，话语要儿童化、口语化；

（3）根据儿童的个性选择合适方式与儿童进行沟通，如果儿童较为拘谨，或者语言表达能力不成熟，危机干预者可以从游戏或者故事开始，并从儿童的角度去理解儿童。

同时，危机干预者必须注意访谈的方向，对访谈涉及的问题心中有数。可以根据危机儿童主动提出的求助问题、危机干预者在初诊阶段中观察到的现象或问题、危机儿童心理测评的结果等对儿童进行访谈。

首次对儿童心理危机状况进行评估，我们取用罗伯特·尼尔和罗伯特·霍纳所使用的儿童心理危机功能评鉴面谈方法。面谈的对象包括儿童和与儿童有关的其他人员。在面谈中主要围绕以下几个问题：

（1）引起关注的危机行为是什么？

（2）在危机行为发生之前，有什么明显的事件或生理情况发生？

（3）在危机行为刚好发生之前，有什么事件或情况发生，可以有效地预测危机行为将会发生？

（4）在危机行为发生的特定情境中，什么样的事件可能维持危机行为的出现？

（5）哪些行为能够产生与维持危机行为相同的结果？

借助儿童功能评鉴面谈表（表6-5），可以使面谈程序更清晰有效。

表6-5　儿童功能评鉴面谈表[①]

个　　案 _____	年　龄 _____	性　别　男 _____ 女 _____
面谈日期 _____	面谈员 _____	受访者 _____

A. 描述行为

1. 就每一个案的行为，界定其类型、频率、持续时间及强度（行为发生时的伤害或破坏程度）

行为	类型	频率	持续时间	强度

（1）

（2）

（3）

2. 上述行为有哪些会以某种形式一起发生？是否同时发生？是否以某种可预期的频率或连锁发生？

---

① 此表摘自：张英萍. 儿童心理危机干预：理论、策略和应用［M］. 北京：中国社会科学出版社，2015：89.

B.界定预测或形成危机行为的事件

1.个案服用何种药物？你如何判定药物对其产生何种影响？

2.个案(是否)因何种医疗或生理状况而影响其行为？

3.描述个案的睡眠情况，睡眠对其行为是否产生某种影响？

4.描述个案的饮食习惯及特定饮食，及对其行为的影响程度。

5.在下表中简短列出个案典型的活动行程。(请勾出其喜好的活动，以及与危机行为有关的活动)

喜好	危机	时间	事件
□	□		_____
□	□		_____
□	□		_____

6.在个案家中、学校周围有哪些人？个案是否特别不喜欢人多和嘈杂的环境？

7.在个案家中、学校或其他环境中所接触的是哪种支持形态？

C.界定危机行为出现与否的特定的立即性的前因事件

1.该危机行为最可能及最不可能发生的时间？

最可能：_____

最不可能：_____

2.地点：该行为最可能和最不可能发生的地点？

最可能：_____

最不可能：_____

3.对象：该行为最可能和最不可能发生的对象？

最可能：_____

最小可能：_____

4.活动：最可能及最不可能促使该行为发生的活动？

最可能：_____

最不可能：_____

5.是否有上述未列出，但有时会引发危机行为的特殊状况或事件？

确认哪些行为结果可能使危机行为持续

以 A 部分所列出的危机行为，试着确认个案在不同情境中展现该行为时所获得的特定结果。

行为　特定情境　个案确实获得的　个案确实避免的

1. _____

2. _____

E. 对危机行为的成效作整体评估。其成效是指结合：（1）必须花费多少努力；（2）该行为行使多少次后获得回应；（3）个案需等待多久才能获得回应。

危机行为　低成效 1　2　3　4　5　高成效

F. 个案已经知道进行功能性替代行为有哪些？

个案已经行使的何种社会认可的适当行为，能够带来危机行为同样的功能？

G. 个案与他人沟通的基本方式如何？

1. 个案常用的表达沟通技巧如何？如口语表达、姿势、文字或电子通信设备？

_____

2. 个案是否善于接纳信息，或具备了解他人的能力？

_____

H. 与个案进行辅导工作时，咨询师应该做或避免的事是什么？

_____

I. 什么是个案喜欢并且对他有增强作用的事物？

1. 食物_____

2. 玩具成物件_____

3. 活动_____

J. 你对个案的危机行为的了解程度有多少？何种计划以减少或消除这种行为？成效如何？

行为　　　形成危机多久了　　　干预　　　　　　成效

K. 就每一种预测因素或结果作摘要陈述

原因场地事件　立即的前因　　危机行为　　　危机行为的功能

三、行为观察法

是指观察者有目的、有计划地借助自己的感官或现代化仪器等手段去观察以获取信息的方法。在危机干预中，观察方式主要有两种，一种是危机干预者作为旁观者去观察危机情境或危机当事人，另一种是危机干预者作为参与者参与到现场活动中进行观察。

危机干预者可以从以下四个方面对当事人进行观察：

情境：事件的发生都与情境有很大关系，危机儿童的行为发生在什么情境下。

人物：注意危机干预者及周围人的身份、年龄、性别、形象、人际关系等。

行为：危机儿童的各种行为，如言语、表情、动作、情绪等。

频率和持续时间：事件发生或危机儿童动作重复出现的时间、频率、持续时间等。

为此，我们制定了一个儿童行为观察记录表，见表6-6。

表6-6 儿童行为观察记录表

时间	地点	发生背景	做了什么	实际结果	备注

第三节 儿童福利机构儿童心理危机干预的流程与实施

一、福利机构儿童心理危机干预的原则

在进行儿童心理危机干预时同样应遵循危机干预的基本原则。

1. 及时性原则

后期的补救治疗无法替代应激阶段的心理危机干预。目前，研究者普遍认同危机干预的最佳干预时间是在危机事件发生后24到72小时。危机干预者必须在第一时间、第一地点对危机儿童进行及时干预，快速评估现场情况。

2. 安全第一原则

危机状态中的个体很容易产生过激行为，如自伤或者伤人。因此，危机干预者的首要目标就是要保证被干预者的生命安全，否则干预工作便失去意义。

3. 释放为主原则

弗洛伊德的精神分析理论认为：压抑是人的心理防御机制最基本的功能。因此进行心理

危机干预时，要让危机儿童把可能引起心理危机的心理能量及时排解出去，把悲伤、害怕甚至攻击情绪尽量宣泄出来，而不是以"别哭""别伤心"的话语抚慰伤痛者，可以采用放松训练、集体晤谈等技巧。

4. 发掘资源原则

心理危机干预应发掘和激活危机儿童现实存在的社会资源，帮助危机儿童获得社会支持，使其看到生机、看到希望，以应对突如其来的危机和困境。

5. 反复评估原则

评估在整个心理危机干预过程中起着十分重要的作用。制定、实施危机干预的前提是干预者能在短时间内通过采用观察、交谈以及使用量表等方法对儿童的认知、情感和行为等各方面进行评估，准确地了解儿童面临的危机情境及其反应。评估可以了解干预的效果，为及时调整干预方案提供依据。因此，评估应贯穿整个干预过程。

6. 团队协作原则

危机干预工作往往难以由一个干预者来完成，应该由与危机儿童相关的工作人员、亲属互相配合、分工合作，以高效率地处理危机个案，遏制危机事件引发恐怖情绪蔓延。

二、福利机构儿童心理危机干预的关键技术

沟通技术、支持技术、问题解决技术是心理危机干预过程中非常基础的技术。国内外心理危机干预工作者根据儿童的实际心理危机状况采用了一些心理危机干预特殊技术，如情感处置技术、放松技术、倒带技术、心理回诉、眼动身心重建法、心像技术、生命回顾等。经实践证明，这些特殊的技术在儿童情绪觉察和稳定、放松和自我成长中发挥了重要的作用。

考虑到儿童福利机构儿童大多为孤残儿童，现主要介绍情感处理技术和放松技术。

（一）情感处置技术

许多儿童在经历危机事件之后开始关闭自己的情绪以控制痛苦。实际上所有的情绪其实都有一些保护意义，比如哀伤告诉我们哪里需要愈合。因此，危机干预者要让危机儿童的心理状态恢复到危机出现前的稳定状态，就必须让儿童了解自己的情绪，并引导其释放情绪，之后建设性地引导其表达这些情绪，这一类技术即称为情感处置技术，包括愤怒处理技术、哀伤处理技术、安全岛技术和保险箱技术。需要注意，如果让儿童了解自己的情绪会使他濒临崩溃，就暂时不用情感处置技术。

情感处置技术的具体过程如下：

首先，协助危机儿童对他的情绪感觉进行称呼，并用口头语言表达情绪，这样才能获得情绪控制感，不至于对情绪作出不恰当反应。然后明确情绪感觉的发展阶段，烦躁、生气、愤怒这是三个有差异的、有发展阶段的情绪，这样也可以给儿童带来情绪控制感。

接着，帮助危机儿童觉察情绪发生的过程，如情绪何时来何时走等，需要注意不要给予好坏的价值判断。

然后，让危机儿童觉察引发情绪的原因，让危机儿童明白情绪感觉永远都是有意义的。

1. 愤怒处理技术

每个人或多或少、或长或短地经历愤怒情绪。压抑愤怒或让愤怒爆发都不是好的选择，还有一种愤怒处理技术，被验证过的可以使愤怒减少甚至更能控制愤怒。具体做法如下。

（1）用字词表达愤怒。可以让危机儿童在愤怒词汇选择表（表6-7）分别选择四个词代表

最愤怒、最不愤怒、中等程度愤怒，并对每一类别的愤怒程度进行排列。通过这一做法可以让儿童体会到愤怒在程度上是有差别的，且除了用身体动作表现自己的愤怒之外，还可以用语言来描述愤怒的情绪。

表 6-7　愤怒词汇选择表

烦恼	气愤	厌烦	防卫	失望	难过	激怒	受侵犯	怒不可遏
愤怒	受挫	生气	狂怒	敌意	憎恨	暴躁	被蒸发	相当不满
愤慨	发怒	讨厌	急躁	发狂	恶意	触怒	被责骂	失去控制
恼火	烦扰	凶暴	盛怒	伤心	气恼	激动	不舒服	报仇心切

愤怒是一种继发性情绪，其原发情绪往往是害怕或者害怕被伤害，因此，危机干预者要让要危机儿童觉察到害怕，并客观地看待它。

危机干预者可以让儿童以写日记的形式写下与愤怒有关的事情、以及自己的情绪和身体感觉，以帮助他找到让他感到愤怒的原因。

（2）减轻害怕。可以采用克莱因（Klein）创立的想象技巧发来舒缓愤怒与害怕。具体做法如下：

倾听儿童描述与愤怒有关的事件及体验。

让儿童回忆被他人支持且放松的情景，引导儿童用一个词来描述此感觉，形成保护方案甲。

让儿童想象自己坐在一个空白的电影或电视屏幕前，并根据自己的意愿来调整屏幕的远近、明暗、声音大量，调整到自己感觉是安全、舒适的状态，形成保护方案乙。

让儿童回顾曾经经历过但自己又不想要的经历，而经历好像在想象的屏幕上放映，危机干预者运用保护方案甲和保护方案乙让儿童放松。

当电影快放完时，让儿童思考自己准备用什么应对措施，危机干预者对儿童表达出的自我接纳、好奇、幽默等应对措施给予赞许回应，形成保护方案丙。

继续请儿童想象屏幕上出现最不想要的经历，危机干预者根据需要选用保护方案，然后提醒危机儿童他是一个逐渐长大的人。

让儿童想象自己长大了，更有能力了，以"来自未来的访客"来审视年轻的自己，安慰、鼓励年轻的自己，告诉年轻的自己"放心去体验你的感觉"。

引导暗示儿童那个时候已经尽力了，会很快从不愉快的事件中走出来，未来有美好的日子在等待着他，危机干预者再次根据需要选用保护方案。

再次请儿童想象自己经历过但又不想要的那段经历，引导儿童发现经历结束时自己所做的改变，建议儿童拥抱过去的自己，让儿童想象未来自己可能的经历，自己能否灵活应对这类危机状况。

最后请危机儿童思考这些变化发生的结果，并根据需要对自己进行调整。

2.哀伤处理技术

持续逃避哀伤会更容易发生情绪性突袭，帮助危机儿童面对并处理哀伤对适应生活有重要意义。哀伤练习主要有三个步骤：

第一，要尽可能的全面收集正确信息，进行哀伤评估。引导儿童简要描述创伤事件的发生过程，罗列出有关要素；协助儿童了解这些创伤事件是否唤醒了此前更早地失去体验，引导其将此类体验描述出来。

第二，扩充儿童视野，与儿童一同去探寻、发现，面对创伤时自己的内在力量以及所拥有的宝贵资源。

第三，重新调整，帮助危机儿童找出继续活下去的方法。如自己还需要什么，还能做些什么，哪些人或事会陪伴自己走过良好的什么历程，想象自己长大之后再来看这些失去为什么时没有强烈痛苦体验。

除此之外，还有安全岛结束和保险箱技术。安全岛技术在危机干预前期的情绪稳定中有重要作用，通过指导语，来引导儿童放松，然后寻找内在的安全地带。保险箱技术是通过对创伤性记忆"打包封存"来让儿童实现心理功能恢复。

(二)放松技术

医学、护理学、心理学工作者在大量的临床和研究中发现，放松训练可以调节或影响神经、内分泌及自主神经系统功能。放松技术作为一种补充替代方法，能够有效减轻病人或来访者因为应激而引起的负性情绪和躯体不适症状，能够促进康复，改善自我效能。

放松训练方法很多，主要包括：渐进性肌肉放松(PMT)、超脱性入静(TM)、自我催眠暗示、腹式呼吸、冥想等。进行放松训练时要求必须集中注意力，可集中于某样东西，或某种想象，来使情绪稳定下来。因此，放松技术适合有一定认知和自控能力的青少年和成人。

三、儿童心理危机干预的步骤

(一)明确问题

干预的第一步是要从儿童的角度明确并理解其所面临的是什么问题，否则危机干预者接下来所采取的干预策略可能都无效，干预程序可能出现问题。在危机干预初期，危机干预者可适时适度采用共情、尊重、真诚、倾听、积极关注等沟通技术，获得儿童的信任，方能了解儿童的心理危机是什么。

(二)确保安全

生命高于一切，安全问题在整个危机干预过程中是首要考虑的问题，也就是说危机干预工作者要将安全问题作为危机干预工作的出发点。把儿童对自己和他人的身心伤害降低到最低。

要保证儿童的现实安全，对处在精神病发作期、有自杀意图或其他危机情境中的儿童，要奉行保密例外，启动危机事件紧急预案，联系儿童监护人，寻求医疗、救援方面的帮助，及时进行转介，让儿童尽快得到专业的诊断与治疗。在转介前要严密监控，让儿童脱离高危情境，如高楼层，拿走剪刀、绳子等一切可以用来自伤或伤人的工具，选择一个安全的地点进行危机干预。

此外，还有要让儿童感知到自己是安全的。因为危机情境容易导致儿童过度警觉，会将安全的环境也知觉为危险环境。危机干预者在与危机儿童首次接触时进行的自我介绍要让儿童感到没有威胁、有所帮助并在尝试帮助他解决问题，比如"我叫×××，是×××工作人员。我不知道你的名字，你可以告诉我吗?"，注意先介绍自己的全名，而不是头衔和单位名称，让儿童知道危机干预者可以是盟友和支持资源。

此外，还可以向危机儿童做一些安全保证，比如"你现在跟我在一起坐在这个房间里，你很安全"。

需要注意的是，对其实行 24 小时监护，高风险自杀或伤人者，危险性极高的。

(三)提供支持

处在危机情境中的儿童很难轻易相信危机干预者是可以信任的人。因此，无论危机儿童表达出何种态度，危机干预者在与儿童面谈时要让儿童感知到危机干预者对其有足够的耐性，危机干预者可以通过提供物质支持、心理支持和社会支持、来让儿童切实感受到"这里有一个人真的很关心你"。

首先，对缺乏食物、衣物或居住场所的儿童，需要为其提供满足这些需求的资源。其次，要通过语言和肢体语言向儿童表达关心、接受，对出现情感休克的儿童鼓励其宣泄，尽量哭出来或说出来，并给予安慰与引导。再次，给予儿童可求助的资源，比如电话号码，网络联系方式等。

(四)探寻可利用资源

面对创伤性事件，儿童受限于已有的知识与经验，往往不能充分分析他所拥有的资源，反而认为自己已经无药可救了。为此，危机干预者可以从三个角度来帮助危机儿童寻找可供选择的应对方案：

(1)寻找社会支持，引导儿童探寻过去和现在所认识的人中，哪些人可能会关心他到底发生了什么。

(2)探寻应对方案，儿童可以采用哪些行动、行为方式或环境资源用来摆脱当前危机困境。

(3)引导儿童重新思考或审视危机情境及其问题，这或许会改变他对问题的看法，并减缓他的压力和焦虑水平。

这一步骤主要通过讨论来扩充儿童视野，缓解其焦虑水平，帮助其树立面对创伤事件的信心。

(五)协商制定行动计划

危机干预工作者要与儿童以共同讨论与合作的形式制定出较有可能帮助儿童恢复情绪的行动步骤与计划，否则会让儿童感觉自己的自尊、权利被剥夺，自己的控制力和自主性受到限制，那么儿童在执行计划时可能就会不主动、不配合，危机干预的效果就会受到影响。

制定出来的行动计划应该：

(1)确定出其他的个人及组织团体等，应该随时可以请求他们过来提供支持帮助。

(2)确定具体的、切实可行的积极行动步骤，并且这个步骤是儿童能够理解、掌握的。

以这种形式去设定应对方案可以让危机儿童重新获得对生活的控制感和信心，没有因危机而变得依赖于危机干预者。

(六)获得承诺

上一步骤完成得比较好，这一步骤就会较为顺利。通常情况下，这一步骤就是要求儿童复述一下一定会采取一个或若干个具体、积极、有意设计的行动步骤，获得儿童直接、恰当的承诺保证。这有利于危机干预者检查、核实儿童对行动计划的理解程度，也利于强化儿童的承诺，促使儿童按计划去行动。如果儿童对行动计划理解不够或有误，危机干预者可以对儿童做进一步的澄清，恢复到危机前的平衡状态。

需要注意的是心理危机评估贯穿上述六个步骤中。在实际危机干预工作中，并不一定严格根据以上六个任务来，因为儿童的危机状态本身就是一个动态发展的过程，如果在某一任务阶段又出现了新的问题，就必须再次回到该任务阶段，继续进行干预，因此，在实施了危机干预后应进行即时和短期的随访，以确保计划正在进行，并了解危机儿童是否恢复到危机前的平衡状态。对缺乏其他社会支持系统的儿童而言，危机干预专业人员的坚持随访尤其重要，因为随访会让其感受到危机干预者仍然在陪伴着他。

一般经过 4~6 周的危机干预，大多数危机儿童会渡过危机。此时，就需要及时做好危机干预治疗的结束工作，可以通过预后心理咨询与辅导来帮助儿童提高危机应对能力，帮助儿童建立良好的社会支持系统，巩固预后效果，避免出现慢性适应性障碍。

第四节　儿童福利机构儿童自杀危机的干预

一、什么是自杀

自杀分为狭义和广义两种。狭义的自杀行为是指有意识、自愿地直接结束自己生命的行为；广义的自杀行为是指包括故意自伤行为和吸毒酗酒等自我毁灭的"慢性自杀"行为。人们通常说的自杀行为常常指狭义的自杀行为。

案例①：

在参加完团体辅导的放松训练、情绪想象及自尊构建后，大家都轮流描述个人体验，11 岁的比利一直非常安静和得意。随后，在团体领导者的引导下，比利说"我看到我自己在高速公路旁，有一辆很大的大货车飞快地跑着，我觉得我要死了，我想死，我看到我自己跳到了它前面了。"

听完比利的描述团体领导者很震惊，随后说道："比利，听到你那样说我很震惊，在其他人走后，你可以和我详细谈谈吗？另外，我想让你知道，我很高兴你没有把这个想象当作秘密，我相信大家都想帮助你，使你活着，并学会如何保持安全。"

二、儿童自杀行为的干预

识别出自杀线索后，要尽快对其主动关注、采取救助措施。

（一）表达倾听与接纳

在上述案例中，比利直接描述自己头脑中与自杀有关的画面，流露出了自杀念头，这是自杀信号，同时也是求助信号。团体辅导领导者发现了比利自杀征兆后，他不但没有否认、反驳或告诫比利，还用开放的态度对待比利，并肯定了比利愿意将想象分享给团体的做法。这种回应有助于取得比利的信任，为接下来获取比例困扰的问题及原因信息打下基础。

同时，他对比利表达他已经了解了他的情况并传到给了其他人员，而且愿意帮助比利的做法，利于比利情绪的恢复。

---

① 此案例摘自：James R K, Gililand B E. 危机干预策略[M]. 5 版. 高申春，等译. 北京：高等教育出版社，2012：624.

（二）自杀风险评估

精神疾病患者特别是重度抑郁症、精神分裂症患者是自杀高危者，此外，近期内有自杀意图或自杀未遂行为的人也属于自杀高危者。案例中的比利就是自杀高风险者。

当儿童出现以下行为时，可能预示着自杀高风险：

①通过图画、日记、信件等直接或间接地流露出消极情绪与自杀念头；频繁出现意外；②打听自杀地点，与他人讨论自杀工具；③不明原因给他人送礼、请客，诉说告别话语；④情绪突然发生明显异常，如忽然变得特别烦躁，高度焦虑、恐惧，或情绪突然从低落变得平静等；⑤人格发生改变，乐观的人忽然变得悲观主义，抑郁，冷漠等；⑥患慢性或躯体性疾病的儿童忽然变得"反常性"情绪好转，与他人交代今后的安排和打算等。

（三）直接讨论自杀问题，引导做别的选择

在建立了较为信任的治疗关系后，可直接与危机儿童探讨有关自杀的问题。根据皮亚杰的认知发展理论，6~12岁的儿童正处在具体运算思维阶段，还没有抽象与假设思维的能力。11岁的比利，可能还不能完全理解死亡的概念，认为死亡是暂时和可以逆转的。

11岁的比利知识经验有限，自杀往往是在面对危机事件时不知所措的一种表现。因此，可以与比利进一步谈论自杀，不惊慌、不争辩、冷静、真诚与比利进行沟通，让比利知道作为人想到死不是什么可耻的事，但死不是唯一解决问题的办法。帮助比利澄清有时想自杀，继续活下去的内心冲突，并高度评价比利想活下去所做的努力。在充分理解比利情绪的同时，可以与他讨论自杀行为可能导致的诸多后果，也让比利看到解决问题有更多的选择性。如果比利仍想死，干预者要想方设法拖延时间，或请他暂时保留自己的想法，为他留下思考的余地和缓解情绪的时间，或者继续预约见面的时间。

（四）充分利用合适的资源，给予强有力的支持性力量

要利用周围可利用的资源，比如家人、朋友、儿童福利机构中他信任的教职工等，还有预防自杀的书籍、影音资料等，帮助鼓励比利建立更积极乐观的生活态度，帮助他培养兴趣爱好，丰富生活，改善情绪，稳定心态。

（五）确保安全，警惕危机再现

有些心理危机当事人表面上表示想通了，不会做傻事，但危机干预者要善于观察危机当事人的表情、动作及情感反应。如果当事人仍然处于危机状态，有较强的自杀意图，那么危机干预者要联络家人或重要照料者为其提供紧密照顾，做好监护，避免其接触自杀途径与工具，必要时做好转介，有效阻止其自杀采取行动。

对正在实施自杀行为的儿童，需要注意以下几点：

（1）一旦发现正在实施自杀，立即启动危机干预应急预案，立即派人赶赴现场，追寻生命至上的原则。如出现伤口，必须立即送到最近的医疗机构实施紧急救治。

（2）尽快与当事人有亲密关系的人联系。如危机儿童信赖亲近的老师、保育员，或者类家庭的父母。他们的出现有助于危机儿童稳定情绪，为干预提供充分的机会与时间。

（3）及时保护、勘察、处理儿童自杀现场，防止对其他人员带来不良影响，以防出现蝴蝶效应。配合有关部门进行事件调查取证。

（4）对自杀未遂者进行再度自杀危险度评估。危机干预者需要通过与危机儿童、危机儿童周围人员来了解情况，以评估其再度自杀的风险性，并为之后的危机干预提供指导。

三、福利机构儿童自杀行为的预防

自杀危机的防范必须由儿童福利机构领导、护理员、康复训练师、任课老师、心理咨询师、家长(或类家庭家长)共同完成。儿童福利机构可以从以下几个角度做好自杀行为预防工作：

(1)做好儿童心理健康教育。可以开展团体辅导、活动体验等多种形式的生命教育，让儿童学习心理卫生知识，树立生死观念。为儿童提供宣泄的机会。

(2)建立报告制度。儿童福利机构教职工定期报告儿童的心理健康状况，对存在严重心理危机、发生心理危机事件的要第一时间向儿童福利机构危机干预工作领导小组汇报。做到早发现、早通报、早评估、早治疗，才能将心理危机扼杀在萌芽状态。

(3)设置心理求助热线。在儿童福利机构内设置24小时求助专线，并加以宣传，供儿童福利机构内职工和儿童求助。

(4)建立善后制度。根据周围儿童的心理状态及时进行个体或团体辅导；协助危机儿童家属处理后事，并给予适度的情绪支持；重视对事件相关人员的保护，避免二次伤害；以公开信的方式澄清自杀迷失，并提供正确的自杀防治观念。

第五节　儿童福利机构儿童绘画心理危机干预

一、绘画心理技术在危机干预中的应用

绘画心理技术应用于儿童福利机构儿童的心理危机干预，在评估和处理个体创伤体验上具有独特优势。儿童福利机构儿童在语言表达与理解方面，总体上比普通儿童较低，发展较慢，绘画是运用非语言的象征方式帮助危机中的个体表达出潜意识中的内容，使得平时隐藏的恐慌、悲伤、愤怒等毁灭性的情感能量在一个安全、不受威胁的环境中得以恰当释放，平安度过心理危机。故绘画心理技术作为对儿童福利机构儿童的一种心理危机干预方法，近年来越来越受到重视。

绘画的过程同时也是治疗的过程，通过绘画这种艺术创作，那些破坏性的力量将得以升华，进而转为建设性的力量来帮助者。在已有的经验与观察中，绘画疗法对于儿童福利机构儿童的情绪冲突、创伤、丧失有很好的疗效，还可以促进儿童自我的完善和社会技能的提高。

绘画心理技术在危机干预中应用的方式灵活多样，既适用于团体心理危机，也适用于个体心理危机干预。

二、绘画技术在团体心理危机干预中的步骤

(1)熟悉阶段：引导受创伤的儿童创作线条与图形，使他们逐渐适应绘画这种表达方式。

(2)表现阶段：让受创伤的儿童回想整个危机事件，画出自己对该事件的感受。画面可以是该事件场景，也可以是仅表示身心感受的抽象的图画，并邀请他们以说故事的方式告诉指导者图画的意义。

(3)联想阶段：让受创伤的儿童说出由该事件经常不自觉在脑中浮现出来的想法或图像，并画出来。

(4)转化阶段：此阶段是整个绘画心理危机干预的重点。指导者要将儿童分享自己在危

机事件中的反应和感受给予正常化，同时将危机事件赋予新的积极意义，帮助儿童转化当下的情绪及对危机事件的认识。

（5）升华阶段：让儿童假设自己拥有战胜困难的力量，并再次进入该危机事件，让他们将新的感受与想象画出来，可以是具体的图画，也可以是抽象的图画。画完后在团体中分享，描述自己的创作。

（6）结尾阶段：通过儿童对新创作图画的描述，指导者提炼、总结解决问题与正向思考的技巧，让儿童分享自己在该危机事件中学到的正向经验，以及对自己优点的发现。

三、绘画技术在个体心理干预中的应用

（一）针对因普遍重大事件引发心理危机的儿童

相比成人，儿童的心理承受能力弱。来自社会与自然的外部冲击如战争、恐怖袭击、瘟疫等灾难性事件，对处于弱势状态的儿童，更容易引发一系列的生理、心理、情绪和行为的反应。这种伤害甚至可以成为长久的阴影。

2020年初，新型冠状病毒肺炎爆发，全国停工停产，国人居家防疫，对于流行疾病爆发引发心理危机的情况不可忽视，儿童福利机构的儿童因缺乏普通儿童的亲子关爱，更应给予关注。湖南省知绘心理健康服务发展中心编写了儿童心理成长指导绘本《我们在一起》，用于儿童心理危机干预。

（1）借由绘本故事《小毒怪》一篇向儿童科普预防病毒的知识，通过画"人形城堡"讲解免疫系统的科学知识，从知识层面缓解儿童的恐慌。

（2）通过故事情景引导，让儿童画出引发个人心理危机的事物，然后像清除病毒一样将画面清理，从心理上帮助儿童战胜恐惧。

（3）引导儿童创造"魔法棒""金钟罩"等工具给自己增强勇气和力量感，以及画"捕梦网"产生的心理暗示，提升儿童个体的心理稳定感。

（二）针对因个体特殊事件引发心理危机的儿童

由儿童的个人经历引发的心理危机，需要针对具体事件，注重个体经历的特殊性予以一对一的关怀。在方法上，可以将其他心理危机干预方法灵活运用。对因特殊经历引发心理危机的儿童福利机构儿童实施绘画心理干预，取得理想效果。例如：①通过曼陀罗填色引发的冥想，提高情绪的稳定性；②画夸张表情，用生理体验转化心理体验；③画出引发个人心理危机的事物、事件，通过指导者的语言解释，用知识消除个体因无知产生的恐惧；④画出引发个人心理危机的事物、事件，然后擦除或撕毁掉，通过心理暗示帮助个体战胜恐惧（表6-8）。

表6-8 突发性公共卫生事件下儿童福利机构儿童绘画心理危机干预方案

干预阶段	次数	干预目标	操作步骤
导入	1	1. 建立信任关系 2. 缓解焦虑情绪 3. 对绘画产生兴趣	1. 阅读绘本故事《小毒怪》 2. 说明绘画的方式和规则 3. 与儿童进行互动绘画 4. 针对绘画进行交流

续表6-8

干预阶段	次数	干预目标	操作步骤
干预	2	1.建立信任关系 2.疏导焦虑情绪 3.被干预对象熟悉绘画表达	1.阅读绘本故事《我要喷火》 2.说明绘画的方式和规则 3.儿童进行涂色画《情绪信号灯》 4.针对绘画进行交流
	3	1.侧重关系建立 2.引导情绪表达 3.挖掘心理资本	1.阅读绘本故事《太阳的抑郁症》 2.说明绘画的方式和规则 3.儿童进行添加画《救救小树》 4.针对绘画进行交流
	4	1.加深信任关系 2.引导情绪表达 3.挖掘心理资本	1.阅读绘本故事《紫面人》 2.说明绘画的方式和规则 3.儿童进行添加画《打开心灵之窗》 4.针对绘画进行交流
	5	1.疏导情绪 2.引导情绪表达 3.挖掘心理资本	1.阅读绘本故事《汪汪星球》 2.说明绘画的方式和规则 3.儿童进行涂色画《种子》 4.针对绘画进行交流、观察变化
	6	1.疏导情绪 2.引导情绪表达 3.挖掘心理资本	1.阅读绘本故事《木偶》 2.说明绘画的方式和规则 3.儿童进行添加画《鸟笼》 4.针对绘画进行交流、观察变化
整合	7	1.疏导情绪 2.引导情绪表达 3.建立希望	1.阅读绘本故事《英雄》 2.说明绘画的方式和规则 3.儿童进行主题画《理想家园》 4.针对绘画进行交流

四、心理危机儿童在绘画中的表现

通过对大量案例的总结，儿童在各种不同心理危机状态下，其绘画会有相应的突出表现：

（1）遭遇到暴力、虐待的儿童。

儿童在遭遇到暴力、虐待后，不同个体在绘画中的危机反应有别，多有下述表现：①用十分稀疏的画面形象来表现创伤事件；②绘画的内容、细节和颜色给人以匮乏感；③反复画一些形象，将画面空间填满；④将较多精力投入到对大量暗色与阴影的填涂上。

（2）遭遇性侵害的儿童。

遭遇到性侵害的儿童在绘画中会有一个非常明显的标志，就是性主题和性形象的表现，如女孩衣着暴露、性感，人物暴露生殖器，或出现某种隐喻生殖器的形象。

（3）遭遇外部灾难事件的儿童。

因遭遇地震、海啸、火灾、战争、恐怖袭击等灾难事件而出现心理危机的儿童，在绘画中会有如下表现：①对所目睹、经历过的灾难事件的描绘；②对类似的、想象中的灾难事件的描绘；③画面中充斥着大量黑色、暗色的场景、事物，以及有浓重涂抹的线条。

（4）遭遇挫折产生抑郁的儿童。

这类儿童的绘画中会传递强烈的消极主题：死亡、毁灭；低自尊感，自我诋毁、自我破坏；有时画中会出现自杀意向。

（5）情感缺失的儿童。

因父母丧失或亲人不在身边的儿童，由于成长中缺少家庭情感关怀，其绘画会有如下表现：画面中房屋结构不连续、线条没有封闭；人物离房屋很远；人物之间的距离很大；人物很少或没有人；房屋的烟囱出现浓烟。

第三部分

员工心理健康维护及培训篇

第七章

儿童福利机构员工心理健康维护

第一节　儿童福利机构员工的心理健康评估

一、福利机构员工心理健康评估的意义

随着社会化产业分工的发展及其规模的不断扩大，在特殊工作与生活环境下的职业员工的心理健康问题引起了学术界甚至全社会的日益关注。2005年，中国人力资源开发网（www. Chinahrd. net）联合国内众多知名媒体启动了"中国员工心理健康"调查，共有5266名在职人士填写了问卷调查。结果表明：在所有参加调查的人中，有25.04%的被调查者存在一定程度的心理健康问题。研究表明，工作压力、学历均为心理健康的危险因子。工作压力越大，员工心理健康状况越差；学历越低，出现心理健康的人数比例越高。高中或高中以下学历被调查者出现一定心理健康问题的人数比例是有研究生学历被调查者人数比例的2倍多。

儿童福利机构的教职员工长期接触被父母遗弃的残障儿童，这些儿童往往同时存在身体和心理的缺陷或障碍，既需要专业的护理、康复、特殊教育知识，也需要更多的耐心和爱心，因此儿童福利机构员工的工作压力相较其他教育行业更大。同时由于这些孩子的天生残障的难以逆转性，导致员工在保教工作中即使付出了巨大的努力，但难以在短期内收获成效，或者甚至难以收获成效，这也是员工普遍感觉工作艰难及成就感较低的原因。这些导致了儿童福利机构员工的心理压力普遍较高，是员工出现心理问题的直接诱发因素。

同时，儿童福利机构由于是为孤儿和残疾儿童提供服务的社会福利事业机构，经费来源均由国家直接拨付或由企事业单位或个人进行慈善资助，因此员工待遇普遍不高，员工学历层次也普遍不高。以本科及以下学历为主。尤其保育员队伍年龄偏大、学历普遍为高中以下、专业素养偏低，但工作任务烦琐，工作责任大，加之工作环境单调，从而导致他们出现较强的职业倦怠和心理负荷，心理健康状况不佳。

现代心理学的研究成果表明，心理健康要受到多方面因素的复杂作用和相互影响，其基本状况可以通过科学的方法进行有效测量和评估。与此同时，心理健康的变化与发展是一个动态过程，具有一定的特征和内在的规律，通过对相关参数的动态监测有利于把握其典型的变化模式与心理异常特征，从而及时采取干预和疏导措施，对于维护心理健康具有非常重要的意义。

鉴于上述情况，对儿童福利机构员工的心理健康情况进行动态的筛查，有利于儿童福利机构行政管理部门及时掌握员工心理状况并有针对性地开展心理健康咨询与辅导服务，为保障员工以良好的身心状态投入儿童保教工作发挥基础性预防作用。

湖南省儿童福利院心理服务需求调查问卷2

尊敬的领导、老师,
感谢您参与本次对儿童福利院心理服务需求调查问卷填答,为了能更好地了解福利院领导和教师对心理健康服务的认识和需求,更好的促进对福利院儿童心理健康的辅导,请您按照自己的真实想法填写问卷。

- -

1.您属于哪所福利院(请填写)*

> 衡阳市福利院

2.您的职务*

- ○ A 执行院长
- ● B 基层学生管理工作人员

4.您认为福利院孩子存在哪些心理健康问题?(选择1-3项)* [多选题]

- ☑ A 孤独
- ☑ B 自卑
- ☐ C 缺乏安全感
- ☐ D 依赖心强
- ☐ E 适应性差
- ☐ F 恐惧退缩
- ☐ G 自私冷漠
- ☑ H 厌学

5.您所在的儿童福利院已经做过哪些心理健康教育?* [多选题]

- ☑ A 心理健康教育主题活动(心理健康宣教讲座、525心理健康月活动、心理健康板报)
- ☑ B 各类文体实践活动(运动会、参观活动、文艺演出活动)
- ☑ C 心理咨询和辅导

图 7-1　员工心理评估问卷

二、福利机构员工心理健康评估的内容及工具

(一)心理健康水平评估

90项症状清单(Symptom Check List 90,SCL-90),又名症状自评量表(Self-reporting Inventory)由德若伽提斯(L. R. Derogatis)于1975年编制,是世界上最著名的心理健康测试量表之一,是当前使用最为广泛的精神障碍和心理疾病门诊检查量表,将协助测试者从十个方面来了解自己的心理健康程度。本测验适用对象为16岁以上的人群。该量表共有90个项目,包含有较广泛的精神病症状学内容,从感觉、情感、思维、意识、行为直至生活习惯、人际关系、饮食睡眠等,均有涉及,并采用10个因子分别反映10个方面的心理症状情况。按全国常模结果,总分超过160分,或阳性项目数超过43项,或任一因子分超过2分,需考虑筛选阳性,需进一步检查。

各因子的具体解释如下。

(1)躯体化。主要反映身体不适感,包括心血管、胃肠道、呼吸和其他系统的不适,和头痛、背痛、肌肉酸痛,以及焦虑等躯体不适表现。

该分量表的得分在12~60分之间。得分在36分以上,表明个体在身体上有较明显的不适感,并常伴有头痛、肌肉酸痛等症状。得分在24分以下,躯体症状表现不明显。总的说来,得分越高,躯体的不适感越强;得分越低,症状体验越不明显。

(2)强迫症状。主要指那些明知没有必要,但又无法摆脱的无意义的思想、冲动和行为,还有一些比较一般的认知障碍的行为征象也在这一因子中反映。

该分量表的得分在10~50分之间。得分在30分以上,强迫症状较明显。得分在20分以下,强迫症状不明显。总的说来,得分越高,表明个体越无法摆脱一些无意义的行为、思想和冲动,并可能表现出一些认知障碍的行为征兆。得分越低,表明个体在此种症状上表现越不明显,没有出现强迫行为。

(3)人际关系敏感。主要是指某些人际的不自在与自卑感,特别是与其他人相比较时更加突出。在人际交往中的自卑感,心神不安,明显的不自在,以及人际交流中的不良自我暗示,消极的期待等是这方面症状的典型原因。

该分量表的得分在9~45分之间。得分在27分以上,表明个体人际关系较为敏感,人际交往中自卑感较强,并伴有行为症状(如坐立不安、退缩等)。得分在18分以下,表明个体在人际关系上较为正常。总的说来,得分越高,个体在人际交往中表现的问题就越多,自卑,自我中心越突出,并且已表现出消极的期待。得分越低,个体在人际关系上越能应付自如,人际交流自信、胸有成竹,并抱有积极的期待。

(4)抑郁。苦闷的情感与心境为代表性症状,还以生活兴趣的减退,动力缺乏,活力丧失等为特征。还表现出失望、悲观以及与抑郁相联系的认知和躯体方面的感受,另外,还包括有关死亡的思想和自杀观念。

该分量表的得分在13~65分之间。得分在39分以上,表明个体的抑郁程度较强,生活缺乏足够的兴趣,缺乏运动活力,极端情况下,可能会有想死亡的思想和自杀的观念。得分在26分以下,表明个体抑郁程度较弱,生活态度乐观积极,充满活力,心境愉快。总的说来,得分越高,抑郁程度越明显,得分越低,抑郁程度越不明显。

(5)焦虑。一般指那些烦躁,坐立不安,神经过敏,紧张以及由此产生的躯体征象,如震

颤等。

　　该分量表的得分在 10~50 分之间。得分在 30 分以上，表明个体较易焦虑，易表现出烦躁、不安静和神经过敏，极端时可能导致惊恐发作。得分在 20 分以下，表明个体不易焦虑，易表现出安定的状态。总的说来，得分越高，焦虑表现越明显。得分越低，越不会导致焦虑。

　　(6) 敌对。主要从三方面来反映敌对的表现：思想、感情及行为。其项目包括厌烦的感觉，摔物，争论直到不可控制的脾气爆发等各方面。

　　该分量表的得分在 6~30 分之间。得分在 18 分以上，表明个体易表现出敌对的思想、情感和行为。得分在 12 分以下表明个体容易表现出友好的思想、情感和行为。总的说来，得分越高，个体越容易敌对，好争论，脾气难以控制。得分越低，个体的脾气越温和，待人友好，不喜欢争论、无破坏行为。

　　(7) 恐怖。恐惧的对象包括出门旅行，空旷场地，人群或公共场所和交通工具。此外，还有社交恐怖。

　　该分量表的得分在 7~35 分之间。得分在 21 分以上，表明个体恐怖症状较为明显，常表现出社交、广场和人群恐惧，得分在 14 分以下，表明个体的恐怖症状不明显。总的说来，得分越高，个体越容易对一些场所和物体发生恐惧，并伴有明显的躯体症状。得分越低，个体越不易产生恐怖心理，越能正常地交往和活动。

　　(8) 偏执。主要指投射性思维，敌对，猜疑，妄想，被动体验和夸大等。

　　该分量表的得分在 6~30 分之间。得分在 18 分以上，表明个体的偏执症状明显，较易猜疑和敌对，得分在 12 分以下，表明个体的偏执症状不明显。总的说来，得分越高，个体越易偏执，表现出投射性的思维和妄想，得分越低，个体思维越不易走极端。

　　(9) 精神病性。反映各式各样的急性症状和行为，即限定不严的精神病性过程的症状表现。

　　该分量表的得分在 10~50 分之间。得分在 30 分以上，表明个体的精神病性症状较为明显，得分在 20 分以下，表明个体的精神病性症状不明显。总的说来，得分越高，越多地表现出精神病性症状和行为。得分越低，就越少表现出这些症状和行为。

　　(10) 其他项目 (睡眠、饮食等)。作为附加项目或其他，作为第 10 个因子来处理，以便使各因子分之和等于总分。

　　需要特别注意的是，由于自评量表是测量个体在一段时间内感觉到的症状的严重与否，所以在量表分数的解释上应该慎重，并不是得分高就一定说明个体出现了很严重的心理问题，某些分量表上的得分较高有可能只是由于个体当时遇到了一些难题如失恋、面临考试、生病等，因此还应该对测试者得分高的原因做进一步的了解。如果个体在多个维度上自觉这些症状较为严重时，应该加强心理健康的教育，严重时应该到比较权威的心理咨询和治疗机构进行进一步的检查和诊断。

　　(二) 压力评估

　　美国联邦政府的职业安全与健康机构 (National Institute for Occupational Safety and Health) 的一项研究表明，美国超过半数的劳动力将职业压力看作他们生活中的一个主要问题，压力以及其所导致的疾病——缺勤、体力衰竭、精神健康问题——每年耗费美国企业界 3000 多亿美元。这一数字比 10 年前增加了一倍多。在过去 4 年里，因为职业压力而请病假的雇员增加了两倍。不仅美国情况如此，近年欧盟正式将职业压力列为欧洲大陆面临的第二大职业健康问题。

自20世纪30年代H. Selye提出应激的概念以来，生活事件作为一种心理社会应激源对心身健康的影响引起广泛关注，使用"生活事件量表"的目的是对精神刺激进行定性和定量分析，也就是对个体遭受的生活压力进行总体评估。该评估可以帮助我们了解外部生活事件影响下，儿童福利机构员工的内部心理张力及其造成的疲劳感和焦虑感。

从60年代起，人们对各种生活事件的"客观定量"有了较多的研究兴趣。其中最有代表性的人物是美国的Holmes TH。他和Rahe于1976年编订了著名的"社会重新适应量表"（Social Readjustment Scale，简称SRRS）。SRRS的理论假定是：任何形式的生活变化都需要个体动员机体的应激资源去作新的适应，因而产生紧张。SRRS在一定程度上反映了美国当时社会生活的实际情况，是科学地、客观地评定生活事件的开端。SRRS被推广到许多国家，研究的结果显示相关系数多在0.85~0.99之间，被公认为评定生活事件的有效工具，甚至有人认为可以作为金标准以检测其他生活事件量表的效度。

我国于20世纪80年代初引进SRRS，使用者们根据我国的实际情况对生活事件的某些条目进行了修订或增删。其中杨德森和张亚林于1986年编制的生活事件量表按事件的影响程度、持续时间和发生次数的记分最有特色，主要是强调根据受测者的主观感受对生活事件作定性和定量评定，又对正性和负性生活事件作了区分。该量表简称为LES（Life Event Scale）量表，含有48条我国较常见的生活事件，包括三方面的问题：一是家庭生活方面（28条），二是工作学习方面（13条），三是社交及其他方面（7条）。

LES适用于16岁以上的正常人、神经症、心身疾病、各种躯体疾病患者以及自知力恢复的重性精神病患者，主要应用于：

（1）神经症、心身疾病、各种躯体疾病及重性精神疾病的病因学研究。

（2）指导心理治疗、危机干预，使心理治疗和医疗干预更有针对性。

（3）甄别高危人群，预防精神疾病和心身疾病，对高危人群加强预防工作。

（4）指导正常人了解自己的精神负荷，维护身心健康，提高生活质量。

生活事件刺激量的计算方法如下：

（1）某事件刺激=该事件影响程度分×该事件持续时间分×该事件发生次数。

（2）正性事件刺激量=全部好事刺激量之和。

（3）负性事件刺激量=全部坏事刺激量之和。

（4）生活时间总刺激量=正性事件刺激量+负性事件刺激量。

另外，还可以根据研究需要，按家庭问题、工作学习问题和社交问题进行分类统计。

LES总分越高反映个体承受的精神压力越大。负性生活事件的分值越高对身心健康的影响越大，正性生活事件分值的意义尚待进一步的研究。

（三）人格评估

人格是稳定的、习惯化的思维方式和行为风格，它贯穿于人的整个心理，是人的独特性的整体写照。人格对于个体来说是很重要的，它渗透到个体的所有行为活动中，影响个体的活动方式、风格和绩效。大量研究和实践表明：一些人格类型和特定工作有着特定的关系，它们对团体的贡献不同，所适宜的工作环境也不同。使用成熟的人格测验量表对员工的人格类型进行评估，可为人事安置、调整和合理利用人力资源提供建议。

儿童福利机构员工的人格评估主要目的是为员工的心理特征模型做数据采集。儿童福利机构的岗位有其特殊性,因此,对其工作人员进行人格评估可以帮助研究者去探寻这一岗位的人格特质模型(胜任模型),以便为员工心理健康教育工作提供参考。

在测试工具的选择上,可选用经典的卡特尔16种人格因素问卷(16PF),作为基本的量化数据采集工具。至今,16种人格因素问卷(16PF)已被广泛用于人员的选拔和评定。

16PF由美国伊利诺州立大学人格及能力测验研究所卡特尔教授编制。卡特尔认为:人的行为之所以具有一致性和规律性就是因为每一个人都具有根源特质。他经过因素分析后最终得到个体的16种人格特质。卡特尔认为这16种特质代表着人格组织的基本构成。从乐群、聪慧、自律、独立、敏感、冒险、怀疑等16个相对独立的人格特点对人进行描绘,并可以了解个体在环境适应、专业成就和心理健康等方面的表现。在人事管理中,16PF能够预测员工的工作稳定性、工作效率和压力承受能力等。可广泛应用于心理咨询、人员选拔和职业指导的各个环节,为人事决策和人事诊断提供个人心理素质的参考依据。其中,1~3分为低分特征,8~10分为高分特征。各人格特质的解释具体如下:

(1)因素A乐群性:高分者外向、热情、乐群;低分者缄默、孤独、内向。

(2)因素B聪慧性:高分者聪明、富有才识;低分者迟钝、学识浅薄。

(3)因素C稳定性:高分者情绪稳定而成熟;低分者情绪激动不稳定。

(4)因素E恃强性:高分者好强固执、支配攻击;低分者谦虚顺从。

(5)因素F兴奋性:高分者轻松兴奋、逍遥放纵;低分者严肃审慎、沉默寡言。

(6)因素G有恒性:高分者有恒负责、重良心;低分者权宜敷衍、原则性差。

(7)因素H敢为性:高分者冒险敢为,少有顾忌,主动性强;低分者害羞、畏缩、退却。

(8)因素I敏感性:高分者细心、敏感、好感情用事;低分者粗心、理智、着重实际。

(9)因素L怀疑性:高分者怀疑、刚愎、固执己见;低分者真诚、合作、宽容、信赖、随和。

(10)因素M幻想性:高分者富于想象、狂放不羁;低分者现实、脚踏实地、合乎成规。

(11)因素N世故性:高分者精明、圆滑、世故、人情练达、善于处世;低分者坦诚、直率、天真。

(12)因素O忧虑性:高分者忧虑抑郁、沮丧悲观、自责、缺乏自信;低分者安详沉着、有自信心。

(13)因素Q1实验性:高分者自由开放、批评激进;低分者保守、循规蹈矩、尊重传统。

(14)因素Q2独立性:高分者自主、当机立断;低分者依赖、随群附众。

(15)因素Q3自律性:高分者知己知彼、自律谨严;低分者不能自制、不守纪律、自我矛盾、松懈、随心所欲。

(16)因素Q4紧张性:高分者紧张、有挫折感、常缺乏耐心、心神不定,时常感到疲乏;低分者心平气和、镇静自若、知足常乐。

(四)绘画心理评估

绘画心理测验作为心理投射的一种技术,它是表达自我的一种工具,它用非语言的象征性工具表达出人们内在的、潜意识层面的信息(心理意象),它能有效地筛查出群体中因各种原因引起的心理困扰和神经症躯体化、抑郁、精神障碍、认知障碍等心理疾病,同时,它也是一种很好的沟通工具及心理治疗手段。与其他心理评估工具相比,它的优势有:绘画心理测验具有趣味性,测试目的比较隐蔽,能够消除被试的防御;绘画测验没有繁杂的要求,能引发被试的浓厚兴趣，测验时间短，简单易行；绘画测验是非言语性的投射，不受文化背景、年龄、学历、人群的限制，适用性广；同时，绘画本身具有治疗的意义。

1. 绘画心理测试的注意事项

（1）测验前做好准备：准备好测验需要的工具，纸、笔、橡皮等。

（2）不要绝对化和贴标签：测验所反映出的内容只带有一定的倾向性，不是定性诊断，因此不做绝对的表达。对于初步筛查出的被测不作出诊断，而是约谈咨询室作进一步澄清鉴别。

（3）注意保护被试的尊严和隐私：有些关于性方面的问题，不要多说，更不能暗示，可以忽略，也可以委婉地说"这个问题需要更多的信息"，以防造成伤害。

（4）多用中性语言解析图画：在图画解析过程中，施测者要多用中性、积极的词语进行解析或引导，避免过多使用负面语言、道德评价及贴症状标签，形成消极暗示。

（5）综合性解读：在分析绘画作品时，要注意整体分析与局部分析的结合，在关注细节的同时，更要关注绘画作品的整体风格，避免片面地从某个绘画特征而得出结论。

（6）测验中灵活互动：在测验的课堂上，有些人难免议论纷纷，不要立刻严格制止，而是走近同学，去观察和倾听同学的表达。

（7）注意资料保存与保密：测验结束后要收集、整理好被测的绘画作品，放在专用档案袋里，写好信息，保存好，注意保密。

2. 绘画在心理评估中的应用

（1）绘画心理评估的选择。在心理评估中，可以选择最基础的房—树—人测试、自画像测试和树木画测试，也可以选择"家庭、学校或企业动态图"。

（2）测验的实施。

①先发给每位被试一张白纸、一支铅笔，让其在纸的背面写上个人信息、测试日期。

②以"房—树—人测验"为例，主试使用标准、规范的指导语："请将画纸横放着，在纸上画房子、树、人，画面中要包括这三样人和物，其他东西可以任意添加，人尽量画完整的人，不要画火柴人或漫画人。这不是考察你的绘画能力，凭自己的感觉随意画，想怎样画都可以，但要认真画，时间为20分钟。"（其他测验指导语参照本书第二章内容。）

③20分钟后，主试宣布测验完毕，并即刻收回测验材料。

（3）评估及处理方法。由专业的绘画心理分析师（或受过绘画心理技术培训的人员）对被试绘画作品进行分析，并按照0~5分的等级对被试心理状态进行评估及处理。

0~1分：心理状态相对良好——无须处理。

2~3分：较轻的心理问题——请给予关注，并通过咨询室约谈作进一步疏导。

4~5分：较重的心理问题或精神问题——进行危机干预，特别严重的，需转介到心理治疗机构或医院作进一步诊断治疗。

需要注意的是，绘画测验评分主要是由专业绘画心理分析师根据绘画心理分析知识和丰富的咨询经验进行的主观评分，所有的评分都是对被测者当前的状态和当前的测验图画所做出的初步评估，只能作为心理评估的依据，不作诊断。

事实上，要判断一个人的心理健康状况是否良好，不能仅凭心理测试的结果。任何正规的心理测试所得的测试结果都只能给施测者提供一个参考和方向，要想真正了解被测者的心理状况，还需要对被测者进行临床观察和随后访谈，甚至还要了解周围人对被测者的评价。

绘画心理测试也是如此，不能将测试中的评分作为评判个体心理状况的唯一标准，重要的是根据初步筛查的结果进行面谈，以便作进一步的澄清和初步诊断。

3. 绘画心理评估的内容

目前，儿童福利机构员工绘画心理评估的重点是筛查出严重情绪情感困扰、抑郁自杀、精神障碍等方面的危机人群，进行约谈、疏导，有必要地进行危机干预或转介医院，下面，主要针对这三种心理普查类型作进一步的阐述。

(1)针对严重情绪情感困扰心理问题的筛查。每个人的情感、情绪时时刻刻受个性、家庭环境、人际关系、工作压力等方面的影响，如果得不到适当地调控，长时间负面情绪的积累就会导致发展成严重的心理问题。通过绘画心理普查，可发现个体已经潜在的焦虑、情绪低落、烦恼等不良情绪、情感。

①测验主题的选择：画一棵树、画自画像、画雨中人、自由绘画、画房—树—人组合图等。

②简述情绪情感困扰在绘画中的表现：个体情绪情感困扰在绘画中的表现，主要从画面景物、人物的涂黑、阴影、线条的杂乱、星星、月亮、下雨、雪花、河流、枯树等方面来体现。若画面不整洁或比较凌乱无条理时，如杂乱的树冠、树枝、杂乱的头发等，这是一种烦躁不安、烦恼的表现。而画面中树木、人物、房屋等景物有涂黑或有阴影，也表示个体处在焦虑不安、情绪低落状态。特别是当画面出现了枯树、果实或树叶掉落等场景时，则体现了个体生命力不足，情绪非常低落、抑郁；画面中若出现了日落、星月、下雨，则表示一种失落的寂寞心境；若画面中出现雪花、冰雹等景观，则表示比较严重的抑郁状态或自杀倾向，这样极端的情感情绪便需要引起高度的重视了。

(2)针对抑郁、自杀问题的筛查。在现实生活中，当个体在工作或生活中遇到挫折，易产生消极抑郁情绪，进而逃避、退缩，最后由求助无望到绝望，到产生自杀意念，直至自杀行为的发生。绘画心理技术的运用，可以帮助我们筛查这一类情绪较为抑郁、甚至有自杀问题的个体，以便于及时干预、疏导、治疗。

①测验主题的选择：画房—树—人组合图等。

②简述抑郁、自杀在绘画中的表现：抑郁、自杀在绘画中的表现，主要从房屋、树、人物、附属物等方面来体现。比如画面常出现月亮、星星、水、雪花、闪电、冰雹等景观，体现内心低落、抑郁的情绪；常出现枯树、落叶、树木矮小并涂黑、扁形树冠涂黑或截断的树枝等，来表现内心的无力与焦虑；也容易出现多栋房屋、门窗小或涂黑、下坡路、手背在身后、人物像张口、画面有尖锐部分等，体现内心的封闭、孤僻与攻击性，通过附属物花草、动物等形式来表示情感寄托。

在实际应用中，当某幅图画中出现5个或5个以上负性情绪的特殊标志，应高度警惕是否存在抑郁情绪或自杀意念。

特别注意：自杀是一个十分敏感的话题，当发现这样的情况时，首先应给予密切关注，判断是否存在自杀意念，然后再根据具体情况寻求专业支持，给予心理干预，切不可随意下结论。

(3)针对精神障碍倾向的筛查。精神障碍常指的是精神分裂症，精神分裂症临床表现主要是在思维、感知、情感和行为等方面出现紊乱和不协调，并表现出以下一些症状：注意力减退，动力或动机缺乏，生活习惯或行为模式改变，性格改变，孤独敏感，喜怒无常，沉溺于一些玄奥或荒谬的想法，甚至自言自语，与周围人或环境疏远，难以接近，有睡眠障碍，多疑等。将绘画技术引入其中，可以很好地对个体精神状态进行普查。

①测验主题的选择：画自画像、画一棵树、画房—树—人组合图等。

②简述精神障碍在绘画中的表现：精神障碍在绘画中的表现，主要从画面整体、房屋、树、人物等方面来体现。比如在画面中，容易出现画面怪异，整体与局部关系缺损的现象，显示认知结构缺失。如画出来的房子结构怪异、倾斜、倒塌、墙体透明等，没有立体感；没有画窗户或涂黑，显示有被害妄想；强调屋顶线或墙壁线，努力维护人格的自我统一的象征。画树木时，树的结构怪异，不像树，并常出现瘦弱、孤独、单线条小树或枯树。在人物像中，常常会画透明人、裸体、无眼球、耳目过大、显露内脏或肢体残缺，反映自我印象、自我概念混乱不清。在画的过程中，也容易出现混乱思维、情绪突发的现象，可能存在某些心理病态问题。

第二节　儿童福利机构员工的心理援助计划

一、什么是员工心理援助计划

鉴于同事工作环境导致的保密风险等咨询伦理问题，我们不建议儿童福利机构的儿童心理健康教育与服务中心直接给需要心理援助的员工提供心理咨询与辅导（可提供心理健康教育及培训），并建议儿童福利机构员工的心理援助采用外包心理援助项目的模式开展，比如系统的员工心理援助计划（employee assistance program，EAP）。EAP核心内容是通过向一个企业或组织机构内的员工提供关注个人心理和行为健康（在国外通常的说法是精神健康，即Mental Health）的各种服务来达到提升他们的个人生活质量和工作绩效，从而使员工个人和组织都能够受益。这一计划时下被形象地称为"精神按摩"，国际国内一流企事业单位均已实施EAP计划。

相比企事业单位自身的心理健康服务，EAP有四个显著的优势，分别为：

第一，保密性。专业的EAP咨询机构恪守职业道德的要求，不得向任何人泄露资料，管理者及员工都不必担心自己的隐私被泄露。

第二，双向负责。EAP服务对企业和员工双向负责——为来访者的隐私保密，但是同时协调参与劳资双方的矛盾，有重大情况（如危及他人生命财产安全）和企业方及时沟通。

第三，系统工作。EAP服务为来访者建立心理档案，向企业提供整体心理素质反馈报告。

第四，形式灵活丰富。EAP服务方式多样，时间高度灵活，有24小时心理热线，有面对面咨询，有分层次分主题的小规模心理培训、有大规模心理讲座。

二、员工心理援助计划在中国的发展

在美国，因70年代员工酗酒和药物滥用问题导致企业生产效率下降，EAP开始产生并成为劳动力项目，获得突出效果后，企业组织对EAP的兴趣逐渐增加。目前，美国近一半的公司采用EAP的形式为他们的员工提供压力管理训练，帮助提高员工在困难的工作情境中的应付能力。

1997 年，韩国三星集团第一次邀请中国的心理专家为其内部员工进行心理培训，拉开了 EAP 在中国的帷幕。2000 年，深圳市公安局在全国公安系统率先建立了心理服务中心。2004 年 12 月，上海市徐汇区人民政府的 EAP 项目正式启动，标志 EAP 正式进入我国政府机构。2011 年 11 月中纪委、中组部、原监察部联合下发《关于关心干部心理健康提高干部心理素质的意见》之后，滨州市心理咨询师协会率先在全市组织实施干部心理援助计划（EAP），在全国引起反响。2014 年 9 月，中宣部主管《思想政治工作研究》杂志、人民网等权威媒体同时刊发李不言文章《EAP 时代，你准备好了吗?》，提出继农业文明、工业文明之后，中国社会已经全面迎来了 EAP 的时代。至此，EAP 计划逐步走入各类型企事业单位，为员工的心理支持和企事业单位的稳定发展提供了重要的保障。

三、儿童福利机构员工心理援助计划的实施内容

国内儿童福利机构的 EAP 项目几乎没有启动。仅少数儿童福利机构以不定期方式邀请心理专家前去进行心理培训，针对员工个体的咨询的辅导方案或行动较少。我们建议可根据儿童福利机构的实际情况，投入专项经费，采用外包服务的方式，实施 EAP 项目。具体可包括如下内容：

（1）员工心理档案的建立。由专业人员采用专业的心理健康评估方法评估员工心理生活质量现状，及其导致问题产生的原因。并在此基础上，为每一位员工建立心理档案，创建人文关怀。

（2）员工心理健康知识宣传。利用海报、自助卡、健康知识讲座等多种形式树立员工对心理健康的正确认识，培养员工积极主动寻求心理援助的意识和习惯。

（3）工作环境设计与改善。一方面，改善工作硬环境——物理环境；另一方面，通过领导力培训、团队建设、工作轮换、员工生涯规划等手段改善工作的软环境，在儿童福利机构内部建立支持性的工作环境，丰富员工的工作内容，指明员工的发展方向，消除问题的诱因。

（4）员工和管理者培训。通过压力管理、挫折应对、保持积极情绪、咨询式的管理者等一系列培训，帮助员工掌握提高心理素质的基本方法，增强对心理问题的抵抗力。管理者掌握员工心理管理的技术，能在员工出现心理困扰问题时，很快找到适当的解决方法。

（5）多种形式的员工团体心理咨询。对于受心理问题困扰的员工，提供咨询热线、网上咨询、团体辅导、面询等丰富的形式，充分解决员工心理困扰问题。

案例：

护理员阿姨的咨询是个巧合，到现在咨询师也不知道她叫什么名字，本来只是安排她来给咨询师介绍秀秀(化名)的情况，但是在交谈中，咨询师评估到她内心有一些情绪可能会影响到她的日常工作，就在收集完孩子的情况后，和她聊了起来。原来阿姨内心很纠结，她所在的班级，有一个孩子刚刚动完康复手术，护理工作琐碎又忙碌，最近还有几个孩子老是和她对着干，有一次秀秀发脾气，还撕破了她的衣服，她面对着这些自己从小带大的孩子，心里气得偷偷抹眼泪，她想换个岗位，但是又舍不得这一班从小带大的孩子们。通过一次与咨询师的一个多小时交流，阿姨内心很舒坦，没有纠结了，能够以更乐观的心态投入工作中，能够更好地照顾孩子们。后来听其他工作人员说，她还在她原来的班级，

不同的是她现在是那个班的班长啦。

阿姨在交谈中反复提到当年来儿童福利机构工作是因为下岗了，也没有什么谋生的手段。这份工作工资待遇不高，有些同事到了年龄可以拿退休工资就走了，她有时候也动过走的念头，但是带这些孩子这么些年，多少也带出了感情，就又留了下来。就这些日子做团辅和个案时和阿姨的接触来看，阿姨普遍存在不同程度的压力，像这位阿姨，通过咨询师的有效倾听，她自我评估情绪改善。

第三节　儿童福利机构员工心理健康三级预防制度

公共卫生的三级预防策略在身体疾病的防治上有不错的效果。引入"三级预防"的思路进行心理健康问题防治，有助于儿童福利机构发挥自身作用，促进员工心理健康。

提升员工的心理健康水平，预防心理危机事件是 EAP 服务的目标之一，其中，三级预防的理念和措施是重要的依据。一级预防是指向员工提供心理健康知识，改善工作环境，防止和减少心理疾病的发生。二级预防是及早发现心理疾病并提供心理和医学干预。三级预防是防止员工心理异常转为心理疾病，使员工尽快回到社会生产和独立自主的生活中来，同时对已发生疾病的对象设法减轻其受损程度，适当提高他们的社会适应能力。"三级预防"的方针把防和治结合起来，对心理健康的实践具有重要的指导意义。

儿童福利机构员工心理健康"三级预防"制度有关的具体内容，已在本书第二章第三节中详细说明。

第四节　儿童福利机构员工培训

儿童福利机构员工心理健康培训主要分为两个部分：一部分是针对普通员工开展的团体心理辅导和心理讲座，落实员工心理健康一级预防。另一部分是针对儿童福利机构专业教师提供儿童心理健康知识的专业技能培训，建设儿童福利机构一级和二级心理服务人员队伍，以确保儿童福利机构内儿童心理健康工作的开展。

一、儿童福利机构员工心理健康培训

儿童福利机构员工心理健康培训属于福利机构员工的心理援助计划的范畴，以湖南省儿童福利机构心理健康服务内容为例，员工团体心理辅导活动或心理健康教育讲座频率为两月一次，活动主题包括：压力释放，享受美好生活；如何积极应对压力以及在困境中学会寻求积极帮助；学会良好人际交往技能，相互协作精神；培养倾听的技能以及有效沟通的能力；提升积极心理能量，更好应对生活与工作；找到积极的自我能力，促进自我成长（图 7-2~图7-5）。

图 7-2　员工心理放松训练

（图片来自岳阳市儿童福利院）

图 7-3　员工心理解压

（图片来自株洲市儿童社会福利院）

图 7-4　员工团体沙盘体验

(图片来自衡阳市社会福利院)

图 7-5　员工心理讲座

(图片来自岳阳市儿童福利院)

二、儿童福利机构员工心理健康专业知识培训

(一)培训目标

切实提高员工对儿童福利机构儿童心理健康的关注意识,加强心理健康教育、心理危机预防与干预、特殊儿童心理干预的工作水平和应对能力,构建儿童福利机构心理健康教育工作队伍,推进心理健康教育两级工作体系的建设,形成机构内人人参与儿童心理健康教育工作的浓厚氛围,共同维护和促进儿童福利机构儿童的心理健康发展。

(二)培训原则

(1)发展性原则。立足于提高员工整体心理健康教育素质和业务能力，从而促进员工自身的心理健康发展。

(2)实际性原则。立足于员工的实际水平，根据儿童福利机构儿童心理健康教育与服务工作的基本情况确定培训内容，保障培训效果。

(三)培训方式

(1)集中讲授培训。确定培训主题，通过邀请专家来校方式，举办培训班，以讲座、讲课等方式对员工进行集中培训。

(2)体验式实践培训。对于实践性要求较强的培训主题，如心理咨询技术的培训，通过学员分组课堂模拟演练、教师现场督导的形式开展培训。

(3)小组研讨及朋辈学习。布置部分培训主题或作业任务给学员，要求通过课堂小组研讨并分享、朋辈督导等形式开展学校，教师或专家现场进行指导或点评。

图 7-6　儿童福利机构教师培训

图 7-7　绘画心理初中级课程培训

四、培训内容（具体见表7-1）

表 7-1　员工心理健康教育培训主题一览表

类别	主题	主要内容	参训人群	形式
儿童心理健康专业知识培训	儿童福利机构心理健康服务模式介绍	儿童福利机构心理健康服务"三·三模式"（3学时）	一、二级心理服务人员	讲座
	儿童福利机构心理健康教育	1. 孤残儿童心理发展的一般特点（2个学时） 2. 孤残儿童的心理特点及应对策略（2个学时）	一、二级心理服务人员	讲座
	儿童的心理评估	1. 儿童心理评估的内容（3学时） 2. 儿童心理评估的常用工具及结果解释（3学时）	一、二级心理服务人员	讲座 体验式学习 实践演练
	儿童福利机构儿童常见心理问题的识别及处理	心理健康的标准及正常与异常心理的区别（6学时） 儿童福利机构儿童常见心理问题的识别及处理（6学时） 儿童福利机构儿童常见心理障碍的识别及处理（6学时）	一、二级心理服务人员	讲座
	儿童福利机构儿童心理危机预防与干预	1. 儿童心理危机评估（3学时） 2. 儿童心理危机干预的流程与实施（3学时） 3. 儿童常见心理危机的干预（3学时） 4. 儿童绘画心理危机干预（2学时）	二级心理服务人员	讲座
	常用儿童心理辅导技能培训	1. 儿童个体咨询（3学时） 2. 儿童团体心理辅导（3学时） 3. 儿童游戏治疗（3学时） 4. 儿童绘画治疗（6学时）	二级心理服务人员	讲座 体验式学习 实践演练
	实践督导	1. 儿童心理健康教育活动督导（8学时） 2. "三级管理制度"实施督导（2学时） 3. 儿童常见心理问题干预督导（10学时）	二级心理服务人员	督导

续表7-1

类别	主题	主要内容	参训人群	形式
员工心理健康培训	个人成长体验课程	员工自我成长的团体心理辅导体验（6学时） 员工自我成长的沙盘团体游戏体验（6学时） 员工自我成长的心理催眠体验（6学时）	全体员工	团体体验
	员工心理健康培训	1. 员工心理健康评估（2学时） 2. 员工常见心理问题的识别和调试（2学时） 3. 员工心理健康问题预防（1学时）	全体员工	讲座 体验式学习
	心理健康线上课程	1. 焦虑应对（3学时） 2. 健康睡眠（3学时）	全体员工	线上课程

共计10个主题，106学时。2~3年内完成。

第四部分

心理健康服务部门建设篇

第 八 章

儿童福利机构儿童心理健康服务部门的设置及运行

第一节　功能定位及管理机制

一、心理健康服务部门的功能

儿童心理健康服务部门隶属于儿童福利机构，全面负责儿童福利机构儿童的心理健康服务工作，主要工作任务是：根据儿童福利机构儿童的心理特点，通过心理科学的各种方法和途径，有针对性地对儿童进行心理健康教育和指导，帮助儿童树立心理健康意识，优化心理品质，增强心理调适能力和社会适应能力，预防和缓解心理问题；帮助儿童处理好环境适应、自我管理、学习、人际交往、恋爱、人格发展和情绪调节等方面的矛盾和困惑，提高心理健康水平，促进德智体美劳等方面全面发展。具体工作内容包括如下方面：

(1)负责规划和组织实施儿童福利机构儿童心理健康服务工作。

(2)开设心理健康教育课程和专题讲座，宣传普及心理健康知识和心理调适的技能，引导和帮助儿童福利机构儿童树立心理健康意识，学会自我心理调适，培养良好的心理素质，提高承受和应对挫折的能力以及社会生活适应能力。

(3)开展儿童心理健康普查，建立儿童心理健康档案，并对重点儿童进行回访和跟踪辅导。

(4)负责安排、实施儿童个别和团体心理咨询与辅导工作，帮助儿童排解、消除心理困惑和心理障碍，进行危机干预，预防和减少心理危机事件的出现。

(5)负责建立和完善儿童心理健康服务分层工作网络机制。

(6)负责建设儿童心理健康服务宣传网站，开展各种心理文化活动，营造健康心理文化氛围。

(7)开展面向全体教职工的心理健康教育知识和技能培训。

(8)对需要危机干预的儿童进行一对一心理辅导。

(9)结合工作开展儿童心理健康服务研究，探索儿童心理健康服务的有效途径和方法，并为儿童福利机构管理部门提供相应的决策依据。

(10)组织安排与其他同类机构的交流合作。

二、心理健康服务流程

(一)组织保障

(1)儿童福利机构成立儿童心理健康服务工作领导小组。由分管该项工作的院领导任组长，行政、保育、特殊教育、医疗、康复、后勤、社工等各部门主要负责人及心理健康服务负责人任小组成员，负责整体规划儿童福利机构儿童心理健康服务工作。领导小组对该项工作进行定期、专题研究和督查。

（2）儿童福利机构儿童心理健康服务中心设主任 1 名，专职教师按师生比 1∶200 配置，并配备一定数量的兼职教师。中心在领导小组的领导下，统筹安排全院性的心理健康教育与服务工作，制定工作计划，并负责行政管理、关系协调、软硬件建设，对儿童进行心理咨询和辅导，提高心理咨询服务的能力和水平。

(二)队伍建设

按照德才兼备原则，通过专、兼、聘等形式，打造一支责任心强、心理学理论知识扎实、心理辅导技能较好的心理健康教育与服务的教师队伍。

（1）将专职心理咨询教师纳入教师序列管理。专职心理咨询师在工作时间之外开展心理咨询按兼职咨询人员的计算方法计算工作量。

（2）要实行专兼职教师任职资格准入制度，专职教师应具备心理学、医学或教育学等相关专业的本科及本科以上学历，专职心理咨询人员具备国家二级以上心理咨询师职业资格证书，兼职心理咨询人员应具备国家二级以上心理咨询师职业资格证书。

（3）与地市精神卫生机构签订合作协议，并聘请部分专家为兼职教师，给予一定的劳务补助。

（4）加强专兼职教师培训。将专兼职咨询教师的培训纳入儿童福利机构师资培训计划，每年每人不少于 20 学时，促使他们不断提高理论水平、丰富专业知识。每年选送部分教师参加短期培训，适时选派人员进行进修学习。开展专兼职咨询师的督导与减压工作，不断提高他们的咨询质量及心理承受能力，防止他们产生职业倦怠。

(三)硬件建设

将心理健康服务工作的硬件建设纳入儿童福利机构教学设备管理体系，优先给予解决。建成含个体心理咨询室、团体心理辅导室、心理测评室、心理宣泄室、游戏治疗室、绘画治疗室、心理培训室在内的功能齐备的工作场所。

(四)经费保障

设立心理健康服务专项经费，每年不少于 10 万元，主要用于心理普查、组织活动、购置资料、印制专刊、评估奖励、宣传教育、团体辅导、聘请专家、队伍考证等。专兼职心理教师、各行政管理人员的业务培训经费按实际支出计算，不列入专项经费支付范围。

(五)加强对心理健康服务工作效果的跟踪调查和考核

第二节　功能室的设置及管理

一、心理咨询接待室

(一)心理咨询接待室的功能

（1）心理咨询接待室是儿童来访者进行预约、等候咨询的主要场所；

（2）心理咨询接待室是咨询助理登记儿童来访者信息整理和放置心理档案的场所；

（3）儿童来访者可通过电话或者直接到预约等候室进行预约，在进行正式咨询前可在此等候。

（4）心理咨询接待室准备了各种心理健康知识宣传资料及儿童图书资料，可供儿童来访者翻阅。

编号	房间	功能室	分区	配置
1	心情吧	情绪宣泄室（外间）	宣泄区	
			放松区	
		个案咨询室（里间）	心里咨询区	布艺沙发、挂画、实木茶几
			办公区	办公桌椅
			档案区	带锁、封闭档案柜
2	团体辅导室	（里外间可否打通）	活动区	团体活动活动桌椅、泡沫地板
			物资收纳区	收纳柜子、团体活动辅导箱（D包）
3	游戏治疗室	外间	沙盘区	沙盘、沙具
			绘画区	画架、画笔文具类
			积木拼接	
		里间	地板游戏区	地毯、玩具待定
			咨询区	布艺沙发

图 8-1 衡阳市社会福利院心理咨询室设计

（5）室内主要配有书柜、书桌、座椅、书籍、杂志和音像资料。

图 8-2 衡阳市社会福利院心理功能室实景图
（绘画区、沙盘区、团体辅导区）

(二)心理咨询接待流程

1.做好咨询接待前准备工作

(1)咨询助理服装整齐、坐姿端正、表情平和。

(2)咨询助理注意眼睛对视,不可直视对方。

(3)准备好要给儿童来访者呈现的预约及评估登记资料。

2.礼貌的接待方式和语言

(1)接待儿童,态度应平和、诚恳、热情。

(2)见面使用礼貌语言。如"请进!""请坐!"

(3)在征得儿童同意后,请儿童填写登记表。如果儿童因特殊原因无法填写登记表,请儿童口述,由咨询助理代为记录。

(4)直接询问儿童希望得到哪方面的帮助。如"你希望在哪方面得到我们的帮助呢?"

(5)询问结束后,明确表明态度。向儿童说明是否能提供帮助并呈现《心理咨询知情同意书》,看完没有异议后请儿童签字。如果儿童因年龄或特殊障碍无法阅读并理解文字,由咨询助理口述并解释。

(6)调整预期目标。有的儿童对咨询抱有过高期望,要让他(她)了解咨询性质,调整期望值,避免咨询后他所谓的失望。向儿童说明心理咨询是一个过程,心理咨询师是协助儿童来访者成长,一定要注意"协助"二字。

例如可以这样说:"心理咨询需要进行一段时间,时间长短随你想要解决的问题不同而不同,咨询并不是你把问题提出来,我们给你一个答案或者解决办法,而是需要咨询师跟你两个人的配合和共同努力,也就是说需要两个人共同投入,才能帮助你解决问题。"

3.首次咨询接待须知

(1)向儿童来访者介绍:①咨询中心情况;②咨询师的受训背景、资历及擅长方面;③咨询时长;④收费标准;⑤咨询助理的职责范围。

(2)初次接待目的:①初步了解儿童来访者想要解决的问题;②确定儿童来访者是否愿意前来咨询;③安排心理咨询师。

(3)儿童来访者常见问题:①咨询是否需要预约?②不方便当面咨询可以电话里谈吗?③你们能保证谈话的保密性吗?

(4)其他详见《心理咨询预约制度》。

(三)咨询接待室的管理

(1)以积极饱满的身心状态进入接待工作,不宜过分疲劳,影响接待时的精神状态。

(2)明确职业角色是咨询助理,尽可能防止由于角色冲突带来的混乱,影响来访者的正式咨询。

(3)接访中注重与儿童来访者建立关系,让尊重、真诚、同感等基本的咨询要素体现在接访过程之中。

(4)接访过程中充分注意倾听和探讨,注意来访者声音中的非言语信息,平等、接纳、好奇地和当事人探讨他们的问题,避免主观臆断。

(5)尊重当事人的自我抉择权,在需要提建议时,应和来访者商量,而不是以唯一正确答案的形式出现,避免生硬说教。

(6)接访人员应保持敏锐的自我觉察,对自己个人的情绪、理念、成长经验等在接待关系中的移入要保持敏感，防止其可能带来的负面影响。

（7）严格遵守保密原则，不得公开来访者的个人资料，更不得以其作为谈笑资料，不得私自带出或随意引用电话记录资料。

（8）个人能力难以解决的个案，应建议和协助其转介接受治疗。

（9）对需要紧急危机干预的来访者，须及时采取措施，通知当日值班咨询师。

（10）维护咨询人员与来访者之间关系的纯洁性，不得利用接访工作与来访者建立非工作性关系，不得收受来访者的礼物。

二、心理测评室

（一）心理测评室的功能

（1）心理测评室作为对儿童来访者进行心理测试的场所，可快速、科学地评估其心理状态，并通过实时训练的方式在一定程度上提高某些基本心理能力。

（2）心理测评室主要为儿童福利机构儿童开展心理健康普查，提供身心症状、人格类型、能力倾向等各类心理测量服务。根据测评结果，心理工作人员可以详细的了解测评对象的心理状态，可以及早发现一些性格缺陷和心理不良倾向，如抑郁、焦虑、强迫，自杀倾向等，从而更有针对性地给予指导和治疗。

（3）心理测评室基本设备有测验用电脑（内安装心理测试档案系统）、档案柜、电脑桌椅、空调、墙上挂有《儿童心理档案使用细则》和心理图画（图8-3）。

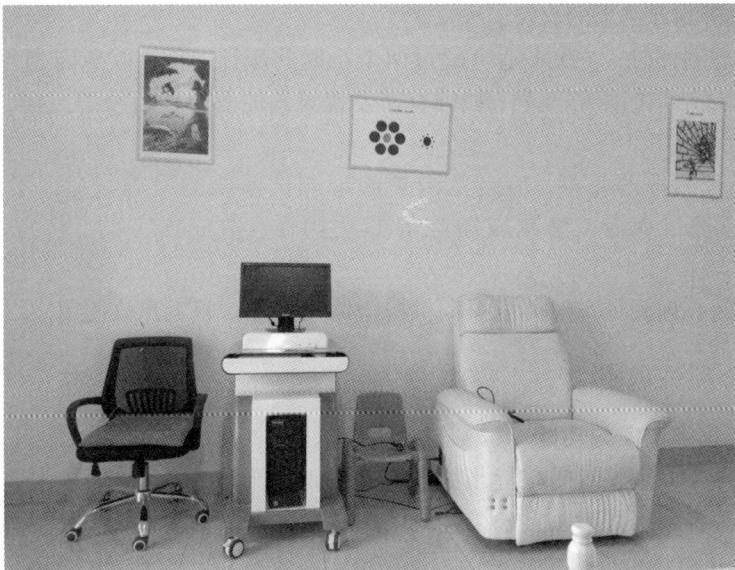

图8-3　儿童心理测评室
（图片来自株洲市儿童社会福利院）

（二）心理测评室的使用

（1）心理测评室需在心理咨询师的指导下或经培训后的咨询助理协助下进行使用。

（2）一次进入测评室的人数不能过多，务必控制在2~3人内。

（3）运用心理测评时，严格遵循施测要求与施测程序。要科学、慎重地看待测验、运用测验、解释测验结果。

（4）在使用测评用电脑时，不得将外来软件装入电脑。如需连接网络，不得浏览违法网站。如引起电脑瘫痪、损坏等问题，需追究相应工作人员责任。

（5）测评室支持多人同时进行身心反馈或心理测评，在参与过程中不可交头接耳，需保持安静有序。

（6）使用室内仪器和设备时，请在心理咨询师的指导下进行操作和使用。

（7）爱护室内仪器或设备，不随意踩踏，不胡乱涂抹，不无故损坏。

（8）保持室内卫生，请勿在室内吸烟、进食。

（9）保持室内安静，请勿大声喧哗、吵闹。

（10）使用完仪器和设备之后，按程序进行关闭，并切断电源。

(三)心理测评室的管理

（1）儿童来访者必须征得心理咨询师同意并履行登记手续，按开放时间或预约时间使用本室。不具备单独行动能力者须有工作人员的陪同。

（2）心理测评室是供儿童福利机构儿童进行心理健康状况的专门场所。

（3）心理咨询师为辅助诊断，对儿童来访者测评必须征得儿童来访者同意，不得强迫。

（4）进行心理测评的对象，要服从心理咨询师的安排，不得做与测评无关的事，不得高声喧哗，保持室内安静。若有疑问，可请求心理咨询师解答。

（5）测评完成后，由心理咨询师根据测试系统的提示先查看测评结果，再进一步对儿童来访者解释及分析测评结果的含义。

（6）进行心理测评时，一次不适合超过两个小时的测评时间，以免因为儿童来访者的过度疲劳而导致测试结果的不够准确；如确有需要或对其他测评项目很感兴趣，可下次再进行施测。

（7）参与心理测评的儿童，应自觉爱护心理测试系统的设施设备，不得对心理测试的软件系统进行擅自查看、修改或删除等非法操作，造成损害的，将视情况进行责任处理。

（8）工作时间心理测评室对儿童福利机构全体儿童及教职工开放使用。

三、个体心理咨询室

(一)个体心理咨询室的功能

（1）个体心理咨询室是专门接待儿童来访者咨询的场所。

（2）个体心理咨询室可为儿童来访者提供发展性咨询及健康咨询；并可为处在心理危机状态下的儿童来访者进行危机干预。

（3）个体心理咨询室承担一对一的个别咨询或者一对多的家庭咨询(图8-4)。

图 8-4　个体心理咨询室

(图片来自株洲市儿童社会福利院)

(二)个体心理咨询室的使用

(1)儿童来访者须按开放时间或预约时间使用本室。

(2)儿童来访者须按照咨询流程,听从咨询助理安排,遵守管理制度,如有疑问请向心理咨询师或管理人员进行咨询。

(3)咨询人员须做好有关材料的存档工作,及时整理、装订。

(4)未经同意,有关设施及资料不得外借。

(5)合理使用室内设施,及时将使用器材归放原处,如有损坏,照价赔偿。

(6)值班人员须保持室内环境清洁,花卉盆景等装饰物要不断更新,营造温馨的空间。

(7)工作完毕,关好门窗、做好安全保卫工作。

(三)个体心理咨询室的管理

(1)心理咨询师要态度热情,工作细致、认真、负责。

(2)心理咨询师要按时到岗对儿童来访者进行心理咨询,并认真、及时进行咨询记录。

(3)心理咨询师对儿童来访者咨询内容和有关隐私严格履行保密原则,并有责任向儿童来访者说明保密原则及应用这一原则的限度。

(4)心理咨询师只有在儿童来访者同意的情况下,才能对咨询过程进行录音、录像及教学、研究引用,在引用时应隐去可能据以辨认出儿童来访者的有关信息。

(5)心理咨询中的有关信息,包括个案记录、测验资料、信件、录音、录像和其他资料,应在严格保密的情况下,作为档案,及时送档案室进行保存。

(6)未经儿童来访者及中心授权同意,儿童来访者相关信息及资料不得外泄。否则追究相应法律责任。

(7)值班人员应保持室内环境整洁、舒适,定期更新环境陈设,营造温馨的咨询空间。

（8）值班人员填写好功能室使用记录表格。

（9）值班人员做好有关材料的存档工作，及时整理、装订成册。

（10）爱护室内各项设备，定期进行检查，保持正常使用。

（11）非咨询人员不得随意进入心理咨询室。

（12）未经允许，心理咨询师进行咨询时不得同时接待其他来访人员。

（13）遇有儿童来访者在心理咨询过程中，因严重心理问题导致已出现或可能出现重大突发事件或危机事件，应立即向主管领导反映并及时参与处理。

（14）咨询过程因儿童来访者情绪反应较为激烈，可在心理咨询师安排下适当延长或缩短使用时间。

（15）心理咨询师在咨询中遇到不能解决的问题时，应向中心负责人提出转介或技术支持。

（16）咨询室专业设备不可随意外借，由咨询室统一管理使用，专业书籍仅供咨询人员学习使用，借阅及归还时需履行登记手续。

（17）工作时间心理咨询室对儿童福利机构全体儿童及教职工开放使用。

四、团体辅导室

（一）团体辅导室的功能

（1）团体辅导室是采用团体心理辅导的方式进行儿童来访者心理咨询的场所。团体辅导具有教育、发展、预防与治疗四大功能。

（2）团体辅导室分为活动区、阅览区和物资收纳区三个功能区，活动场所安全、舒适、温馨，空间充足且灵活可变。

（3）活动区的团体活动桌椅为可拼装的桌椅，可同时容纳40人以内的团体规模进行辅导或培训活动，可保证活动或培训空间的便利性。

（4）阅览区书籍和书柜供成员自由阅读和使用。室内书籍不外借，团体成员带来的书籍须在活动结束后带走。

（5）收纳区放置有收纳柜、团体活动辅导箱、辅导辅助设备等，能有效帮助开展各种形式的团体心理辅导活动（图8-5、图8-6）。

图8-5　团体辅导室

（图片来自衡阳市社会福利院）

图 8-6　团体辅导室

(图片来自岳阳市儿童福利院)

(二) 团体辅导室的使用

(1) 团体辅导室使用对象为全院儿童及教职工, 团体辅导时间由辅导老师决定, 团体成员须按时参加。

(2) 团体成员在辅导过程中要真诚、开放、信任他人, 并对他人的言语和行为保密, 并签署保密协议。

(3) 活动区的团体活动桌椅根据活动需要挪用摆放, 活动结束后须恢复原状。

(4) 自觉保持团体辅导室公共卫生, 不吃零食、不吸烟、不随地吐痰。

(5) 合理使用物资收纳区的物品, 活动结束后须将器具归放原处。

(三) 团体辅导室管理制度

(1) 团体辅导室实行预约制, 由团体辅导老师在咨询助理处预约。

(2) 团体辅导时间由心理辅导老师确定, 团体成员须按时参加。

(3) 团体成员应积极配合辅导教师工作, 维持辅导室内正常秩序, 做到言行文明得体。

(4) 团体成员使用后物品须归放原处, 桌椅恢复原状, 如有损坏, 照价赔偿。

(5) 值班人员定期检查室内各项设备, 保持正常使用。

(6) 团体辅导老师和咨询助理须做好安全工作, 活动结束后必须关好门窗, 切断电灯、多媒体等电器电源。

(7) 团体辅导老师做好活动记录, 值班人员填写好功能室使用记录表。

(8) 工作时间团体辅导室对儿童福利机构全体儿童及教职工开放使用。

五、情绪疏导室

(一)情绪疏导室的功能

(1)情绪疏导室是为儿童来访者提供的一个安全合适的、排解及舒缓内心情绪,并由心理咨询师引导、促进个体恢复心理健康的专门场所。

(2)情绪疏导室分为疏导区、放松区和涂鸦区三个区域。

(3)疏导区配备疏导仪,智能呐喊疏导仪是以"人机互动"方式、以"呐喊"为主题的新型智能疏导设备,该设备以疏导者自评方式准确监测疏导前后压力变化。

(4)放松区体感音波反馈放松训练仪、便携式音乐互动训练系统使人在聆听音乐的同时感受音乐波的震动,丰富使用者对音乐的身心感受,改善负性情绪对自身的影响,达到身心减压的目的。

图8-7 情绪疏导室
(图片来自株洲市儿童社会福利院)

(5)涂鸦区有涂鸦墙、彩笔等绘画工具,儿童来访者可自主选择工具进行舒缓式涂鸦或绘画(图8-7)。

(二)情绪疏导室的使用

(1)儿童来访者须按开放时间或预约时间使用本室,泡沫地面需脱鞋,在指定位置存放鞋和衣物。

(2)凡在室内活动者,须遵守管理制度,爱护室内物品,保持室内环境清洁,不随地吐痰,不在室内吸烟,不乱丢垃圾。

(3)严格遵守活动规则,使用过程如有疑问请向心理咨询师或管理人员进行咨询。

(4)疏导时间的长短,应按心理咨询师帮助设定的时间进行;疏导活动过程中,需在心理咨询师建议或要求下调适情绪。

(5)合理使用室内设施,及时将疏导器具归放原处,如有损坏,照价赔偿。

(三)情绪疏导室的管理

(1)心理咨询师要态度热情,工作细致、认真、负责。

(2)心理咨询师要按时到岗对儿童来访者进行心理疏导,并认真、及时进行疏导记录。

(3)心理咨询师对儿童来访者疏导内容和有关隐私严格履行保密原则,并有责任向儿童来访者说明保密原则及应用这一原则的限度。

(4)心理咨询师只有儿童来访者同意的情况下,才能对疏导过程进行录音、录像及教学、研究引用,在引用时应隐去可能据以辨认出儿童来访者的有关信息。

(5)未经儿童来访者及中心授权同意,儿童来访者相关信息及资料不得外泄。否则追究相应法律责任。

(6)值班人员应保持室内环境整洁、舒适,定期更新环境陈设,营造温馨的情绪疏导空间。

(7)值班人员填写好功能室使用记录表格。

（8）值班人员做好有关材料的存档工作，及时整理、装订成册。

（9）爱护室内各项设备，定期进行检查，保持正常使用。

（10）非咨询人员不得随意进入疏导室。

（11）未经允许，心理咨询师进行疏导咨询时不得同时接待其他来访人员。

（12）遇有儿童来访者在情绪疏导过程中，因严重心理问题导致已出现或可能出现重大突发事件或危机事件，应立即向主管领导反映并及时参与处理。

（13）疏导过程因儿童来访者情绪反应较为激烈，可在心理咨询师安排下适当延长或缩短使用时间。

（14）心理咨询师在咨询中遇到不能解决的问题时，应向中心负责人提出转介或技术支持。

（15）室内专业设备不可随意外借，由中心统一管理使用。

（16）咨询人员要爱护室内公共财物，离开时要关好电脑、空调等电器设备，锁好门窗，因失职造成财物丢失或损坏照价赔偿。

（17）工作时间情绪疏导室对儿童福利机构全体儿童及教职工开放使用。

六、游戏治疗室

（一）游戏治疗室的功能

（1）游戏治疗室是游戏治疗师以游戏为媒介，利用游戏活动为儿童来访者提供心理援助的专门场所。

（2）游戏治疗室分为沙盘区、地板游戏区、绘画区以及咨询师工作区四个区域。

（3）沙盘游戏可用于儿童、成人；可以个体单独进行，也可以由家庭或3人左右的团体一起进行。不仅可用于心理问题的调节，对于儿童来访者自我探索和情绪释放也有较好效果。

（4）地板游戏区干净舒适的地板环境和种类多样的玩具，给儿童来访者提供一个安全稳定的游戏空间。

（5）绘画区的绘画工具供儿童来访者自主选择并进行自由、放松的绘画活动练习，绘画同时可作为儿童来访者心理问题评估及调节的工具。

（6）咨询师工作区便于游戏治疗师对儿童来访者进行观察及行为记录，并为不能单独进行游戏治疗的儿童来访者的家属提供陪伴及观察儿童来访者、与游戏治疗师沟通交流的空间（图8-8、图8-9）。

图8-8　游戏治疗室
（图片来自株洲市儿童社会福利院）

图 8-9　游戏治疗室
(图片来自衡阳市社会福利院)

(二)游戏治疗室的使用

(1)儿童来访者遵照预约登记制度,在游戏治疗师的指导下使用本治疗室。

(2)儿童来访者进入室内及在使用过程中,均可自行选择游戏内容及游戏区域。

(3)儿童来访者在地板游戏区须脱鞋进行游戏。

(4)儿童来访者原则上须遵守操作规程,爱护各类设施、材料。严禁将室内物品带出室外。

(5)咨询助理须在使用结束后认真清理各种用品,将沙具归放原处、沙盘恢复原状,恢复室内各区域物品摆放,并做好清洁工作。

(6)游戏治疗师须做好游戏治疗记录,必要时对儿童来访者的沙盘、绘画等作品进行拍照保存。

(三)游戏治疗室的管理

(1)游戏治疗师要态度热情,工作细致、认真、负责。

(2)游戏治疗师要按时到岗对儿童来访者进行游戏治疗,并认真、及时进行治疗记录。

(3)游戏治疗师对儿童来访者游戏治疗内容和有关隐私严格履行保密原则,并有责任向儿童来访者说明保密原则及应用这一原则的限度。

(4)游戏治疗师只有儿童来访者同意的情况下,才能对游戏治疗过程进行录音、录像及教学、研究引用,在引用时应隐去可能据以辨认出儿童来访者的有关信息。

(5)未经儿童来访者及中心授权同意,儿童来访者相关信息及资料不得外泄。否则追究相应法律责任。

(6)保持游戏治疗室内环境整洁、舒适,定期更新环境陈设,营造温馨的游戏治疗空间。

(7)值班人员填写好功能室使用记录表格。

(8)值班人员做好有关材料的存档工作,及时整理、装订成册。

(9)爱护室内各项设备,定期进行检查,保持正常使用。

(10)非咨询人员不得随意进入游戏治疗室。

(11)未经允许,游戏治疗师正在游戏治疗室进行游戏治疗时不得同时接待其他来访人员。

（12）遇有儿童来访者在游戏治疗过程中，因严重心理问题导致已出现或可能出现重大突发事件或危机事件，应立即向主管领导反映并及时参与处理。

（13）游戏治疗期间因儿童来访者因情绪反应较为激烈时，可在游戏治疗师安排下适当延长或缩短使用时间。

（14）游戏治疗师在治疗过程中遇到不能解决的问题时，应向中心负责人提出转介或技术支持。

（15）室内专业设备不可随意外借，由中心统一管理使用。

（16）工作时间游戏治疗室对儿童福利机构全体儿童及教职工开放使用。

七、绘画治疗室

(一)绘画治疗室的功能

（1）绘画治疗室是咨询师以绘画工具为媒介，利用绘画活动为儿童来访者提供心理援助的专门场所。

（2）儿童来访者可以通过绘画工具，将潜意识内压抑的感情与冲突呈现出来，同时在绘画的过程中获得负能量的释放和宣泄，及获得满足感和成就感，从而达到诊断与治疗的良好效果。

（4）绘画治疗可用于儿童、成人；可以个体单独进行，也可以团体一起进行。

（5）绘画治疗室分为绘画区以及咨询师工作区两个区域。

（6）绘画区应有干净舒适的地板环境，并配有绘画墙、绘画桌、可以移动的绘画支架、各种不同材质的绘画材料等。绘画工具供儿童来访者自主选择并进行自由、放松绘画活动，绘画同时可作为儿童来访者心理问题评估及调节的工具。

（7）咨询师工作区便于咨询师对儿童来访者进行观察及行为记录，并为不能单独进行绘画治疗的儿童来访者的家属提供陪伴及观察儿童来访者、与咨询师沟通交流的空间(图8-10)。

图8-10　绘画治疗室
(图片来自株洲市儿童社会福利院)

（二）绘画治疗室的使用

（1）儿童来访者遵照预约登记制度，在咨询师的指导下使用本治疗室。

（2）儿童来访者进入室内及在使用过程中，均可自行选择绘画工具及绘画材料。

（3）儿童来访者原则上须遵守操作规程，爱护各类设施、材料。严禁将室内物品带出室外。

（4）咨询助理须在使用结束后认真清理各种用品，将绘画材料等工具归放原处，恢复室内各区域物品摆放，并做好清洁工作。

（5）咨询师须做好治疗记录，对儿童来访者的绘画等作品进行拍照保存。

（三）绘画治疗室的管理

（1）咨询师要态度热情，工作细致、认真、负责。

（2）咨询师要按时到岗对儿童来访者进行游戏治疗，并认真、及时进行治疗记录。

（3）咨询师对儿童来访者绘画治疗内容和有关隐私严格履行保密原则，并有责任向儿童来访者说明保密原则及应用这一原则的限度。

（4）咨询师只有在儿童来访者同意的情况下，才能对绘画治疗过程进行录音、录像及教学、研究引用，在引用时应隐去可能据以辨认出儿童来访者的有关信息。

（5）未经儿童来访者及中心授权同意，儿童来访者相关信息及资料不得外泄。否则追究相应法律责任。

（6）保持绘画治疗室内环境整洁、舒适，定期更新环境陈设，营造温馨的绘画治疗空间。

（7）值班人员填写好功能室使用记录表格。

（8）值班人员做好有关材料的存档工作，及时整理、装订成册。

（9）爱护室内各项设备，定期进行检查，保持正常使用。

（10）非咨询人员不得随意进入绘画治疗室。

（11）未经允许，咨询师正在游戏治疗室进行绘画治疗时不得同时接待其他来访人员。

（12）遇有儿童来访者在绘画治疗过程中，因严重心理问题导致已出现或可能出现重大突发事件或危机事件，应立即向主管领导反映并及时参与处理。

（13）绘画治疗期间因儿童来访者情绪反应较为激烈，可在咨询师安排下适当延长或缩短使用时间。

（14）咨询师在治疗过程中遇到不能解决的问题时，应向中心负责人提出转介或技术支持。

（15）室内专业设备不可随意外借，由中心统一管理使用。

（16）工作时间绘画治疗室对儿童福利机构全体儿童及教职工开放使用。

第三节　运行制度

一、心理咨询预约制度

（一）咨询流程

咨询流程为：咨询预约—填写登记表—面谈咨询—咨询结束—预约下次咨询—咨询终结—电话随访。

(二)预约方式

(1)电话预约:拨打热线电话预约(可附咨询室电话号码)。

(2)当面预约:本人前来心理咨询室预约,咨询室正常值班时间均可。

(三)预约时间

(1)电话预约:咨询室正常值班时间。

(2)当面预约:咨询室正常值班时间。

(四)预约内容

(1)个人情况简介。包括姓名(可使用化名)、联系电话等,方便心理咨询室在需要更改咨询时间时能及时通知预约者。

(2)咨询的具体问题。包括问题的类型、主要表现、个人感受与体验、持续时间、发生次数和频率、严重程度、对工作、学习、生活、社交的影响程度,以前采取过哪些解决办法,效果如何。如在以前接受过心理咨询或服用过药物,请说明,主要是方便工作人员将相关信息告之咨询老师方便日后咨询。

(3)此次的求助目的,对心理咨询的期望和要求。如果对心理咨询服务有任何疑问,请一并提出,我们将详细解答。

(4)选择的咨询方式、咨询老师的特殊要求以及方便接受咨询的具体时间。

(5)其他要说明的情况。

(五)注意事项

(1)预约的主要对象应为儿童福利机构儿童及工作人员。对于非应激性心理问题,儿童来访者需要提前至少1~2天进行预约;应激性心理问题,可根据情况做特殊处理,可立即进行咨询。

(2)咨询时间确定后,应准时赴约;若因特殊原因不能准时赴约,或改变、取消预约,必须提前与心理咨询室进行联系。

(3)儿童来访者在接待室等候咨询时不得喧哗,不得随意翻阅咨询室的相关咨询登记材料,不得随意闯入咨询室,不得刻意打听其他咨询同学的相关情况。

(4)一般一次咨询时间为50分钟,特殊情况可适当延长。儿童来访者如果在未取消预约时间的情况下:①迟到15分钟以内,咨询老师将不相应延长咨询时间;②迟到超过15分钟以后,咨询老师可以接待另一位儿童来访者。

(5)在一次咨询结束时,可预约下一次咨询时间,具体情况与咨询老师协商确定,儿童来访者不得提出超出咨询老师职能范围的要求。

(6)对预约者的各种信息咨询中心需严格保密。

二、心理咨询室档案归建及保管制度

(一)心理档案的建立

1.心理评估建档

(1)来访者提供已有的心理评估档案(具体见附件)。

(2)评估者根据心理测量的结果和其他多方面的资料(如医学检查、日常的观察记录、个人的生长发育史、家族病史、个人受教育的经历等)对被评估者的心理特征、发展水平及存在问题作出判断并建立档案。

2.预约记录建档

(1)预约者的真实个人情况简介。如姓名、年龄、联系电话等。

(2)预约者想咨询的具体问题。如问题的类型、主要表现、个人感受与体验、持续时间、发生次数和频率、严重程度、对学习、工作、生活、社交的影响程度等。

(3)预约者对心理咨询的咨询方式、咨询师的特殊要求以及方便接受咨询的具体时间。

(4)其他预约者所说明的情况记录等。

3.咨询记录建档

(1)咨询师的咨询记录。如儿童来访者的主要问题、主述情况、咨询师的分析与建议、随访情况、咨询登记等。

(2)儿童来访者的各种测验结果。

(3)儿童来访者的各种画图及沙盘游戏照片等。

(4)儿童来访者其他相关材料。如儿童父母、周围老师、同学对儿童来访者的评价、儿童来访者的自我评价、相关医院的病历资料等。

4.回访跟踪建档

(1)跟踪、回访的方式。如电话、短信、邮件等。

(2)跟踪、回访的人员、时间、地点等。

(3)跟踪、回访的主要情况及效果。

(二)心理档案的使用

(1)咨询室所有档案的使用对象,仅局限于儿童福利机构心理咨询师、相关工作人员、参与帮扶工作的相关领导等。

(2)档案使用人员应严格遵守保密制度的相关要求。

(3)继续咨询、危机干预、教学科研、案例讨论、写作等,在确保不会对儿童来访者造成不利影响,并获得心理咨询师同意后方可使用、查阅档案。

(三)心理档案的保管

(1)为规范心理档案管理工作,提高档案管理水平,使之规范化、制度化。同时为了更有效维护档案的完整,使心理咨询档案的建立、整理与管理工作有所依据,心理咨询室安排专人管理心理档案,负责档案资料的完整和查询。

(2)本制度适用于儿童福利机构全体儿童及教职工。

(3)心理档案的查询须在保密性原则的指导下,对不同对象有所限制地开放查询内容,并建立相关的档案使用、查阅登记记录。

A.纸质档案的归档

①第一次儿童来访者的档案,咨询师不仅需要打印个别咨询记录,还需打印该儿童来访者基本信息情况表。

②完整的心理档案应包括儿童来访者的基本信息情况表、心理评估结果、个别咨询记录等。

③心理档案要分类(正常/异常)保存。对普查中出现的心理状况异常对象,经指导和咨询恢复正常后,及时将其档案归入正常档案中。

④咨询师在完成咨询工作后,请及时进行档案归档工作,并在咨询记录表上做好相应的归档登记。

⑤由于涉及儿童来访者信息及保密原则，以上所有的工作需咨询师亲自完成，如若不能亲自完成，需说明原因并交代好咨询助理具体事项。

B.电子档案的归档

①教职工和儿童入院初，进行心理健康普查后，要及时建立健全心理健康档案。

②咨询师在完成咨询工作后需在心理信息系统里进行电子档案归档工作并保存电子稿至个人档案文件夹。

③所有档案文件夹里的电子咨询记录命名为：姓名+年份+来访时间（如：王某某2014.11.19—2015.11.19）。

④儿童来访者所做的测评量表结果都统一保存至该儿童来访者的档案文件夹里。

⑤咨询师需在电脑上存储的文件、咨询记录严禁直接保存到桌面，所有教师资料均放置咨询师资料中相应的咨询师文件夹里。

⑥日常的咨询记录，咨询师要及时进行归档工作。

（四）心理档案的保密

（1）心理档案统一保管在指定的档案柜中，由专职人员负责保管。值班人员如需调阅，需登记并写明原因，用后及时归还，不得私自带出档案室。

（2）档案只能作为辅导人员开展辅导服务的依据，要实行专人管理，不得对外公开，确保其保密性。

（3）特殊情况若确需对外提供或带出时，必须经负责人和儿童来访者本人同意，并隐去全部可辨认的儿童来访者信息。如有损坏或丢失，借出人要承担全部责任。

第四节　儿童心理健康服务的伦理

一、儿童心理咨询保密制度及保密例外

（一）儿童心理咨询保密制度

（1）心理咨询师要严格管理咨询资料与儿童来访者个案记录，确保不遗失。

（2）心理咨询师在咨询工作中收集的个人资料，包括个案记录、测验资料、信件、录音、录像和其他资料，应在严格保密的情况下进行保存。

（3）儿童来访者的资料决不可当作社会闲谈话题，不可将个案记录档案带出咨询室，个案记录不得随便让他人查阅。

（4）在因专业需要进行案例讨论或进行教学、科研、写作等工作时，引用案例时均需隐去那些可能会据此辨认出儿童来访者有关信息的资料（得到儿童来访者及其监护人书面许可的情况可不受此限制）。

（5）只有在儿童来访者及其监护人同意的情况下才能对咨询过程进行录音、录像。

（6）咨询工作中若发现儿童来访者有危害自身或危及他人安全的情况时，必须采取必要措施以防止意外事件的发生，必要时应通知相关人员并上报有关部门。

（7）心理咨询师在咨询工作开始时，应向儿童来访者说明心理咨询工作的保密原则。这一原则同样适用于团体心理辅导。

(二)儿童心理咨询的保密例外

在儿童心理咨询中，一方面，咨询师有义务保护儿童的个人隐私和自主权，因为良好的治疗关系建立在保密的基础之上，它使儿童来访者不必担心向心理咨询师暴露的内容被第三方知道，或者因此而受到伤害，这也是建立信任关系的必要前提；另一方面，咨询师需要尊重法律赋予监护人的监护权以及知情权，监护人如果要求了解儿童在咨询中透露的内容，咨询师是有义务进行某些程度上的披露的。并且有时候让来访者监护人参与咨询工作的过程，也是心理咨询师更全面有效地利用心理援助资源，使治疗工作更具成效的原因。这意味着，面对儿童来访者，心理咨询师往往需要突破保密原则。

心理咨询师如何在维护儿童的权利和尊重监护人的权利之间寻求平衡？心理咨询师面对打破保密议题可行的应对策略为：首先评估危险程度：若情况危险立刻通报；若暂时没有危险则先与儿童会谈，了解当事人意愿、评估家庭功能与资源；向相关人员了解通报后的处理流程，并且评估通报对儿童的利弊影响；与值得信任者(主管、同行、专业人员)讨论处理方式；针对未成年来访者的后续情况，再行决定是否需要打破保密原则而不再为未成年来访者保密。除非法庭已下令不准父母介入，咨询师应合理实现监护人想要知道孩子咨询内容的期望。假如父母已离婚或分居，咨询师以真诚的态度尽力通知两位家长，专注讨论儿童的问题并避免使父母其中一方的权利大于另一方。

保密不是无限度的，以下情况则需打破保密界限：①来访者有伤害自身或伤害他人的严重危险；②有致命的传染性疾病并可能危及他人；③未成年来访者受到性侵犯或虐待；④法律规定需披露的情况等。

即使遇到上述需要打破保密原则的情形，心理工作者仍然需先作审慎的评估，确定其危险性和打破保密原则的必要性；遇到必须打破保密原则的严重情况，咨询师需要考虑打破保密原则的具体措施，披露信息的内容以及涉及人员的范围。理想的情形是邀请当事人一同参与决策过程，这有利于维持咨询关系(Corey & Callanan，1998)，并且，应在达到期望目标的前提下，只做最小限度的信息披露(只披露必要的信息)，将对来访者可能造成的伤害降到最小限度。

二、多重关系

根据社会角色理论，一个人担负什么角色，社会就会对其产生什么样的要求和期望。如果心理咨询师将具有多重身份的其他关系带到心理咨询中，必然存在角色冲突或角色混淆。在近20多年来，很多文献和临床经验表明，多重关系会影响心理治疗师的临床判断，伤害来访者利益及不利于治疗效果的取得(Borys，Pope，1989)。多重关系也会明显改变心理咨询和心理治疗的真正意义。

判断多重关系是否违反伦理的标准有三个：①剥削个案的风险程度；②心理师失去客观性的程度；③对专业关系伤害的程度。关于卷入多重关系对削弱治疗效果的程度，以及是否存在对咨询关系中的个体造成剥削或伤害。2002年美国心理学会(APA)伦理守则有这样描述：不会引起治疗效果削弱以及没有剥削和伤害的多重关系是道德的。也就是说，凡是会影响，会削弱咨询师和来访者之间职业关系的多重关系都是不道德的(Sonne，1994)。儿童心理咨询师要清楚地了解在儿童工作中，多重关系(例如与儿童来访者发展家庭的、学校社会的个人关系)对专业判断可能的不利影响及损害儿童来访者福祉的潜在危险，尽可能避免发生多重关系。在多重关系不可避免时，应采取专业措施预防可能带来的影响，例如签署正式的知情同意书、告知多重关系可能的风险，寻求专业督导、做好相关记录，以确保多重关系不会影响自己的专业判断，并且不会对儿童来访者造成危害。如果儿童心理咨询师对儿童来访者和其监护人无法保持客观、中立，而有可能给未成年人造成伤害，咨询师则应当避免与其建立专业关系，或转介绍给其他专业人员。

根据《守则》对多重关系的限定，心理工作者应清楚地了解多重关系对专业判断力的不利影响及其伤害寻求专业服务者的潜在危险性。明确咨询关系的界限(boundary)，自觉维护咨询关系的纯洁性，避免与寻求专业服务者发生双重关系。

三、监护人的知情权

(一)儿童福利机构、工作人员的知情权

儿童心理咨询有时会牵涉到福利机构和老师等第三方人士。按照伦理守则的总则，治疗师应以来访者的最大利益为前提。但在福利机构内由辅导老师进行的心理治疗、辅导在执行伦理规范时并没有像心理咨询师那么严格，而且对于心理辅导员专业性的重视也不如心理治疗师那样高。福利机构或其他老师只有在基于"教育上必须知道"(education need to know)的情况下，才可获得某个儿童来访者的治疗信息。

(二)处理第三方知情权的方法

在面对监护人、福利机构要求对儿童来访者的心理咨询行使知情权时，心理工作者应如何取舍？从当事人利益优先原则出发，心理工作者需要问自己"我的行为是否能使当事人的利益最大化?"(Corey & Callanan, 1998)。从而将儿童来访者的利益放在优先地位。如果伦理与法律发生冲突，心理工作者需要考虑在既不违反法律又尽量符合伦理标准的前提下，如何做才能对当事人最有利。比较好的做法是在咨询进行前与儿童来访者进行充分的事先讨论，使来访者知道什么情况是必须打破保密原则的，说明当来访者的资料需对第三方开放时，需要披露的内容及性质、披露程度、需要对谁披露，以及披露的目的和原因等等。若儿童来访者能够事先就清楚地了解到治疗中哪些信息是其监护人或学校方面可能获悉的，儿童来访者就可以自己选择透露的内容及程度。在咨询开始前向当事人告知他们的权利和选择，这也是建立有效咨询关系的基础。这样体现了对儿童来访者的自我决定权和隐私权的尊重，同时可减少儿童青少年心理咨询中的两难问题和冲突，也能够降低心理工作者作出不合伦理判断的概率。

由于儿童心理咨询师在工作中时常会面临各种各样的伦理困境，除了要时刻记住一些重要的伦理准则、提高自己的伦理意识之外，还应当善于利用各种顾问资源。既要坚持保密原则，保护来访者的利益，也要注意保护自己，遇到自己拿不定主意的事情，应向专业同行请教。除了求助于同行或督导外，也可以向中国心理学会临床与咨询心理学伦理工作组以及全国学校心理辅导专业委员会等专业组织寻求建议。

在咨询过程中始终要非常敏感地去发现咨询伦理的四大准则(善行、责任、诚信、公正、尊重)衍生出来的一系列伦理问题；觉察自身的成长经历、态度和专业技能对来访者的影响，包括信仰等；在自身专业能力胜任范围内开展力所能及的工作；在整个咨询工作过程中能够对突破伦理准则的行为或危险状况，即伦理冲突进行预判；收集相关信息，寻求适当的帮助以及运用其他专业技能，来解读并合理解决伦理冲突。

第五节　儿童福利机构心理辅导硬件设施建设三级标准制度

2018 年《全国社会心理服务体系建设试点工作方案》提出，鼓励规模较大、职工较多的党政机关和厂矿、企事业单位、新经济组织等依托本单位党团、工会、人力资源部门、卫生室，设立心理辅导室，建立心理健康服务团队。

目前，心理硬件设施建设大多根据行业指导性文件，儿童福利机构会按照文件要求规划、建设符合自身需求的心理辅导室，促进儿童福利机构儿童和员工的心理健康。

因各儿童福利机构的实际情况，心理辅导硬件设施分三级标准执行：一级配置(基础)、二级配置(标准)、三级配置(高级)。有条件的儿童福利机构可根据自身工作人员的心理技术特点合理配置设施，如株洲市儿童社会福利院投资 40 余万元新建完成了儿童游戏治疗室、心理咨询室、情绪疏导室以及艺术团体辅导室(图 8-11)。

图 8-11　心理辅导硬件设施三级配置
(图片来自株洲市儿童社会福利院)

儿童福利机构心理辅导硬件设施建设三级标准制度有关的具体内容，已在本书第二章第三节中详细说明。

第 九 章

儿童福利机构心理健康服务师资队伍的培养

第一节　心理咨询师资质要求及培训

一、心理咨询师的资质要求

(1)具有心理学、教育学、医学专业本科以上学位，并完成国家二级心理咨询师规定标准学时数并取得合格证书者。

(2)具有心理学、教育学、医学专业本科以上学位，并经国家正规行业机构系统培训，并取得同级别合格证书。

(3)取得心理咨询师三级职业资格证书，连续从事心理咨询工作满3年，经心理咨询师二级正规培训达规定标准学时数，并取得结业证书者。

(4)具有心理学、教育学、医学中级及以上专业技术职业任职资格，经心理咨询师二级正规培训达规定标准学时数，并取得结业证书，连续从事心理咨询工作满3年。

以上条件具备一种即可。

二、心理咨询师的工作职责

(1)坚持党的教育方针，努力做好儿童福利机构心理健康教育与服务工作，以促进儿童福利机构内工作人员完善人格、引导其健康生活为服务宗旨。

(2)献身教育事业，热爱心理健康教育与服务工作，努力钻研业务，不断提高自身业务素质。

(3)热情接待儿童来访者，无条件接纳和尊重儿童来访者，并保持良好的精神状态和充沛的精力。

(4)认真负责，准时上岗，做好值班、咨询记录和交接班工作，定期进行案例讨论和工作总结。

(5)严格执行保密制度，儿童来访者的心理档案等资料只在咨询室存档，不得外传。

(6)与儿童来访者保持客观的工作关系，不得超越工作关系，否则应立即停止咨询或转由其他咨询师继续咨询工作。

(7)对儿童来访者提出超越咨询师职责范围的要求不予作答或满足。

(8)严禁接受和索取额外报酬和礼物。

(9)不得在咨询室办理与咨询无关事宜，不得将咨询室的设备、资料挪作私用。

(10)咨询工作只在心理咨询室而不是在其他场所进行，咨询师自身有情感冲突和情绪问题时，必须暂时停止上岗。

(11)对问题严重的儿童来访者提出危机干预建议，并及时将儿童来访者信息上报至相关部门及负责人。

(12)遵循即时报告制度，遇有突发情况，必须立即向院领导报告。

三、心理咨询师的培训

(一)培训内容

(1)心理咨询理论与技能培训，包括正常与异常心理的区分、游戏治疗、绘画治疗、团体心理辅导等技能培训等。

(2)儿童心理健康教育基本原理培训。帮助咨询师了解儿童心理健康教育的目标、任务、原则、途径等。

(3)儿童心理健康教育技能培训。如班会的设计及召开，团体心理辅导的设计与实施方法等。

(4)儿童心理健康教育工作研究能力的培训。即如何根据儿童的心理发展状况进行科学研究，并获得科学的工作方法。

(5)自我成长的培训，即对自身心理品质、自我修复的觉察能力的完善、提升。

(二)培训途径

(1)专业深造。通过自学或继续深造以及考证等来提高其专业理论知识和专业技能。

(2)专业培训。定期选送心理咨询师外出参加专业技能培训；或定期从校外邀请相关专业领域专家来院培训或进行案例督导。

(3)工作实践。每周定期进行心理咨询或心理辅导实践，撰写实践记录，积极反思，并寻求专业督导，在实践中不断提高自身的专业能力和专业水平。

(4)专业督导及朋辈督导。定期接受资深心理咨询师或督导师的专业督导(建议频率不低于一周一次)；组织心理咨询师之间互相学习与督导，开展朋辈专业交流及案例督导，相互取长补短，共同成长。

第二节　游戏治疗师资质要求及培训

一、游戏治疗师资质要求

(1)具有心理学、教育学、医学专业本科以上学位，并完成国家二级心理咨询师规定标准学时数并取得合格证书者。

(2)具有心理学、教育学、医学专业本科以上学位，并经国家正规行业机构系统培训，并取得同级别合格证书。

(3)取得心理咨询师三级职业资格证书，连续从事心理咨询工作满3年，经心理咨询师二级正规培训达规定标准学时数，并取得结业证书者。

(4)具有心理学、教育学、医学中级及以上专业技术职业任职资格，经心理咨询师二级正规培训达规定标准学时数，并取得结业证书，连续从事心理咨询工作满3年。

(5)接受过不少于90学时的正规游戏疗法培训达规定学时数，至少掌握个体游戏治疗、团体游戏治疗或亲子游戏治疗其中1门技能,并取得结业证书。

(6)连续从事游戏治疗工作满1年以上。

注:第1~4条须具备至少一项,且同时须具备第5~6条。

二、游戏治疗师的工作职责

(1)坚持党的教育方针,努力做好儿童福利机构心理健康教育与服务工作,以促进儿童福利机构内工作人员完善人格、引导其健康生活为服务宗旨。

(2)献身教育事业,热爱游戏治疗工作,努力钻研业务,不断提高自身业务素质。

(3)热情接待儿童来访者,无条件接纳和尊重儿童来访者,并保持良好的精神状态和充沛的精力。

(4)认真负责,准时上岗,做好值班、游戏治疗记录和交接班工作,定期进行案例讨论和工作总结。

(5)严格执行保密制度,儿童来访者的心理档案等资料只在咨询中心存档,不得外传。

(6)与儿童来访者保持客观的工作关系,不得超越工作关系,否则应立即停止治疗或转由其他治疗师继续咨询工作。

(7)对儿童来访者提出超越游戏治疗师职责范围的要求不予作答或满足。

(8)严禁接受和索取额外报酬和礼物。

(9)不得在治疗室办理与游戏治疗无关事宜,不得将治疗室的设备、资料挪作私用。

(10)游戏治疗工作只在游戏治疗室而不是在其他场所进行,治疗师自身有情感冲突和情绪问题时,必须暂时停止上岗。

(11)对问题严重的儿童来访者提出危机干预建议,并及时将儿童来访者信息上报至相关部门及负责人。

(12)遵循即时报告制度,遇有突发情况,必须立即向院领导报告。

三、游戏治疗师的特别须知

(1)不要"迫使"儿童来访者去做游戏。游戏治疗师可以用自己的方式介绍游戏室内的物品,但不要让儿童来访者感到非要去做游戏的压力,让儿童来访者自己做自由的决定。

(2)有些儿童来访者在某些时候可能不适合做游戏治疗,比如具有意识发展障碍或意识承受力较弱、以及不能控制自己的情绪等。

(3)游戏治疗被称之为"非言语治疗",尽管并非是指不说话的治疗,但在儿童来访者进行游戏的过程中,治疗师需要尽量保持默默观望与守护的状态,避免干扰儿童来访者内在的工作与表现。教育干预性的游戏治疗除外。

(4)无须对儿童来访者过多地介绍游戏治疗原理及物件的象征意义。

(5)在儿童游戏过程中,治疗师尽可能不要主动与儿童来访者交流。

(6)治疗师应尽可能地记录儿童来访者的作品和修改、与治疗师的交流。

(7)治疗师要以尊重、欣赏的态度对待儿童来访者的世界,无条件地积极关注和接纳儿童来访者的游戏创作以及此时的情绪情感。

(8)记录或拍摄要提前征得儿童来访者的同意。

四、游戏治疗师的培训

(一)培训内容

在完成心理咨询师的培训后,应完成以下内容的培训:

(1)游戏治疗的理论与发展。

(2)游戏治疗的不同流派与基本技术。

(3)游戏治疗室的设置。

(4)玩具的象征意义解读。

(5)游戏治疗的具体实施技术。

(6)游戏的象征意义解读等。

(二)培训途径

(1)专业培训。通过系统的游戏治疗专业培训以及考证等来掌握游戏治疗的理论知识和专业技能。

(2)工作实践。每周定期进行游戏治疗实践,撰写实践记录,积极反思,并寻求专业督导,在实践中不断提高自身的专业能力和专业水平。

(3)专业督导及朋辈督导。定期接受资深游戏治疗师或督导师的专业督导(建议频率不低于一周一次);组织游戏治疗师之间互相学习与督导,开展朋辈专业交流及案例督导,相互取长补短,共同成长。

第四节　绘画治疗师的要求及培训

一、绘画治疗师资质要求

(1)具有心理学、教育学、医学专业本科以上学位,并完成国家二级心理咨询师规定标准学时数并取得合格证书者。

(2)具有心理学、教育学、医学专业本科以上学位,并经国家正规行业机构系统培训,并取得同级别合格证书。

(3)取得心理咨询师三级职业资格证书,连续从事心理咨询工作满3年,经心理咨询师二级正规培训达规定标准学时数,并取得结业证书者。

(4)具有心理学、教育学、医学中级及以上专业技术职业任职资格,经心理咨询师二级正规培训达规定标准学时数,并取得结业证书,连续从事心理咨询工作满3年。

(5)完成正规的初级绘画疗法培训、中级绘画治疗师培训,并取得结业证书。

(6)连续从事绘画治疗工作满1年以上。

注:第1~4条须具备至少一项,且同时须具备第5~6条。

二、绘画治疗师的工作职责

(1)坚持党的教育方针,努力做好儿童福利机构心理健康教育与服务工作,以促进儿童福利机构内工作人员完善人格、引导其健康生活为服务宗旨。

(2)献身教育事业,热爱绘画治疗工作,努力钻研业务,不断提高自身业务素质。

（3）热情接待儿童来访者，无条件接纳和尊重儿童来访者，并保持良好的精神状态和充沛的精力。

（4）认真负责，准时上岗，做好值班、绘画治疗记录和交接班工作，定期进行案例讨论和工作总结。

（5）严格执行保密制度，儿童来访者的心理档案等资料只在咨询中心存档，不得外传。

（6）与儿童来访者保持客观的工作关系，不得超越工作关系，否则应立即停止治疗或转由其他治疗师继续咨询工作。

（7）对儿童来访者提出超越绘画治疗师职责范围的要求不予作答或满足。

（8）严禁接受和索取额外报酬和礼物。

（9）不得在治疗室办理与绘画治疗无关事宜，不得将治疗室的设备、资料挪作私用。

（10）绘画治疗工作只在游戏治疗室而不是在其他场所进行，治疗师自身有情感冲突和情绪问题时，必须暂时停止上岗。

（11）对问题严重的儿童来访者提出危机干预建议，并及时将儿童来访者信息上报至相关部门及负责人。

（12）遵循即时报告制度，遇有突发情况，必须立即向院领导报告。

三、绘画治疗师的特别须知

（1）不要"迫使"儿童来访者去做绘画治疗。绘画治疗师可以用自己的方式介绍绘画治疗，但不要让儿童来访者感到非要去做绘画治疗的压力，让儿童来访者自己做自由的决定。

（2）有些儿童来访者在某些时候可能不适合做绘画治疗，比如具有多动症状或不能控制自己的情绪等。

（3）绘画作品中会包含很多的信息和内容，特别是那些受过创伤、出现心理危机的人更是如此。对于这些图画中的内容和形象，治疗师应该像所有的心理咨询活动一样，要遵循基本的伦理和职业道德规范。

（4）有些儿童来访者如果需要带走其绘画作品，治疗师应该尊重其要求。征得来访者同意后，治疗师可以拍照存档。由治疗师保管的绘画作品与其他文字及音像资料一样，进行保密处理，避免他人翻阅、损坏或遗失，从而保护个人隐私。

（5）要特别重视那些遭受过虐待儿童的绘画作品，绘画会泄露儿童所受到的身体和性虐待。治疗师要尤其妥善保管这些绘画作品，不让儿童带回家或是其他场合，因为这些内容一旦泄露，就会危及儿童的安全。

（6）除上述保密原则外，当来访者在绘画时不愿意治疗师在其身边时，应尊重来访者的意愿。

（7）在解读和讨论绘画作品时，要以尊重儿童来访者的解释为根本，同时治疗师不能仅仅利用绘画测验得到的有限线索，对其人格特征做出推论；当治疗师从绘画中看到比较隐私的问题时，不可在儿童没有做好准备前就论及此处，特别是在团体活动中，尤其要注意保护当事人。

（8）治疗师应尽可能地记录儿童来访者的作品和修改、与治疗师的交流。

（9）治疗师要以尊重、欣赏的态度对待儿童来访者的世界，无条件地积极关注和接纳儿童来访者的绘画创作以及此时的情绪情感。

(10)记录或拍摄要提前征得儿童来访者的同意。

四、绘画治疗师的培训

(一)培训内容

在完成心理咨询师的培训后,还应完成以下内容的培训:

(1)绘画心理分析的最新理论、原则和指导。

(2)绘画心理分析技术,学会解析任何形式的画。

(3)通过绘画识别较为严重的心理问题的方法。

(4)基本绘画心理咨询技术。

(5)绘画治疗思路与方法。

(6)咨询具体治疗技术。

(7)复杂绘画分析技术和团体绘画心理辅导。

(二)培训途径

(1)专业培训。通过系统的绘画治疗专业培训以及考证等来掌握绘画治疗的理论知识和专业技能。

(2)工作实践。每周定期进行绘画治疗实践,撰写实践记录,积极反思,并寻求专业督导,在实践中不断提高自身的专业能力和专业水平。

(3)专业督导及朋辈督导。定期接受资深绘画治疗师或督导师的专业督导(建议频率不低于一周一次);组织绘画治疗师之间互相学习与督导,开展朋辈专业交流及案例督导,相互取长补短,共同成长。

第五节 心理健康教育教师资质的要求及培训

一、心理健康教育教师的资质要求

(1)心理学专业本科以上学历,具有从事心理健康教育、教学、辅导工作的能力。

(2)获得中小学教师资格证,并具备从事教学工作的经验和能力。

(3)有至少一年以上的心理健康教育、教学、辅导等工作经验。

(4)有其他相关执业资格证。

二、心理健康课程教师的工作职责

(1)心理教师不得因求助者性别、年龄、职业、民族、国籍、宗教信仰、价值观等任何方面的因素而歧视求助者。

(2)心理教师在咨询关系建立起来之前,必须让求助者了解心理咨询的工作性质、特点。

(3)心理教师与求助者之间不得产生和建立咨询以外的任何关系。

(4)当心理教师认为自己不适于对求助者进行工作时,就应对求助者做出明确的说明,并且应本着对求助者负责的态度将其介绍给另一位合适的心理教师或医师。

(5)能充分掌握和运用有关心理健康教育的方法和手段,以培养学生良好的心理素质、促进学生身心全面和谐发展与综合素质全面提高为主要教育任务的教师。

（6）能够胜任学校心理健康教育工作：要对学生进行心理状况调查评估或心理测试，并建立心理档案、开展数据分析；制定儿童福利机构心理健康教育、教学、辅导和干预的实施方案；每学期负责组织 1~2 次大型心理健康教育活动或专题讲座。

（7）心理教师应始终严格遵守保密原则。

三、心理健康课程教师的培训

（一）培训内容

（1）儿童正常与异常心理的区分。

（2）儿童心理辅导的理论和技能。

（3）班级（团体）心理辅导理论与技能。

（4）儿童心理健康教育基本原理培训。帮助咨询师了解儿童心理健康教育的目标、任务、原则、途径等。

（5）儿童心理健康教育技能培训。如班会的设计及召开，团体心理辅导的设计与实施方法等。

（6）儿童心理健康教育工作研究能力的培训。即如何根据儿童的心理发展状况进行科学研究，并获得科学的工作方法。

（7）自我成长的培训，即对自身心理品质、自我修复的觉察能力的完善、提升。

（二）培训途径

（1）专业深造。通过自学或继续深造以及考证等来提高其专业理论知识和专业技能。

（2）专业培训。定期选送心理咨询师外出参加专业技能培训；或定期邀请相关专业领域专家来院培训或进行案例督导。

（3）工作实践。定期进行心理健康教育、教学、辅导工作实践，撰写实践记录，积极反思，并寻求专业督导，在实践中不断提高自身的专业能力和专业水平。

（4）专业督导及朋辈督导。定期接受资深心理健康教育专家的专业督导（建议频率不低于每月一次）；组织心理健康教育教师之间互相学习与督导，开展朋辈专业交流及案例督导，相互取长补短，共同成长。

参考文献

一、专著及教材

[1]马什，沃尔夫. 异常儿童心理[J].3 版.徐浙宁，苏雪云，译.上海：上海人民出版社，2009.

[2]Ggldard K Geldard D. 儿童心理辅导[M].黄秀梅，译.北京：中国轻工业出版社。

[3]兰德雷斯.游戏治疗[M].雷秀雅，葛高飞，译.重庆：重庆大学出版社，2013.

[4]詹姆斯，吉利兰. 危机干预策略[M].肖水源，周亮，等译.北京：中国轻工业出版社，2000.

[5]奥尼尔 R E，霍纳 R H，阿尔宾 R W，等.危机行为的鉴定与评价手册[M].陈斐虹，译．台北：扬智文化事业股份有限公司，2001.

[6]费尔德曼. 儿童发展心理学(第 6 版)[M].苏捷彦，等译.北京：机械工业出版社，2017.

[7]许又新. 精神病理学[M].2 版.北京：北京大学医学出版社，2011.

[8]中华医学会精神科分会.CCMD-3 中国精神障碍分类与诊断标准[M].3 版.济南：山东科学技术出版社，2001.

[9]刘新民.变态心理学[M].北京：中国医药科技出版社，2005.

[10]邱鸿钟.临床心理学.广州：广东高等教育出版社，2002.

[11]方俊明，雷江华.特殊儿童心理学[M].2 版.北京：北京大学出版社，2011.

[12]傅宏.儿童心理咨询与治疗[M].2 版.南京：南京师范大学出版社，2015.

[13]江光荣.心理咨询的理论与实务[M].2 版.北京：高等教育出版社，2012.

[14]韦小满，蔡雅娟. 特殊儿童心理评估[M].2 版.北京：华夏出版社，2016.

[15]汪向东，王希林，马弘.心理卫生评定量表手册[M].北京：中国心理卫生杂志社，1999.

[16]黄建行，雷江华.特殊教育学校学生康复与训练[M].北京：北京大学出版社，2014.

[17]张英萍.儿童心理危机干预：理论、策略和应用[M].北京：中国社会科学出版社，2015.

[18]夏智伦.高校心理健康教育操作实务[M].北京：高等教育出版社，2013.

二、论文

[1]陈一心，周洋.中国弱势儿童心理健康研究[J].中国儿童保健杂志，2014，22(6)：561-562.

[2]高俊杰，陈晓科，李祚山，等.特殊儿童学校心理健康教育现状[J].中国学校卫生，2013，34(9)：1122-1123，1125.

[3]王玉凤，沈渔邨.学龄儿童行为问题综合研究之一——流行病学调查报告[J].中国心理卫生杂志，1989(3)：104-110，144.

[4]管冰清，罗学荣，邓云龙，等.湖南省中小学生精神障碍患病率调查[J].中国当代儿科杂志，2010，12(2)：123-127.

[5]刘美华，周小军，况小燕，等.江西省儿童行为问题流行病学调查研究[J].实用临床医学，2008，9(11)：108-110.

[6]桂红美.儿童心理情绪与行为障碍临床分析与防治[J].科技视界，2013(17)：176.

[7]赵爱勤.132 例病残孤儿术前心理护理[J].护理学杂志，2000(11)：687-688.

[8]关荇，王志强.儿童福利机构中孤儿的心理健康状况[J].中国健康心理学杂志，2011，19(3)：325-327.

[9]苏英.北京某福利院儿童心理健康状况及其与人格特点的关系[J].中国健康心理学杂志，2011，19(2)：

199-202.

[10]王凯，苏林雁，朱焱，等.儿童焦虑性情绪障碍筛查表的中国城市常模[J].中国临床心理学杂志,2002(4)：270-272

[11]苏林雁，王凯，朱焱，等，儿童抑郁量表全国协作组.儿童抑郁障碍自评量表的中国城市常模[J].中国心理卫生杂志,2003(8)：547-549.

[12]张劲松.0~6岁儿童的临床心理评估[J].临床儿科杂志,2014,32(1)：95-97.

[13]王欢.福利院新入院孤儿的适应问题及社会工作介入[D].兰州：兰州大学,2017.

[14]傅得佳.孤残儿童特殊心理的成因分析[J].中国民康医学,2011,23(17)：2185-2186.

[15]裴建雄.智障儿童正确表达情绪情感的个案研究[J].绥化学院学报,2014,34(1)：127-130.

[16]李玲.福利院集中养育的封闭性对孤残儿童心理发展的影响[J].科教文汇(下旬刊),2009(9)：102.

[17]裴建雄.智障儿童正确表达情绪情感的个案研究[J].绥化学院学报,2014,34(1)：127-130.

[18]房文杰，张日昇.小学生孤独感及其影响因素研究[J].成功(教育),2008(11)：183-184.

[19]吴剑，蒋威宜.孤独感及我国小学儿童孤独感研究综述[J].思想·理论·教育,2006(Z2)：105-110.

[20]李幼穗，孙红梅.儿童孤独感与同伴关系、社会行为及社交自我知觉的研究[J].心理科学,2007(1)：84-88,51.

[21]郑天耀.孤残儿童异常心理表现及形成原因[J].内江科技,2010,31(7)：207,158.

[22]张国涛.校园心理剧在智障儿童心理健康教育中的个案研究[J].校园心理,2015,13(3)：186-187.

[23]焦鹏涛，刘培兰，李小红，等.家庭治疗对学龄前儿童行为问题的矫正作用[J].包头医学院学报,2017,33(6)：10-12.

[24]贾冰，李萌萌.满足失依儿童心理需求问题的社工介入研究——以W市儿童福利院为例[J].才智,2018(4)：212-213.

[25]朱琳.特殊儿童自伤行为研究概述[J].残疾人研究,2013(4)：34-36.

[26]习红兵.试论福利院孤残儿童心理问题及其疏导[J].湖南冶金职业技术学院学报,2009,9(2)：69-71.

[27]侯永梅，胡佩诚，欧翠仪.福利院儿童与普通儿童行为问题的比较[J].中国妇幼保健,2017,32(10)：2176-2179.

[28]程灶火，龚耀先，解亚宁.学习困难儿童的神经心理研究[J].心理学报,1992(03)：297-304.

[29]宁曼，何海燕，余敏.儿童心理行为问题及影响因素概述[J].中国妇幼卫生杂志,2017,8(3)：4-6+11.

[30]钱霖亮."危险"的性意识：对福利院残疾儿童性教育的反思[J].浙江工商大学学报,2017(6)：106-116.

[31]陈静，滕瑶.儿童福利院心理辅导模式和对策研究[J].社会福利,2008(9)：50-51.

[32]章学云.表达性艺术治疗研究综述[J].上海教育科研,2018(2)：78-81.

[33]刘友群.沙盘游戏干预自闭症儿童情绪行为问题的个案研究.中小学心理健康教育[J].2019,393(10)：35-40.

[34]高宇翔.绘画测验在特殊儿童心理评估中应用的研究进展.绥化学院学报[J].2012,32(6)：19-22.

[35]史琼，樊嘉禄，叶建国，等.音乐治疗的历史及展望.中国康复理论与实践[J].2007,13(11)：1044-1046.

[36]汪柳，张皓月.特殊儿童即兴音乐治疗中美比较研究综述.中小学心理健康教育[J].2018,359(12)：34-37.

[37]王露洁，王维迦，吴育霖.团体即兴音乐治疗运用于残疾儿童表达能力改善的研究.音乐探索[J].2017(2)：140-149.

[38]赵真.我国学前特殊儿童音乐治疗研究综述[J].绥化学院学报,2016,36(4)：148-151.

[39]杨岩岩.国内音乐治疗干预自闭症儿童的实证研究现状[J].绥化学院学报,2018,38(10)：82-84.

[40]梁庆东，梁秋月.音乐治疗理念在特殊儿童音乐教育中的应用研究.江苏理工学院学报[J].2018,24

（8）：110-114.

[41]庞佳.舞动疗法运用于特殊儿童康复研究述评[J].中国特殊教育,2015(11)：19-25.

[42]陈华,张晶璟,诸顺红,等.舞动治疗在精神康复中的运用探索[J].健康教育与健康促进,2017,12
（5）：427-430.

[43]齐光辉.舞蹈治疗原理及其在危机干预中的应用[J].艺术评论,2008(7)：12-17,4.

[44]于肖楠,张建新.韧性(resilience)——在压力下复原和成长的心理机制[J].心理科学进展,2005(5)：
658-665.

[45]张姝玥,王芳,许燕,潘益中,毕帼英.受灾情况和复原力对地震灾区中小学生创伤后应激反应的影响
[J].心理科学进展,2009,17(3)：556-561.

[46]吴坎坎,张雨青,Peter Tianzhi Chen.灾后民众创伤后应激障碍(PTSD)与事件冲击量表(IES)的发展和
应用[J].心理科学进展,2009,17(3)：495-498.

[47]库少雄.儿童自杀研究[J].中南民族大学学报(人文社会科学版),2004(6)：106-111.

[48]陈衍,陈庆良.福利院儿童与普通儿童孤独感和人格特征的比较研究[J].贵州师范大学学报(社会科学
版),2002(1)：105-108,118.

[49]扶长青,张大均,刘衍玲.儿童心理危机的干预策略[J].心理科学进展,2009,17(3)：521-523.

[50]侯永梅,胡佩诚,欧翠仪.福利院儿童与普通儿童行为问题的比较[J].中国妇幼保健,2017,32(10)：
2176-2179.

[51]吴素梅.团体心理辅导对流浪儿童心理危机干预的实验研究[C]//中国心理学会.第二十届全国心理学
学术会议——心理学与国民心理健康摘要集.中国心理学会：中国心理学会,2017：1506-1507.

[52]周智贤.浅论福利机构孤残儿童心理救治问题[J].品牌,2015(5)：292.

[53]张小莉.孤残儿童农村家庭寄养模式现状、问题与对策研究——基于对洛阳市儿童福利院的调查分析
[J].江西青年职业学院学报,2014,24(4)：11-13.

[54]祝丹,祖雅蓉,韩奎艳.儿童少年自杀行为原因分析及预防[J].中国医药导报,2007(6)：100.

[55]孔艳婷,张劲松,帅澜,等.儿童心理危机干预培训课程对提高小学生心理危机知识的作用[J].教育生
物学杂志,2014,2(1)：25-29.

[56]潘雯.辽宁省儿童青少年精神障碍的流行病学调查分析[D].北京：中国医科大学,2008.

[57]蒋意.孤残儿童类家庭养育模式研究[D].长沙：湖南师范大学,2018.

[58]杨风梅.家庭寄养与集中供养孤残儿童的社会化[D].武汉：华中科技大学,2008.

[59]丁阿芳.集中供养模式下孤残儿童的心理行为偏差研究[D].福州：福建师范大学,2012.

[60]杨风梅.家庭寄养与集中供养孤残儿童的社会化[D].武汉：华中科技大学,2008.

[61]冯浸.儿童福利院"模拟亲子教育"志愿服务研究[D].南京：南京理工大学,2013.

[62]赵红丹.团体辅导改善孤残儿童自尊与人际信任的实验研究[D].武汉：华中师范大学,2014.

[63]吴敏.农村留守儿童友谊质量与羞怯的关系：团体心理辅导的干预研究[D].开封：河南大学,2017.

[64]王怡卜.表达性艺术治疗介入自闭症儿童兴趣培养的实践研究[D].西安：西安理工大学,2019.

[65]马凌云.即兴演奏式音乐治疗对孤独症儿童疗效之初探[D].福州：福建师范大学,2010.

[66]刘月.音乐小组工作在改善儿童孤独感中的作用研究[D].上海：上海师范大学,2017.

[67]赵绘.5-6岁儿童社交焦虑与儿童气质类型的关系的研究[D].天津：天津师范大学,2013.

[68]裴春莹.自闭症儿童青春期问题行为的功能性行为评估及干预研究[D].大连：辽宁师范大学,2017.

[69]谭艳艳.流浪儿童生活事件、社会支持、自尊与危机脆弱性的关系及危机干预[D].桂林：广西师范大
学,2015.

[70]谭歆.以园/校为基础的儿童心理危机干预的效果研究[D].上海：上海交通大学,2015.

[71]滕小玢.福利院孤残儿童照顾现状、问题与对策研究[D].南昌：江西财经大学,2018.

[72]Luthar S S, Cicchetti D, Becker B. The construct of resilience: a critical evaluation and guidelines for future

work[J]. Child development, 2000, 71(3).

[73]Palacio A C A. Issues in child and adolescent psychology[J]. Revista colombiana de psiquiatria, 2019, 48 (2).

[74]Wang Y, Qian Y. Sun K H. The founder of physiologic psychology and child psychology in China[J]. Protein & cell, 2019.

[75]Gordon J A. The strange child：Education and the psychology of patriotism in recessionary Japan[J]. Pacific Affairs, 2019, 92(2).

[76]O'Connell Christine, Roz S, Camic Paul M, et al. What factors influence healthcare professionals to refer children and families to paediatric psychology? [J]. Clinical child psychology and psychiatry, 2019.

[77]National Institute for Health and Welfare. Even mother's mild depressive symptoms affect the child's emotional well-being[J]. NewsRx Health & Science, 2019.

三、其他资料

[1]徐晓敬.让亲情滋养他们的心灵[N].中国妇女报.

[2]时毓民.警惕孩子的怪异行为[N].家庭医生报.

[3]民政部.收养让更多孤儿重获家庭温暖[EB/OL].(2019-01-27). http://www.gov.cn/xinwen/2019-01/27/content_5361483.htm.

附录　儿童福利机构儿童团体心理辅导活动方案

一、活动主题：悦纳自我

活动背景

自我也称自我意识或自我概念，是个体对自己的认识。具体地说，自我意识就是个体对自身的认识和对自身周围世界关系的认识，就是对自己存在的觉察。认识自己的一切，大致包括以下三方面的内容：一是个体对自身生理状态的认识和评价。主要包括对自己的体重、身高、身材、容貌等体像和性别方面的认识，以及对身体的痛苦、饥饿、疲倦等感觉。二是对自身心理状态的认识和评价。主要包括对自己的能力、知识、情绪、气质、性格、理想、信念、兴趣、爱好等方面的认识和评价。三是对自己与周围关系的认识和评价。主要包括对自己在一定社会关系中的地位、作用，以及对自己与他人关系的认识和评价。

据本项目研究小组的问卷调查数据结果显示，福利院中的儿童，由于其生长环境的特殊性，其自我认识存在一定的缺陷性，如对自身生理方面的缺陷自卑；对自己的能力、兴趣爱好方面缺乏探索；对自己与周围人的关系以及自己在社会中的地位、作用缺乏清晰引导。因此，项目小组特安排了五次"悦纳自我"为主题的团体辅导活动，旨在引导福利院中的孩子们学会正确认识自我，评价自我，接纳自我，增强自信心，形成良好心态，积极乐观面对生活。见附表1-6。

附表1　"悦纳自我"主题活动汇总表

次数	主题	目的	时长/min
第一次	认识自我	1. 促进成员的自我认识 2. 使自知的"我"与他人所知的"我"更一致	75
第二次	我的自画像	1. 调动成员对自我的关注 2. 帮助成员树立自信	85
第三次	你真棒，我也很棒	1. 帮助成员学会赞美自己、赞美他人 2. 通过互相赞美帮助他人建立自信，接受他人真诚的赞美，自信也会增强	70
第四次	独一无二的你	帮助成员们全面客观评价自己	75
第五次	欢乐颂	1. 增强成员的自信 2. 巩固辅导的成果	75
参与对象：8~14名认知年龄处于儿童阶段的成员			

附表2 第一次活动 认识自我

阶段	环节	目的	操作过程	备注(材料、场地、注意事项)
暖场导入阶段	1.美丽星球 (20 min)	1.帮助成员了解此团体辅导的目的、主要内容; 2.建立团体	1.辅导师介绍此次主题团体辅导的目的、内容。 2.给每个人分发笔和纸,在纸上写上自己的大名、小名,可以画自己喜欢的动物或植物或水果。 3.介绍方式:我叫××,大家可以叫我××,我喜欢……	材料:A4纸、笔
	2.大风吹 (25 min)	1.活跃团体气氛; 2.促进成员认识自我	游戏规则:领导者带领所有成员,围坐在一起。领导者站在圈外或圈内,喊口令:"大风吹,大风吹,吹具有××特征的人(如吹穿白色衣服的人)。"具有这种特征的人,需要举手示意。	
	3.我思故我在 (15 min)	形成规范	1.辅导师引导成员思考此主题团体辅导活动课的制度约定。 2.成员分享,辅导师进行补充,确定规范。	
主体活动阶段	4.寻人启事 (20 min)	1.帮助成员学会关注他人 2.发现自己及他人的优点	1.每个人写一则或多则"寻人启事",要寻找的人可以是园内成员,也可以是保育员,也可以是辅导师。寻人启事上不能出现这个人的名字。尽量写这个人的外貌特征、擅长的、性格特征、优点等。 2.大家围成圈,寻人开始,念自己的寻人启事,其他人明白是谁之后,可以告诉被寻找的人,或者被寻找的人自己明白了,也可以直接举手说"是我",然后对他表示感谢"谢谢你这么关注我/谢谢你发现我这么多优点"。	材料:水彩笔、A4纸 场地:每人配备有写字的桌椅 注意事项: 1.不会写字的成员,辅导师们协助成员(1个辅导师负责2个成员) 2.语言表达能力不太好的成员,辅导师要协助成员帮助成员表达(1个辅导师负责2个成员)

附表3 第二次活动 我的自画像

阶段	环节	目的	操作过程	备注(材料、场地、注意事项)
暖场导入阶段	1. 雨点变奏曲(15 min)	1. 活跃气氛 2. 促进彼此更快融入团队 3. 为后面的活动做准备	1. 让所有人利用身体的任何部分碰撞发出两种以上的声音。 2. 让所有人以认为自己最擅长的方式发出声音。 3. 辅导师引导大家渐渐形成4种声音发出的方式：响指、两手轮拍大腿、大力鼓掌、踩脚。 4. 引导大家思考，这4种声音与下雨声相似的地方(小雨——响指，终于——两手拍大腿，大雨——大力鼓掌，暴雨——踩脚)，带领成员们听取口令做相关的动作，演练几遍。 5. 参考：现在开始下小雨，小雨变成中雨，中雨变成大雨，大雨变成暴风雨，暴风雨又变成大雨，大雨变中雨，中雨逐渐变成小雨……最后雨过天晴。	
	2.《霸王别姬》折扇舞(40 min)	1. 感受音乐的旋律，体会音乐带来的身体感受 2. 享受音乐的愉悦感	1. 观看折扇舞视频，分发折扇。 2. 辅导师教授分解动作(可选择部分学习)。 3. 辅导师带领成员多练习，熟悉动作。 4. 跟着音乐进行表演。	材料：音响设备、视频、折扇 注意事项：辅导师需提前学习准备
主体活动阶段	3. 我的自画像(30 min)	成员通过绘画体验来认识自己	1. 绘画内容交流。 引导语：大家了解自己吗？请大家认真思考，自己的形象是怎样的？眼睛、耳朵、鼻子、嘴巴、身体是什么样的，你的衣服是什么颜色？你手里拿着什么？你在哪个地方？身边有些什么？如果你思考好，就可以用桌上的画笔，来画出心中自己的形象。 绘画过程：制作"自画像"，并为自己的作品命名。 3. 绘画成果思考：你最喜欢哪些地方？又对哪些地方不满意呢？不满意的地方如何改进呢？	材料：彩笔、A4纸 注意事项：在作画过程中，可放一些轻音乐

附表4　第三次活动　"你真棒""我也很棒"

阶段	环节	目的	操作过程	备注(材料、场地、注意事项)
暖场导入阶段	1. 观看视频：赞美的力量——《盖章》（20 min）	1. 提升成员的专注力 2. 揭示活动的主题	1. 辅导师将视频打开，让成员们一起观看视频。 2. 视频结束后，辅导师引导成员们思考。 引导语：视频里，停车场收费员对每一个前来停车盖章的人都微笑着赞美对方，他用赞美影响着每一个人，让每个人的生活变得更美好。	材料：音响设备、投影
主体活动阶段	2. 团体游戏：优点轰炸（25 min）	1. 帮助成员学会用正确的方法来赞美他人 2. 为后面的活动做准备	1. 辅导师带领成员了解正确赞美他人的方法。 例： ①真诚：不夸奖、不虚假。所赞美的一定要是他人身上真正有的品德或特质。用关注的眼神、欣赏的笑脸、认可的点头、鼓掌、拥抱、握手等来表现你的真诚。 ②具体：赞美别人时要说出具体赞美的内容。 2. 引导成员们用便笺纸写下他人的优点，比如"××很会唱歌、××爱笑、××爱帮助人……"可以写多个人的优点。每赞美一个人用一张便行笺纸。	材料：笔、便笺纸 注意事项：其他工作人员帮助不会写的成员写
	3. 分享赞美：神奇的"魔法箱"（25 min）	1. 帮助成员学会分享 2. 增强成员自信	1. 所有的成员围成圆圈而坐，中间放张桌子，"魔法箱"放于桌子上。 2. 每个人轮流去"魔法箱"里抽出 2~3 张纸条。 3. 站在中间大声读出纸条上写的内容；(若有些成员语言表达能力不够，助教帮忙)。 4. 被赞美的人走到中间，对读/抽出纸条的人说"听到你这么说，我好开心，谢谢你!"并送给他/她一颗糖果。 5. 辅导师点评活动中成员的表现。 6. 总结活动的意义。	材料：糖果、纸条、笔、纸箱

附表5　第四次活动　你很特别

阶段	环节	目的	操作过程	备注(材料、场地、注意事项)
暖场导入阶段	1.游戏：木头人（20 min）	1.活跃气氛 2.揭示课程主题	1.辅导师与成员一起叫口令："我们都是木头人，不许说话不许动！" 2.口令完毕，立即保持静止状态，无论本来是什么姿势，都必须保持不动。 3.如果有一人先忍不住说话，或者笑，或者行动，则这个人是游戏失败者。 3.然后再开始下一轮游戏。	场地：无障碍、空旷的半间教室或者室外 注意事项：身体有障碍的成员可以当观察员或裁判
主体活动阶段	2.心理绘本学习：《你很特别》（30 min）	帮助成员接纳自我	1.辅导师带领成员们进行绘本内容学习。 2.针对绘本内容展开讨论，引发大家思考，让成员们感受到每个人都是独一无二的。 3.角色扮演，两两一组。让每个成员明白及体会到：我就是我，无论我是什么样的人，我都接纳我自己，当我接受自己、爱自己的时候，我就是最好的自己。	材料：绘本、PPT、彩铅 注意事项：辅导师要给予成员们及时鼓励，并协助成员大胆表达
	3.绘画技术：成长树（25 min）	1.促进成员对我自我的认识 2.成员通过绘画感受独一无二的自己	1.每人一张A3纸，在纸上画一棵大树。 2.在树冠上粘贴各种喜欢的物品或者画上喜欢的物品。 3.给树取个名字。	材料：A3纸、彩笔，一些"树叶、果实、花朵、旗帜"等其他的贴纸或装饰品

附表6　第五次　欢乐颂

阶段	环节	目的	操作过程	备注(材料、场地、注意事项)
暖场导入阶段	1.奥尔夫音乐：《小星星》（20 min）	1.吸引成员的兴趣 2.提高孩子对身体的感知觉	1.播放《小星星》音乐，将一些小乐器分给成员们，引导其边听边用手中乐器打节拍。 2.带领大家一起缓慢而清晰地唱《小星星》，同时辅以手中的小乐器打节拍。 3.带领大家用快节奏唱《小星星》，同时打乐器。	材料：沙锤、节奏棍、手鼓等小乐器

阶段	环节	目的	操作过程	备注(材料、场地、注意事项)
主体活动阶段	2.音乐治疗:《不完美小孩》(15 min)	1. 引导成员接纳自我 2. 在团体中得到自我认同	1.播放《不完美小孩》,并进行点评:这个世界上从来不会有真正意义上的完美,尤其是不会有完美的小孩,但是,周围的很多人,周围的世界总是希望我们是完美的。不会犯错,不会偷懒,什么都是最好的,这怎么可能呢? 所以今天我们要唱的歌就叫作《不完美小孩》。 2.逐句教唱。 3.熟悉后,跟着音乐一起唱。	材料:音响设备、歌词
	3.挑战麦克风(20 min)	1. 发掘成员潜力 2. 增强成员的信心	1.引导成员有序进行唱歌,两两组合。 2.在每组成员唱完后,带领其他成员进行鼓励表扬。	材料:话筒、音响设备。 注意事项:此环节在活动通知时需进行说明,让成员们提前准备
结束阶段	4.给未来的自己(20 min)	引导成员分享成长体验	1.播放 PPT,回顾此主题团辅的内容以及精彩瞬间。 2.在讲解过程中,关注和肯定每个成员的表现。 3.最后给每个成员颁发小礼品。	材料:PPT、礼品

二、活动主题:人际交往

活动背景

儿童在与同龄人的交往相处中,常常会把自己与他人进行对比,在很多竞争性活动中的失败,使他们习惯并接受自己的弱势,从而产生自卑心理。根据实地观察和相关的文献研究,福利院儿童在社会交往上总是处于被动,甚至自闭的状态,只想活在自己的世界里,非常缺乏社会交往技巧。具体参见附表 7-12。

本主题团辅通过集体活动、游戏等方式来帮助孩子感受人际交往的意义,提高沟通的技巧,在活动中改善成员的社交功能,提升他们的人际交往质量。

附表 7 "人际交往"主题活动汇总表

次数	主题	目的	时间/min
第一次	很高兴认识你	协助组员了解整个小组活动的目的及整体的安排,订立小组契约	75
第二次	做个受欢迎的人	用讲故事的方式让成员知道哪些行为不受人欢迎,哪些行为是非常受人欢迎的	65

续附表7

次数	主题	目的	时间/min
第三次	你是我的好拍档	培养成员们之间相互合作、交流、分享的能力；让成员们懂得合作的重要意义，并学会在日常生活中相互合作	60
第四次	沟通连接你我他	团队成员们学到沟通的要诀；让成员体会信任的感受，强化在团体中的美好感受	75
第五次	我们在一起	回顾、总结团体体验	75

参与对象：8~14名认知年龄处于儿童阶段的成员

附表8　第一次活动　很高兴认识你

阶段	环节	目的	操作过程	备注(材料、场地、注意事项)
暖场导入阶段	1.开场介绍（10 min）	建立团体	辅导师向成员们讲解此团体辅导的内容、目的。	
	2.轻柔体操（10 min）	放松练习，缓解紧张	全体成员站立，由辅导师带头给成员示范一个放松动作，成员们跟着一起做三遍。接着由其他成员依次给大家进行示范一个动作，所有成员再一起做。	材料：音乐
主体活动阶段	3.手的涂鸦（30 min）	1.帮助成员通过肢体接触减少人际隔阂 2.提高成员的人际交往能力	1.辅导师引导成员们去触摸周围同伴的手。 2.进行绘画 引导语：刚刚大家都触摸了其他成员的手，每个人给你的感受都不一样，有的温暖，有的冰凉，有的厚实，有的骨感，都不一样。现在请把自己的左手平放在A4纸的左侧上，五指张开，右手用笔把手的轮廓勾画在纸上；把自己的右手平放在A4纸的左侧上，五指张开，请周围的同伴用笔把手的轮廓勾画在纸上。 3.成员在自己A4纸左侧的手上涂上自己喜欢的颜色以及团，纸上右侧的手则交由同伴绘画。纸上空余的部分随意地装饰，为这幅画取个名字，还要写上自己的名字。	材料：A4纸、笔
	4.建立契约（25 min）	1.增进交流，加深了解 2.澄清共同目的，约定共同事宜，规范参与团体辅导	1.辅导师引导成员们依次对本次活动进行分享，辅导师先示范。 2.由辅导师说明团体规范，宣读团体契约书，每个成员在团体契约按上手印：表示自己愿意遵守团体规范。	材料：白纸、笔、印泥

阶段	环节	目的	操作过程	备注(材料、场地、注意事项)
暖场导入阶段	1. 热身运动 say"hello" (10 min)	1. 活跃气氛 2. 提升成员的专注力	1. 选择欢快的背景音乐,引导大家围成一个圈四肢随意扭动,然后跑起来,与碰到的成员打招呼说"hello"。 2. 结束后,引导大家分享"刚刚与谁进行了问候"。	材料:音响设备 场地:空旷、无障碍的空间 注意事项:坐轮椅的成员可以由工作人员推着跑起来
	2. "让我们同在一起"拍手歌 (20 min)	1. 增加成员之间的肢体互动 2. 成员体验唱歌和拍手的乐趣	1. 辅导师示范"让我们同在一起"拍手歌。(与"We Wish You A Merry Chritmas"同调) 歌词: 让我们在一起,在一起; 让我们在一起,快乐无比。 2. 让成员们围成一个圈坐着,间隔两臂,将双手举起到与肩部平行,左手掌朝上,右手掌朝下放于左手掌掌心,当音乐响起,按照六节拍进行拍打动作。拍打位置分别为:一拍右边成员的左手掌心,二拍自己的右脚膝盖,三拍自己的左膝盖;四拍自己的左手背;五、六拍两下左手心。 3. 循环往复的动作可以加快唱歌和拍打节奏。	材料:椅子 场地:一起围成一个圈,每人之间的间隔是半只手臂距离
主体活动阶段	3. 狐狸与仙鹤的故事 (15 min)	帮助成员更好的理解人际关系	1. 辅导师讲述故事。 2. 助教和其他工作人员进行表演。	材料:仙鹤长嘴道具、细长的瓶子、宽口瓶。 注意事项:情景剧应提前排练好
	4. 我眼中的好行为 (20 min)	成员通过表演体会什么是在人际交往中好的行为和坏行为	1. 辅导师播放课件,展示一些人际交往中的好行为和坏行为的图片场景。 如好行为:帮助他人,对方手中的东西太多,帮对方提;在别人难过时,安慰TA,递上纸巾。 坏行为:与他人在背地里说别人的坏话;别人在说话时,打断对方的话或不断反驳。 2. 邀请成员们进行表演。 3. 其余成员举起手中的表情牌,来感受这是好行为还是坏行为,好行为举"笑脸"牌,坏行为举"难过"牌。 4. 辅导师总结人际交往中有哪些可以学习的好行为。	材料:笑脸(表情)举手牌

附表 10　第三次活动　你是我的好拍档

阶段	环节	目的	操作过程	备注(材料、场地、注意事项)
暖场导入阶段	1. 开火车 (10 min)	1. 活跃气氛 2. 让成员们明白生活中需要相互合作	1. 所有成员围成一个圆圈。 2. 每位成员说出一个地名，代表自己，每个人的地名不重复。比如"北京""上海"。 3. 游戏开始：假设甲选的是北京，乙选的是上海，甲就要说："开呀，开呀，开火车，北京的火车就要开。"全体成员一起问："往哪开?"甲说："往上海开。"那代表上海的乙就要马上快速反应，接着说："上海的火车就要开。"然后大家一起问："往哪开?"乙迅速选择另一个游戏对象，说："往某某地方开。"如果对方稍有迟疑，没有反应过来就算输了。输的人要接受惩罚。	场地：空旷、无障碍的空间
主体活动阶段	2. 最佳拍档 (20 min)	培养成员的合作沟通能力	1. 每位成员选取一张裁好的彩色纸片。 2. 第一轮，成员拿着自己的彩色纸片在团队中找到与自己同色的成员，然后组成团队。 3. 第二轮：在同色的团队中找到另一个能与自己彩色纸拼成一个形状的成员，然后拼好你们的图形(有可能是圆形、方形、三角形等)。 4. 第三轮：所有组员重新在主持人那里选取彩色纸片，人数少的可以每人多选几张。找到自己同颜色的成员并把它拼成一个完整的图形。拼好完整图形后把他们用胶水粘好在 A4 纸上。	材料：彩色纸片、A4 纸 注意事项： 1. 避免同学之间相互嫌弃对方，出现这样的现象应给予正确的认识 2. 有色盲的成员不宜选用颜色的方式 3. 自信心不足的成员应给予更多地鼓励和爱
	3. 心灵舞 (30 min)	增强成员间的信任度	1. 现在请成员自由配对，两人一组。 2. 两人各伸出一只手，手掌对手掌，在舒缓的音乐声中自由在场地内走动，注意行走时不要碰到别人。 3. 关掉音乐。现在两人还是手掌对手掌，但只有指尖相接触，其中一人闭上眼睛，在另一人的带领下在场地内走动。 4. 两人各伸出一个手指头相接触，其中一人闭上眼睛，在另一人的带领下在场地内走动。 5. 成员围成一圈，分享感受。	材料：相关的音乐、音响设备 场地：桌椅往边上摆，留出无障碍的空间。 注意事项： 音乐在一开始可以舒缓情绪，但后期也会妨碍动作，因此在后阶段可停止音乐

阶段	环节	目的	操作过程	备注(材料、场地、注意事项)
暖场导入阶段	1. 热身游戏：撕纸游戏（15 min）	1. 集中成员的注意力，活跃气氛 2. 成员们通过游戏体会沟通的有效性很重要	1. 助教给每位成员发一张纸，按照辅导师的指令去做，任何人不能发出声音。 2. 辅导师背对着成员，引导成员将纸对折一下，然后再对折一下，在右上角撕去一个角，然后转动 180 度，再将手中的纸左上角撕去。然后把纸打开。 3. 辅导师面向成员，引导大家相互看看，纸的形状是否一致。 4. 第二轮，每人再发一张纸，重复上面的动作，这一轮允许成员在做的过程中可以提问辅导师，比如是横对折还是竖对折。 5. 结束后再把纸打开，看大家撕的图形是否一样。	材料：纸
主体活动阶段	2. 肢体表达：传话筒（30 min）	提高成员的肢体语言表达	1. 引导成员排成一排，面朝一个方向。辅导师给第一位成员一个词语，然后第一位成员用手拍下一位成员的肩膀，下一位成员转过身来，两人面对面，第一位成员不能说话，只能用身体语言来传达信息。 2. 当下一位成员明白了后再拍下一位成员的肩膀，两人再进行身体语言的传递，直到队伍的最后一个人。 3. 最后一个人将答案说出。	材料：常见词语 注意事项：给到成员的词语可以由易到难，比如开始可以是数字，然后是颜色，最后是复杂点的词语
	3. 绘画体验：院舍动态图（30 min）	成员通过绘画体验人际关系	1. 指导语：请在这张 A4 纸上画出自己的在福利院里的辅导师、同学、朋友等，包括自己。同时要画出每个人正在做什么事情。如：常做的事、天天做的事、喜欢做的事。尽量不要画火柴人。 2. 画完后，成员可以逐一展示并说明自己的画，其他成员用心聆听，并给出改善其人际交往的建议。	材料：A4 纸，一支带橡皮头的 2B 铅笔 注意事项：要尊重每一位成员的意愿，分享他们愿意分享的

阶段	环节	目的	操作过程	备注(材料、场地、注意事项)
暖场导入阶段	1.互助拍拍操（15 min）	1.提升成员的专注力 2.活跃气氛	全体成员站立，围成一个圈，每个人都将双手搭在前方同学的背上，当主持人说"开始"时，所有人开始为前面的成员敲打背部，或者按摩肩部，尽可能地让其放松和舒服；约一分钟后，辅导者说"停，向后转"，大家一齐向后转，双手搭在前方同学肩上，并用同样的方法为其按摩敲打，约一分钟。 点评引导语：人际互动的过程是有趣的，即使是无声的互动，也可以给人们带来美好的感受，比如这个简单的活动，就可以让所有成员在肢体接触中感受亲密和温暖，在放松的状态下开始做团体活动。	场地：空旷的空间
主体活动阶段	2.电波传递（20 min）	成员通过表演、自省和洞察人际交往的意义	1.让所有成员手拉手围成一圈。 2.随机在圈中选出一个人，让他用自己的左手捏一下相邻成员的右手。问第二个人是否感受到了队友传递过来的捏手信号，这里我们把它称为"电波"。告诉大家收到"电波"后要迅速把电波传递给下一个队友，也就是要快速地捏一下下一位队友的手。这样一直继续下去，直到"电波"返回起点。 3.告诉大家你将用秒表记录"电波"跑一圈所需要的时间。然后大喊："游戏开始！"并开始计时。 4.告诉大家"电波"传递一圈所用的时间，鼓励一下大家，然后让大家重新再做一次电波传递，希望这次传递能更快一些。 5.让成员们重复做几次电波传递，记录下每次传递所用的时间。 6.等大家都熟练起来之后，变更"电波"的传递方向，使电波由原来的沿顺时针方向传递变为沿逆时针方向传递。 7."电波"沿着新方向被传递几次之后，再一次让队员们逆转"电波"的方向，同时让队员们闭上眼睛或是背向圆心站立。 8.在游戏快要结束的时候，为了使游戏更加有趣，悄悄告诉第一个人同时向两个方向传递"电波"，而且不要声张，看看这样会带来什么有趣的效果。	注意事项： 辅导师先带领大家试一遍

阶段	环节	目的	操作过程	备注(材料、场地、注意事项)
主体活动阶段	3. 信任圈 (20 min)	强化成员在团体中的美好感受	1. 所有成员牵手围成一圈，邀请一位成员到中间，其他成员手拉手围圈。 2. 练习开始，圈内人闭上眼睛，自觉舒适地导向任何一方，其他成员必须手挽手，形成保护圈给予保护，不能让圈内人摔倒。他往里倒，团体就往哪里去接住他，给予保护，将他推到中间的位置。 3. 如此倒下、接住，使中间的成员从紧张到很放松，再依次换人到圈内去体验。 4. 讨论并分享：你倒下时心情如何？大家会不会担心摔在地上？	场地：空旷、无障碍的空间 注意事项： 1. 领导者可以先做示范，打消成员的顾虑 2. 可以先挑选之前活动中表现相对积极的成员开始
结束阶段	4. 精彩回顾 (20 min)	1. 回顾总结团体的经历、体验 2. 加深美好回忆	1. 播放 PPT，回顾此主题团辅的内容以及精彩瞬间。 2. 在讲解过程中，关注和肯定每个成员的表现。 3. 最后给每个成员颁发小礼品。	材料：PPT

三、活动主题：情绪管理

活动背景

福利院儿童长期生活在福利机构，在获得亲人关怀、情感支持和行为培养等方面都远远少于社会上普通家庭的儿童，一方面父母的抛弃造成了他们心灵上的永久伤痛，另一方面，生理上的缺陷又致使儿童行动不便，常常会在人际活动和交往中落单，显得孤僻失落，这些都往往会让他们产生情绪不稳定、自控力差、孤独感、焦虑感、容易抑郁等情绪问题。具体参见附表13-18。

本项目针对儿童的情绪方面的情况开展以"情绪管理"为主题的团体督导，旨在让福利院孩子认识了解情绪，学会调节自己的情绪，预防情绪问题导致的不良事件的产生。

附表13 "情绪管理"活动汇总表

次数	主题	目的	时间/min
第一次	表情变变变	认识情绪，探索自身情绪变动的原因	80
第二次	快乐魔法棒	体验快乐，掌握快乐魔法，尽情表达快乐的情绪	80
第三次	生气了怎么办	了解愤怒情绪产生、过程，合理发泄愤怒情绪	85
第四次	我能控制情绪	接纳自己的情绪，运用情绪 ABC 法则有效管理自己的情绪	90
第五次	乐观有妙招	总结回顾，建立快乐清单	75

参与对象：8~14 名认知年龄处于儿童阶段的成员

附表 14　第一次活动　表情变变变

阶段	环节	目的	操作过程	备注(材料、场地、注意事项)
暖场导入阶段	开场介绍(10 min)	建立团体	辅导师向成员们讲解此团体辅导的内容、目的。	材料：PPT
	暖场活动：抢凳子(15 min)	1. 活跃团辅氛围2. 体验在游戏过程中产生的不同情绪	1. 引导成员围着凳子站成一个圈。2. 辅导师拿一根木棒(或其他能敲响的)开始敲时人就围着凳子同一方向转，并且按敲击的快慢有节奏地转圈。3. 当敲击声停止，成员就要抢坐在凳子上。因为差一个凳子，所以会有一人没凳子，没抢到凳子者将被淘汰。4. 淘汰者下场时，同时撤下一个凳子，继续进行第二轮。	场地：凳子围成圈材料：木棒(或矿泉水瓶)
主体活动阶段	3. 情绪认识：表情(25 min)	帮助成员认识不同的情绪	1. 准备八个情绪形容词的便条(开心、难过、激动、紧张、兴奋、生气、愤怒、喜悦)。2. 每位成员抽一张，轮流做脸部表情，由其他成员猜测名称。3. 辅导师归纳八个情绪形容词的异同之处(消极情绪与积极情绪)。	材料：八个情绪形容词的便条
	4. 情绪体验：大变脸(30 min)	帮助成员感受情绪的变动	1. 所有的成员围成圆圈而坐或站。2. 辅导师站圆中心，读角色情境。3. 其他成员根据辅导师读的情境来变换自己的脸色表情。角色情境：①阿姨准备了丰盛的中餐，都是我爱吃的菜。②好朋友小美生病住院了，要很久才能见到她；词语：火冒三丈、心急如焚、泪如雨下、垂头丧气、开怀大笑、忐忑不安、神采奕奕、迫不及待思考引导语：我们平时在生活中也会这么不断地变换或控制情绪吗？面对困难时你是怎样调整和控制自己的情绪的呢？4. 成员们进行分享。	注意事项：词语的选择根据成员的实际理解水平判断

阶段	环节	目的	操作过程	备注(材料、场地、注意事项)
暖场导入阶段	1.暖场活动：快乐传递(15 min)	1 活跃气氛 2.揭示活动主题	1.辅导师手持"快乐魔法棒"，引导语：辅导师手中的快乐魔法棒，具有很厉害的魔法，它可以将快乐传递给大家，大家做好准备，快乐马上降临。 2.教师假装用魔法棒点给到另一个成员，把快乐传递给别人。被魔方棒点到的成员要马上变得开心，尽可能夸张表情，接着魔法棒依次传递。	材料：制作好的"魔法棒"
	2.手工体验：快乐魔法棒(25 min)	1.提高成员的动手能力 2.成员通过手工制作感受快乐，树立自信	1.引导成员选择自己喜欢的2个相同的图形(如爱心、树叶、花朵、五角星)。 2.剪下两个相同的形状放在吸管的顶端。 3.给这个图像贴上"笑眯眯的眼睛""微微上扬的嘴巴"。 4.用炫彩棒、贴纸、亮片装饰这两个图形。	材料：各色吸管、印有不同轮廓图的各色卡纸(粉红爱心、黄色五角星、绿色树叶、白色云朵、紫色花朵)、剪刀、油画棒、双面胶、亮片若干、宝石贴
主体活动阶段	3.课程导入：快乐老家(40 min)	帮助成员认识快乐情绪和快乐情绪的表达	●认知——快乐的表现 1.自由表达：表演快乐，你快乐的时候，是什么样的表情? 2.绘本阅读(1~6 页) ①当小兔快乐的时候，他会有什么样的表现? 蹦跳、微笑、哈哈大笑。(体验快乐的表情和身体反应) ②蹦跳——让我们一起开心地蹦起来。(音乐《健康歌》) ③微笑——小朋友们快乐吗? 让我们看着同学，将甜甜的微笑送出去。 ④哈哈大笑——当有人挠你痒痒时，你还是微微笑吗? 哈哈，一定是……要不要试试? 小朋友们相互逗痒痒，大家哈哈大笑。 ●了解——快乐是什么 1.继续阅读绘本(7~10 页) 什么事情让小兔觉得很快乐? 2.继续读绘本(11 六至结束) 小兔子认为快乐是什么? 【小结】 快乐是一种美妙的感觉，就像这朵神奇的花朵，让我每一天都充满自信、都洒满阳光。 ●表达——我的快乐 自由表达： ①什么时候、什么事情你会感到快乐? ②快乐的时候你会有什么样的表情和表现? ③你的快乐会与谁分享?	材料：绘本《我好快乐》、PPT、彩铅

附表 16　第三次活动　生气了怎么办

阶段	环节	目的	操作过程	备注(材料、场地、注意事项)
暖场导入阶段	1. 暖场活动：趣味拳击 (20 min)	1. 活跃气氛 2. 调动成员的积极性	1. 辅导师带领成员做拉伸运动。 2. 打开拳击运动操的视频播放。 3. 教成员如何出拳，跳起来。	材料：音响设备 场地：适合成员运动的空间 注意事项：辅导师应提前学习准备
主体活动阶段	2. 绘本学习：《生气汤》 (25 min)	1. 帮助成员了解愤怒情绪 2. 引导成员释放情绪	1. 辅导师带领成员们阅读绘本《生气汤》。 引导语：绘本主角是一个叫霍斯的男孩儿，我们一起来看看他遇到了什么不如意的事。 2. 引导成员进行涂色。 小结：我们每个人都有情绪失控的时候，在最气愤的时候我们可以寻找到有效的方式化解。就像绘本中霍斯那样。	材料：彩笔、A4纸、PPT
主体活动阶段	3. 愤怒契约 (20 min)	帮助成员了解愤怒情绪恰当的表达	1. 首先每组讨论之前表演内容后处理愤怒的方式。工作人员引导讨论。 2. 每组选出代表发言，辅导师用粉笔在黑板上写下来，然后再由个人补充处理愤怒情绪的方式。 3. 最后大家选出五种最佳方式。每组进行宣誓："我承诺，当我生气时，我会用……的方式来管理好我的情绪，这会让我心情舒畅。"	
主体活动阶段	4. 情绪纸飞机 (20 min)	促进成员积极情绪的表达	1. 带领成员们折纸飞机。 2. 引导大家在飞机上进行画画。 引导语：看看你刚刚折的纸飞机，有没有觉得它不够漂亮？颜色单调？下面让我们来设计属于自己独一无二的飞机，这架属于我的飞机里可以有我对过去美好生活的回忆，可以有我对现在美好生活的感悟，也可以有我对未来美好憧憬，把我们好的情绪和愿望存在这架飞机上吧。 3. 成员们进行画画创作。	材料：纸、彩笔

附表 17　第四次活动　我能控制情绪

阶段	环节	目的	操作过程	备注(材料、场地、注意事项)
暖场导入阶段	1. 舞动体验：*We Will Rock You*（20 min）	成员通过音乐体验情绪、宣泄情绪	1. 播放 *We Will Rock You* 音乐片段，引导成员根据节奏拍桌子、口技、响指、跺脚、交叉拍。 2. 发放奥尔夫乐器，成员可以选择乐器或直接用身体进行舞动。 3. 跟着音乐进行练习。	材料：桌子、椅子、音响设备
转换阶段	2. 辅导导入：想法决定情绪吗?（20 min）	1. 帮助成员识别生活中情绪的表达模式 2. 引导成员找到对应的情绪	1. 列举事件，引导成员区分事件、情绪。 例如：天气下雨，我们会有怎样的心情，大家的心情有什么不一样？ 2. 了解"表达情绪"和"表达想法"的区别。	材料：PPT
主体活动阶段	3. 情绪 ABC 法则（15 min）	帮助成员理解情绪产生的过程	通过生活小故事说明情绪产生的过程。 引导语：我们通常认为"某某事情使我产生了某某情绪"，其实，影响我们情绪的不是事件本身，而是我们对事情的看法。对同一件事，不同的人会有许多不同的想法。不同的想法则引起不同的情绪。	材料：PPT
	4. 不开心的始作俑者（15 min）	帮助成员理解不合理信念对情绪的影响以及应该如何应对	举例、图画说明导致坏情绪的 7 个不合理信念。	材料：PPT 注意事项： 1. 避免成员对理论的不理解，造成无法运用 2. 增加生活中的运用例子讲解
	5. 消灭不开心（20 min）	帮助成员释放和转移自己的消极情绪	1. 辅导师引导成员随意在纸上进行画画。 引导语：我们来想想自己最近遇到最不开心的事情，现在把这些不开心画在纸上，随意画。 2. 成员画好后，辅导师引导成员把画纸撕掉。 引导语：最后我们把这张画撕掉，我们的不开心的就烟消云散了。	材料：PPT、冥想音乐

阶段	环节	目的	操作过程	备注(材料、场地、注意事项)
暖场导入阶段	1. 桃花朵朵开（15 min）	活跃气氛； 2. 提升成员的注意力。	1. 辅导师说明规则，引导成员围成一个圈，向左或者向右跑起来。 2. 辅导师说"桃花朵朵开"，成员同声问"开几朵"，培训师会突然报出一个数字，比如"5"，那么成员们必须快速地5个人在一起，不能多也不能少。落单或者人数不够的小组就算失败。 3. 落单的成员需要表演节目。	场地：需要无障碍、空旷的半个教室空间。
主体活动阶段	2. 绘画体验：心理魔法壶（30 min）	1. 通过绘画艺术治疗缓和成员的消极情绪、强化成员的积极情绪 2. 提高成员调节情绪的能力	1. 引导语：今天我们的主题活动是趣味绘画心坪之心坪魔沃壶。发放画纸。 2. 成员根据辅导师的指导语连续描绘4幅画。 第一幅画： ①辅导师宣读指导语：请你想象，你走在一条路上，突然，出现了一个魔法师，把你抓住放进了一个有魔法的壶里。请在第一格中画出来。 ②成员自由作画5分钟。 第二幅画： ①辅导师宣读指导语：请你想象，现在，你在这个壶中待了一天一夜，你不觉得渴，也不觉得饿。你有怎样的感受，你在做什么？请在第二格中画出来。 ②成员自由作画5分钟。 第三幅画： ①辅导师宣读指导语：请你想象，不知过了多久，阳光照了进来。这时，你有怎样的感受？你在做什么？请在第三格中画出来。 ②成员自由作画5分钟。 第四幅画： ①辅导师宣读指导语：请你想象，一年过去了。这时，有怎样的感受？你在做什么？请在第四格中画出来。 ②成员自由作画5分钟。 最后成员对自己所画的前四幅连环画编一个故事，要求用第一人称。	材料：A4 画纸，彩笔、铅笔、橡皮擦 注意事项：画好四宫格的画纸需要提前打印好，宫格边框离纸的边缘距离 1 厘米左右。

续附表 18

阶段	环节	目的	操作过程	备注(材料、场地、注意事项)
结束阶段	3. 快乐清单 （20 min）	1. 引导成员回顾关于情绪管理的知识 2. 帮助成员们分辨自己的情绪及了解控制自己的情绪的方法	1. 播放 PPT。 2. 回顾团辅的过程和精彩瞬间。 3. 肯定成员们的表现。 4. 与成员共列快乐清单。	材料：PPT
	4. 成长快乐 （10 min）	引导成员分享收获和成长感受	1. 引导成员分享团辅的感受和体会。 2. 颁发小礼品。	材料：PPT、礼品

四、活动主题：学习能力培养

活动背景

福利院儿童多数存在智力缺陷或者身体健康状况不佳，这种缺陷使儿童在接受常规教育时受到阻碍，甚至只能接受特殊教育或者停学，因此他们各方面的素质水平与在学校读书的儿童存在一些差距。

本期活动主要是通过形式多样的辅导方式提高福利院儿童的注意力、时间管理能力和动手能力，间接地培养成员的好奇心和兴趣爱好。具体参见附表 19-24。

附表 19 "学习能力培养"活动汇总表

次数	主题	目的	时长/min
第一次	我爱春天	建立小组	85
第二次	一日之计	提高成员的时间观念	75
第三次	注意力挑战赛	成员在游戏中提升专注力	75
第四次	我是学习小能手	兴趣和学习结合起来，激发学习主动性	80
第五次	最好的未来	成员学习的积极性	70

参与对象：8~14 名已经上学的成员

附表 20　第一次活动　我爱春天

阶段	环节	目的	操作过程	备注(材料、场地、注意事项)
暖场导入阶段	1. 春天在哪里 （20 min）	1. 活跃本次活动的气氛 2. 集中成员的注意力	1. 播放《春天在哪里》的背景音乐。 2. 辅导师带着成员们一起随音乐的节奏走队形拍节奏。 指导语：成员们，春天已经来了，她在哪儿呢？让我们排排队一起去找一找吧。小耳朵听音乐，跟着队伍走一走，边走边拍手哦。	材料：音乐 场地：无障碍的空间
	2. 头脑风暴 （20 min）	让成员们树立主人翁意识	辅导师引导让大家说出自己对小组规则和游戏规则的看法，交流自己的想法。工作者将想法写上，头脑风暴。	
主体活动阶段	3. 找春天 （15 min）	成员的听觉、视觉以及语言表达能力得到训练	1. 听音乐找春天： 指导语：哇，原来春姑娘躲在很多地方呢，你有没有听出来春姑娘躲在哪里了？（听觉训练）再听一遍。（有意注意力的训练）仔细听音乐，说说春天在哪里；先安静听音乐，听完请大家举手回答，看谁找的春天多(也可以用动作示意)。 2. 从图中找春天。 注：根据情况可提升难度接龙，如"春天到了，那么多小动物都出来了，宝贝们想想，还有什么小动物?"	材料：音乐、PPT(图片)
	4. 叶子贴画 （30 min）	锻炼成员的动手能力、审美	1. 辅导师展示一些树叶贴画的作品。 2. 指导成员贴画的步骤。 3. 引导成员发挥想象力，完成贴画。	材料：树叶、固体胶、小树枝

附表 21　第二次活动　一日之计

阶段	环节	目的	操作过程	备注（材料、场地、注意事项）
暖场导入阶段	1. 老狼老狼几点钟（20 min）	1. 活跃本次活动的气氛 2. 集中成员的注意力	指导语：山上有一只老狼，每天在 12 点时会出来吃小羊。在山下的小羊经常会问：老狼、老狼几点啦？老狼回答：一点、两点……九点……但狡猾的老狼有时候会偷懒，只把时间写在山顶的大钟上，却没有报时。这时候小羊需要回头来看时间，如果刚好显示是 12 点，就要赶快找个羊圈躲起来。	材料：在白板上贴好呼啦圈、写上数字 1~12；在空地放上少于人数的呼啦圈（或者用绳子围成圈）
主体活动阶段	2.《农夫的故事》（15 min）	帮助成员体会时间的重要性	1. 辅导师读故事。 2. 引导成员们思考：如果缺少合理的时间规划一天忙忙碌碌，终将一事无成。	材料：PPT
	3. 绘画体验：我在福利院的一天（25 min）	成员通过绘画来理解时间	1. 辅导师讲解时间管理：在 A4 纸的正中央画一个钟表，大约占画纸的 1/3，并且标上时间刻度 1~12。 2. 在钟表外面画上两个圈代表一天的上午和下午。这张 A4 纸代表成员在福利院一天的作息表。 3. 在相应的时间范围内写上计划要做的事情。 4. 写完以后，用彩铅把这一天的钟表画上颜色，用颜色来代表做每件事的心情。	注意事项：助教或其他工作人员及时帮助不会写字的成员
	4. 分享（10 min）	提高成员的语言表达力	成员分享自己的画，告诉大家一天计划要做什么事情，大家一起思考是否安排合理。	

附表 22　第三次　注意力挑战赛

阶段	环节	目的	操作过程	备注(材料、场地、注意事项)
暖场导入阶段	1.热身游戏：萝卜蹲（20 min）	活跃活动的气氛；提升成员的专注力	1.每轮派出 4~7 名成员,每位成员用不同的颜色命名。比如命名：黄萝卜,白萝卜,绿萝卜,青萝卜,红萝卜…… 2.成员边做蹲起动作的同时边说"×萝卜蹲,×萝卜蹲,×萝卜蹲完×萝卜蹲。"说完的同时用手指相应的萝卜组。比如从黄萝卜开始,则黄萝卜的成员边做蹲起边说"黄萝卜蹲,黄萝卜蹲,黄萝卜蹲完绿萝卜蹲",说完的同时用手指绿萝卜组。 3.没有反应过来的成员要向大家分享最近发现的新鲜事或是最近学到的新知识。	场地：无障碍的空间
主体活动阶段	2.虎克船长（20 min）	通过游戏提升成员的专注力	1.所有成员围坐成圆形,以每个人都能很清楚地看到其他人为原则。 2.首先指定第一位起头人喊"虎",之后随机指定下一位,下一位被点中的要接着喊"克",依此类推,当"长"落在最后一个成员身上时,该位成员需扮演船长,不发一语、双手叉腰,左右两位成员做划船动作并喊"嘿咻""嘿咻"。	
	3.正话反说（15 min）	提高成员的反应	1.辅导师说"你好",其他成员要说"好你"。 2.第一轮两个字,第二轮三个字依次往上推,每一轮答错的组员被淘汰,直到剩下最后一名选手,获得第一名,依次为第二、三名,并获相应的奖励。	
	4.数字挑战（20 min）	结合数字来强化成员的注意力	助教将准备 6×6 的 36 格网格纸,随机将 1~36 个数字写在网格中。辅导师随机喊 1~36 中的一位数,成员要快速地在网格中找到并圈出,直到圈完最后一个。	材料：网格纸

阶段	环节	目的	操作过程	备注(材料、场地、注意事项)
暖场导入阶段	1.舞动手指（15 min）	锻炼成员的手指灵活性	1.指导语：成员们，举起你们灵巧的小手，跟我一起做手指游戏吧。 2.辅导师先示范带做熟练后，可跟课件视频一起做。 《美丽的花》歌词： 美丽的花，美丽的叶， 飞来美丽的小蝴蝶。 左飞飞，右飞飞， 落到花丛歇一歇。	材料：视频
主体活动阶段	2.兴趣学习相结合—语文和绘画（30 min）	1.通过绘画感受诗词的魅力 2.间接增强成员的记忆	结合语文学科，在语文课本上找到一首诗，选取相关的细节语句，根据细节的描写绘画出来。	材料：PPT
	兴趣学习相结合：体育和数学（20 min）	帮助提高数学运算能力	跳大绳数数，喊到"7"或含"7"的数字喊过，如果喊错就停下来，一共三次机会，三次数目相加，为最终跳了多少下。	材料：长的跳绳
	4.我的文具盒（15 min）	提高成员的语言能力	成员分享自己的文具盒，告诉大家每一个文具是做什么用途的，最喜欢哪个文具。	注意事项： 1.提前通知成员准备好自己的文具盒 2.如果成员没有文具盒，则让成员表达最喜欢什么文具

附表 24   第五次活动   最好的未来

阶段	环节	目的	操作过程	备注(材料、场地、注意事项)
暖场导入阶段	1. 夹黄豆 (10 min)	调动成员参与的积极性	1. 小组成员自由两两组合,准备 4 个或 7 个碗大的器皿,里面放入半器皿的大米,同时放入 20 颗黄豆,每人一双筷子。 2. 让每组成员最短的时间内夹完各自队碗里面的黄豆,哪个队最先夹完,哪个队获胜。	材料:盘子、米、黄豆 注意事项:如难度大,筷子也可用勺子替代
主体活动阶段	2. 建高楼 (15 min)	发展学生手眼协调能力	指导语:今天我们用积木(师出示道具)来建高楼,看看谁能把楼房建得又高又结实。 规则:两人一组,每组 10 个积木,用积木上下叠加,层层叠高,累积五层或以上可以奖励一个小红花印章。如果房子倒了,那就再来一次。每组有两次机会。	材料:积木
	3. 我们爱学习 (35 min)	1. 建立互助学习小组 2. 培养成员的学习积极性 3. 增强成员的自信	1. 辅导师鼓励组成员之间相互学习,同级之间相互通过高年级辅导,高年级的辅导低年级,同样,低年级了解的知识也可以给高年级的讲解,利用好自己增强小组成员的获得感和成就感,提升学习自信,身边的资源,既能够帮助他人,又可以让自己有帮助他人后的获得感,营造良好的学习氛围。 2. 成员共同为小组取名以及口号,并画海报。	材料:大的卡纸、彩笔、铅笔、签字笔
结束阶段	4. 精彩回顾 (15 min)	共忆成长	1. 播放 PPT。 2. 回顾团辅的过程和精彩瞬间。 3. 肯定成员们的表现。	材料:礼品、PPT

五、活动主题：性教育

活动背景

福利院儿童的发育过程与普通儿童并没有太大的差异，也会出现青春期典型的第二性征，性冲动开始增加。总结以往研究，福利院儿童在青春期显现的问题行为主要有不恰当异性接触和与自慰有关问题行为。一些儿童福利院目前并没有为开设此类教育课程，这也使得很多儿童对于青春期的生理、心理等变化一无所知。因此，本项目针对福利院的实际情况，对青春期儿童开展性教育团体辅导，使福利院儿童通过团体辅导丰富的形式，多方面了解自身青春期的生理和心理变化；培养福利院儿童正确的性价值观、道德观和伦理观；培养福利院孩子的自我保护意识。从而接纳自我，完善自我。具体参见附表25-30。

附表25 "性教育"主题活动汇总表

次数	主题	目的	时长/min
第一次	我是女生	1. 了解女生的生理基本构造 2. 获得性别认同	85
第二次	我是男生	1. 了解男生的生理基本构造 2. 获得性别认同	85
第三次	保护我们的小秘密	1. 分辨不同性别的隐私部位 2. 分辨什么是好的接触，什么是坏的接触 3. 形成正确的性观念和性道德	75
第四次	长大不烦恼	1. 认识和接纳青春期变化 2. 青春期身心状态调节	80
第五次	戴着面具的大灰狼	1. 辨别坏人（骚扰行为） 2. 学会拒绝骚扰行为	80

参与对象：8~14名认知年龄处于儿童/青少年阶段的孩子

附表 26　第一次活动　我是女生

阶段	环节	目的	操作过程	备注(材料、场地、注意事项)
暖场导入阶段	1. 照镜子（15 min）	1. 建立团体 2. 培养成员形成女生的概念	1. 团体成员两人一组，一人自由做女生照镜子时的动作(如扎辫子、穿裙子旋转、涂口红等)，另一人模仿，轮流模仿 2 分钟后互换角色。 2. 结束后相互交流，看看自己对女生的理解是否正确。	材料：镜子 注意事项：本团体成员全为女生
	2. 这是女生（15 min）	了解女生的特点，导入女孩的生理成长	1. 辅导师给成员看人物卡片，让成员快速辨别男性还是女性。 2. 引导成员发现照片里女孩的变化。	材料：人物卡 注意事项：人物卡里包含不同性别、年龄的人物。
主体活动阶段	3. 女生的秘密（20 min）	让成员了解女生的生理构造、发育过程	1. 辅导师提前准备好性教育绘本，进行演示讲解。 2. 询问成员在发育过程中有哪些变化，是否有困惑。	材料：绘本
	4. 女生必须知道的护理知识（20 min）	让成员了解女生的基本护理知识	辅导师运用玩偶讲故事，讲述女孩基本的生理卫生知识。如日常清洁等。	材料：女生玩偶
	5. 女生的优点（15 min）	让成员接纳自己的性别、悦纳自己的性别	1. 每一个成员大声说出自己作为女生的三个优点，并将代表优点的贴纸贴在自己的姓名栏中。 2. 辅导师鼓励成员多说。	材料：贴纸、姓名栏

附表 27　第二次活动　我是男生

阶段	环节	目的	操作过程	备注(材料、场地、注意事项)
暖场导入阶段	1. 照镜子 (15 min)	1. 建立团体 2. 培养成员形成男生的概念	1. 团体成员两人一组,一人自由做男生照镜子时的动作(如梳头发、刮胡须、整理衣服等等),另一人模仿,轮流模仿 2 分钟后互换角色。 2. 结束后相互交流,看看自己对男生的理解是否正确。	材料:镜子 注意事项:本团体成员全为男生
暖场导入阶段	2. 这是男生 (15 min)	了解男生的特点,导入男孩的生理成长	1. 辅导师给成员看人物卡片,让成员快速辨别男性还是女性。 2. 引导成员发现照片里男孩的变化。	材料:人物卡 注意事项:人物卡里包含不同性别、年龄的人物
主体活动阶段	3. 男生的秘密 (20 min)	让成员了解男生的生理构造、发育过程	1. 辅导师提前准备好性教育绘本,进行演示讲解。 2. 询问成员在发育过程中有哪些变化,是否有困惑。	材料:绘本
主体活动阶段	4. 男生必须知道的护理知识 (20 min)	让成员了解男生的基本护理知识	辅导师运用玩偶讲故事,讲述男孩基本的生理卫生知识。如日常清洁等。	材料:男生玩偶
主体活动阶段	5. 男生的优点 (15 min)	让成员接纳自己的性别、悦纳自己的性别	1. 每一个成员大声说出自己作为男的三个优点,并将代表优点的贴纸贴在自己的姓名栏中。 2. 辅导师鼓励成员多说。	材料:贴纸、姓名栏

附表 28　第三次活动　保护我们的小秘密

阶段	环节	目的	操作过程	备注（材料、场地、注意事项）
暖场导入阶段	1.游戏：口香糖粘哪里（20 min）	1.建立团体 2.培养成员了解肢体接触的概念	1.所有团体成员围成一圈。 2.成员围绕圈跑动。 3.跑动过程中，辅导师喊"口香糖"，成员听到问"粘什么？"辅导师任意说出身体的某个部位，成员立即做出相应反应。如喊出"粘两个人的手"，则成员在规定时间内两个人牵手。	场地：无障碍、空旷的半间教室或者室外 注意事项：游戏中可任意设置人数和粘贴的身体部位，但要注意是安全部位
主体活动阶段	2.男孩女孩穿衣服（20 min）	1.让成员了解什么是身体的隐私部位 2.培养保护和尊重隐私部位的意识	1.辅导师提前准备好可脱衣服的玩偶。 2.成员分组，每组 4~6 人，分别为玩偶穿上衣服。 3.引导成员分辨身体需要隐藏的部位。	材料：玩偶、玩偶衣物 注意事项：如没有玩偶，可以打印男孩女孩未穿衣服的图片，让成员将代表衣物的纸片粘贴至相应部位
	3.身体信号灯（20 min）	1.认识人身体的禁区、警戒区和安全区 2.知道人与人之间身体接触因人而异，别人身体的禁区，不要碰触；自己身体的禁区要严加保护	1.辅导师拿出准备好的人体图像。 2.每一组成员按要求分别在人体图像的禁区、警戒区、安全区画上贴上"红灯""黄灯""绿灯"。 3.辅导师用卡通图片让成员了解什么是身体接触的界线，对于别人的碰触让我们感觉到不开心，就要勇敢地说"不"。	材料：人体图像（打印）、人物卡片
	4.好的触碰和坏的触碰（15 min）	学会分辨触碰的界限	1.辅导师拿出提前准备的玩偶。 2.用讲故事的方式讲述生活中安全的接触和不安全的接触情形。 3.成员角色扮演，描述遇到这种情形该怎么办，将故事补充完整。	材料：玩偶、小故事

附表 29　第四次活动　长大不烦恼

阶段	环节	目的	操作过程	备注(材料、场地、注意事项)
暖场导入阶段	1. 游戏：老鹰捉小鸡（15 min）	1. 热身 2. 让成员体验成长的过程	1. 辅导师当母鸡，其他成员当小鸡。 2. 成员听到《老母鸡》音乐，蹲下不动；成员听到《小小蛋儿把门开》音乐，做出小鸡出壳，跳舞的动作；成员听到《老鹰捉小鸡》音乐，马上躲到辅导师身后，一个跟一个搭着肩。	场地：无障碍、空旷的半间教室或者室外 材料：音乐《老母鸡》《小小蛋儿把门开》《老鹰捉小鸡》。母鸡、老鹰头饰
暖场导入阶段	2. 我长大了（15 min）	引入辅导主题	1. 成员观察三个不同时段的"我"的照片。 2. 引导成员思考：你看到了什么？想到了什么？	材料：成员三个不同时段的照片，个人或集体均可
主体活动阶段	3. 心理剧：成长的烦恼（20 min）	1. 让成员了解青春期存在的烦恼 2. 掌握应对成长问题和困惑的方法	1. 心理剧表演： 剧情参考： 第一幕：小 A 最近觉得照顾自己的保育员阿姨越来越唠叨，老是约束自己，觉得特别厌烦，早上因为早起卫生竟与阿姨吵了起来。 第二幕：小 B(男)近来总是特别关注小 C(女)，每次看到她就会很高兴，想经常跟她在一起。 第三幕：小 D 脸上长了很多难看的青春痘，跟别人接触时都很不好意思。 2. 辅导师引导：青春期是人一生中生理和心理发展的重要时期，心理充满矛盾，如渴望独立与现实依赖的矛盾、性发育成熟与性心理发展滞后的矛盾。青春期是每个人成长中的必经阶段，出现各种困惑和烦恼是正常的。	材料：三个成员的生活片段 注意事项：片段来源于成员生活实际，辅导前提前告知扮演心理剧的成员
主体活动阶段	4. 烦恼对对碰（20 min）	1. 让成员表达和宣泄内心的冲突 2. 让成员学习自己解决烦恼	1. 分组讨论：自己的烦恼有哪些？ 2. 成员将自己的烦恼写在便利贴上，折好，扔进箱子。 3. 辅导师示范：将成员烦恼收集，在箱中随机抽取大家的便利贴，并提供处理方法参考。 4. 成员自己抽取箱中便利贴，并回应自己的处理方式。	材料：音乐、箱子、便利贴、笔
主体活动阶段	5. 长大不烦恼（10 min）	树立信心，积蓄力量	1. 成员画自画像：长大后的自己。 2. 张贴在班级栏上。	材料：音乐《小小少年》、画纸、彩笔

附表 30 第五次活动 戴着面具的大灰狼

阶段	环节	目的	操作过程	备注(材料、场地、注意事项)
暖场导入阶段	1. 小手拍拍 (10 min)	活跃气氛,引入下一环节	1. 辅导师播放《小手拍拍》的音乐。 2. 孩子一起跟着音乐拍掌指自己的身体部位。	材料:《小手拍拍》音乐、音响
	2. 我要做个知"性"人 (10 min)	提升成员的专注力;巩固性教育知识	1. 助教将"对错牌"分发给成员。 2. 辅导师展示题目。 3. 成员们举"对错牌"判断是否正确。	材料:对错牌 注意事项:辅导师将前几次团辅活动课的知识整理成判断题
主体活动阶段	3. 不要随便摸我 (20 min)	让成员通过视频来直观了解"性骚扰"	辅导师播放视频《不要随便摸我》。	材料:视频
	4. 分辨和防范性骚扰 (30 min)	1. 让成员了解和分辨骚扰的具体方式 2. 帮助成员了解相关问题的解决办法	1. 辅导师讲解性骚扰的概念。 2. 举例说明生活中的事件。 3. 强调不仅仅要对陌生人保持警惕,还要对亲人或老师的某些举动要警觉。 4. 辅导师教授如何拒绝骚扰行为。 5. 辅导师教授受到性骚扰的办法和措施。	材料:PPT
	5. 知识回顾 (15 min)	巩固团体辅导活动课的知识	1. 辅导师播放 PPT,带领成员们一同回顾本期团体辅导活动课的主要内容。 2. 辅导师肯定成员们的表现。 3. 辅导师引导成员们自由分享和表达。	材料:礼品